本书为国家社科基金重点项目"知识产权国际保护走……成果，项目号：17AFX024

知识产权国际保护制度发展与中国应对

管育鹰　著

知识产权出版社
全国百佳图书出版单位
—北京—

图书在版编目（CIP）数据

知识产权国际保护制度发展与中国应对/管育鹰著. —北京：知识产权出版社，2023. 11

ISBN 978 - 7 - 5130 - 8960 - 9

Ⅰ. ①知… Ⅱ. ①管… Ⅲ. ①知识产权保护—研究—世界 Ⅳ. ①D913.04

中国国家版本馆 CIP 数据核字（2023）第 199269 号

责任编辑：高　超　　　　　　　责任校对：潘凤越
封面设计：王洪卫　　　　　　　责任印制：孙婷婷

知识产权国际保护制度发展与中国应对

管育鹰　著

出版发行：	知识产权出版社有限责任公司	网　　址：	http://www.ipph.cn
社　　址：	北京市海淀区气象路 50 号院	邮　　编：	100081
责编电话：	010 - 82000860 转 8383	责编邮箱：	morninghere@126.com
发行电话：	010 - 82000860 转 8101/8102	发行传真：	010 - 82000893/82005070/82000270
印　　刷：	北京建宏印刷有限公司	经　　销：	新华书店、各大网上书店及相关专业书店
开　　本：	787mm×1092mm　1/16	印　　张：	29
版　　次：	2023 年 11 月第 1 版	印　　次：	2023 年 11 月第 1 次印刷
字　　数：	446 千字	定　　价：	148.00 元

ISBN 978 - 7 - 5130 - 8960 - 9

序

应管育鹰研究员之约，在其新作《知识产权国际保护制度发展与中国应对》付梓之际，为之作序。

国际法治对于知识产权法的发展一直具有特殊意义。中国知识产权法治建设走的是一条立足本土因循国际变化和时代潮流的发展道路，中国知识产权制度的百年史正是一个从"逼我所用"到"为我所用"的法律变迁史，也是一个从被动移植到主动创制的政策发展史。以 2001 年加入世界贸易组织为转折，以 2008 年《国家知识产权战略纲要》、2021 年《知识产权强国建设纲要（2021—2035 年）》两次国家战略为重要推动，中国知识产权立法已经摆脱了被动移植的局面，从"调整性适用"进入到"主动性安排"阶段，中国知识产权法治进入到一个全新的重要历史时期，中国正以更加积极主动的姿态参与知识产权全球治理，同时也面临着新的挑战。回顾过往，中国知识产权法治的基本特征和经验可以概括为"世界眼光、中国立场、与时俱进、为我所用"四个方面：

第一，世界眼光。中国特色社会主义知识产权法治建设不能离开经济全球化的新的国际背景。世界贸易组织知识产权协定以及近来的《区域全面经济伙伴关系协定》《全面与进步跨太平洋伙伴关系协定》都将知识产权作为国际贸易体制的基本内容，知识产权制度一体化、国际化呈现出新的发展趋势。中国知识产权法治发展必然要不断适应这种趋势。

第二，中国立场。知识产权的制度设计必须基于中国国情和政策发展的需要。中国是一个传统的发展中国家，正史无前例地走在跨越式发展的中国式现代化道路上。知识产权法治创建、强国建设，不能一味对标发达国家的制度水平，而必须着眼于我国的经济发展现实，考虑未来社会的发展趋势，最大限度地实现知识产权法律国际化与本土化之间的协调。

第三，与时俱进。与诸如债权、物权等权利不同，知识产权基于科技革命而生，源于科技革命而变，其制度本身就是一个法律制度创新与科技创新相互作用、相互促进的过程。因此，知识产权制度是最含科技要素、最具科技含量的法律。知识产权制度之所以总在不断地发展与变革，其原因就在于知识产权制度必须顺应知识经济发展、社会变迁的时代要求。在第四次科技革命来临之际，要求知识产权制度必须保持一种与时俱进的时代精神，以制度变革把握和引领科技变革。

第四，为我所用。归根结底，知识产权最终要服务于中国社会的经济发展和文化繁荣，必须实现本土化，在国际标准下适应我国自身的发展需要。党的二十大提出了全面建成社会主义现代化强国，以中国式现代化全面推进中华民族伟大复兴的伟大目标；在知识产权领域，就是要服务高质量发展，建设中国特色、世界水平的知识产权强国。我们目前所进行的法治建设，乃至推行的知识产权强国战略，都是要为实现这方面的目标提供制度支撑和政策保障。

管育鹰研究员师从我国知识产权法学的开创者、奠基人郑成思先生，是我国知识产权法治沧桑巨变的亲历者和参与者，也是我国新一代知识产权法学者中的翘楚，其新作《知识产权国际保护制度发展与中国应对》就体现了"世界眼光、中国立场、与时俱进、为我所用"的突出特点。新世纪进入"后 TRIPS"时代，由于国际力量对比发生深刻变化，知识产权国际规则一体化格局发生新的变化，呈现出多样性、碎片化、单边化特点，以 WTO 为代表的国际经贸体系受到单边主义的冲击，新的区域贸易体系和知识产权保护国际规则正在形成，中国要更加积极主动地参与知识产权全球治理，要求我们理论界要及时追踪新发展新问题，放眼世界立足本土调整知识产权制度、制定知识产权政策。管育鹰研究员的新作代表了知识产权学者在此领域的专业担当，其横跨专利、版权、商标、外观设计、地理标志等各个领域，挑选了当前和今后一段时期内知识产权国际保护中的主要争议问题，进行了深入透彻的分析。通读书稿，我认为其在六大方面做出了实质性贡献：第一，准确描述了知识产权全球治理发展演进的动向全貌；第二，科学分析了知识产权国际保护制度变迁的内在动因和理论基础；第三，厘清了国际贸易谈判过程中知识产权主要争议的问题；第四，总结了知识产权国际保护制度的发展趋势；第五，为我国参与知识产权全球治理提供了对策思路；第六，为国内知识产权制度的完善提出了制度建议。

我相信，《知识产权国际保护制度发展与中国应对》一书的出版，将为中国全面参与知识产权全球治理提供有力的理论支撑，该书也将成为我国知识产权国际谈判、立法完善以及理论研究中不可或缺的重要文献。

吴汉东

2023 年 6 月于武汉

序

目　录

绪　论

知识产权国际保护制度是世界各国经协商谈判，通过签订一系列多边或双边区域性、国际性条约达成的知识产权保护规则，其内容属于广义的国际法的组成部分。在数字经济时代，技术、文体娱乐和资讯产品、商业标识、特定商业数据等无形信息财产的在线流转和跨境交易日益频繁，因此，涉及保护客体、权利范围、侵权判定及例外、法律责任及执法措施等热点议题的知识产权国际保护规则，与关税、投资、金融、劳工、服务贸易等领域的国际规则一样，成为直接影响全球经济发展模式和走向的国际经济法律关系的重要内容。

第一节　知识产权议题在国际经贸关系中的重要性

知识产权国际保护制度的建立和发展，离不开国际贸易的开展和经济全球化背景。工业化领先的西方国家首先认识到技术创新是经济发展的引擎，以及公平诚信的营商环境对无形财产确权和交易的重要性，率先建立起以促进和保护创新、维系正当竞争为主旨的知识产权法律制度。无论是在将知识产权视为天赋自然权利并为之提供财产所有权模式保护的西欧，还是在将知识产权作为激励创新公共政策的实用工具并为之提供专有实施权保护的美国，对知识信息及商业竞争利益的保护规则一开始都是具有地域性的；当各国受保护的知识信息产品在国内市场已趋于饱和时，为各自拥有科技、文化和商业竞争优势的信息产品拓展国外市场，寻求域外保护成为新的发展需求。这样，为实现国内权利人在国际市场的利益最大化，各国就知识产权国际保护议题进行谈判和达成妥协，并以固化为国际法义务的方式要求成员以国内法实施作为保障，就成为历史发展的必然。

具言之，19世纪中后期，在西方资本主义经济发展模式由自由竞争开始向垄断过渡时，知识与技术已经在一定程度上成为竞争者占据市场优势、获得超额利润的重要手段。为此，已建立知识产权制度的主要工业化国家陆续达成妥协，搭建并积极推动建立更广泛成员参与的知识产权国际保护制度，以克服知识产权的地域性特点，通过国民待遇原则互认互保，并以统一协调的法律规则消除知识信息产品跨境交易和保护的基础障碍。在此期间，《保护工业产权巴黎公约》（以下简称《巴黎公约》）、《保护文学和艺术作品伯尔尼公约》（以下简称《伯尔尼公约》）等一系列关于知识产权国际保护规则的主要国际公约陆续签订，其构建的基本制度框架和确立的国民待遇等核心原则，迄今仍然在全球范围内得到广泛遵循。

不过，以《巴黎公约》《伯尔尼公约》为基本框架的知识产权国际保护制度产生于传统工业时代，当时国际贸易的方式主要表现为有形货物进出口；这些国际公约尽管得到各国广泛接受，但因其内容强调国民待遇、最惠国待遇、最低保护标准、保护优先权等原则，起到的作用主要是协调各国立法基本内容，缺少能有效消除地域差别的实质性条款和相应罚则。到了20世纪后半叶，随着技术和服务等涉及无形财产的国际贸易日益增多，能以有效执法手段保障知识信息产品国际交易的畅通，真正起到消除地域性差异作用的知识产权国际保护制度才进入实质性构建阶段。1967年世界知识产权组织（World Intellectual Property Organization，以下简称WIPO）成立，同期《巴黎公约》《伯尔尼公约》《商标国际注册马德里协定》（以下简称《马德里协定》）等已有国际条约相应修改，之后，通过了《专利合作条约》（Patent Cooperation Treaty，以下简称PCT）。"知识产权"一词成为保护发明、外观设计、作品、商标、商业秘密、地理标志、植物新品种、集成电路等一系列无形知识信息财产之法定权益的正式通用语。截至2023年，有193个成员的WIPO管理着26项知识产权国际公约，涵盖除了植物新品种的所有领域，并为世界贸易组织（World Trade Organization，以下简称WTO）的实体性规则实施奠定了基础。

第二节　全球化时代知识产权
国际保护制度的协调和统一

20世纪90年代以来，在信息、材料、生物、通信等高新科技持续发展的背景下，人类社会进入新的产业革命时代，依托科技文化创新产生和积累的知识信息财富超越了之前的历史阶段，经济全球化加速。科技水平明显领先的美国，开始致力于在国际上大力推行其知识产权保护高标准规则，以满足国内知识产权人实现海外经济利益最大化的诉求。美国的这一倡导得到日欧等经济和科技文化力量紧随其后、具有知识产权国际竞争力优势的发达国家和地区的呼应。同时，由于经济全球化条件下的产业链安排，也离不开以劳动力和资源为主要投入的广大新兴发展中、欠发达国家的参与，特别是被称为"金砖国家"的巴西、俄罗斯、印度、中国、南非；而这些国家虽然乐意引进先进技术，但在知识产权国际保护方面倾向于宽松的标准，以降低其国内产业的竞争成本，给国民带来更多普惠利益。于是，在国际论坛上，知识产权与关税、服务贸易等和其他议题一起，成为进入新技术时代后国际经贸秩序规则制定的谈判重点。1994年，作为《关税及贸易总协定》升级版的世界贸易组织成立，《与贸易有关的知识产权协议》（Agreement on Trade – Related Aspects of Intellectual Property Rights，以下简称 TRIPS 协议）作为各国在知识产权方面利益博弈的结果同步通过。TRIPS 协议全面吸收了 WIPO 框架下知识产权国际保护制度的内容，并按相对发达国家的需求提高了保护标准，且特别增设了可有效运行的争端解决机制，同时也为相对落后的成员留下了根据各自社会经济发展状况制定限制与例外等弹性规则的空间。

TRIPS 协议切实将知识产权国际保护与国际贸易捆绑在一起，在统一知识产权保护最低标准、推动全球治理规则一体化方面的趋势更加明显，该协议的实施标志着知识产权国际保护制度的实质化运行。WTO 在新的知识产权国际保护框架中发挥着类似执法、司法的作用，而 WIPO 则继续执行知识产权相关国际条约的制定完善、新议题和规则的协商讨论等类似立法的工作，以及教育培训和交流合作等事务。可以说，WIPO 协调下的知识产权国际保护制度之建立，本来就始于国际经贸往来的需要；而 WTO 体系下的 TRIPS 协议，更是总结和发展了一百多年的国际知识产权保护制度，把知识产权与国际贸易问题锁定在一起，显现出保护范围扩大、保护标准提高、注重有效执法和争端解决程序等特点。借助 WTO 的争端解决机制，TRIPS 协议确定的知识产权国际保护规则在不同国家发生理解和执行的冲突时，可以以国家间诉辩和专家组裁决的类诉讼方式得到实际解决，这使得纳入 TRIPS 协议的知识产权国际保护规则，不再是国际谈判桌上多方斡旋以纸面文件和条款勾勒的"无牙虎"，而是各国国内立法和执法必须遵从的、有效消减各国知识产权保护实效差异的可操作性国际法规范。

自 TRIPS 协议实施以来，WTO 接收的与知识产权相关的贸易争端共有 44 起。[1] 其中，在 2007 年"中美知识产权争端 WTO 第一案"中，我国为执行 WTO 争端解决机构的专家组报告，专门于 2010 年修改《中华人民共和国著作权法》（以下简称《著作权法》）第 4 条，以消除引起冲突的法律条款的理解歧义。2022 年 8 月，欧盟对我国发起关于知识产权执法之禁诉令问题的争议，美国、日本随后跟进，同年 12 月，美国又对我国发起关于半导体产品相关技术和服务的争议，这两个案件目前仍在磋商中。可见，TRIPS 协议作为目前适用范围最广的知识产权国际保护制度支柱，借助 WTO 机制对各成员的国内法及其实施具有前所未有的实质性规范和干预作用。正如学者所言，知识产权国际保护制度已经成为当代国际经济、文化、科技贸易领域中的一种法律秩序，国际保护标准在缔约方之间的一体化、国际保护规则从实体到程序的一体化、国际保护体系与国际贸易体制的一体化，反映了当代知识产权制度的基本特征。[2]

除了 WIPO 管理的一系列知识产权国际条约和 WTO 框架下的 TRIPS 协议，还有植物新品种、生物多样性等传统资源保护领域其他一些已经生效

---

[1] Disputes by agreement. https：//www. wto. org/english/tratop_e/dispu_e/dispu_agreements_in-dex_e. htm？id＝A26#sel，2023 年 2 月 10 日访问。

[2] 吴汉东：《知识产权国际保护制度的变革与发展》，《法学研究》2005 年第 3 期，第 126 - 140 页。

或在谈判中的与知识产权相关的国际公约或文件，相关内容和进展在后文相应部分介绍，此处不再一一详述。

第三节　百年变局中国际经贸体系的重塑及知识产权相关议题

一、面临不确定性的中美经贸关系中的知识产权争议

进入 21 世纪以来，国际经济发展态势和各国竞争格局正经历巨大改变，尤其是发自美国的金融危机于 2008—2009 年爆发以来，世界经济格局呈现出一些重要的发展趋势，远远超出了美国等发达国家在推动建立 WTO 时的预想。例如，新兴经济体在全球 GDP 中的份额过半、全球经济潜在增长率下降、结构改革逐步成为各国经济政策的重心、国际贸易低速增长、国际分工和全球经济治理重新调整、规则竞争日益重要等。[1] 事实上，当今世界各国共同面临着百年未遇的经济社会发展之大变局，国际经贸规则的变化和全球经济秩序变革与调整都是历史巨变的一部分。以中国为代表的几个主要发展中国家新兴经济体的崛起速度，引起了已经保持几个世纪领先地位的发达国家阵营的警觉和反思，逆全球化思潮明显滋生。特别是，中国自 2001 年加入 WTO 以来，对外经贸关系飞速发展。近些年来，中国的经济体量更是跃居仅次于美国的第二位。

从美国国内看，奥巴马执政时期美国开始领衔重建大型国际经济贸易秩序——"跨太平洋伙伴关系协定"（Trans‑Pacific Partnership Agreement，以下简称 TPP），并在政治经济同盟伙伴间推行。[2] 到了特朗普执政时期，美国则干脆退出了因多边谈判陷于拖沓的 TPP，直接采用立竿见影的双边

❶ 姚枝仲：《美国金融危机以来的世界经济发展趋势》，载中国社会科学院国家全球战略智库编《2016 年的中国与世界》，社会科学文献出版社，2017，第 277–281 页。

❷ 林珏：《应对美国贸易保护主义及遏制政策的反制措施》，载刘伯龙、郑伟民主编《美国经济在曲折进程中缓步回升》，社会科学文献出版社，2014，第 176–197 页。

或区域性"自由贸易协定"（Free Trade Agreement，以下简称 FTA）模式，实施"美国优先"的贸易保护政策，除了要求对方国内市场开放透明，严格的知识产权保护也是一个重要方面。即使是曾两次公开竞选美国总统、推行"社会主义"的民主党代表伯尼·桑德斯，也明确反对美国签订一切自由贸易协定、反对与中国签订永久正常贸易协议。❶ 2021 年伊始，经过激烈的竞选，拜登获任新一届美国总统；但是，从拜登的一贯主张和主要内阁成员的履历看，美国政府在国际贸易政策中无疑会持续强调知识产权相关利益保护，关注"不正当竞争"和"窃取"美国知识产权的行为。❷可见，无论今后美国政治和经济环境如何变化，其在国际贸易上均可能将知识产权作为对外贸易谈判中的砝码和利器，而且不排除随时根据需要调整相关政策和法律以维护其竞争优势和核心利益的可能。在 2018 年以来对中国发动的"贸易战"中，美国将所谓"强制技术转移"和"窃取商业秘密"作为对中方采取贸易制裁的重要借口。尽管我国对这些子虚乌有的指责据理反驳，但为了进一步明晰法律规则，仍在谈判过程中陆续修改了《中华人民共和国商标法》《中华人民共和国反不正当竞争法》《中华人民共和国专利法》《中华人民共和国著作权法》，也先后制定修改了《中华人民共和国电子商务法》《中华人民共和国外商投资法》等与改善营商环境和知识产权保护有关的立法及配套司法解释，而"知识产权"也成为 2020年初达成的中美贸易中期性协议的第一章。❸

二、施行日益困难的 WTO 知识产权争端多边解决机制

尽管现阶段国际经贸关系的冲突和失衡，主要归因于国家间在经济发

---

❶ 伯尼·桑德斯：《我们的革命》，钟舒婷、周紫君等译，江苏凤凰文艺出版社，2018，第41 页。

❷ 任泽平等：《拜登当选对美国、中国及世界的影响》，https：//mp. weixin. qq. com/s? __biz = Mzg3NzYwMzU1MQ = = &mid = 2247510966&idx = 1&sn = 650e7288ae1973d58c2b8fcc666a4246&source = 41#we-chat_redirect，2023 年 3 月 30 日访问。

❸ 财政部、发展改革委、农业农村部、商务部、人民银行：《中华人民共和国政府和美利坚合众国政府经济贸易协议》，http：//www. gov. cn/xinwen/2020 – 01/16/content_5469650. htm，2023年 3 月 30 日访问。

展阶段、结构、制度以及科技水平等方面的差异，但发达国家在谈判桌上为了保持优势和争取更多好处，强力要求全球市场必须按其标准、满足其"自由贸易"的实现，因而无视欠发达国家的发展规律和合理需求，全方位施压成为其司空见惯的手段。不过，WTO 的建立本身是多方磋商后发达和欠发达国家的利益妥协结果，在其框架下，发达国家对全球市场全面开放、透明的强烈需求显然不可能立刻得到满足，因此遗留了一系列分歧大的议题需要事后继续谈判加以明确。与发起建立 WTO 的发达国家当初设想不同的是，随着新成员的扩充，多哈回合贸易谈判（DDA）自 2001 年启动以来，发达与不发达国家两大阵营针对农业、非农产品市场准入、服务业、反倾销反补贴、贸易与环境、知识产权、贸易与发展、争端解决程序等主要议题诉求差异过大，WTO 成立时遗留的相关分歧不仅没能尽快消除，反而导致各项议程谈判进展艰难且不时陷入僵局直至中止。可以说，尽管全球化曾是 WTO 建立之初世界经济发展最根本的特征或趋势，但其框架下多哈回合在近期取得进展的前景十分渺茫。❶

　　作为国际贸易体系基础的 TRIPS 协议，其目的应该是促进技术和知识信息利用而非限制竞争，而这恰恰与发达国家追求国际市场垄断利益的目的背道而驰。TRIPS 协议生效后的数十年间，各国在医药、科学技术等领域的鸿沟持续扩大，知识产权上的摩擦在发达国家和发展中国家之间进一步被激化。❷ 由于 TRIPS 协议设立的最低标准并非各国利益一致的产物，并且 WTO 中欠发达阵营成员数量不断增多，使得发达国家认为 WTO 的多方谈判和实施机制对其日益不利，因此产生了以新的国际经贸协议架空TRIPS 协议的意图。例如，关于公共健康议题，涉及各国专利法中药品专利保护的具体实施标准，发展中和欠发达国家希望充分利用 TRIPS 协议认可的强制许可、侵权例外、权利用尽等制度，生产或进口仿制药，以使更多国民能获得维持生命健康所急需的廉价药，但这显然与拥有药品专利的

　　❶ 陆燕：《多哈贸易谈判中止及其对全球贸易的影响》，《国际经济合作》2006 年第 9 期，第 29－33 页。
　　❷ 吴汉东：《新时代中国知识产权制度建设的思想纲领和行动指南》，《法律科学》2019 年第 4 期，第 31－39 页。

发达国家制药公司的利益存在尖锐的冲突。❶ 在多哈回合谈判中止后，不时面临艾滋病泛滥等公共健康危机，却受困于世界药品市场被发达国家专利垄断现实的发展中和欠发达国家，群策群力坚持推动 WTO 多方谈判，终于使 TRIPS 协议关于药品专利与公共健康条款（第 31 条）的修正案在 2017 年得以生效。❷ 但与此同时，WTO 框架也开始被美国搁置，在发达国家主导的 TPP 等新双边、区域条约中，对抗 TRIPS 协议中关于公共卫生健康限制权利的弹性条款的内容明显增多。例如，药品专利链接制度、保护期延长、禁止适用平行进口、药品试验数据保护等，均体现出强化药品专利权保护，这符合发达国家大型制药集团的利益。

当然，WTO 的式微和新兴大型国际经贸体系的建立是一个渐进的过程，充满国际间经贸利益的博弈。例如，2020 年以来，新冠病毒感染疫情暴发带来了突发性全球公共卫生危机，各国在疫情面前无一幸免，WTO 机制也得以恢复。为解决疫苗和药品短缺等问题，南非和印度于 2020 年向 TRIPS 协议理事会提出提案，建议为预防、遏制、治疗新冠病毒的感染，豁免成员对版权及相关权、工业设计、专利和未披露信息的保护和实施义务。❸ 这一提案得到很多发展中国家的支持，但欧美等国家和地区的一些制药企业强烈反对。2022 年 6 月 17 日，WTO 的决议生效，成员最终达成一致，同意基于 TRIPS 协议第 31 条豁免受第 28 条第 1 款保护的专利权，此举使得更多国家在五年内可能对新冠感染病毒疫苗和治疗产品采取专利侵权责任豁免的强制许可。❹

三、单边主义的回潮和自由贸易协定的兴起

21 世纪以来，以 WTO 为支柱的多边贸易体系遭受诸多挫折，逆全球

---

❶ 胡丽君、郑友德：《公共健康与知识产权保护》，《科技与法律》2003 年第 3 期，第 90 - 94 页。

❷ 郑春荣：《欧美逆全球化思想势头不减》，《人民论坛》2019 年 5 月（中），第 38 - 40 页。

❸ WTO：*Waiver from Certain Provisions of the TRIPS Agreement for the Prevention，Containment and Treatment of Covid - 19*，Council for Trade - Related Aspects of Intellectual Property Rights，IP/C/W/669，2020.

❹ WTO：*Ministerial Decision on the TRIPS Agreement*，WT/MIN（22）/30、WT/L/1141.

008

知识产权
国际保护制度发展与中国应对

化思潮涌动，也促使越来越多的发达国家将国际贸易的重心转向区域性自由贸易协定层面。美国等发达国家一边声称应推动 WTO 改革，一边抛开包括中国在内的广大发展中和欠发达国家，力图另行缔结能执行其意志的区域间自由贸易协定，而中国也开始以"一带一路"倡议为基础，对外联合广大发展中和欠发达国家，基于平等互利的原则建立和发展互惠共赢的贸易关系。目前，新的国际经贸体系正处于重新调整塑造的进程中。

近年来，因 TRIPS 协议被美国等发达国家认为已经不能维护其在国际贸易中凭借知识产权应当获取的利益，在它们另行发起的"跨太平洋战略经济伙伴关系协定"和"跨大西洋贸易与投资伙伴协议"（Transatlantic Trade and Investment Partnership，以下简称 TTIP）谈判中，更严格的知识产权保护条款成为重要内容。例如，TPP 要求成员建立专利链接制度，使原药厂商可获知仿制药厂商是否申请了仿制药的上市许可并据此采取诉讼或临时禁令等救济措施。对各类药品试验数据给予 3~12 年的专属权保护，延长药品专利权保护期以补偿审查和上市审批期间过长的损失，成员的专利局应建立合作以促进检索与审查成果的共享与利用。成员应为局部外观设计提供保护，著作权保护期应由作者终身加 50 年延长到 70 年，表演者应就广播或播放录制有其表演的录音制品获得报酬，明知卫星或有线信号来源非法而故意解码接收或进一步散布，或故意协助他人解码接收或散布他人锁码节目的应当承担责任。在商业竞争领域，商标的注册对象应包括听觉、味觉等信息，对未注册驰名商标应提供跨类别保护；注册机构应将地理标志的细节以网络提供给公众并允许利害关系人查询处理情形；对未经授权故意获取计算机系统中的商业秘密等盗用或故意泄露商业秘密的行为应追究刑事责任。在执法方面，商业规模的侵权，不论是否以营利为目的，均应追究刑事责任；对著作权和商标侵权可主张法定赔偿或惩罚性赔偿；海关应主动查处涉嫌侵犯著作权或商标权的出口和转口货物。不过，由于参加 TPP 谈判的各国社会经济发展阶段差异大，在很多议题上都难以达成共识。为此，双边、区域性小型自由贸易协定在全球贸易中的比重越来越大，逐渐成为国家之间开展经贸合作、发展政治关系的重要手段。2017 年初，特朗普就职总统后立刻宣布美国退出 TPP，转而采用 FTA 机制，并将其高标准的知识产权保护诉求纳入其中；其他国家则在美国退出后，加入日本接棒领衔的由 TPP 变身的"全面与进步跨太平洋伙伴关系协定"继续谈判。《全面与进步跨太平洋伙伴关系协定》（Comprehensive and Progressive Agreement for Trans – Pacific Partnership，以下简称 CPTPP）在消减和搁置争议极大的诸多知识产权相关条款后已于 2018 年底生效。❶

美国在国际贸易中关于知识产权强保护的主张也为欧洲和日本等发达国家和地区所追随。多年来，欧盟积极推进统一专利制度，以精简程序、节省成本、提高效率为目标，服务欧盟境内的科技创新权利人。2012 年欧盟通过了《统一专利保护条例》，2013 年通过了《统一专利法院协议》（UPCA）。经过十年的讨论磨合，尽管其间英国退出了欧盟，但《统一专利法院协议》最终生效，即统一专利经欧洲专利局（EPO）审查后统一登记、授权，在多国一并有效。目前，与之配套的统一专利法院体系已经落地，全欧洲遴选任命的法官名单已经确定。可以说，统一专利法院体系的运行将优化欧盟境内科技创新和产业竞争环境，增强欧盟在国际知识产权治理规则方面的影响力；同时，这一举措将吸引创新资源流向欧盟，加剧全球科技创新市场竞争，我国企业在欧洲面临更多机遇（如享受便利化红利）的同时，也面临着更多挑战（如专利保护的高标准）。在商标领域，欧盟则允许将气味、声音、味道和颜色标记注册为商标，启动建立欧盟非农业产品地理标志保护机制，要求成员国加大执法力度，加强对侵权盗版产品的打击行动，严格查处过境欧盟的假冒商品。当然，欧洲地区的国家与美国之间也存在分歧。例如，考虑到对自身文化和经济利益可能存在的威胁，欧盟一直保持着对美国大型跨国科技公司发起反垄断调查的频率，其 2019 年通过的《数字化单一市场版权指令》明确，成员有权制定邻接权制度以保护本国新闻企业的利益，禁止美国公司无偿占有其原先未受著作权法保护的海量内容（因介入欧盟新闻市场的美国互联网企业主要是谷歌公司，这一就新闻标题摘要等内容收费的新制度被称为"谷歌税"）。

曾积极参与 TPP 谈判的日本，在美国退出后接手 CPTTP 谈判组织和通过实施等程序，以便为其国内企业参与国际竞争、维护其在国际市场上的合法权益创造有利条件。2015 年以来，日本修改了专利法以提高专利质

---

❶ 商务部：《全面与进步跨太平洋伙伴关系协定》（CPTPP）文本（含参考译文），http：// sms. mofcom. gov. cn/article/cbw/202101/20210103030014. shtml，2023 年 1 月 5 日访问。

量；修改了商标法，允许注册颜色、声音、动态、位置、全息影像等新型商标；修改了不正当竞争防止法，加重被控侵犯商业秘密方的举证责任，并将对侵权者的罚金提高三倍、将向海外泄露商业秘密的最高刑期提高到15年，增加了没收非法所得、对第三人追究和对离职后窃取商业秘密行为的处罚，还增加了对"限定提供数据"的保护；通过了地理标志法，实施地理标志专门保护制度。2020年，日本又修改专利法，扩大了间接侵权行为的范围，在侵权诉讼中引入检查程序，即法院可命令中立专家对涉嫌侵权人（被告）的设施进行检查，并完善了损失赔偿计算方法。在著作权法方面，尽管CPTTP相关条款暂缓实施，日本还是先行将保护期延长至与欧美一致的70年。❶

事实上，我国与欧洲、日本等发达国家和地区的经贸关系也存在同样的知识产权保护争议问题。自20世纪90年代起，中欧贸易协定一直持续实施，而中日韩FTA也一直处于谈判进程中，其中知识产权议题也在定期开展讨论。不过，近些年来，中美贸易关系再次成为全球关注的焦点，这一方面冲淡了我国与日、欧等其他发达国家和地区之间的争议，另一方面促使日、欧紧随美国利用原有WTO等框架就知识产权问题向我国施压。同样，尽管我国提出的"一带一路"倡议持续推进，但目前与共建"一带一路"国家和地区的经贸往来仍以基础设施建设和劳务派遣为主，在技术转移、品牌影响和文化产品服务等知识产权输出方面还未形成强大优势。另外，共建"一带一路"国家大多数也是WTO成员，其国内知识产权法律制度至少在立法层次上与我国相仿。从长远来看，我国应充分了解认识共建国家的知识产权执法状况，制定当地相关法律风险的应对方案，服务于"走出去"的相关产业的知识产权布局。

四、新型国际经贸体系构建中知识产权议题的复杂性

尽管知识产权将仍然是国际贸易谈判的重要内容，但在具体争议点方

---

❶ 相关法律的内容来自日本法务省"法律翻译数据库系统"：https://www.japaneselaw-translation.go.jp/，2023年1月8日访问。

面，相对于前二十年来说，今后将会更强调保护范围和执法力度的协调，其中夹杂着政治等各种考量因素的妥协。从这个角度说，TRIPS 协议当初称为"私权"的与贸易有关的知识产权，并不仅仅是一种单纯的财产权或自然民事权利，而是一种更广泛地反映了社会、政治、文化、观念，糅合了促进创新与知识信息有效传递公共利益的概念。另外，教育、文化遗产、健康、环境等人类命运共同体利益相关的公共政策也需要考虑。在技术层面，除了传统的国际立法机制，圆桌会谈、研究讨论小组、社交媒体等更广泛的公共利益协商方式可能会发挥更多的作用，也会有更多的政府间合作和磋商机制作为公约之外的制度补充，更多的非政府机构、跨国公司利益集团等参与全球治理公共政策讨论。这些转变对知识产权国际保护带来的影响是潜移默化的，具体走向目前也无法明确得知。

同时还要看到，尽管近期兴起一定的逆全球化思潮，但全球化进程的历史车轮事实上不可能倒转，数字通信和信息网络技术的飞速发展早已将世界变成了地球村。基于对当今世界面临的百年未有之大变局的洞察，自党的十八大以来，我国提出了构建人类命运共同体这一顺应时代潮流的具有远见卓识的倡议。2020 年伊始暴发的新冠病毒感染疫情急速蔓延全球，各国的仓促应对和付出的巨大代价，进一步激发了相互指责和各自国家利益至上的民粹主义，但同时也全面反映了全球化时代各国之间千丝万缕的联系，实际上不可也不能决然斩断、回到闭关锁国的前工业社会。此次危及人类生命健康的疫情在全球化时代暴发，还有气候变化、能源危机的加剧等问题，凸显人类社会正面临着共同的挑战，没有哪个国家可以真正独善其身，在人类命运共同体的价值观下寻求有利于国际秩序维系和人类生存发展之策才是全球共治的正确道路。当然，疫情会给今后的国际政治经济格局带来深刻变化，例如，发达国家某种程度的制造产业回流和各国内部的产业结构调整。但无论如何变化，世界各国对知识产权制度保障和促进科技、经济和文化创新发展作用的认识和重视都不会改变。

五、新发展阶段我国对知识产权保护的基本态度

科技是第一生产力。在信息、生物、通信等新技术深度介入社会生产

生活方式的时代，商业竞争和文化传播更是轻易就能跨过国界，知识产权保护及其所代表的国家利益在各类贸易协议和谈判中仍将是重要内容。科技领先的国家均不约而同地采取了将知识产权强保护与国际贸易谈判相捆绑以扩张其经济利益的决策，而且，在今后相当长时期内，发达国家仍将继续领跑世界核心科技创新；无论其以何种方式推行国际贸易规则，或是采取技术封锁，知识产权国际保护的强化趋势都是不可避免的。与此同时，我国提出的"一带一路"倡议和人类命运共同体的发展理念，在国际上得到了广大发展中和欠发达国家的回应；但在科技文化发展和知识产权国际保护规则方面，我们还需要表明自己的态度、适当把握话语权，这就亟须明确国家知识产权政策，应对知识产权国际保护形势的变化。

2020 年 11 月 30 日，习近平总书记就加强我国知识产权保护工作发表讲话，指出保护知识产权就是保护创新，要统筹推进知识产权领域国际合作和竞争、形成高效的国际知识产权风险预警和应急机制、建设知识产权涉外风险防控体系❶。2021 年 9 月，中共中央、国务院联合印发《知识产权强国建设纲要 （2021—2035 年)》，提出了我国知识产权工作的远景规划，即到 2035 年，国家知识产权综合竞争力跻身世界前列，知识产权制度系统完备，知识产权促进创新创业蓬勃发展，全社会知识产权文化自觉基本形成，全方位、多层次参与知识产权全球治理的国际合作格局基本形成，中国特色、世界水平的知识产权强国基本建成。2022 年 10 月，党的二十大报告指出，要深入实施科教兴国战略、人才强国战略、创新驱动发展战略；要加强知识产权法治保障，形成支持全面创新的基础制度；要坚定维护以联合国为核心的国际体系、以国际法为基础的国际秩序，推动WTO 等多边机制更好地发挥作用，增强新兴市场国家和发展中国家在全球事务中的代表性和发言权等。

应该说，加强知识产权保护是我国全面实施创新驱动发展、科教兴国战略，增强科技文化领域国际竞争力的必由之路，但我国的知识产权政策

---

❶ 习近平在中央政治局第二十五次集体学习时强调 全面加强知识产权保护工作　激发创新活力推动构建新发展格局，http://www.xinhuanet.com/politics/leaders/2020 – 12/01/c_1126808128.htm，2023 年 6 月 6 日访问。

是既要保护创新，也要兼顾公共利益平衡。在国际论坛上，我国应联合广大发展中和欠发达国家，提出反映我国社会主义核心价值观和发展观的一系列主张，坚持知识产权制度在激励创新与知识信息有效传递之间取得恰当平衡的观念，反对绝对的技术垄断，注重对教育、文化遗产、公共健康、环境等人类共同利益的维护。2020年11月，我国与日本、韩国、澳大利亚、新西兰一同加入了东盟十国发起的《区域全面经济伙伴关系协定》（Regional Comprehensive Economic Partnership，以下简称RCEP），其中的知识产权内容在一定程度上反映了不同发展阶段国家多种利益的调和。不过，RCEP以传统货物贸易为主，而前述CPTPP则包括了服务贸易、高科技、知识产权、数据流动等新业态领域，内容非常全面、详细，可以说是继WTO之后最高标准的自由贸易协定框架，其中的知识产权条款则代表着今后知识产权国际保护制度的新趋势，其发展动向极为值得关注。2021年，我国政府递交了申请加入CPTPP的公函；为此，我国的国内相关制度也在向其积极靠拢。在正式加入CPTPP之前，我国《民法典》《刑法修正案》的实施，均体现了强化知识产权保护的趋势，近些年来主要知识产权法律制度和配套实施规则的修订，也满足甚至超越了CPTPP的知识产权新标准，大为减少了我国加入该大型跨区域自由贸易协定的制度障碍，仅有些方面和细节需要进一步完善。❶

第四节　深化知识产权国际保护制度研究的必要性与重要性

一、国外关于知识产权国际保护的相关讨论

在知识产权领域，加强基础理论与应用对策研究同样重要。在重视知识

---

❶ 管育鹰：《CPTPP知识产权条款及我国法律制度的应对》，《法学杂志》2022年第2期，第95－108页。

产权保护的发达国家，学界除了对 WIPO 管理的国际条约和 TRIPS 协议进行介绍和评述，将更多的精力放在从国际贸易和技术转移的角度来研究和探讨知识产权国际保护制度的变革问题，以及近期以来 CPTPP/TTIP 等各类 FTA 协定及谈判草案中的知识产权条款等。当然，发达国家对于发展中国家关注的知识产权与国际人权保障的关系、公共健康、传统知识等议题也有回应。国外知名学者已敏锐地观察到知识产权国际保护制度正在发生的演变，以 WIPO 前总干事为代表的专家认为，在应对全球化的诸多发展方面，知识产权仍然处于舞台的中央，创新与营销技巧决定了企业和国家的竞争力；在授予专有权与保护公有领域之间寻求一种适当平衡，依然是法律发展的核心……多边层面知识产权规范制度工作进展缓慢，而几乎没有一个自由贸易协定与知识产权保护无关。❶ 美国、新加坡的学者则从经济学角度，分析论证了国家采取签约形式制定知识产权国际保护准则的内因和外因。❷ 加拿大学者对知识产权和数字贸易的国际治理进行了研究，并提出了本国如何应对知识经济发展的对策，即在专利、版权、商标、外观设计等传统知识产权领域防止不断加码，在数字治理、商业秘密、竞争和传统资源保护等新兴知识产权领域寻求有共同利益的盟友。❸ 英国学者指出，知识产权深受记录和复制信息的技术因素影响，发达国家将其作为在国际贸易中保持知识领先优势的武器。❹ 德国学者认为，TRIPS 协议和一些双边、多边国际贸易协议通常按发达国家标准设立较高的知识产权保护条款，特别是缺乏针对发展中国家的限制与例外条款，使得国际知识产权法律规则难以进一步协调。❺ 日本在知识产权国家政策和法律实施标准方面都紧随欧美，21 世纪以来高度重视

---

　　❶ 弗雷德里克·M. 阿伯特、托马斯·科蒂尔、弗朗西斯·高锐：《世界经济一体化进程中的国际知识产权法》，王清译，商务印书馆，2014，第二版前言，第 1 - 2 页。

　　❷ Gene M. Grossman & Edwin L. - C. Lai：*International Protection of Intellectual Property*，The American Economic Review，2004，94（5），pp. 1635 - 1653.

　　❸ De Beer，Jeremy：*An International Intellectual Property and Digital Trade Strategy for Canada*，Special Report，The Centre for International Governance Innovation（CIGI），2020.

　　❹ W. R. Cornish：*The International Relations of Intellectual Property*，The Cambridge Law Journal，1993，52（1），pp. 46 - 63.

　　❺ Josef Drexl：*European and International Intellectual Property Law between Propertization and Regulation：How a Fundamental - Rights Approach Can Mitigate the Tension*，The University of the Pacific Law Review，2016（47），pp. 199 - 219.

知识产权的作用，于 2002 年率先发布实施《日本知识产权基本法》，其后持续制定年度知识产权战略推进计划，分别与美欧中韩等国家和地区协商签订 TPP、FTA，开通专利快速审查通道，同时通过国际合作研究、❶ 临时研讨、专家派遣、接收实习等方式向亚非等欠发达国家提供援助，以推动完善当地知识产权制度，从而最大限度地保护日本企业的海外利益。在发展中国家，研究和政策除了现有知识产权国际保护制度本身，更关注开放创新、传统知识保护、公共健康等新议题。例如，印度于 2016 年 5 月发布首个"知识产权国家政策"，其中就包含了这些制度的发展目标。巴西学者很注重如何利用知识产权国际保护规则在国际国内纠纷解决框架下维护国家利益，特别是在专利领域，例如，在 TRIPS 协议实施后如何以强制许可方式获取专利药品。❷ 阿拉伯国家的学者认为，知识产权创造者应当得到一定利益回报，但不应赋予其垄断知识和文化的权利。❸ 非洲学者认为，TRIPS 协议本身的灵活性保证了第 28 条所授予的专利权与第 7 条所述消费者、竞争者和公众利益等社会经济福利的平衡，例如，强制许可、平行进口、自愿许可、新用途专利、政府使用许可、研究例外、波拉例外和试验数据保护等。❹

二、关于知识产权国际保护的国内研究成果

关于知识产权国际保护制度，国内早有关注和研究。事实上，基于知识产权法作为国际经济贸易体系配套法律机制的特殊性和重要性，最早的中国知识产权研究者就是从国际法和民法学科交叉领域破茧而出的，因此

---

❶ 例如，自 2013 年起中日两国知识产权专家进行联合研究，已经取得一系列成果。知的财产に関する日中共同研究报告书，https://www.jpo.go.jp/resources/report/takoku/nicchu_houkoku/index.html，2022 年 12 月 7 日访问。

❷ Vitor Martins Dias：*International Trade v. Intellectual Property Lawyers*：*Globalization and the Brazilian Legal Profession*，Journal of Civil Law Studies，2016（9），pp. 57 – 124.

❸ Ezieddin Elmahjub：*An Islamic Vision of Intellectual Property*：*Theory and Practice*，Cambridge University Press，2018，Preface，Page xi.

❹ Linda Makutsa Opati：*Intellectual Property Rights in Health – Impact on Access to Drugs*，*see Intellectual Property Rights in Kenya*，edited by Moni Wekesa and Ben Sihanya，p. 24，Konrad Adenauer Stiftung，2009.

知识产权学界很早就关注知识产权国际保护制度的发展和中国的应对策略问题。例如，作为中国知识产权研究的奠基者和引路人——郑成思教授于1981—1983 年走出国门专门研习知识产权法，回国后孜孜不倦地耕耘，陆续发表了大量关于知识产权制度的宏观认识和具体规则阐释的开拓性论著，在其早期的代表性著述中就有多部是专门详细介绍知识产权国际保护制度和主要公约、具体规则的。❶ 进入 21 世纪后，郑成思教授这方面的著述仍不断出现，例如，2001 年的《WTO 知识产权协议逐条讲解》，在其之后撰写或主编的《知识产权论》《知识产权法——新世纪初的若干研究重点》《知识产权：应用法学与基本理论》等论著中，知识产权的国际保护制度都是重要的内容。2006 年，郑成思教授与吴汉东教授在中南海做法制讲座的主旨，正是基于对国际知识产权保护发展趋势的研究而提出的对中国制定国家知识产权战略的思考。❷ 同期国内也产生了一批关于知识产权国际保护制度的研究成果，包括唐广良、董炳和于 2002 年在知识产权出版社出版的《知识产权的国际保护》，古祖雪于 2002 年在法律出版社出版的《国际知识产权法》，吴汉东主编的知识产权出版社 2007 年版《知识产权国际保护制度研究》，吴汉东、郭寿康主编的北京大学出版社 2010 年版《知识产权制度国际化问题研究》等。其中，吴汉东教授对知识产权国际保护的论述极具代表性，指出了知识产权国际保护制度的特征与功用，表现为保护标准在缔约方之间的一体化、保护规则从实体到程序的一体化以及保护体系与国际贸易体制的一体化。当代知识产权的国际保护，不仅凸显出现行制度的改革（如基因专利、网络版权、网络商标），而且面临着新制度的突破（如传统知识、遗传资源）。❸

2012 年党的十八大召开，中共中央对全球形势发展作出准确判断，提

绪
论

---

❶ 例如，《工业产权国际公约概论》，北京大学出版社 1985 年版；《版权国际公约概论》，中国展望出版社 1986 年版；《国际技术转让法通论》，中国展望出版社 1987 年版；《版权公约、版权保护与版权贸易》，中国人民大学出版社 1992 年版；《关贸总协定与世界贸易组织中的知识产权协议》，学习出版社 1994 年版；《知识产权与国际贸易》，人民出版社 1995 年版；《世界贸易组织与贸易有关的知识产权》，中国人民大学出版社 1996 年版，等。

❷ 管育鹰主编：《守正创新的知识产权研究之路》，社会科学文献出版社，2018，第 2 - 8 页。

❸ 吴汉东：《知识产权国际保护制度的变革与发展》，《法学研究》2005 年第 3 期，第 126 - 140 页。

出"和合共生""互利共赢"等构建人类命运共同体的理念，2017 年党的十九大报告更是明确了应对"百年大变局"的新时代中国特色社会主义建设的大政方针。❶ 世界秩序面临新的演变，与知识产权相关的国际经贸领域也在发生重大变化，世界各国的诉求越来越多元化，经贸关系错综复杂。针对这些变化及特点，我国学界对双边、多边投资协定中的知识产权保护议题，以及"一带一路"倡议中知识产权的定位等问题也进行了跟踪研究。❷

总的来说，在国内已有的研究成果中，比较全面的论述年代较为久远，而近期的研究止步于介绍性综述，或内容局限于单一议题、比较分散，对当前知识产权国际保护形势的系统性研判和分析、对新发展阶段中国的应对之策的研究和阐述还比较欠缺。当前，高新技术飞速发展，体现为创新和商业经营成果的知识、信息、数据集等无形财产日益成为世界各国参与国际竞争的战略性资源，也使得知识产权国际保护规则制定的新议题陆续摆在我们面前。无论主政者持经济全球化还是逆全球化思维，在各个新旧国际贸易谈判框架下，发达国家主导的知识产权国际保护的讨论，均显现出保护范围扩大、标准提高、措施完善、注重有效执行和争端解决机制等特点，这些都迫使我们及时随时追踪新技术新议题，放眼世界，系统研究和考虑我国知识产权对策及法律的制定或调整。

三、知识产权国际保护协调难点及今后研究重点

考察现有知识产权国际保护制度的动向，会发现无论在 WIPO、WTO、

---

❶ 张蕴岭主编：《百年大变局：世界与中国》，中共中央党校出版社，2019，第 1 – 20 页。

❷ 例如，杜颖：《知识产权国际保护制度的新发展及中国路径选择》，《法学家》2016 年第 3 期，第 114 – 124 页；何华：《知识产权全球治理体系的功能危机与变革创新——基于知识产权国际规则体系的考察》，《政法论坛》2020 年第 3 期，第 66 – 79 页；易继明：《后疫情时代"再全球化"进程中的知识产权博弈》，《环球法律评论》2020 年第 5 期，第 163 – 177 页；田晓萍：《国际投资协定中知识产权保护的路径及法律效果——以"礼来药企案"为视角》，《政法论丛》2016 年第 1 期，第 97 – 104 页；杨鸿：《贸易区域化中知识产权边境执法措施新问题及其应对》，《环球法律评论》2016 年第 1 期，第 172 – 184 页；徐树：《国际投资条约下知识产权保护的困境及其应对》，《法学》2019 年第 5 期，第 88 – 102 页；阮开欣：《涉外知识产权归属的法律适用》，《法学研究》2019 年第 5 期，第 191 – 208 页；等等。

CITPP 等框架下国际公约的制定或完善讨论，还是在各种 FTA 协议的谈判中，有关知识产权的议题虽侧重点各有不同，但新规则和制度推进的总体进展状况相似；也即，除了涉及教学和研究机构及其他残疾人使用的版权限制与例外之《关于为盲人、视力障碍者或其他印刷品阅读障碍者获得已出版作品提供便利的马拉喀什条约》（以下简称《马拉喀什条约》）、涉及表演者权利保护的《视听表演北京条约》等极少数议题能形成条约生效并得到成员履行，多数议题被搁置或争论激烈。例如，数字化环境下的广播组织权利保护，图书馆等公共文化机构的版权限制与例外，专利权行使与反垄断法适用的关系，未公开实验和其他数据的保护，商业秘密保护，禁止恶意商标注册和使用，外国驰名商标保护，网络环境下商业标识保护，地理标志互认与保护，传统知识、传统文化表达和遗传资源保护等问题，难以在国际规则上达成一致。

改革开放以来，在发展市场经济和融入全球经贸体系的进程中，我国建立和完善了知识产权法律制度，并先后确立了国家知识产权战略纲要和知识产权强国建设纲要。回顾我国知识产权研究的历程，研究者针对不同发展阶段不同领域的突出问题进行探讨，建言献策，取得了丰富的学术成果。当前，新时代、新形势对我国的知识产权研究提出了新要求。基于知识信息及其传播的特点，知识产权研究应当具有广阔的国际视野，随时关注科学技术的新发展，对如何制定、完善和运用知识产权法律规则为创新和经营成果提供有效保护、推进创新文化建设做出智力贡献。在全球化的背景下，研究知识产权国际保护的新体制及其发展动向，无疑有助于我们认识国际形势，完善中国现有的知识产权保护制度。

本书选择国际上关于知识产权保护议题的主要论坛，即 WIPO 框架下的若干正在讨论的、拟建立的知识产权相关国际公约或已有公约相关条款拟修订的内容，并结合 WTO 这一现行国际经贸主要体系及 CPTPP 等新兴国际贸易协议中的相应知识产权议题讨论，对我国如何根据国情对外参与国际谈判、对内进一步完善法律制度提出应对策略建议，以期能够为我国政策制定者、立法者、执法者和产业界提供有用参考。本书希望能在以下方面做出一些贡献：①描述知识产权国际保护制度基本框架及发展动向；②论证知识产权国际保护制度的理论基础；③提供国际知识产权保护主要议题及其争议点等关键信息；④分析全球化进程中知识产权国际保护重要规则的发展趋势；⑤阐明我国在知识产权国际保护规则制定领域的立场和话语；⑥提出国内知识产权保护制度的完善思路。当然，知识产权国际保护制度内容庞杂，本书仅能选择国际论坛上公示的主要议题，无法做到面面俱到，精力不足也导致其中难免存在错漏失误之处，还请各方审阅者和读者多加指正。

第一章　知识产权国际保护制度概述

第一节　知识产权制度与社会发展

一、知识产权的概念、特征及保护范围

（一）知识产权的概念

"知识产权"一词在不同语言文字中有不同表述，国际组织和公约通用的英文是"intellectual property"、法文是"propriété intellectuelle"，我国台湾、香港地区使用的繁体中文用语是"智慧財產權"，日本采用的汉字是"知的財產權（知的所有權）"。虽然知识产权国际保护制度在 19 世纪后期就由欧洲发起，但直到 1967 年世界知识产权组织成立，❶"知识产权"才成为全世界概括基于技术发明、外观设计、作品、商标、商业秘密、地理标志、植物新品种、集成电路等一系列智力成果和无形财产之法定权利的通用语，以保护工业产权的《巴黎公约》、保护文学和艺术作品的《伯尔尼公约》为基本框架的知识产权国际保护制度也得到广泛接受。我国代表团于 1973 年出席了 WIPO 的会议，并向国务院建议在中国"建立知识产

---

❶ WIPO 前身是 1893 年为管理《巴黎公约》和《伯尔尼公约》而设立的两个秘书处，整合形成"保护知识产权联合国际局"（BIRPI），总部设在瑞士伯尔尼，1960 年迁到日内瓦。

权制度",首次用到了"知识产权"一词。郑成思等国内学者在早期的相关论著中也开始采用"知识产权"的概念。❶ 1986 年我国通过实施的《中华人民共和国民法通则》采用"知识产权"一词作为正式法律用语,指代著作权(版权)❷、专利权、商标专用权等。我国于 1980 年 6 月 3 日成为 WIPO 成员之后,陆续加入了 WIPO 管理的国际条约,并于 2001 年 12 月 11 日加入 WTO 这一全球化经贸体系,将其 TRIPS 协议确立的知识产权国际保护规则最新标准和主要内容纳入了国内法。在改革开放以来的短短 40 多年内,我国迅速建立并不断完善知识产权法律制度,明确了知识产权是基本民事权利的一种,"知识产权"成为我国法律制度和社会生活中频现的词汇。

尽管如此,无论是国际公约、国内法还是学理研究,对什么是知识产权并无统一公认的定义。《建立世界知识产权组织公约》第 2 条关于"知识产权"的定义采用了列举法,指出知识产权是有关文学艺术和科学作品,表演艺术家的演出、录音和广播,发明,科学发现,工业品外观设计,商标、服务标记、商号名称和标记,禁止不正当竞争,以及在工业、科学、文学或艺术领域内其他一切来自知识活动的权利。当然,该列举中的兜底性表述也可去除"其他"转换为另一种定义方式,即知识产权是"工业、科学、文学或艺术领域内一切来自知识活动的权利"。不过,WIPO 的这个定义过于宽泛,并非一切知识活动都产生知识产权,尤其是一般认为科学发现属于对自然规律或现象的揭示而不是人类创造的成果;至少就目前而言,其成员几乎没有将科学发现视为知识产权保护客体的。TRIPS 协议第 1 条指出"知识产权"一词指该协议第二部分第一节至第七节所有类别客体(著作权和相关权、商标、地理标志、工业品外观设计、专利、集成电路布图设计、对未公开信息的保护、对许可合同中限制竞争行为的控制)的权利,这实际上也没有阐释知识产权本身的概念,而仅是列举其保护客体,且属于非开放性列举。法国是少有的颁布专门的知识产权法典——《法国知识产权法典》的国家,但该法典是对现有各个分支的

---

❶ 郑成思:《20 世纪知识产权法学研究回顾》,《知识产权》1999 年第 5 期,第 3 – 10 页。

❷ 除非另有说明,本书中的"版权"一词与"著作权"同义。

总和，其中并未给出"知识产权"的定义。2002 年的《日本知识产权基本法》第 2 条规定"知识产权"指发明专利权、实用新型专利权、培养者权、外观设计权、著作权、商标权以及其他知识财产相关法律所规定的权利，或与受法律保护的利益相关的权利。"知识财产"指发明、设计、植物新品种、外观设计、作品以及其他人类创造性活动成果（包括被发现或破解的可在产业上利用的自然法则或现象），经营活动中用于表示商品或服务的商标、商号、商品名称等商业标识，以及对经营活动有用的技术或商业信息。可见，鉴于知识产权保护客体范围呈现不断扩张的趋势，日本采取的是在对"知识产权"下定义时辅以将"知识财产"划分为"人类创造性活动成果""商业标识""技术或商业信息"三类表述方式以增加立法弹性。我国 2020 年通过的《中华人民共和国民法典》（以下简称《民法典》）第 123 条规定，"知识产权是权利人依法就下列客体享有的专有的权利：（一）作品；（二）发明、实用新型、外观设计；（三）商标；（四）地理标志；（五）商业秘密；（六）集成电路布图设计；（七）植物新品种；（八）法律规定的其他客体"，这是一种"客体列举 + 严格的兜底条款"的半开放立法，采取的是比 WIPO 公约保守、比 TRIPS 协议灵活、比日本立法简练的折中方式。

域外理论和实务界对知识产权的概念这一基本理论问题探讨得并不多，很多著述中都是一笔带过。例如，WIPO 出版物指出，从广义上说，知识产权是工业、科学、文学艺术领域的智力活动成果所产生的合法权益；❶ 美国学者认为，知识产权是对无形的智力财产的专有权，❷ 是思维或智力活动的产物；❸ 欧洲学者指出，知识产权保护的是有商业价值的对观念和信息的应用，❹ 是对审美性创作物、技术性发明、识别性标志等各种

❶ WIPO Publication No. 489：*WIPO Intellectual Property Handbook*：*Policy*，*Law and Use*，WIPO 2004，p. 3.

❷ Dan Hunter：*The Oxford Introductions to U. S. Law*：*Intellectual Property*，Oxford University Press，2012，p. 1.

❸ Deborah E. Bouchoux：*Intellectual Property*：*the Law of Trademarks*，*Copyrights*，*Patents*，and *Trade Secret*，Delmar Cenage Learning，4th edition，2013，p. 3.

❹ W. R. Cornish：*Intellectual Property*：*Patents*，*Copyrights*，*Trademarks & Allied Rights*，Sweet & Maxwell，4th edition，1999，p. 6.

无形产品享有的一定期间的专有权；❶ 澳大利亚学者认为很难给知识产权下定义，其具有不确定性、模糊性，包含了规范人类行为的多种法则和目标，❷ 知识产权是规范诸多人类活动产生的无形客体之所有权和使用权的法定特权。❸

国内知识产权学界基于对知识产权客体之本质持有的不同观点，采用不同角度对知识产权概念进行描述，如智力成果说、无形财产说、信息说、知识说、符号说等。❹ 代表性的观点包括："知识产权指的是人们可以就其智力创造的成果所依法享有的专有权利"❺，"知识产权是智力成果的创造人依法享有的权利和生产经营活动中标记所有人依法享有的权利的总称"❻，"知识产权是人们对于自己的智力活动创造的成果和经营管理活动中的标记、信誉依法享有的权利"❼，等等。但无论是哪种，都难以准确而全面地概括揭示知识产权客体的一般本质特征。究其原因，主要是知识产权制度自产生之日起，其所涵盖的对象就一直随着科技、文化和商业模式的发展而扩展。例如，知识产权制度涵盖的三大领域是版权、商标和专利，后来逐渐扩张到对商业秘密、地理标志、植物新品种、集成电路芯片等客体的保护；同时，因新技术、新商业模式而产生的新客体，也在源源不断地被纳入现有版权、商标、专利制度的保护范围中；❽ 另外，更广阔领域的内容是否加入知识产权法律制度框架也在讨论中，例如对遗传资源信息、传统知识、商品化权益、数据财产的保护。值得一提的是，在理论基础方面，早在 1985 年，郑成思教授即通过《信息、新型技术与知识产权》一书指出了知识产权客体的"信息"本质，《欧洲知识产权评论》等

---

❶ Nicolas Bouche：*Intellectual Property Law in France*，Wolters Kluwer，3rd edition，2017，p. 30.

❷ Alexandra George：*Constructing intellectual property*，Cambridge University Press，2012，p. 32.

❸ Peter Drahos：*A Philosophy of Intellectual Property*，Ashgate Publishing Ltd.，1996，p. 5.

❹ 管育鹰：《知识产权法学的新发展》，中国社会科学出版社，2013，第 31 - 38 页。

❺ 郑成思主编：《知识产权法教程》，法律出版社，1993，第 1 页。

❻ 刘春田主编：《知识产权法教程》，中国人民大学出版社，1995，第 1 页。

❼ 吴汉东主编：《知识产权法》，中国政法大学出版社，2002，第 10 页。

❽ 例如，2020 年修改的《著作权法》第 3 条增加了"作品"的定义，并将"符合作品特征的其他智力成果"这一开放性条款作为兜底，为今后纳入新的保护客体留下了立法空间；另外，涉及商业方法的计算机相关算法发明、气味商标等新客体是否给予保护也在讨论中。

国际学术刊物均专文推介这一重大理论创新成果；他还在 1988 年发表的论文中首次提出了"信息产权"概念，指出："在 20 世纪 80 年代后，许多发达国家的法学家发现：对于保护个人数据，一些大公司远比被收集人更加关心。主要原因在于许多关于顾客的个人数据为大公司的生产及销售方向提供了可靠的依据，有些个人数据甚至构成大公司'商誉'的重要因素。显然掌握可靠的顾客数据有助于增加公司的利润，因此也被看作某种无形产权。不过，把'个人数据'直接看作知识产权的人并不多，但我想至少可以把它看作一种特殊的'工商经营信息源'……这样，我们可以认为传统知识产权本身，就是信息产权的一项内容。当然，我们也可以认为信息产权是传统知识产权扩大后的内容。"❶ 这一对知识产权概念的基本认识及其与信息产权关系的论述，对我国知识产权制度今后的发展以及与国际社会探讨知识产权国际保护制度奠定了基础。

简言之，"知识产权"一词所包含的内容不断丰富和细化，其客体的动态性使得要为知识产权下一个周延的定义十分困难，自 20 世纪 70 年代以来，各国知识产权学者虽有各种尝试，但至今尚未形成公认的定义。尽管如此，随着人们对知识产权客体共性的认识不断深入，对其概念的认识也在走向成熟，即知识产权保护的是由民事主体创造或持续经营管理使用的、可无限复制利用而不减损其经济价值的特定信息。本书认为，可将"知识产权"称为"民事主体就其智力活动创造成果和特定商业经营信息所依法享有的权利"。

（二）知识产权的特征

作为民事权利中的特殊类别，知识产权区别于其他基本民事权利的特点相当明显。正如研究者所言，知识产权的权利体系总是处于不断发展变化中，其客体范围相当宽泛且呈不断扩大趋势，其包含的不同类型的知识产权各有不同特点，以及上述这些内容的变数并不完全取决于民法的自身逻辑，而更多的是受科学技术的发展水平、国家的产业政策以及国际经济关系的协调与冲突的结果制约。因此，要归纳出知识产权的特点，使之涵

---

❶ 郑成思：《知识产权与信息产权》，《工业产权》1988 年第 3 期，第 4-7 页。

盖一切类型的知识产权，并足以廓清知识产权与其他民事权利的界限，是非常困难的，甚至是不可能的。❶ 为此，本书仅列举知识产权的三个主要特点加以简述。

1. 权利客体的非物质性

进入信息社会以来，创新成为发展的第一驱动力，数字网络、生物、纳米、航天航空、材料、能源环保等几乎所有涉及人类社会可持续发展的高新科技都在迅猛发展；作为创新法治保障的知识产权制度，无论对权利人还是对整个社会经济、科技、文化的发展都日益重要。可以说，知识产权保护已经成为现代社会的一项基本法律制度，关系到国家治理体系和治理能力现代化；正如习近平总书记说的，"创新是引领发展的第一动力，保护知识产权就是保护创新"❷。知识产权的保护客体，无论是作品、设计、发明、专有技术等特定智力活动成果，还是经营者拥有的商标、商业秘密等具有经济价值的特定信息，其本质都可归纳为无形信息。因此，知识产权是与有形财产权（物权）并列的无形财产所有权（特定信息产权），其区别于物权的首要和主要的特征是其客体具有非物质性。

当然，非物质性的信息是可以无限复制、传播和同时共享的，受知识产权法律保护的知识或特定信息也是如此，因此其创造者和经营者的利益只能通过法律赋予的专有性使用或实施权，或者以禁止他人非法复制侵占的方式来实现。相对于边界明晰或范围确定的有形物所有权而言，知识产权这种对特定无形信息使用享有的专有权（又称所有权、绝对权、对世权，英文是"exclusive right"）因客体具有高度的无形性和抽象性，其权利的内容、边界，甚至是否成立都具有一定的不确定性，在很多情形下对权利及其保护范围的争议需要依据国内立法，通过准司法、司法等法定程序加以明确。典型的例如发明专利，其权利是否有效、权利边界如何划定等，在建立专利制度的国家都是司法实践中经常要面对和解决的问题。正因为如此，郑成思教授在介绍知识产权特性的时候指出："有些英美法系

---

❶ 郑成思主编：《知识产权——应用法学与基本理论》，人民出版社，2005，第294页。

❷ 新华社：《习近平主持中央政治局第二十五次集体学习并讲话》，http://www.gov.cn/xin-wen/2020-12/01/content_5566183.htm，2023年1月6日访问。

国家，则把它称为'诉讼中的准物权'。这些不同的表述均反映出知识产权具有不同于其他财产权，尤其不同于有形财产权的特点。"❶ 我国学界对知识产权基本特征比较典型的概括是"客体共享，利益排他"❷。

值得注意的是，因为知识产权客体的本质特性是信息，自郑成思教授与国际知识产权学者在 20 世纪 80 年代末提出"信息产权"的概念以来，我国一直在研究"知识产权"概念时提到"信息"及其属性，❸ 但始终未能更进一步探讨并达成共识。例如，《民法典》制定过程中，为了适应互联网和大数据时代发展的需要，2016 年的《中华人民共和国民法总则（草案）》曾经对网络虚拟财产（关于"物权"的第 104 条）、数据信息（关于"知识产权"的第 108 条第 2 款第 8 项）等新型民事权利客体作了规定，但 2017 年通过的《中华人民共和国民法总则》（以下简称《民法总则》）（直接转化为 2020 年《民法典》总则部分）通过时，第 123 条关于知识产权保护客体的规定删除了原先列举的"数据信息"一项，并将其与虚拟财产一起，另行以第 127 条作出了衔接性制度安排，即"法律对数据、网络虚拟财产的保护有规定的，依照其规定"。从已有的国际公约看，数据信息本身在知识产权领域的定位可以寻到踪迹。WIPO 公约将"禁止不正当竞争"列举为知识产权保护对象，并以"在工业、科学、文学或艺术领域内其他一切来自知识活动的权利"作为兜底，显然这一规定保持了开放性，可用于解释知识产权包括对无形信息数据不当利用行为的禁止。同样，WTO 的 TRIPS 协议对知识产权内容的列举也保留了弹性，例如，其采用的"对未公开信息的保护权"这一概念，既可以狭义解释为典型的商业秘密，也为受到某一主体合法收集并控制的特定信息数据合集之利用权保护（例如欧盟的数据库特殊权利制度）提供了依据。而随着数字经济的发展，数据作为国家发展基础资源的作用日益突出，跨境数据流动涉及的国家主权以及企业对大数据的开发利用和交易产生的数据确权需求也日益迫切，同时原有知识产权保护框架内的药品试验数据等特定信息的保护，

第一章　知识产权国际保护制度概述

---

❶ 郑成思主编：《知识产权法教程》（高等学校法学教材），法律出版社，1993，第 4 页。
❷ 朱谢群：《信息共享与知识产权专有》，《中国社会科学》2003 年第 4 期，第 134 - 143 页。
❸ 管育鹰：《知识产权法学的新发展》，中国社会科学出版社，2013，第 31 - 38 页。

也成为不同发展阶段国家的磋商议题。在 TPP（CPTPP)/TTIP 和近些年的各种 FTA 经贸谈判及协议中，与特定信息、数据保护相关的规则制定和讨论也成为受关注的内容。❶

2. 知识产权的地域性

除了客体的非物质性，知识产权的主要特征还包括地域性。地域性是指一国法律承认和保护的知识产权只在该国有效，或者说知识产权要在一国获得承认和保护必须依照该国的法律和程序。地域性表明知识产权是由国内法确定的法定性权利，即按照国内法获得确认和保护的知识产权只在该国具有法律效力，不具有域外效力；一国的知识产权要取得域外效力，必须依据当地法律的规定由其行政主管机关加以确认。例如，专利和商标等工业产权在各国都要依照各自国内法规定的具体程序经过行政机关的审查或核准才予以确认，因此同一客体并非当然地在不同国家都获得完全一致的确认和保护；当然，各国可以通过国际公约或者双边协定制定知识产权效力互认的相关原则和程序便捷化的具体做法。事实上，《巴黎公约》等 WIPO 管理的多个关于商标、专利、外观设计等注册或审查程序统一或协调互认方面的国际条约正是为此目的建立的。此外，知识产权特有的地域性也表明，即使各成员签订了知识产权保护相关的国际公约，在国内立法上也采纳了公约设立的门槛和标准，但作为法律制度运行重要内容和实现最终目标的知识产权执法领域，因涉及成员内部的整体社会经济发展背景、法治环境状况，其立法细则、法律适用解释或实施效果不尽相同。因此，《巴黎公约》第 4 条之二特别声明："就同一发明在不同国家取得的专利是互相独立的。"

知识产权的地域性更明显地体现在各国的法律实施中。在著作权领域，即使《伯尔尼公约》明确的自动取得原则得到各成员遵循，但针对同一作品或表演、录音录像制品、广播等客体，其权利内容、权利限制、保

---

❶ 例如，TPP 关于电子商务的第 14 章涉及数据，美国认为 TPP 须明确不能强行规定成员企业将政府数据存储在本地数据中心，而对药品试验数据则应该提供一定期限的保护；在 2020 年中美达成的第一阶段贸易协议中，除了要保护商业秘密或者机密商业信息，双方还约定"为药品相关知识产权，包括专利以及为满足上市审批条件而提交的未经披露的试验数据或其他数据，提供有效保护和执法"。

护范围和保护期等在各成员方也可能不同。近年来，在 TPP（CPTTP）、TTIP 等与知识产权相关的国际经贸谈判中，美欧等一致推动将著作权保护期延长到 70 年，而发展中国家则对此持不愿意附议的态度。在专利领域，近年来，除了在知识产权相关的国际经贸谈判中一些国家推动实施药品试验数据保护和延长药品专利保护期，在信息网络和通信技术领域标准必要专利（Standards - Essential Patents，以下简称 SEP）方面还出现了争夺司法管辖权的"择地诉讼"现象。[1] 由于知识产权的地域性特征，迄今为止并无所谓的"世界专利"，同一项发明因分别在不同国家和地区获得专利权保护、权利人以抽象的"公平合理无歧视"（Fair Reasonable And Non - Discriminatory，以下简称 FRAND）原则承诺许可实施而被纳入通信行业技术标准，那么，在各国可能发生的 SEP 无效或侵权平行诉讼中，法院对FRAND 的理解、权利范围的解释、是否颁发禁令、赔偿额或许可费率高低等影响当事人双方实质利益的救济措施和力度都不可能完全一致。[2] 在商标领域，地域性特征带来的国际保护之争议，典型的是外国驰名商标的保护问题，使用、知名度的地域范围均可能影响最终是否予以保护的判定；在我国商标授权确权行政案件和民事侵权案件中，无论是《中华人民共和国商标法》（以下简称《商标法》）第 13 条规定的未注册驰名商标，还是第 32 条的他人在先使用并有一定影响的商标，均要求该相关权益形成于"中国境内"，对于在先标识的域外使用情况，虽然在司法实践中不排除适当考虑国外已知名的因素，但仅作为综合判断的一种辅助性考量因素。[3]另外，我国作为世界工厂和世界最大市场，也使得平行进口、定牌加工、跨境电商海外购等问题因商标地域性原则的适用屡屡引起纠纷和讨论。[4]

鉴于无形知识、数据信息的跨境复制和传播日益频繁和便捷，知识产

---

[1] 仲春、关佩仪：《禁诉令制度之适用探析与思考——以涉外知识产权诉讼为例》，《科技·知产财经》2020 年第 4 期，"知产财经"公众号，2022 年 12 月 28 日访问。

[2] 管育鹰：《标准必要专利权人的 FRAND 声明之法律性质探析》，《环球法律评论》2019 年第 3 期，第 5 - 18 页。

[3] 孔祥俊：《论我国商标司法的八个关系——纪念〈商标法〉颁布 30 周年》，《知识产权》2012 年第 7 期，第 3 - 36 页。

[4] 黄汇：《商标使用地域性原理的理解立场及适用逻辑》，《中国法学》2019 年第 5 期，第80 - 96 页。

权地域性原则显然不利于为其具有技术和竞争优势的权利人带来更充分的保护，一些国家认为 WTO 的 TRIPS 协议参照第一次工业革命时代的《巴黎公约》和《伯尔尼公约》设定的保护门槛和标准太低，导致发展中和欠发达国家可以根据地域性原则降低保护效果，因此需要重新建立摆脱地域性限制，全面实现实体和程序规则统一、执法效果一致的国际知识产权保护制度，使得科技和经济文化领先国家的权利人能够在全球范围内实现利益的最大化。知识产权执法是涉及每个国家的政治、历史、文化传统的复杂问题，其实效与一国的社会、经济、科技发展水平和法治环境建设等因素紧密相关，很多具体制度的执行属于国家主权范围。因此，在后 TRIPS 协议时代的国际知识产权论坛上，执法协调问题的讨论和谈判显得更重要，发达国家要求成员按照其知识产权执法标准设立或改进的目标与发展中国家分歧巨大，谈判及最终形成的具体条款以及其在各国国内法中如何落地，必定是一个不断博弈的过程。

3. 知识产权的时间性

时间性是知识产权的特征之一，指这种针对智力成果的法定专有权具有一定的有效期，一旦超过法定期间，相关的智力成果就不再受法律保护而成为人类公共财富，为人们自由使用。这种法定的时间性特征是知识产权制度设立的基本前提之一，因为知识产权的客体——知识和信息，都具有传承性和公共性，任何人的创作、创造成果都基于前人的创造所积累的知识产生。法律赋予创新者使用相关成果或信息的专有权仅在一定期间有效，主要以保障其投入回报为主符合公平和效率原则，这样既有利于激励创新又有利于知识传播和传承，是促进全社会科技文化发展之最终目标的合理制度选择。当然，在理论上，对于经营类的有商业价值的信息，若其主体合法存续并在商业活动中持续依法使用该信息，则相关权利可以一直存续；但不可否认，这些商业经营信息成果的专有使用权在某种意义上也具有时间性。例如，注册商标需在市场上持续使用且定期履行续展手续、商业秘密需一直采取保密措施，否则连续三年不使用或到期不续展、对特定信息不采取保密措施，就会失去相关权利。

知识产权的时间性与地域性关系紧密。一般来说，国际公约不直接明确规定每一种权利的保护期，或仅提示成员须提供一定期限以上的专有权保护。例如，《伯尔尼公约》针对不同作品作了不同规定、将作者死后或发表后 50 年作为最低要求，但并不限制成员国提供更高保护；《巴黎公约》本身没有关于专利等工业产权保护期的规定；后来 1994 年的 TRIPS 协议将工业产权保护期最低标准确定为专利 20 年、商标 7 年、外观设计 10 年；而《工业品外观设计国际注册海牙协定》（以下简称《海牙协定》）1999 年的日内瓦文本第 7 条第 3 款第 a 项则把外观设计的保护期定为自国际注册日起 15 年。知识产权保护期的设定事关权利人和社会公众的重大利益，为此对其延长的推动或反对，无论是在国内还是国际层面都需要能达成利益平衡，并以立法或条约确认。知识产权有优势的发达国家无疑希望在全球推动延长保护期，而欠发达的国家则坚持国际公约已有的门槛标准，因此就目前而言，知识产权的时间性在不同国家和地区的差异表现仍然明显。例如，美国迪士尼公司不仅具有巨大的世界性文化影响力，还是其国内版权产业的龙头企业，每年在全球收取的版税极为可观；1998 年米老鼠、唐老鸭等其招牌动漫角色和核心文化资产的一批早期作品即将到期，为此美国专门制定通过《版权保护期延长法案》，将美国版权法上的保护期再延长 20 年，为此有人将该法案戏称为"米老鼠法案"。之后，将版权保护期基准提高到 70 年、延长药品专利保护期等，成为 TPP/TTIP 等新经贸协议谈判中美国极力推动的议题；这一不断延长保护期的强硬态度即使在日本这样的亚洲发达国家中也引起了争议，不过其经利弊权衡最终也修法延长了著作权保护期。❶ 我国已经申请加入美国退出后生效的 CPTPP，尽管该协定最终搁置了版权保护期和药品专利保护期延长条款，但我国仍在 2020 年修改《中华人民共和国专利法》（以下简称《专利法》）时增加了药品专利保护期延长制度，以回应国内原研药创新者的保护需求并适应药品专利制度的国际发展趋势；不过在版权方面，我国 2020 年修改的《著作权法》并未仿效美欧日延长保护期，而这并不违背 CPTPP 的要求。

---

❶ 蔡玫：《论著作权保护期限延长问题——以日本修改著作权法为例》，《中国出版》2017 年第 2 期，第 57－60 页。

（三）知识产权的保护客体及权利范围

讨论知识产权的保护客体及权利范围，有助于进一步了解知识产权国际论坛上的主要争议问题。对照 WIPO 管理的公约和 TRIPS 协议，被纳入现有知识产权国际保护制度框架的权利保护客体包括：作品、表演、录音制品、广播、发明、实用新型、商标、商号、工业品外观设计、商业秘密、地理标志、植物新品种、集成电路布图设计，以及"制止不正当竞争权利"[1] 和在工业、科学、文学或艺术领域里一切其他来自知识活动的合法权益。在权利内容和范围方面，知识产权国际公约要求各成员法律赋予权利人的，是控制客体的排他性使用权（专有权），或者对某些假冒或混同、虚假标示、误导滥用、侵占或损害等不正当竞争行为的禁止权。例如，根据知识产权联合国际局的指南，专利权是实施产业发明的独占实施权，外观设计权是制造、销售、使用带有该设计的产品的专有权，商标权是在相同或近似商品上使用相同或近似商标的专有权，而商号、货源标记、原产地标记的使用人有权禁止非法滥用或虚假误导等不正当竞争行为。[2] 而根据《伯尔尼公约》，受保护的著作权及相关权之具体内容，除了作者身份署名、作品不受歪曲篡改的精神权利，主要是复制、发行、改编和各类向公众传播的经济权利。

尽管各国基于知识产权国际保护制度的要求，以国内法规定的保护客体和专有权内容基本相同，但事实上，由于各国具体国情不同，受保护客体和权利内容及其范围如何解释和划定，包括不予保护的对象和权利限制等具体方面是有差异的，这也是知识产权地域性的体现。例如，在我国《著作权法》第三次修改过程中，作为保护客体的"视听作品"与"录音录像制品"之区分，从早期卡拉 OK 厅播放的 MTV/MV，[3] 到近期的体育

---

[1] 1967 年通过的《建立世界知识产权组织公约》第 2 条，明确将"制止不正当竞争的权利"纳入了"知识产权"的定义。

[2] BIRPI: *Guide to the Application of the Paris Convention for the Protection of Industrial Property as Revised at Stockholm in* 1967, William Clowers (International) LTD., 1968, p. 22 – 23.

[3] 有代表性的观点是对卡拉 OK 厅播放的曲目应区别对待：有独创性的为作品，简单机械录制的为录像制品；张晓津：《MTV 作品著作权法律保护问题研究》，《中国版权》2005 年第 2 期，第 26 – 28 页。

赛事或电子游戏直播画面，都引起高度关注和讨论，其核心争议焦点即两大法系不同国家对作品"独创性"判断标准的不同。^❶尽管所有《伯尔尼公约》成员都为作品、广播电视提供保护，但各国法律对这些客体的定义和阐释、对其权利人赋予的权利内容是不同的；我国2020年《著作权法》第3条的"作品"定义及类型列举条款屡经讨论最终修订通过，但在法律适用过程中，遗留的尚未达成共识的作品范围问题争议将会持续。除了客体的具体定义和阐释外，权利内容、权利限制在我国《著作权法》中的具体规定和解释也存在诸多争议，即使2020年修法回应了一些问题并做了相应条款安排，但在实践中，具体的适用标准和规则仍然有待进一步明确。例如，在网络环境下广播权与信息网络传播权的界定和解释，广播组织权的内容，以及"三网融合"产生的"回看"，定时播放等新服务模式中广播者与作者或著作权人、表演者、录制者之间的权利义务关系，著作权限制与例外规则在实践中保持弹性的必要性等。

这些知识产权制度在不同国家或地区运行时存在的实际差异，必然引起关于知识产权国际保护制度执法效果的争执和国际论坛上进一步进行协调的努力。但是，这些有争议的问题往往涉及各国产业的核心利益，其中的博弈必定非常激烈，例如，前述作为SEP的同一发明技术方案在各主要国际市场引发的互为掣肘的禁诉令现象。这些问题均从侧面反映了同为知识产权国际公约成员的不同国家具体法律制度及其运行中的复杂性，以及达成实质上"全球性"的专利、商标、著作权等统一的知识产权保护制度的困难。

二、知识产权制度发展与社会经济、科技、文化的关系

知识产权是典型的无形信息财产权。有学者认为，洛克、康德阐释有形物财产权的"自然权利"论，尽管没有提及知识产权保护，但其基本思

---

❶ 关于是否具有独创性的两种代表性观点，参见王迁：《论体育赛事现场直播画面的著作权保护——兼评"凤凰网赛事转播案"》，《法律科学》2016年第1期，第182－191页；崔国斌：《体育赛事直播画面的独创性标准选择》，《苏州大学学报》（法学版）2019年第6期，第1－12页。

想理念可作为知识产权的哲学和政治经济学基础，"法律须承认和保护以确保创作人的自律与独立"；但罗尔斯的"正义论"在承认劳动价值论的基础上，也能解释国家对知识产权保护范围及其权利行使的必要限制与约束，从而使整个制度具有正当性。❶ 这种多元主义的哲学和政治经济学思考无疑对国内、国际知识产权保护制度均具有重要指导意义。从制度发展史来看，知识产权作为专有财产权的保护意识和需求直到第一次产业革命后才萌生，而不是像物权、所有权一样早在罗马法时代就已经形成。在某种程度上，将知识产权以法律设定为权利人在一段时期内的垄断实施或使用特定信息的专有性权利，体现了国家基于激励和保护创新以推动整体社会进步的公共政策考量，这种认识显然受到了边沁的功利主义理论（最大幸福论）的影响；也即，"没有法律就谈不上财产权的产生和存在，法律的任务就是保护财产权。因而一国富裕的唯一办法便是维护财产权利的神圣性，社会应当鼓励私人的创造努力和进取心。国家法律所能做的就是通过惩罚与奖赏的制度设计为实现这一目标而创造驱动力，从而刺激和奖励人们去努力占有更多的财富"❷。对于知识产权制度是否真正能促进创新，西方经济学有大量实证研究，但未能证明这一制度与创新有必然联系，例如，荷兰和瑞士某一历史时期无专利制度，其发明产出和应用也未见受到影响。❸ 学者还是审慎提出，如果不知道制度作为整体是好是坏，最无可非议的政策性结论就是"这样持续下去"，换言之，如果没有专利制度，根据有关经济效果的现有知识建议引入是不负责任的，但如果已有此制度，则建议废除是不负责任的。❹

　　无论理论上持财产说、工具说，还是折中主义的多元说，作为事实，知识产权制度的产生和发展与社会经济、科技、文化的发展紧密相关，其

---

❶ 罗伯特·P. 莫杰思（Robert P. Merges）：《知识产权正当性解释》，金海军、史兆欢、寇海侠译，商务印书馆，2019，第33–42页。

❷ E. 博登海默：《法理学——法律哲学与法律方法》，邓正来译，中国政法大学出版社，1999，第106–107页。

❸ Schiff Eric：*Industrialization Without National Patents*：*The Netherlands*（1869–1912），*Switzerland*（1850–1907），Princeton University Press，1971，pp. 121–126.

❹ Fritz Machlup：*An Economic Review of the Patent System*，*Study of the Subcommittee on Patents*，*Trademarks*，*and Copyrights of the Committee on the Judiciary*，U. S. Senate，Study no. 15，1958，p. 80.

制度规则与变迁尤其与技术发展和应用具有天然不可分割的关系。专利和技术秘密的保护本身就出于科技创新主体的保护需求，作品、表演、录音、广播电视等文化资讯和内容的创作、复制、传播、保护，一直因无形信息的复制传播技术飞速发展而使得版权制度规则面临着不断更新调适的挑战。对商标保护和禁止搭便车式的商业混淆、禁止不正当侵占他人合法经营的特定信息等行为，本质上是为了保护商誉和无形财产，属于对民事和商业活动中诚信原则的具体适用。但无论是采用新产品、采用新生产方式、开辟新市场、掠取或控制新的供应源、实现新的工业组织，❶ 推动社会经济发展的商业模式创新均离不开技术发展与应用，也给知识产权法律规则的适用带来新的问题，例如，网络环境中的公平竞争与垄断等问题。简言之，知识产权制度与科学技术的发展具有与生俱来的密切关系，例如，专利制度本身就是对于技术发明和创新提供保护的法律制度，版权制度的发展进程与作品传播技术的每一次更新和变迁相关，而网络、大数据等新技术引发的商业模式创新也促使商标法和反不正当竞争法相关规则的不断完善。

　　进入知识经济时代后，科技成为推动社会经济发展的主要力量，知识产权的财产权属性受到格外关注；事实上，"知识产权过去在财产权中的地位并不十分重要。只是在 20 世纪中、后期以来，科学技术的迅速发展，才很快地提高了知识产权的地位。"❷ 知识产权是典型的市场经济下保护创新者利益回报，从而激励再创新以带动经济发展增加社会整体福利的法律规则，尤其与经济全球化进程中的国际贸易规则有密不可分的联系。在科技、经济和文化发达国家，知识产权制度是被验证的促进综合国力发展和壮大的行之有效的创新激励和保护机制。发达国家的经验表明，规则明确、执法程序公正透明、相关行为法律后果具有可预期性的知识产权法律制度，可以使创新者及其相关投入者的合法权益保障没有后顾之忧，有效的知识产权保护有助于实现新兴产业市场资源的优化配置，最终促进科技文化的发展和强盛。目前，世界正进入一场以信息、生物等高新技术和智能环保等关键词来描述的产业革命，这场变革将深刻改变人们的生产、生

---

❶ 约瑟夫·熊彼特：《经济发展理论》，何畏、易家详译，商务印书馆，1990，第 38 页。
❷ 郑成思：《知识产权法》，四川人民出版社，1988，第 2 页。

活方式与社会经济发展模式。为把握这一重要的发展机遇，主要的发达国家都出台了一系列激励创新的战略和行动计划，加大科技研发投入以期保持其科技前沿地位、抢占未来发展的制高点，我国决策层也一再强调，加快科技创新、实施创新驱动发展战略决定着国家和民族的前途命运。党的二十大报告指出，必须坚持科技是第一生产力、人才是第一资源、创新是第一动力；要坚持创新在我国现代化建设全局中的核心地位，要加强知识产权法治保障，形成支持全面创新的基础制度。

我国高度重视知识产权保护工作，改革开放40余年来不断完善法治保障，强化知识产权保护，国家知识产权事业取得了巨大成就。2020年11月底习近平总书记关于知识产权保护工作的讲话，更是高屋建瓴地阐明了新发展阶段加强知识产权保护对构建新发展格局、推动高质量发展的重要意义，提纲挈领地描绘了进一步推进我国知识产权保护工作的顶层设计和蓝图规划。但目前，与发达国家相比，能代表综合国力的核心技术、驰名品牌和优质文化产品总量还是相对落后，这与我国所处的社会、经济、文化的发展阶段是相对应的。同时，在当前我国知识产权强国建设过程中，仍有一些值得关注和亟须解决的问题。例如，在整个知识产权领域权利人普遍反映有"维权难"问题，在专利商标领域出现了片面追求数量而忽视质量、妨碍其他市场主体的非正常申请问题，在版权领域存在客体、权属、权利内容、侵权责任判定标准认识不统一，以及许可使用合同条款粗糙等带来的纠纷频发问题，另外还有新业态发展中出现的商业秘密保护、无形数据财产利益、不正当竞争行为的界定等规则不明晰问题。目前，国家已经着手解决这些问题。例如，针对维权难，2019年修改的《商标法》《反不正当竞争法》，2020年修改的《专利法》《著作权法》均大幅提高了法定赔偿额上限、增加了惩罚性赔偿责任、明确了举证妨碍等相关制度，《刑法修正案》（十一）也加强了对商业秘密的保护，目前《反不正当竞争法》的修改草案还增加了对商业数据财产保护的条款。这些法律规则的更新和完善，将进一步强化今后我国的知识产权保护力度。

就知识产权与社会经济、科技、文化的紧密关系而言，在无形的信息数据成为基础资源的今天，在技术方面，国家、地区之间的完全割裂、隔绝和封锁是难以实现的，这种做法不但有违科技创新发展规律，也有损全人类公共福祉而不得人心。应该说，当今世界虽然面临更多的不确定因素，包括一段时期内发达国家的"脱钩"举措频出，但世界历史经验表明，人类社会总的发展趋势仍然是科技、人才、资金和市场的互联互通，全球化和多边贸易的挫折不应动摇我国继续深化改革和对外开放的决心。为此，面对国际社会和谐发展进程中暂时出现的一些不确定因素和挑战，我们需要作出准确的判断和应对。我国在探索自己的知识产权发展道路的进程中，创设了一系列适用于现阶段我国社会经济、科技、文化发展和今后在国际社会主张基于人类命运共同体理念构建的知识产权国际保护规则和制度阐释，其核心要义就是习近平总书记所说的，"既严格保护知识产权，又确保公共利益和激励创新兼得"❶。

第二节　国际贸易与知识产权
国际保护制度的发展

一、国际贸易的目的、功能与问题概述

国际贸易，也称世界贸易，是指世界各国之间就货物、服务、知识产权等有形或无形商品所进行的交换活动；对某一国来说，也叫对外贸易或进出口贸易。国际贸易的目的是使世界各国互通有无，弥补各自国内因地域及自然条件、产业布局的不同导致的资源差异和商品短缺，调整国内外市场的供求，以满足国民生活需要和推动国民经济发展。

国际贸易最早在国家众多的欧洲大陆兴起。进入以机器代替手工劳动的第一次工业革命后，技术的变革使得大规模工厂化生产取代了个体工场手工生产，社会生产力得到极大提高。基于各国自然条件、经济结构、科技水平以及管理体制等方面的差异和社会历史等多方面的原因，各国在商

---

❶　践行习近平法治思想　全面加强知识产权司法保护，https：//m. gmw. cn/baijia/2021 - 01/04/34515156. html，2023 年 6 月 6 日访问。

品生产和产业发展领域各有长项和短缺，任何一个国家都难以生产自己所需要的一切物品，而自己生产的商品也可能不能全部消费掉。这些供需矛盾通过参与国际分工、商品交换互通有无可以得以妥善解决，国际贸易成为国家发展的需要。通过国际贸易，各国也可充分利用本国的生产要素优势发展相关产业，节约社会劳动时间和原材料耗费，创造更多的价值，促进本国经济增长。国家通过对外贸易还能直接增加财政税收等收入、开辟促进劳动力充分就业的新途径。无论学者们认为人类社会发生了几次工业革命，机械、电力、信息等科学技术的革新和应用，无疑都是公认的产业代际升级转型的核心标志；科技创新及其产业应用在极大推动国内社会经济发展的同时，也使得国际经济联系日益紧密。在早期的国际贸易中，商品服务的进出口大都具有偶然性，没有形成完备的进出口产业链和专门从事国际贸易的公司，也没有专门的国际贸易协调组织。

应该说，国际贸易与国内贸易在性质上并无不同，都是市场主体之间的商业活动，但由于国际贸易在不同国家或地区间进行，会涉及不同国家或地区在政策措施、法律体系方面可能存在的差异和冲突，以及语言文化、社会习俗等方面的不同，因此国际贸易所涉及的问题要比国内贸易复杂得多，交易双方承担的风险也远比国内贸易大，特别是交易容易受到不同国家政治、经济变动或双边关系以及国际局势变化等条件的影响。为此，在国际间制定贸易相关的基本规则十分必要，这样才能保障国际贸易效果符合相对稳定的预期。"二战"后，随着技术的发展和产业应用，国际贸易分工日益精细，美国等发达国家逐渐形成了大型的垄断性跨国公司；为推动国际贸易"自由化"，主要发达国家发起缔结了旨在通过削减关税和其他贸易壁垒、消除国际贸易中的差别待遇，促进国际贸易自由化的多边国际公约——《关税及贸易总协定》，该协定对充分利用世界资源、扩大商品的生产与国际流通发挥了重要作用。可以说，尽管有人称其是"富人俱乐部"，《关税及贸易总协定》的实际角色是"战后国际贸易制度和贸易秩序的基本法典。没有这些贸易行为准则和程序，尤其是无条件的最惠国待遇原则及非歧视原则，各国政府将一如30年代所经历的那样，重新诉诸'以邻为壑'的政策，再次陷入国际贸易混乱"。❶ 到 20 世纪 90 年代，《关税及贸易总协定》升级为 WTO 这一专门协调国际贸易、制定相关规则的国际组织机构，并将国际贸易自由化从有形货物贸易延伸到服务和与知识产权相关的无形财产贸易领域，极大地推动了经济全球化发展。正如有的学者所说，知识产权国际保护制度的一体化与国际化的结果就是 WTO 作为知识产权国际立法机构的优先地位、TRIPS 协议作为知识产权国际立法文件的核心地位以及西方发达国家作为知识产权国际保护参与主体的主导地位。❷

从国际贸易体系的演进看，从 18 世纪第一次工业革命至今，英、美等国先后主导了国际贸易体系，并根据本国国际竞争力的"弱—强—弱"变化，采取了"保护贸易—自由贸易—保护贸易"的政策循环，其根据国内生产力水平调整国际贸易政策是为了争夺和维持既有的国际贸易地位，进而建立落后国家依附于先进国家的国际贸易体系。❸ 但在 WTO 成立后，随着发展中国家成员国的增多和力量的增大，相关国际贸易协定增加了若干有利于这些国家的条款，为其分享国际贸易红利起到了积极作用。例如，我国作为 WTO 中的发展中大国，通过全面实施改革开放政策有力地促进了社会经济的发展，同时随着国际贸易的进展不断进行国内产业和经济结构的调整，紧随东亚地区的日本、新加坡、韩国等新兴工业化国家和地区，开始在一些领域与发达国家争夺国际市场份额。尽管 WTO 框架下的国际贸易对各国来说总体是互利共赢的，但我国借由改革开放实现的强劲经济增长还是引起了国际社会特别是以美国为主的发达国家的警觉。近些年来，各经济集团为了保护国内或区域内市场和产业，逐步谋求签订新的区域性贸易协议取代 WTO，美国更是新贸易保护主义抬头、全面推行对外排斥政策，以重振美国制造业、维护美国人利益为由实施了一系列贸易保护措施。

中美贸易的背景与逆全球化思潮冲击、贸易保护主义抬头有关，但其

---

❶ 韩德培、张克文：《论改革与加强关税及贸易总协定多边贸易体系》，《武汉大学学报》（社会科学版）1991 年第 2 期，第 54 – 60 页。

❷ 吴汉东、郭寿康主编：《知识产权制度国际化问题研究》，北京大学出版社，2010，第 231 页。

❸ 韩晓：《国际贸易理论的演进及发展研究》，《中国市场》2017 年第 32 期，第 104 – 105 页。

实质是美国要求我国全面开放市场准入和限制我国进行科技竞争。中国两家具有国际竞争力的科技公司，即中兴公司和华为公司，先后遭到美国打压，之后在美国市场被列入"清单"；遭受压制和排斥的中国应用程序还有抖音、微信、支付宝等。中美贸易摩擦无疑会对我国出口及整体福利产生不利影响，若美国与欧盟达成零关税协议，将对我国经济发展构成显著的负面影响，技术提升是解决中美贸易问题的最重要出路与方案。因此，我国应采取"以战促和"的策略方案，在维护自身核心利益的同时，积极谋求同美国展开贸易谈判，消除误解和分歧，并坚定不移地重视研发，大力发展原创性技术，增强自身的科技实力和综合国力。❶ 此外，作为世界最大的两个经济体，中美贸易摩擦无疑不但会深刻影响两国关系健康发展，还会波及世界各国的国际经贸利益，这些负面效应也给美国国内各界带来自己国家发展方向的反思。

2020 年，主张"美国优先"的特朗普政府竞选失败，其中一批将中国视为威胁的幕僚也黯然下台；主张"重建更好"的拜登政府执政后，中美关系迎来了新的调整，其将中国视为竞争对手而非敌人、重返多边主义的基本态度对未来的国际贸易关系带来何种改变还有待进一步观望。不过，就科技发展问题而言，因涉及美国的核心利益，无论谁当政，在对外贸易中强化美国企业等主体的知识产权利益无疑都将是不变的政策选择。2020年底美国参议院通过《保护美国知识产权法案》，❷ 针对国外的盗窃商业秘密行为实施制裁；尽管该法案还有待后续程序才能颁布实施，但其动向值得密切关注。2021—2022 年美国总统先后签发《创新与竞争法案》和《芯片法案》，无不显示出压制中国科技全球竞争的意图。❸ 鉴于美国近期采取的诸多打压政策和法律均主要针对中国企业，动辄在高新信息通信、基因工程、现代农业科技等领域采取"卡脖子"压制措施，中国商务部于 2021

---

❶ 刘元春：《中美贸易摩擦的现实影响与前景探究——基于可计算一般均衡方法的经验分析》，《人民论坛》2018 年第 16 期，第 6 – 18 页。

❷ S. 3952 – Protecting American Intellectual Property Act of 2020, 116th Congress（2019—2020）.

❸ 刘典：《美国竞争法案的实质：以狭隘国家私利阻碍全球发展》，《光明日报》2022 年 5 月 18 日第 12 版；刘敬东：《美国芯片与科学法案严重违反国际法》，《法治日报》2022 年 8 月 15 日第 5 版。

年 1 月 9 日发布了 2021 年第 1 号令，即《阻断外国法律与措施不当域外适用办法》，对外国法律与措施的域外适用违反国际法和国际关系基本准则、不当禁止或者限制中国公民、法人或者其他组织与第三国（地区）及其公民、法人或者其他组织进行正常的经贸及相关活动的情形采取反制措施。在知识产权方面，由于 RCEP 立足于东盟发展现实，保护范式主要是互补性和弹性规则，在互相承认差异的基础上实现区域规则的互通性而非一体化，❶ 因此对我国知识产权制度没有实质性影响。目前，我国正积极寻求加入美国尚未参加的 CPTPP，并与欧盟如期完成中欧投资协定谈判，致力于以新的国际贸易协议抵消中美贸易摩擦带来的不利影响；在知识产权规则方面，因 CPTPP 搁置了大量条款，现有内容的绝大部分对我国已不是阻碍。

二、国际贸易中的知识产权保护需求

尽管知识产权国际保护制度的形成与国际贸易的兴起有关，但最初仅限于国民待遇和优先权等基本规则在成员的强制性实现，对各国的具体法律制度并无统一的要求。20 世纪 70 年代后，计算机信息等新技术革命迅速发展，使人们逐步认识并重视技术转移和服务提供在国际贸易中的重要作用；在现代商业社会，技术本身就是一种特殊的商品，其使用与转让像其他商品一样，必须通过市场与贸易，以等价交换的方式进行。在建立 WTO 的多边国际谈判中，美日欧等发达国家和地区都力主将与贸易相关的知识产权与货物、服务贸易并列为国际条约应当规范的三大支柱内容，为此专门通过了 TRIPS 协议作为所有成员必须遵守的知识产权国际保护规则。受到知识产权保护的技术本身，包括其创造的产品和有价值的内容及所附着的品牌，均是极为容易被复制和利用的无形信息。因此，在科技扮演越来越重要角色的国际贸易中，实行统一的知识产权强保护规则是技术和品牌输出国的核心需求，若非如此，不能保证其跨国公司在国外对其拥

---

❶ 马一德、黄运康：《RCEP 知识产权规则的多维度解读及中国应对》，《广西社会科学》2022 年第 4 期，第 69－76 页。

有专有权的特定信息之利用获取经济利益。在某种程度上，在国际贸易中构建共同遵守的知识产权国际保护规则主要是科技相对发达国家在推动，因为这些国家的经济发展成就充分表明，现代社会劳动生产率的提高主要依靠科学技术的进步，国家间的综合国力竞争的实质是科学技术的竞争；科技领先并能有效地把技术创新成果转化应用到生产实践中的国家，其国内经济增长必然在世界上处于领先地位，而这一系列将科技成果转化为社会生产力的制度安排，有赖于对创新者的经济利益进行有效保护的知识产权制度，这些经验，也需要推广适用到国际贸易中。

当然，将知识产权保护规则融入 WTO 的多边国际贸易规则，并非仅单方满足发达国家的需求；作为协调和平衡，TRIPS 协议在具体规范上采取的是最低门槛和标准的立法模式，为发展中、欠发达国家在国内法层面的立法和执行上留下了余地。对于科技发达国家来说，借助自身的资本、技术、品牌和文化影响力，主导国际经贸体系中的分工协作，将耗费资源和劳动力的低端产业链转移到欠发达国家和地区，通过技术转移实现高额知识产权收益回报的同时，也能获得价廉物美的有形消费品以满足国内需要。对于科技相对落后国家来说，通过国际贸易引进技术不仅能帮助国内产业更新换代、提高本国产品的技术质量和整体产业发展水平、帮助和促进国内劳动力就业，这种"技术换市场"的方式也能在经济互利的同时，通过模仿学习、追赶并缩短本国与国外先进科学技术水平差距。应该说，这种双赢的国际贸易制度安排在一段时期内运行良好。事实上，我国在加入 WTO 初期的 2001 年向国外支付的知识产权使用费只有 19 亿美元，而到了 2018 年支付的知识产权使用费已达到 356 亿美元，其中仅向美国支付的就达 86.4 亿美元。❶

知识和信息的传播是无国界的，以知识产权为名借科技优势打压竞争对手、实行经济封锁的逆全球化思潮在国际上并不得人心，而且单边的贸易保护主义实际上破坏了双赢的国际贸易体系和机制因而得不偿失。当然，就与国际贸易相关的知识产权而言，尽管目前强化保护主要是科技发

---

❶ 林露：商务部：去年中国向美国支付知识产权使用费 86.4 亿美元，http：//finance. peo-ple. com. cn/n1/2019/0602/c1004 - 31115849. html，2023 年 1 月 8 日访问。

达国家的迫切需要，但从长远看，知识产权制度有利于我国实施创新驱动发展战略，我们应及时研判此领域的具体国际保护规则及其主要争议并作出回应。

第三节 知识产权国际保护制度的形成与发展

虽然版权、专利、商标等知识产权保护制度很早就在中世纪结束后、工业革命兴起时的欧洲起源，但直到 1967 年 WIPO 成立，"知识产权"一词才成为概括保护技术发明、外观设计、作品、商标、商业秘密、地理标志、植物新品种、集成电路等一系列无形财产之法定权利的正式通用语。因此，在知识产权国际保护制度形成之初，相关国际公约是在以专利商标等工业产权为核心的工商业领域和以版权为核心的文化领域分别形成的。关于这些基本国际公约的详细内容，可参考学者已有的梳理和研究，本书仅作概述。

一、工业产权领域国际条约的建立与发展

工业产权是广义上的发明创造（包括发明、实用新型、外观设计等）专利权与广义上的商业标识（包括注册商品商标，服务商标和未注册但有知名度的厂商、产地、产品的特有名称，地理标志等）专用权的统称。从学理上说，技术秘密也是工业产权的内容，但因其秘密性，多数国家在立法中没有像商标专利那样规定审查和登记公示制度，而是在反不正当竞争法中将其作为经营者阻止他人盗窃等不当利用的合法权益加以明确。计算机程序也同样具有多重特性，从文字代码表达角度可划归版权保护对象，但其功能性、实用性和作为技术方案核心成分的特性，又与工业产权客体相似。这里，"工业"一词是作广义理解的，实际上包括工、商、农、林、牧、矿等各种产业或实业，但不包括版权法指的文学艺术科学领域。以下以专利商标保护为例，概述适应国际贸易需求而产生的工业产权领域的主要国际公约。

　　现代专利制度起源于英国 1624 年颁布的《英国垄断法规》。随着第一次产业革命的到来，能确保技术创新者市场占有和维持其产业竞争优势的专利制度传播开来，美国、法国、德国、日本等主要资本主义国家随后陆续颁布了专利法。专利权是典型的无形财产权，西方国家对专利制度合理性的阐释主要基于两种理论：来源于洛克的自然权利说认为，法律须承认和保护智力劳动成果以确保创新者的自律与独立；来源于边沁的功利主义说，也称经济分析论或激励论，认为专利权的设计是提供一种法律制度以鼓励技术创新，以一段时间的私人独占权换来长期的国家公共知识积累，实现社会利益最大化。❶《美国宪法》中关于知识产权的表述反映了功利主义的论调，其第 1 条第 8 款指出："国会有权力……通过确保在有限时间内赋予作者和发明者的作品和发明以专有权，来促进科学和实用艺术的发展。""公开换保护"的社会契约论，同样不时闪现在对专利制度的正当性阐释中。另外，从经济分析的角度看，尽管经济学家没能证明专利制度与创新成果产出有必然联系，但更没法证明专利制度不能激励创新或阻碍创新，因此只能谨慎建议，在全球各国均已经建立专利制度的背景下，继续维系国内国际知识产权制度现状是最合理的方案。❷ 如果没有专利制度，发明一旦公开将处于共享状态，产生类似于没有土地所有权制度的"公地悲剧"，可能导致人们看不到创新的收益而使技术进步放缓或停滞。专利制度被称为"给天才之火添加利益之油"❸，其初衷是通过有强制力的国家法律授予发明创造者垄断、独占性的专利权保护，以刺激和鼓励技术创新、促进发明创造成果的推广应用，从而推动整个社会的技术进步和经济发展。

　　商标是区分商品或服务来源的标识，作为知识产权的保护客体，其在法理上的正当性来源于该受保护的标识，因具有识别性的信息可以引导消费者选择商品或服务，使得权利人能够就其在商业活动中因实际使用和悉

---

❶ 罗伯特·P. 莫杰思：《知识产权正当性解释》，金海军、史兆欢、寇海侠译，商务印书馆，2019，第 33 - 42 页。

❷ Fritz Machlup：*An Economic Review of the Patent System*，*Study of the Subcommittee on Patents*，*Trademarks*，*and Copyrights of the Committee on the Judiciary*，U. S. Senate，Study no. 15. ，1958，p. 80.

❸ 1802 年美国成立专利商标局（原址为现在的商务部）时在大门上方所刻的林肯总统的语录。

心经营所形成的无形商誉价值获得回报。因此，商业标识保护制度的核心功能在于识别来源，同时禁止假冒和搭便车、侵占商誉，也避免消费者混淆、维护市场竞争秩序。因而，狭义上的包括注册、异议、审查、无效等程序事项在内的商标法，与禁止仿冒等商业混淆行为的反不正当竞争法有着天然关系，即都是对民商事活动中应普遍遵循的商业道德和基本诚信原则的具体化规范。从历史上看，无论是中国古代还是中世纪欧洲行会，实际上都有在商品上使用文字和图形标志以标记来源的做法，也有以招幌或牌匾悬挂等形式彰示字号的商业惯例，但这些帮助识别门面或商品的标记，并非工业产权意义上的商标专用权。❶ 现代意义上的以注册方式公示权利内容和范围的商标法律制度起源于法国。1803 年法国在《关于工厂、制造厂和作坊的法律》中建立了商标保护规则，1804 年的《法国民法典》首次肯定了商标权是财产权，1857 年《法国注册商标法》首次确立了以"注册"为基础的商标法律制度。随后，英国、美国、德国等也先后颁布了自己的商标法。

随着西方资本主义的发展，国际经贸往来变得频繁。如果一国对于外国人在外国取得的专利权或其他工业产权不予承认和保护，会使大多数发明人或其他技术所有人、经营者不愿意将其产品和技术通过正常的商品进出口贸易途径传播到外国，其结果是使本来可以为各方带来利益的正常的国际贸易受到阻碍和损害。1883 年 3 月，由法国、比利时、巴西、危地马拉、意大利、荷兰、葡萄牙、西班牙、萨尔瓦多、瑞士及塞尔维亚 11 国发起，在巴黎外交会议上缔结了《巴黎公约》，初步建立了专利等工业产权的国际保护制度。《巴黎公约》规定了"国民待遇"与"国际优先权"原则以及其他一些对各成员国内立法的最低的统一要求。"国民待遇"一是指在工业产权的保护上，各成员必须在法律上给予其他成员的国民以本国国民能够享有的同样待遇，二是指即使对于非公约成员的国民，只要他在某一个成员国内有住所，或有实际从事工、商业活动的营业所，也应当享有同该成员国民相同的待遇。"国际优先权"是指，如果某一可享有国民待遇的人以一项发明首先在任何一个成员中提出了专利申请，或以一项商

---

❶ 郑成思：《知识产权法》（第二版），法律出版社，2003，第 160 页。

标提出了注册申请，自该申请提出之日起的一定时期内（对发明专利或实用新型来讲是 12 个月，对商标或外观设计是 6 个月），如果他在别的成员也提出了同样的申请，则这些成员都必须承认该申请在第一个国家递交的日期为本国的申请日。这使得发明人或商标使用人在第一次提出申请后能够有充裕的时间考虑还要在哪些成员方再提申请并选择其他国家的法律代理人办理必要的手续，而不必担心在这段时间里有其他人以相同的发明或商标在其他国家抢先申请专利或商标注册。应该说，《巴黎公约》为跨国申请工业产权提供了便利，有助于产品的出口和技术的交流；但是，该公约并非跨国实体法，不产生也不保护跨国工业产权，未能完全解决专利权的地域性差异问题。

1985 年 3 月 19 日，我国正式成为《巴黎公约》成员国。需要指出的是，我国《专利法》规定了发明、实用新型和外观设计三种保护对象，但在国际上，除非特别声明，专利权通常只指向发明专利。从理论上说，一国专利审查部门颁发的专利权证书仅在该国地域内有效，为此，全球领先的技术创新者若期望突破地域限制获得专利保护，须及时分别到相关国家申请。为减少专利申请人和受理机关的重复劳动和花费、简化程序，1978 年《专利合作条约》签订并生效；通过 PCT，申请人只需提交一份国际专利申请即可请求在为数众多的国家中同时对其发明进行专利保护，而不需要分别提交多个不同国家或地区的专利申请。通过 PCT 途径在国外申请和获得专利权保护便捷、经济，但其内容完全是程序性的，即仅对专利申请案的受理及审查程序作出国际性统一规定；对于具体的专利申请案，因国际检索单位的不同、请求保护的国家或地区专利制度具体规则不同，申请的最终结果仍具有地域性，有可能在一国获得专利权而在另一国则无法获得批准。我国 1994 年 1 月 1 日正式成为 PCT 成员。为尽量协调专利国际保护制度，近年来，PCT 国际局和各国积极开拓国际合作业务，例如，承认受理局工作结果、加快审查后续申请的专利审查高速路（PCT – PPH），各局审查员共同进行协作式检索和审查、采用电子申请及检索文本传送机制等。不过，严格来说，PCT 专利国际申请制度不是统一的国际专利制度，其申请的最终结果仍是地域性的国家专利而非真正意义上的国际专利。因此，长期以来，科技发达国家因专利优势，积极推动国际专利制度建设，但由于与发展中国家利益有巨大冲突，至今未能有全球性的国际专利制度的雏形产生。值得关注的是，在欧盟境内，欧洲单一专利（Unitary Patent）制度将于 2023 年正式运行，以统一的程序和实质效力保护同一跨国专利，其运行效果有待观察。

与专利保护的地域性问题一样，1883 年的《巴黎公约》的国民待遇和国际优先权原则对各成员国民带来域外就自己的商标获得保护的好处，包括展会的临时性保护和驰名商标保护，但当商标注册制度在越来越多的国家分头建立起来之后，注册商标专用权的地域性特点就开始显示出它给开展国际贸易的经营者带来的不便和阻碍。为进一步便利商标权人在国外开展正当经营活动，19 世纪末，随着国际贸易的增多，在各国分别、重复履行注册手续的不便更加明显。1891 年，当时已经实行商标注册制度的法国、比利时、西班牙、瑞士、突尼斯等国发起，在马德里缔结了《马德里协定》，旨在通过各成员的国际合作减少和简化注册手续并节省费用。《马德里协定》的作用与《专利合作条约》相似，即仅是一项关于申请程序的公约而非赋予统一的实体权利，而且该协定存在重大缺陷，规定使用的工作语言只有法语一种，这就大大限制了成员范围。作为弥补，《商标国际注册马德里协定有关议定书》（以下简称《马德里议定书》）于 1989 年在马德里通过，我国同年即加入该议定书。为了实施该议定书，同时应用于《马德里协定》和《马德里议定书》的实施细则于 1996 年 4 月 1 日生效。《马德里议定书》使成员国的商标所有人可以经由其所在地的商标局向 WIPO 国际局提交一件申请而在其他申请延伸的成员获得商标保护，它在申请条件、审查周期、工作语言、收费标准和收费方式、保护期限以及国际注册与基础注册的关系等方面对《马德里协定》作了重要修改，吸引了更多成员参加马德里商标国际注册体系。此外，1994 年 10 月，WIPO 主持部分成员签署了《商标法条约》（TLT），以便制定统一的国际标准，简化、协调各国有关商标的行政程序，使商标注册体系更便利当事人，促进成员间的商标权保护。2006 年《商标法条约》部分条款修订后更新为《商标法新加坡条约》（STLT），我国尚未批准加入。

在工业产权领域以《巴黎公约》为基础的其他主要国际公约，还包括

《海牙协定》、《马德里协定》、《保护奥林匹克会徽内罗毕条约》、《国际承认用于专利程序的微生物保存布达佩斯条约》（以下简称《布达佩斯条约》）、《商标注册用商品和服务国际分类尼斯协定》（以下简称《尼斯协定》）、《保护原产地名称及其国际注册里斯本协定》（以下简称《里斯本协定》）等，涉及工业产权国际保护程序协调的方方面面，数目众多，具体事项由 WIPO 统一管理和协调。另外，有的工业产权领域的国际公约不在 WIPO 管理框架内，例如我国加入的《保护植物新品种国际公约》由"国际植物新品种保护联盟"（International Union for the Protection of New Varieties of Plants，以下简称 UPOV）管理，负责协调各成员之间在植物新品种保护方面的政策、法律和技术，对符合新颖性、特异性、一致性和稳定性要求的植物新品种的育种者授予知识产权，保护其合法权益。

二、版权领域国际条约的建立与发展

版权制度的产生及发展与复制传播技术密切相关。在活字印刷术最早出现的我国宋代和被广泛采用的 15 世纪中后期的欧洲，都有过官方禁止翻印书籍的事例。例如，我国宋代的一些出版物上已有加注类似于"版权声明"标记的，其中表明"初版"为何人所为并有"不许复版"或类似的字样，英、法、德等国也发布过禁止翻版令。❶ 1556 年，英国通过《星法院法令》授予出版商以印刷出版特权，限制图书自由印制。可见，版权概念起源于出版者请求统治者赋予其出版权、禁止他人翻印之特权。不过，随着资本主义的兴起，版权作为创造者的私有财产应为其所专有的观念得到社会接受，即作者如果就某一作品享有版权，就可以许可或禁止他人复制发行、表演、广播或作别的使用，从中收取版税。1709 年英国通过《安娜法》，赋予作者与出版者专有权，这是现代意义上第一部版权法。在欧洲大陆，在 1789 年法国大革命影响下，法国基于"天赋人权"的作者权观念制定了 1793 年的《作者权法》，并积极推动版权国际保护。今天，版权一词指作者及其他法律规定的权利人以一切复制和传播方式利用一部作

---

❶ 郑成思：《版权法》（修订本），中国人民大学出版社，1997，第 4 页、第 9 页。

品或控制作品使用的专有权利，包括复制发行权、演绎权、信息网络传播权、广播权、表演权、录制权等。在我国，著作权一词与版权同义。

1886 年 9 月，由英国、法国、瑞士、比利时、意大利、德国、西班牙、利比里亚、海地、突尼斯 10 国作为发起国，正式缔结了《伯尔尼公约》，确立了国民待遇、自动保护、独立保护原则，并对受保护客体、经济权利和精神权利、保护期等作出了规定。到目前为止，《伯尔尼公约》已经过多次正式修订与增补，正式的文本为 1971 年的巴黎文本，我国于 1992 年 10 月 15 日成为该公约成员。《伯尔尼公约》的基本内容至今仍是文学艺术创作领域最重要的国际保护规则，但其中一些基本规则也面临着技术发展和时代背景变迁带来的问题。例如，随着电子计算机和信息技术的发展，公约对作品类型的列举无法考虑到传统版权法上不曾想到的新作品，如计算机程序、数据库，以及尚无专门法律术语的多媒体、游戏等特殊作品。由于版权法演变与复制传播手段和技术具有天生紧密的联系，技术的每一次实质性发展都会给版权法的规则和内容带来冲击和改变；尤其在当今信息技术全领域深度交融的趋势下，复制传播技术的广泛应用在极为方便作品和内容复制传播的同时，也将使作者或相关权利人对作品的控制能力受到严重削弱。鉴于《伯尔尼公约》对信息时代新的复制传播手段和技术明显不适应，为了克服其缺陷，加强网络环境下的版权和邻接权保护，WIPO 于 1996 年 12 月主持缔结了《世界知识产权组织版权条约》（WCT）和《世界知识产权组织表演和录音制品条约》（WPPT）。《伯尔尼公约》给各成员预留了一定的根据自身国情对权利进行适当限制的空间，即在特殊例外情形下只要不影响作品的正常利用，也不会不合理地损害作者的合法利益的符合公平惯例的利用行为，不视为侵权；但公约的规定比较原则化，在信息网络等新技术条件下，哪些具体情形属于例外情形下的合理使用，成为各成员国内法修改完善以及新的国际讨论议题。特别是，事关公众利益的图书馆等公共文化机构利用以及视觉听觉等障碍人士的使用等，前者目前仍在 WIPO 相关委员会的讨论中，而后者已经形成 2013 年通过的《马拉喀什条约》（后述），我国也于 2021 年加入。

与《巴黎公约》一样，在各成员中确定国民待遇这一原则，是缔结《伯尔尼公约》当初所要达到的主要目的也是公约最主要的原则。但与

《巴黎公约》相比，《伯尔尼公约》的产生和发展进程相对复杂，特别是美国因自身利益，认为该公约主要体现了欧洲大陆法系国家的作者权保护理念与传统，对当时的美国等文化渊源来自欧洲的新大陆移民国家来说，无论在作品的数量上还是出版业规模上都无法与欧洲地区的国家相比，加入公约其实并无多少益处。因此，美国虽然参加了 1886 年《伯尔尼公约》的缔约谈判并在公约文本上签了字，但其国会远不像对《巴黎公约》那样的工业产权国际保护制度一样热衷于参与其中而是长期消极回避游离在外，直到 1989 年才批准加入《伯尔尼公约》。当初，美国的版权保护思想和模式与《伯尔尼公约》有所不同，主要体现在不实行自动保护制度而是强调在其版权局登记，对版权保护施加了更多的要求和条件，且除了视觉艺术作品，没有明文规定对其他作品作者精神权利的保护，版权保护期也少于公约规定的最低期限。不过，随着时代的发展，美国在政治、经济、科学、文化等各个领域的全球地位全方位提升，其在版权领域主导国际规则话语权的需求也日益迫切。在其推动下，联合国教科文组织（United Nations Educational, Scientific and Cultural Organization, 以下简称 UNESCO）❶ 起草了《世界版权公约》，该公约于 1952 年在日内瓦签订，1955 年生效，1971 年进行了修订。该公约内容比较简单，保护水平事实上远不如《伯尔尼公约》，但其解决了将包括美国在内的当时不是《伯尔尼公约》成员的许多国家纳入版权国际保护统一体系的问题。后来，随着一些新的多边条约，特别是美国主导的《关税及贸易总协定》更新升级的 1994 年 TRIPS 协议的出现，以及 1996 年《世界知识产权组织版权条约》的缔结，许多新的版权保护规则都远超出《世界版权公约》所提供的保护水平，同时由于美国已正式加入《伯尔尼公约》，《世界版权公约》在国际规则上基本上已经没有现实意义。不过，该公约规定的在作品上使用版权标记，即符号，以及标明版权所有者姓名、首次出版年份的方式及位置、版权所有禁止复制的警示等要求，至今仍有实践意义。

在版权国际保护制度中，除了针对作品这一保护客体的《伯尔尼公

---

❶ 联合国教科文组织在民间文艺保护领域管理协调的事项也与 WIPO 有交叉，后文将具体阐述。

约》，还需提到的是 1961 年在联合国劳工组织、UNESCO 以及知识产权联合国际局的共同主持下，在罗马订立的《保护表演者、录音制品制作者与广播组织国际公约》（以下简称《罗马公约》），这是邻接权国际保护领域最基本的多边国际公约，建立了邻接权保护的基本标准。邻接权是作品传播者的权利，必然与被传播的作品有关，因此也叫相关权。《罗马公约》第 1 条指出："本公约所授予的保护不触及而且也不以任何方式影响对文学和艺术作品的版权保护。因此，不得对本公约的任何规定作出有损于版权保护的解释。"据此，表演者、录音制品的制作者和广播组织依法享有邻接权的同时，应当尊重并不得侵犯被表演、录制或广播的作品之权利人的版权。邻接权的保护议题往往涉及技术带来的新问题，例如，网上资讯服务运营新业态中与作品等内容的创作、传播相关各方的权利义务关系之明确或调整。

在邻接权领域比较重要的公约还有同样由联合国劳工组织、UNESCO以及知识产权联合国际局发起的 1971 年 10 月在日内瓦通过的《保护录音制品制作者防止未经许可复制其录音制品公约》（以下简称《录音制品公约》）。公约规定每一缔约国均有义务为属于另一缔约国国民的录音制品制作者提供保护，以禁止未经制作者同意而进行复制，禁止进口此类复制品（如果这种复制或进口以向公众发行为目的），并禁止此类复制品向公众发行。同样，为解决信息网络技术发展带来的问题，1996 年《世界知识产权组织表演和录音制品条约》通过，涉及两类邻接权人在数字环境中的利益，一是表演者（演员、歌唱家、音乐家等），二是录音制品制作者（主动将声音录制下来并负有责任的自然人或法人）。最新的一个关于邻接权的公约是 2012 年通过的《视听表演北京条约》，这是第一个以新中国城市命名的国际公约，内容涉及对视听表演者权利的保护，我国是发起和签约国。2013 年 6 月 27 日签署的《马拉喀什条约》，是最新的国际著作权领域的条约，于 2016 年 9 月 30 日生效，我国已经加入。

新技术革命对版权国际保护制度的影响是广泛而深刻的。以上版权国际公约涉及的主要内容，进入 21 世纪后在国内国际法层面都受到格外关注。我国《著作权法》第三次修改历时近十年，其中许多焦点争议同时也是 WIPO 框架下版权国际保护制度最新进展的讨论焦点，本书将在后面的章节中继续深入探讨权利限制与例外和广播组织权的问题。

三、与知识产权相关的国际贸易条约的建立与发展

在知识经济时代，知识产权保护与国际贸易紧密相关，其制度及规则具有明显的国际趋同色彩，且相关国际条约和多边、双边国际贸易协议在协调各国的保护标准和保护措施方面发挥着巨大的作用。20 世纪 90 年代，美国在科技、经济、文化方面积累的知识财产超越了其他国家，亟须向外推行其知识产权保护规则，以满足国内知识产权权利人在海外实现利益最大化的诉求。1994 年 TRIPS 协议通过，在将 WIPO 框架下的知识产权国际保护范围扩大、标准提高、注重有效执法和争端解决的同时，也为成员留下了制定限制与例外以平衡其国内社会公共利益的空间。

20 世纪中后期，以信息、生物、纳米等高新技术为动力的知识经济兴起。随着经济全球化的深入发展，以专利为代表的知识产权成为国际贸易的竞争焦点：以美国为代表的科技发达国家亟须向外推行其专利制度和实施规则，以满足国内创新者在海外也同样能获得垄断利益回报的诉求；而对于科技水平处于初创和追赶阶段的众多发展中和不发达国家来说，基于发达国家企业在高新技术领域相关产业的专利布局，过高过严的专利保护标准只能加大本国企业与高新技术的鸿沟、扼杀可能通过模仿超越获得的竞争力。作为专利制度国际化的协调产物，1994 年的 TRIPS 协议虽然大幅提高了专利国际保护的标准，例如，将侵权行为扩大到包括许诺销售和出口、增加方法专利举证责任倒置规则、明确临时禁令救济等有效执法措施和建立成员间的争端解决机制等，但同时也为发展中国家的成员留下了采取适当措施以平衡其国内社会公共利益需求的空间，例如，允许对公共健康的专利权限制。TRIPS 协议序言第一句话在指出"知识产权是私权"之后，第二句紧接着指出，"承认各国保护知识产权体系潜在的公共政策目标，包括发展和技术目标"，也即各成员在保护私权的同时可以在其社会经济和技术发展至关重要的领域采取限制措施以促进公共利益。为此，包括我国在内的绝大多数发展中国家，都是根据自己的社会经济发展现状，在专利法及其配套制度的制定和完善方面以满足 TRIPS 协议的门槛为限，

并不急于追随美国等发达国家进一步强化专利保护的步伐，而这并不违反WTO义务。也正因为此，美国、欧洲和日本等发达国家和地区才急于推动WTO改革，同时另行通过新的双边或多边协议模式取代TRIPS协议，拟将更严格的"TRIPS协议＋"知识产权保护条款作为多边贸易协议的重要内容。例如，在专利制度方面，美日欧等主导的新一轮多边国际贸易协议谈判，如"跨太平洋战略经济伙伴关系协定"和"跨大西洋贸易与投资伙伴协议"，均要求成员建立专利链接制度，使原药厂商可获知仿制药厂商是否申请了仿制药的上市许可，并据此采取诉讼或临时禁令等救济措施；对各类药品试验数据给予3～12年的专属权保护，延长药品专利权保护期以补偿审查和上市审批期间过长的损失，成员的专利局应建立合作以促进检索与审查成果的共享与利用。又如，成员应为局部外观设计提供保护，版权保护期应由作者终身加50年延长到70年，表演者应就广播或播放录制有其表演的录音制品获得报酬，明知卫星或有线信号来源非法而故意解码接收或进一步散布或故意协助他人解码接收或散布他人锁码节目的应当承担责任。另外，商标的注册对象应包括听觉、嗅觉等信息，对未注册驰名商标应提供跨类别保护；注册机构应将地理标志的细节以网络提供给公众并允许利害关系人查询处理情形。在执法方面，对版权和商标侵权可主张法定赔偿或惩罚性赔偿，海关应主动查处涉嫌侵犯著作权或商标权的出口和转口货物，对未经授权故意获取计算机系统中的商业秘密等盗用或故意泄露商业秘密的行为应追究刑事责任。由于参加TPP谈判的各国社会经济发展阶段差异大，在知识产权议题上难以达成共识，2017年初特朗普总统就职后立刻宣布美国退出TPP，转而采用双边协议或区域自由贸易区机制，将其高标准的知识产权保护诉求纳入FTA谈判中。值得注意的是，美国在知识产权国际保护方面的强保护主张短时期内难以达成共识；日本接手后的CPTTP于2018年通过生效，其余的成员也一致同意，将争议最多的原TPP中的知识产权条款部分暂缓实施以便其他领域的国际经贸新规则尽快得以生效。

本书前面部分述及，美国的知识产权强保护主张也为欧盟各国和日本所追随。近些年来，欧盟积极推进单一专利制度以简化程序、节省成本和鼓励创新，允许将气味、声音、味道和颜色标记注册为商标，启动建立欧盟非农业产品地理标志保护机制，要求成员加大执法力度，加强对侵权盗版产品的打击行动，严格查处过境欧盟的假冒商品。日本在"知识产权立国"的战略目标下积极参与 TPP 谈判，并在美国退出后主持了 CPTPP 谈判，以便为其企业参与国际竞争、维护合法权益创造有利条件。近些年来，日本修改了知识产权及相关领域几乎所有法律规范，在保护标准上全面与美国主导的原 TPP 看齐。

尽管知识产权制度自诞生以来，就一直有研究者从各种角度质疑其合理性，特别是 21 世纪以来在信息共享观念冲击下，不时出现反知识产权或滥用知识产权制造技术和文化垄断的声音；但这些质疑者本身也承认，在国际上，对抗知识产权强保护趋势的力量是有限的，反之，在实践中，凡科技和文化、产业领先的国家，均采取了将知识产权强保护与国际贸易谈判相捆绑以最大化扩张其经济利益的决策。在今后可预见的相当长时期内，美日欧等仍将继续领跑世界核心科技和文化创新，知识产权国际保护的强化趋势是不可逆转的。当然，任何权利都不是绝对的，即使在强化知识产权保护的国家，在其知识产权制度中也存在权利限制、保护期、权利用尽等调节和平衡机制；针对可能出现的知识产权滥用现象，也可通过反垄断、禁止限制竞争等法律制度进行规制。尽管包括我国在内的几个主要发展中国家（包括巴西、俄罗斯、印度、中国和南非，通常称为"金砖国家"，BRICS）加入了 WTO，但在知识产权执法方面不时受到美国等发达国家的指责；对此，印度、巴西均注重在战略上充分利用 WIPO 等平台，提出在国际知识产权架构中融入对自己发展有利的传统知识、遗传资源、民间文艺保护制度，并在国内弱化发达国家的药品专利强保护政策，鼓励仿制药产业的发展以满足公共健康的需要。

以上我们全面回顾和考察了知识产权国际保护制度的主要框架，以及主要国际公约的由来和发展，并对知识产权与国际贸易不可分割的紧密联系做了分析。下面将就主要知识产权国际保护框架或论坛下的讨论主题展开论述。

第二章　专利领域相关议题的
国际讨论及动向

专利是最具典型性的知识产权，其基本的制度逻辑是"公开换保护"，即发明创造者向社会公开其发明技术方案，社会承诺对其创新技术成果提供一段时期的独占实施权，保障和鼓励其对社会的创造贡献，并促进产业的发展。一方面，全球化时代的高新技术发展是基于共同的前沿科学研究和发现，因此世界各国在技术创新的概念和专利权保护范围界定等方面具有诸多共通性；另一方面，专利权具有明显的地域性，因为一国对本土领域内的发明创造是否给予专利权保护，是由政府主管部门组织技术专家和法律专家代表社会全体来确认的，所以专利的确权和保护均属国家主权的一部分。为了消除国家和地区之间因专利制度具体设计不同而可能给跨国科技企业的创新活动和利益保护带来的困扰，WIPO 作为《巴黎公约》《专利合作条约》等专利相关国际条约的管理者，以及专利制度融合与革新讨论的组织者，于 1998 年设立了专门的专利法常设委员会（Standing Committee on the Law of Patent，以下简称 SCP）作为协调相关议题的平台。多年来，SCP 通过各种方式组织讨论了诸多专利领域议题，并通过网站公布相关情况。不过，总的来说，专利制度是对先进和核心技术的保护，制度运行状况和专利保护力度在一定程度上代表了一国的科技实力，因此除了像 PCT 这类纯粹程序衔接的具体方式外，SCP 的议题实际上很难达成国际一致意见。另外，SCP 也可被视为 WIPO 成员间专利法律制度信息交流平台；在 2020 年 SCP 第 31 届会议上，秘书处对 SCP 电子论坛网站进行了更新，其中含有关于修改成员国/地区专利法某些方面的信息，例如，现有技术、新颖性、创造性（非显而易见性）、宽限期、公开的充分性、可专利主题的排除以及权利的限制与例外等。❶ 本书在以下部分将对 SCP 论坛上长期讨论的一些主要议题作出评析。

在与国际贸易相关的知识产权保护问题上，专利是主要的争议问题，因这一制度保护的客体涉及国家和企业的核心利益。尽管目前对于发明的可专利性各国基本实行"绝对新颖性"标准，即在全球范围内属于首创，但在是否属于保护客体和创造性、保护范围、限制与例外、许可条件解释、侵权判定等方面的具体标准上，各国存在一定差异。这些差异虽然反映在纠纷发生时持有不同立场的国家力量在制度支持上的博弈，但更主要的是由双方在个案中去解决。对于影响面大的、可上升到国家层面的冲突，则可能引发 WTO 争端，这在过去主要发生在涉及公共健康卫生的药品领域，在近期则在通信技术领域也呈现从当事人双方向国际争端发展的趋势，例如，各国对 SEP 案件的管辖区争夺。本章内容选择与国际贸易争端紧密相关的这两个议题作出评介。

第一节　技术转让中的专利问题

一、WIPO 框架下问题的缘起及议题的推进

（一）议题及讨论进程简况

WIPO 框架下，我国参加的有关专利保护的国际公约是实体条款协调性的《巴黎公约》和程序性的《专利合作条约》《布达佩斯条约》《斯特拉斯堡协定》，我国未加入实体条款统一性的《专利法条约》。与专利相关

---

❶ Certain Aspects of National/Regional Patent Laws Revised Annex II of document SCP/12/3 Rev. 2：Report on the International PatentSystem. http：//www. wipo. int/scp/en/annex_ii. html，2023 年 1 月 7 日访问。

的议题在 SCP 定期组织成员国进行讨论，自 2011 年 SCP 第 16 届会议以来，专利权的限制与例外、技术转让、专利质量（包括异议制度）、专利顾问及其客户之间通信的保密性、专利与公共健康和卫生等实质性议题一直持续受到关注。鉴于"专利顾问及其客户之间通信的保密性"议题涉及的主要是合同法，本书不专门对其进行比较研究；对于其他几个主要议题，将基于 WIPO 网站的资料逐一进行介绍分析。

技术转让的对象一般包括受各种知识产权保护的发明、实用新型、外观设计、植物新品种、集成电路布图设计、计算机软件以及技术秘密等。其中，以专利保护客体为技术转让对象在实践中最为常见。专利权是最典型的知识产权。专利制度的宗旨是通过保护技术创新者鼓励和促进更多的创新，而创新者经济和社会效益的实现离不开专利技术的有效运用。换言之，促进技术的传播和转让是专利制度正当性的重要理由，通过法定程序授予技术创新者专有权，可以促进受保护技术的交易、推动知识的有效流动。在专利法律制度框架下，创新技术拥有者可以向公众披露其发明，并许可或转让其专利而不用担心他人的免费使用和搭便车行为。在国际贸易环境下，技术转让的过程很复杂，例如，促进受专利保护的技术流通首先就需要准确界定专有权及其边界，而这在不同法域的审查和判定结果首先就可能存在差异；同时，技术转移除了立法和执法机制，还受到诸如政治和市场环境、人力资源和基础设施等若干因素的影响。鉴于创新对各国技术、社会和经济发展的重要性，创新技术的产出、转让和推广被广泛认为是制定国内和国际发展政策时要考虑的一个主要因素，各国决策者需要调整其专利体系中内置的各种机制，以期在国家和国际层面上提供一个有助于技术转让的制度框架。为此，专利制度的作用及其对技术转让的影响成为 WIPO 成员讨论的主题。

SCP 从 2010 年 1 月第 14 届会议起一直在就技术转让进行讨论，依据的是当时由秘书处编拟的初步研究报告（文件 SCP/14/4），该研究在委员会各成员和观察员发表评论意见和建议后经过了两次修改，并提交给委员会第 16 届会议（文件 SCP/14/4 Rev.）和第 17 届会议（文件 SCP/14/4 Rev. 2）。文件 SCP/14/4 以全面的方式阐述了与技术转让有关的各种问题，但没有得出任何结论；SCP/14/4 Rev. 介绍了创新背景下的技术转让，特别是与技术转让有关的不同机制、渠道和过程，它还涉及国际技术转让的讨论，并反映了当前的国际环境。具体而言，SCP/14/4 Rev. 描述了进一步加强技术转让方面衡量知识转让数量的困难、转让过程的复杂性以及与此相关的多种因素和主要挑战，阐述了专利制度对技术的有效转让做出的积极贡献。例如，专利定义了相关技术的权属和范围并充分披露了该技术，许可实施或转让权利协议与技术转让直接相关。该报告还引入了一些经济学研究的结果，考察了知识产权的影响，特别是专利、贸易、外国直接投资和许可方面的研究成果，并指出在有关的国际贸易协定，例如TRIPS 协议、多边环境协定和双边协议中，均已经或将要涉及知识产权及其在技术转让中的作用。另外，该报告指出了在专利权被滥用的情况下，可能会对技术转让产生负面影响，因此有许多机制设计需要在技术创造者和实施者之间取得适当的平衡，例如，在专利制度中的权利限制与例外，在专利制度之外如竞争法与反垄断法中都可以设立这种机制。该报告对知识产权专家的作用、大学和公共研究机构与私营部门之间的关系、支持有效使用专利信息的技术工具和体制框架实例等也有讨论。最后，基于技术转让在应对全球挑战和发展方面的重要性，该报告简要说明了在 WIPO 发展议程下的建议。

SCP 在 2011 年 12 月召开的第 17 届会议上要求秘书处编拟一份文件，罗列出 WIPO 在技术转让领域所开展的各项活动，并通过实际案例和经验扩大关于专利相关激励措施和技术转让障碍（后来形成的研究报告 SCP/14/4 Rev. 2）❶。此后，在 SCP 第 18 届会议上，要求成员国提供有关 WIPO 技术转让活动的更全面信息，以便推动在委员会中就此议题开展知情、以事实为依据的讨论。下文对 WIPO 与专利有关的技术转让等活动进行简述，这些活动可能不直接与技术转让有关，但它们可能会影响到专利制度为技术的有效转让做出贡献。

---

❶ 参见 WIPO 文件 SCP/17/12，第 25（e）（ii）段。

（二）WIPO与技术转让有关的主要活动及进展

1. WIPO负责的与技术转让有关的活动种类

作为各国知识产权制度的国际协调机构，WIPO开展很多与专利制度建设和运行有关的活动。虽然这些活动并非专门处理技术转让方面的问题，但它们可能与该议题有关，因为推动技术创新、转让和传播是受到广泛承认的专利制度基本目标。WIPO直接负责的事务中与技术转让相关的包括：①WIPO发展议程与发展与知识产权委员会（CDIP）项目；②在日内瓦举行的研讨班和会议；③与技术合作相关的意识提升与能力建设；④专利信息与知识产权基础设施；⑤技术平台；⑥其他活动和出版物。

从某种意义上说，所有完善专利制度的举措都直接或间接地为技术转让带来积极影响，无论是通过推动法律和制度框架、技术基础设施和工具及能力建设的发展，还是通过提升意识。上述WIPO在专利领域开展的活动有利于技术转让主要体现在：①被授予专利的有效性具有高度的可预测性、专利申请对发明技术的充分公开或是在保证充分保护的同时规定必要的限制与例外，这些专利制度的基本要素使其得以从技术创新和运用的角度达到技术转让目标；②改善专利信息查询基础设施与各专利局的技术基础设施，有助于高效地传播技术转让所必需的技术和法律信息，例如谁在什么国家、在什么时间内拥有什么技术，其目的是确保专利的质量和法律的执行，并帮助在技术所有人和潜在的技术使用者之间进行有效的谈判；③专利局、专利审查员、法官、执法官员和专利从业人员（例如专利律师）的能力要不断得到完善，使他们在经济快速发展的过程中具备必要的知识和技能。

2. 关系到技术转让的WIPO相关活动示例

（1）一般性活动中涉及的技术转让问题。

首先，WIPO将技术转让议题列入了专利事务发展议程。在WIPO发展议程与发展与知识产权委员会项目下，以下内容的讨论涉及技术转让议题：①知识产权与技术转让；②共同挑战与共同解决方案；③国家机构创新和技术转让支持架构；④查询与支持专门化数据库；⑤开发专利信息查询工具；⑥进行关于使用特定技术的适当科技信息的能力建设，以应对已查明的发展挑战的项目。

其次，WIPO 框架下与专利相关的日常、一般的活动中，必然会关系到技术转让问题。例如，作为一种国际专利申请制度，PCT 的良好运转对于国际专利制度十分重要，这在所有技术领域都是如此。PCT 通过公布 PCT 国际申请的和国际检索报告、撰写书面意见和国际初步审查报告等，对各国和地区的专利质量产生全球影响力。

最后，WIPO 还在专利领域开展技术援助和能力建设，例如，提出立法建议和对政府官员和其他利益攸关方进行培训，开设旨在增进对知识产权问题了解的教育计划，如与不同国家或地区联合举办暑期班、远程课程和硕士课程等。WIPO 还设立了仲裁与调解中心，为解决私人当事方之间的国际商业纠纷提供替代性纠纷解决机制，这一机制已被用于解决专利许可、研发协议、合资协议和技术转让协议等方面的纠纷。

（2）开展专利活动相关信息服务和平台建设。

WIPO 一直在开发以技术所有人和技术使用者之间伙伴关系和合作为基础的平台，以便为技术转让和传播提供便利。例如，目前已经开发的合作平台中有两个颇为重要，即医药卫生技术领域的"WIPO Re：Search"和环保技术方面的"WIPO Green"。"WIPO Re：Search"创建于 2011 年，它在 WIPO、制药公司、科研院所和一个非政府组织全球卫生生物公司之间搭建起伙伴关系，旨在分享抗击受忽视的热带疾病的知识创新。通过该平台可以获取药品复方、技术、诀窍和数据的知识产权相关信息，以便将其用于受忽视热带疾病、肺结核和疟疾抗击医药产品的研发。换言之，"WIPO Re：Search"建立了一个现有知识产权信息和资源的可检索公共数据库，为搭建新的技术合作伙伴关系提供便利，并为开展受忽视热带疾病、肺结核和疟疾治疗研究的组织提供支持。另一平台"WIPO Green"的核心目标是加快环保技术的应用和部署，特别是在发展中国家和新兴经济体；通过平台、技术供应商将把它们的技术打包提供，其中可能包含专利之外的相关诀窍和服务。"WIPO Green"的用户还可以把具体技术需求上载到数据库中，有关获取的技术用于研究、制造和/或销售的条款将由供应商和需求方经过谈判协议来管理。可见，"WIPO Green"是一个关于可持续发展环境的技术市场，提供多种多样的环境技术解决方案和技术需求，为在绿色技术的需求与转让之间牵线搭桥提供便利。此外，WIPO 还提供专利信息服务，如通过其专利全球数据库"PATENTSCOPE"收录 PCT 及诸多国家和地区的专利文献，在覆盖面继续提高的同时实现多语种检索以及专利名称和摘要的翻译。WIPO 也建设专业或行业数据库，例如"专利行情"数据库——该药品专利信息通道是为全球卫生行业用户，特别是那些制药厂商提供的用来便捷获取和掌握药品专利信息的服务，数据直接由生物制药公司向 WIPO 提供，任何人可在"专利行情"数据库通过简单输入药品的国际非专利名称检索获得其在某一国的专利状态等相关信息。该数据库还特别为采购代办商直接跟进并向加入数据库的药品公司咨询提供了便利。尽管目前其并非提供尽职调查的工具，但也促进了专利信息的获取和提高了药品采购流程的效率。❶

（3）技术转让相关的经验和案例。

根据 SCP 第 17 届会议的商定，在第 18 届会议上委员会和各成员探讨了 WIPO 知识产权优先数据库中的案例，这些案例涉及的技术有：电子驱鲨技术、使用紫外线的水消毒装置、碳纤维石等。❷ 此外，大会还讨论了关于当地制药和发展中国家相关技术转让的案例研究，例如联合国贸易和发展会议（United Nation Conference on Trade and Development，以下简称 UNCTAD）与世界卫生组织（World Health Organization，以下简称 WHO）、国际贸易和可持续发展中心（ICTSD）共同开展的一个项目，针对阿根廷、孟加拉国、哥伦比亚、埃塞俄比亚、印度尼西亚、约旦、泰国和乌干达等国家的当地制药和相关技术转让案例开展了一系列研究并于 2011 年出版研究报告。该研究报告提供了在当地生产药品的情况下，关于当地制药和相关技术转让的实例，这些技术在相应国家有的已被授予专利权、有的未授予专利权。尽管这些实例并不一定着重体现技术转让及其与专利的联系，但是它们仍提供了丰富的经验，来说明当地生产商如何获得并开发技术能力，以在各个不同的国家生产药品。例如，这些案例研究报告中包括了三

---

❶ 参见 WIPO 数据库：Patentscope，https：//www.wipo.int/patentscope/en/，https：//www.wipo.int/pat - informed/en/，2022 年 11 月 21 日访问。

❷ 参见 SCP 第 18 届会议（2012 年 5 月 21—25 日，日内瓦）会议文件：SCP/18/8。

个最不发达国家——孟加拉国、埃塞俄比亚和乌干达，它们在药品发明的可专利性方面都有各自不同的要求。报告中还提供了来自阿根廷、哥伦比亚和约旦的更多案例，这些国家已建立起其自身的当地药品制造商。来自泰国的案例表明，该国一家国有企业在 WHO 的全力支持下正在开展一个当地疫苗生产项目。

2013 年 2 月 25—28 日在日内瓦举行的专利法常设委员会（SCP）第 19 届会议商定，秘书处将对第 18 届会议形成的文件 SCP/18/8 进行修订，根据 SCP 成员和观察员提供的意见，进一步增加技术转让的专利相关激励机制和障碍方面的实例和经验，同时考虑到技术转让中吸收能力层面的问题。❶ 根据上述决定，秘书处请 SCP 成员和观察员提交技术转让的专利相关激励机制和障碍方面的实例和经验。以下成员、一家政府间组织和非政府组织提供了技术转让方面的信息：哥斯达黎加、芬兰、德国、以色列、立陶宛、摩纳哥、波兰、韩国、英国、美国、赞比亚、WTO、国际商会（ICC）和知识产权联盟。在 2014 年 11 月的 SCP 第 21 届会议上，玻利维亚、德国、哥斯达黎加、格鲁吉亚、立陶宛、英国、美国、塞尔维亚、斯洛伐克、西班牙、匈牙利、智利、中国、欧洲专利局（EAPO）和第三世界网络（TWN）提交了有关上述主题的实例和经验。

（4）成员间关于专利制度与技术转让关系认识的分歧。

以美国的经验为例，1980 年通过的《拜杜法案》促进了美国大学专利申请和大学向企业进行技术转让的增长，这是因为大学可以选择获得联邦政府资助的发明所有权，并简化了这种选择的流程。在 1980 年之前，美国大学所获专利不足 250 件；2011 年，大学技术管理者协会（AUTM）成员获得了 4700 件专利，同年签署了 4899 份新许可协议，并针对大学研究工作成立了 671 家初创企业。此外，联邦计划还为美国的技术转让提供了众多的激励机制。例如，美国国立卫生研究院（NIH）的各项活动就是卫生技术领域的专利相关激励机制的一个实例。美国国立卫生研究院是美国政

---

❶ 参见文件 SCP/19/7 第 23（e）（i）段：秘书处将根据从 SCP 成员和观察员收到的资料，对文件 SCP/18/8 进行修订，增加更多有关专利促进和妨碍技术转让的实例和经验，其中应考虑技术转让中的吸收能力问题。

府拥有的艾滋病病毒（HIV）抗逆转录病毒（ARV）蛋白酶抑制药品专利许可的药品专利池（MPP）的首个捐助者。2011 年，美国国立卫生研究院成为"WIPO Re：Search"项目的创始捐助者，从其内部研究计划中捐助了超过 70 项技术的知识产权。除此之外，2012 年 2 月美国专利商标局启动了"人道专利试点计划"，奖励那些将拯救生命的技术带给全球范围内未得到足够重视人群的公司；该计划为将其专利技术用于解决人道需求的专利权人和被许可人提供商业激励。获奖者会获得一份证书，证明获奖者针对其技术组合中任何事项向美国专利商标局提交的专利申请、上诉、复审程序均得到加快处理；获奖者还会在公共颁奖典礼上得到美国政府的认可，同时其努力也会得到媒体的宣传。美国在提交的资料中表示，根据其经验和证据，强有力的专利保护会促进技术转让，因为这会积极地影响外国直接投资和进口。很多研究者认为，技术转让真正的障碍与专利或知识产权本身并无关系，国家法律法规及其执法的不足或不清楚、高税收、专利保护范围不足和专利执法的薄弱，以及通过强制许可来"获取"受专利保护的技术，这些都阻碍了技术创新和传播。

德国提供的资料表明，尽管专利权具有垄断和排他效力，但仍对技术转让具有促进作用。赋予专利权所有人的具体法律地位，可使其能够有效管理技术和知识的运用和转让，无须担心潜在的商业伙伴在签订使用许可合同前的谈判期间或在最终没有签订合同的情况下，会使用专利权人的技术和知识。因此，可以说专利制度激励了技术实施或转让合同的谈判。专利制度也为他人利用发明技术提供了便利，通过许可等方式使现代技术转化为可进行市场交易的商品或法律服务中的可流通客体。此外，发放使用许可的方式在商业上使得产品利用的可能性极大增加，对新技术的开发形成一种激励，这对那些实际上没有意向或能力推销其自己发明技术的人来说尤其如此；因为在这种情况下，技术转让从一开始就不一定是研究的预定目的，专利的使用许可和转让的可能性对权利人成为一种鼓励，可以在某一地区销售其产品也可以向有意向的国家输出转让技术。从经济角度而言，只有十分牢靠且可预期的商业利润，才会促使发明人承担最初阶段的高额研发费用；从法律角度而言，只有在专利制度以有效、可靠的方式对技术知识的转让进行管控的条件下，权利人的商业利润方可得到保障。

在 2012 年的 SCP 第 18 届会议上，一些代表团也指出了技术转让中与专利制度相关的一些障碍。例如，巴西代表团提到了"许可合同中可能存在的反竞争做法"，印度代表团提到了"技术转让许可协议中的障碍"。为回应这些发言，美国代表团强调了技术转让中自愿的重要性，即自愿许可协议是一种重要而基本的技术转让手段，因此为自愿许可协议提供便利是各代表团的共同利益所在；如果 SCP 决定在此领域展开探索，那么收集自愿许可协议方面国家/地区法规、指导意见、做法和立法的信息，包括反竞争专利许可做法的信息，都会是有用的；法庭裁决也有助于学习和分析各种规则、法规在具体案例中的落实。

综上，SCP 中所开展的讨论表明，成员均同意技术转让是一个受到众多因素影响的复杂问题，包括当地企业、人员的吸收认识能力也与使用专利制度相关，这些需求都应有效地反映在 WIPO 相关部门参与的组织能力建设计划中。同时，有成员担心 SCP 是否应该涉及非专利相关因素，因为这与"发展与知识产权"项目之间可能存在重复，相关讨论应题为"知识产权与技术转让：共同挑战——共同解决项目"以结合发展与知识产权项目的现状。在 2013 年 12 月的 SCP 第 20 届会议上讨论了"专利和技术转让：进一步的实例和经验"文件内容（SCP/20/10），关于区域性技术转让案例的分析研究完成。

从 2014 年起，SCP 在技术转让中的专利问题这一核心议题的关注点转向"公开充分性对于技术转让的影响"。在 2015 年的 SCP 第 22 届、第 23 届会议上讨论了"专利充分公开"的问题，卢森堡（代表欧洲联盟）、中国、印度、罗马尼亚和南非等代表团发言，概括提出了专利说明书内容的作用和技术转让中对充分公开的要求（文件 SCP/22/4，SCP/23/6）。通过几年的讨论，在 2018 年的 SCP 第 29 届会议形成了"关于有利于有效技术转让的专利法条款：包括公开充分性"文件（SCP/29/6）。近几年，SCP 的会议尽管受到新冠病毒感染疫情的干扰无法线下召开，但仍更改为年度会议以网播方式加以讨论，直至第 32 届会议（2021 年底）该议题仍在讨论研究中且成员的经验和做法等相关信息不断丰富（文件 SCP/30/8，SCP/31/7，SCP/32/6）。从这些资料看，这一议题既涉及专利法相关条款，例如，专利申请的内容、专利申请公布与专利公告、权利许可

（包括建立自愿许可的激励机制）等，也包括高校及其衍生公司的知识产权所有权和许可方式、为高校和小微型实体减费、专利代理人提供的高质量意见等方面的情况，以及技术转让法律及其实用工具、计划和举措等具体问题。对此，加拿大、智利、中国、哥伦比亚、捷克、法国、乌干达、英国、美国、巴西、印度、澳大利亚、哥斯达黎加、厄瓜多尔、德国、斯洛伐克、阿尔及利亚、阿根廷、日本、尼日利亚、菲律宾、新加坡、津巴布韦等成员，均在 SCP 近三年的会议中提出了对这些问题和情况的答复。

从目前讨论看，各国在专利法相关条款和配套实施办法以及技术转让方面的经验做法不甚相同。因此，除继续汇总关于为有效技术转让做出过贡献的专利法条款和做法的信息外，SCP 的秘书处计划专门组织一次成员交流会，促进各国专利及相关法律制度的进一步完善，特别是在信息的充分公开方面，以适应有效技术转让实践的需要。

二、WTO 框架下技术转让议题的讨论与磋商

（一）议题的缘起及其复杂性和国际协调的困难

1. 国际技术转让的合同性质

国际技术转让在我国指技术进出口。根据《中华人民共和国技术进出口管理条例》（以下简称《技术进出口管理条例》），技术进出口是指从中国境外向中国境内，或者从中国境内向中国境外，通过贸易、投资或者经济技术合作的方式转移技术的行为。这些行为包括专利权转让、专利申请权转让、专利实施许可、技术秘密转让、技术服务和其他方式的技术转移。可见，国际技术转让的对象是技术，在实践中通常是从技术发达国家和地区流向技术发展中或者相对落后的国家和地区。无论是通过贸易、投资或是经济技术合作，技术转让的法律本质是基于契约自由精神的合同。合同是以当事人意思自治为核心的、在达成合意的当事人之间产生的法，引入技术者不会花费冤枉钱购买过时过期的技术，也不会因为他国的政策和国家利益等因素做亏本的生意；除非违反硬性法律规定，例如，欺诈、

违反公序良俗或诚信等其他因素，法律不会对当事人之间并不违法的合同进行干预。因此，技术转让的性质就是国际间当事人的技术合同，也称许可证贸易。国际间尽管可以对哪些技术应受到知识产权等法律保护达成共识，并通过国际公约方式转化为国内法的强制力保障实施，但对于私人间具体的谈判条件作出统一规定就超越了国际法可以强制实施的范围，各国想就此达成共识是非常困难的。事实上，狭义的技术转让对象通常是采取保密措施的技术秘密，因为缺乏公示，其保护本来就很难，在实践中权利人更依靠自我保护的方式，多数国家也是通过反不正当竞争法来禁止非法盗取等行为，没有正当理由并不会强行干预当事人有合意的许可证贸易。而广义的国际技术转移的对象，则必定是以相关知识产权制度明确了所有权、使用权、获酬权等基本经济利益保障的智力创造成果，例如，专利、软件（可能同时受到版权、专利权和商业秘密的保护）、产品外观设计等。

2. 就技术转让议题达成国际协调的一致规则存在实际困难

正因为议题的复杂性，关于技术转让议题事实上并没有达成国际法意义上的统一规则；对于跨国公司利用自己的技术优势，实施限制竞争的垄断，从而抑制受让方再创新的行为，在某种程度上被视为许可证贸易中的商业惯例，难以用国际法规则强行规制。例如，限制技术受让方对技术进一步研究开发和改进以获得知识产权，强制要求技术受让方必须且只能将改进的技术独家回授给转让方，禁止技术受让方将生产的产品出口，强制要求技术受让方从技术转让方购买原料，等等。虽然这些措施有可能显失公平，但通常以"选择或退出"的方式隐性置入合同条款，因此尽管受让方并不见得十分情愿，但权衡利弊仍会选择接受这些条款以引进亟须的技术。尽管很多国家意识到这种许可证贸易方式对世界经济的整体发展有不利影响，并在国际上通过相关经贸平台尽力协调，但如上所述，许可证贸易的本质是合同尤其是技术秘密使用合同，若不愿意接受理论上完全可以选择不签订。事实上，即使是经公示的专利权的许可或转让，权利人也完全可以在合同中附加若干条件，包括技术改进限制、产品销售条件、回授条款等。因此，对于合同领域的不违反强制性法律规定的内容，很难通过国际条约对许可方规定强制性义务，尤其是在买方市场的情形下，在国际层面上要达成一致实际上是非常困难的。而在国内法层面上，技术处于劣势的引进方，基于技术引进的刚需，则自然倾向于选择"技术换市场"的应对方式作为对抗；也即，以国内市场的开放和更大的利润反馈为对价，通过国内相关法律和政策，对技术转让方的上述所谓商业惯例予以反制，例如，要求本国受让方进行国际贸易时应要求对方跨国公司向自己转让部分技术或要其承诺不签订回授条款等，故而在国内企业执行这些法律或政策时，容易产生所谓"强制技术转让"的争议。尽管根据 TRIPS 协议第 7 条规定，知识产权的保护和实施应有助于促进技术革新及技术转让和传播，有助于技术知识的创造者和使用者的相互利益，并有助于社会和经济福利及权利与义务的平衡。TRIPS 协议第 8 条第 2 款规定，只要与本协议的规定相一致，可能需要采取适当措施以防止知识产权权利持有人滥用知识产权或采取不合理地限制贸易或对国际技术转让造成不利影响的做法。另外，TRIPS 协议第 40 条、第 66 条第 2 款都强调技术转让应公平合理并不得限制受让方的技术改进、鼓励向最不发达国家转移等；但是，这些条款与 WTO 框架下知识产权保护的具体规定比较而言，过于原则化、宣示性，且无配套责任条款，这种"鼓励"或"应当"的规定并没有国际法上的强制执行力。也就是说，这些规定没法转换为成员必须履行的国家义务，技术发达国家若并不响应遵从，并无国际法上的罚则；至于发达国家向更广大的发展中国家，如中国进行转让技术，应遵守什么样的行为规范，则国际条约中更无相关的具体规定。

(二) 关于"强制技术转让"的说法及争议

尽管技术转让的内容也是受知识产权保护的客体，但 TRIPS 协议并无转让合同双方权利义务的具体规定，实践中可能出现的"强制技术转让"争议难于随时诉诸 WTO 争端解决机制。换言之，所谓的强制技术转让，并没有被 WTO 的相关国际协议作为具体规则纳入，因此一些成员对其他相关成员的指责难以通过 WTO 争端程序得以确认。例如，2018 年 3 月 22 日美国发布特别 301 调查报告，将强制技术转让问题提出来，被随后在 WTO 提起争端解决程序，使得中美之间长期存在的关于技术转让的争议成为双方经贸摩擦中主要的焦点之一。❶ 但像很多不了了之的争端案件一样，该案专家组没法组成，最终美国抛开 WTO 体系落实，转而直接以缔结新双边经贸协议的方式，迫使中方就技术转让问题作出法律和政策上的调整。

事实上，自中国加入 WTO 之后，中美就已经围绕知识产权和技术转让问题一直进行对话谈判。美国对我国关于技术转让方面的指责依据主要有两个：一是《技术进出口管理条例》（2011 年修订）规定的"技术进口合同的让与人对按合同约定该转让技术的使用导致的侵权负所有责任""在技术进口合同有效期内，改进技术的成果属于改进方"及"技术进口合同中，不得含有下列限制性条款：……（三）限制受让人改进让与人提供的技术或者限制受让人使用所改进的技术"；二是《中华人民共和国中外合资经营企业法实施条例》（2014 年修订）规定的"技术转让协议的期限一般不超过 10 年"及"合资企业的中方在合同期满后有权继续使用技术转让合同下转让的技术"等。2016 年在 WTO 对中国贸易政策的审议中，美国和欧盟均提出了各种其认为中国有贸易保护倾向的问题，包括知识产权保护和技术转让；❷ 针对美国对中国是否计划修改国内法、以便在技术转让方面使外国投资者和中国国内企业享有同等待遇的提问，中国代表回应"尚未有修改技术进出口相关立法的计划"。❸ 不过，到了 2020 年中美达成第一阶段经贸协议之前，这一议题已经先行得到中方回应。《中华人民共和国外商投资法》（以下简称《外商投资法》）第 22 条规定："国家保护外国投资者和外商投资企业的知识产权，保护知识产权权利人和相关权利人的合法权益；对知识产权侵权行为，严格依法追究法律责任。国家鼓励在外商投资过程中基于自愿原则和商业规则开展技术合作。技术合作的条件由投资各方遵循公平原则平等协商确定。行政机关及其工作人员不得利用行政手段强制转让技术。"总的来看，当前在国际技术转让争端议题上，虽然对强制转让进行抗辩的观点都具有一定合理性，都只是一种合

---

❶ 参见 WTO – DBS 案件 DS542 号：https：//www.wto.org/english/tratop_e/dispu_e/cases_e/ds542_e.htm，2022 年 12 月 26 日访问。

❷ 参见 WTO 文件：WT/TPR/M/342，第 4.36、4.152 段。

❸ 参见 WTO 文件：WT/TPR/M/342/Add.1，第 453 页。

理性判断或者说宏观解释，难有法律上的说服力，因此在争端实际发生时没法应对，❶ 反之亦然，指责技术引进方采取各种措施手段进行贸易保护和强制技术转让，难以找到充分证据。这就不难理解，中美之间最终以双边协议中的承诺来取代 WTO 国际贸易体系中的机制。

事实上，美国才是最大的采取强制技术贸易管制的国家。2018 年美国国会通过了《出口管制改革法案》（ECRA），其在《出口管理条例》（EAR）的基础上，将出口管制扩展到新兴和基础技术的出口、再出口或转让层面。《出口管制改革法案》背后的主要政策动机之一是加强美国的出口和投资控制，以解决关键技术向最终用途、最终用户和目的地（主要是中国）转移的担忧。根据《出口管制改革法案》，美国商务部工业与安全局（BIS）有了更多权利调查可能违反《出口管制改革法案》的行为，并且在新兴和基础技术层面试图建立一个定期的、跨机构的识别流程。所谓新兴和基础技术，是指对美国国家安全至关重要、在 1950 年《美国国防生产法案》中描述的关键技术之外的新技术。此后，BIS 发布了实体清单，要求在实体清单中的公司或个人须获得美国商务部工业与安全局颁发的许可证才可购买美国技术。当美国商务部工业与安全局无充足理由将一家外国公司或个人列入实体清单，但有足够理由就该外国实体的相关风险向其他公司作出警示时加入未经核实清单，未经核实清单（UVL）上的公司仍然可以获得美国商品、技术或软件，但是受制于一些额外的条件。美国商业管制清单（CCL）中的类别是需要特别出口管制分类编号（ECCN）。该清单共分为十大类：核材料、设施和设备及杂项，材料、化学品、微生物和毒素，材料加工，电子产品，电脑，电信，信息安全，传感器和激光器，导航和航空电子设备，海洋、航空航天与推进。其中，每个类别进一步细分为五个产品组：系统、设备和部件，测试、检验和生产设备，材料，软件，技术。一旦商品或者公司出现在这些清单上，其交易即会受到美国的监管，并有很大可能受到阻碍。

在欧洲，以英、德、法为主的发达国家近些年来跟随美国，通过投

❶ 彭德雷：《中美技术转让争端的国际法解决路径》，《环球法律评论》2018 年第 6 期，第182 页。

资、技术贸易等领域的法律与国家安全挂钩，在技术转让方面对我国进行限制、形成围攻。欧洲各国政府在贸易保护主义的影响下，2019 年 4 月，欧盟发布了《欧盟外商投资审查条例》，该条例于 2020 年 10 月 11 日生效，重点审查受到外国政府支持的收购欧洲关键设施的外国直接投资。其中，关键技术领域包括人工智能、机器人、半导体、网络安全、航空、防卫、能源、量子与核能以及纳米和生物技术等领域。简言之，涉及这些领域的技术转让，都需要纳入欧盟的审查。

日本在技术转让、知识产权保护等问题上紧随欧美。岸田政府向国会提交的《经济安全保障推进法案》于 2022 年 4 月 7 日在众议院获得通过。该法案强调政府对企业的干预，将政治考虑与政府业务相联系。根据立法目的阐释，该法案是为了防止先进技术向海外外流，并确保它们为经济和生活提供基本物资。为此，政府将指定对经济和人民生活至关重要的物资，监测处理这些物资经营主体的活动，确保稳定供应，并防止技术外流。该法案主要内容包括：（1）监控参与采购"特定重要物资"的公司，如国家指定的半导体和药品等，确保稳定供应；（2）对电力、铁路和信息通信等"关键基础设施"进行预审查，确保其开发运用能防止网络攻击；（3）支持特定核心技术发展，对通过公共和私营部门合作获得的先进技术泄密的行为进行处罚；（4）要求特定技术须在国内申请专利以防止泄露，并对专利申请信息进行保密等。其中，"非公开专利申请"作为优先议题于 2022 年 4 月 13 日在参议院审议。❶

（三）各国关于向最不发达国家转让技术的经验

TRIPS 协议第 66.2 条规定，发达国家成员应鼓励其领土内的企业和组织，促进和鼓励向最不发达国家成员（Less Development Countries，以下简称 LDCs）转让技术，以使这些成员创立一个良好和可行的技术基础。该规定给发达国家的义务是软性的，即"鼓励"国内企业向 LDCs 转移技术；但是，TRIPS 协议对该义务并无统一明确的具体执行规则，尽管 TRIPS 协议理事会

---

❶ 经済安全保障推進法案 の 概要. https：//www. cas. go. jp/jp/houan/220225/siryou1. pdf, 2023 年 2 月 5 日访问。

要求发达国家成员提交如何执行的年度报告，但对此义务国际间的理解也不尽一致，特别是技术转移是否使得 LDCs 可创立"良好和可行的技术基础"。从成员向 WTO 就此议题提交的年度报告看，不同成员的相关实践经验各具特色，但这并不能释明其是否达到了 TRIPS 协议的规定；相反，近些年来，发达国家提出了 LDCs 应提交报告说明其引进的技术是否创立了"良好和可行的技术基础"。

报告显示，欧盟认为欧盟及其成员国对自然、社会、健康、气候和经济变化作出了反应，它们设立了专门针对 LDCs 的当前需要的有关项目。技术转移通常是一个复杂项目的组成部分，而不是一个独立的活动。LDCs 获得一个可靠的技术基础并不仅仅依赖于提供技术或设备，而且也依赖于具有相应的知识、管理和生产技能的人员。因此，在技术转让的同时也要进行培训和教育，它包括大学毕业生的培训、合格人员的交流、联合研究项目。这对于技术转让至关重要，与通过购买或许可知识产权转让同等重要。技术转让需要考虑 LDCs 对技术的吸收能力的重要问题。吸收能力对于任何来自国内或国外的知识的传播都是重要的，从而决定技术如何有助于经济转型和"赶超"一个国家。它还可以影响技术持有者促进知识转移和传播的动机。对于 LDCs 来说，旨在提高吸收能力的政策有助于技术转让。为了使 LDCs 提高吸收、内化和利用新知识的能力，需要对员工进行训练和培养，增加训练有素的员工，进而对新技术更好地理解和吸收，并且需要提高高等教育机构的教育质量和科学基础设施，以及加强这些教育科研机构与企业之间的关系，加强对技术的吸收以促进技术的转让。

欧盟特别重视对 LDCs 的技术转让，在共同体层面强调给予 LDCs 一些强有力的政策支持，并且欧盟一些成员国也有针对 LDCs 的技术转让方案。但是，在鼓励和促进技术转让的努力中，作为政府间机构的欧盟有两个限制因素：一是，政府机构并不拥有绝大多数这样的技术，这些技术的主要来源很明显是私营部门特别是商业部门；二是，欧盟并不能强迫私营部门转让其技术，只能采取鼓励、促进项目的形式，这些项目是全球和全面发展办法的一部分。目前，欧盟大部分的技术转让主要涉及能源、水、农业、基础设施建设等领域的项目，尤其是主要涉及环境保护和人类健康两大领域。例如，相关的健康项目有：欧盟对埃博拉病毒的治疗和防疫与对

LDCs 的人口提供高质量的手术设备。不仅欧盟将对待埃博拉病毒的问题列为重点项目，欧盟成员国德国也单独实施了对埃博拉病毒的治疗和防疫项目，并且在这一项目中投入了大量的资金。爱尔兰资助爱尔兰皇家外科医学院对非洲国家进行培训，从而提高非洲东部、南部、中部地区医疗水平，主要是对以下专业的培训：普通外科、骨科、儿科、泌尿外科、神经外科、整形手术，项目周期为 2013—2020 年；另还有对艾滋病的预防等培训。关于环境领域的项目，主要是关注气候变化、人口增长和土地的利用对生物多样性的影响，通过对这些方面的研究，从而对人类的可持续发展提供解决方案。这一研究主要是针对非洲人口的不断增长对生物栖息地、生物多样性和生态系统的不良影响。欧盟还致力于对非洲水资源的改善，使非洲能够使用清洁水源，德国和英国也都对这一项目进行大力的支持，在 2016—2021 年欧盟与非洲联盟的"水与气候革新联盟"项目中，通过各类行动组织的示范和领航计划促进关于清洁水资源和应对气候变化的知识分享和技术转让。

欧盟及其他发达国家成员关于 TRIPS 协议第 66.2 条近期开展的项目，可参见其向 WTO 提交的报告，以及 LDCs 成员关于该条款实施的回应报告可在 WTO 网站查阅。❶

第二节　专利质量提高与程序优化

一、问题的缘起及国际讨论的推进

专利质量是专利制度的一个重要方面，高质量的专利能确保该制度符合促进创新的目的，并促进各国技术的传播、转让，推动各国科技、社会和经济的发展。但是，发明是一种无形的技术方案，其内容和保护范围的

---

❶　Technology transfer. https：//www. wto. org/english/tratop _ e/TRIPs _ e/techtransfer _ e. htm, 2023 年 1 月 16 日访问。

界定极具专业性；专利授权和管理程序中的错误可能导致专利法律制度适用的不确定性，并增加整个专利体系中所有参与者的成本，例如，相关权利人及利害相关人、竞争对手、专利信息使用者和专利局本身。因此，专利制度本身设置了各种机制，各国的专利主管部门也制定了其他相应措施，以确保只有那些符合国家法律规定的可专利性要求的发明才能获得专利权保护，且授权程序高效快捷、能够平衡成本效益。例如，专利信息检索、第三方监督、异议程序等都是专利体系内置的与专利质量控制相关的措施；另外，还有各专利局为审查人员制定的专利审查指南、培训计划，为专利申请人制定的行为守则，以及其他与专利质量控制和管理相关的办法。❶

鉴于专利国际申请量的剧增，SCP 正致力于探求提高全球专利质量的举措。在 2011 年 5 月的第 16 届会议上，加拿大和英国代表团提出了一项关于"专利质量"问题的联合提案（参见文件 SCP/16/5），SCP 决定让秘书处通知各成员和观察员就专利质量议题提交评论意见。在 2011 年 12 月的第 17 届会议上，加拿大和英国修改了之前的提案，丹麦和美国也就同一主题提交了提案（参见文件 SCP/17/8、SCP/17/7、SCP/17/9）；另外，巴西、哥斯达黎加、法国、西班牙、葡萄牙、韩国、俄罗斯等也提供了建议，之后这些提案逐年进行了更新修改。❷ 这些提案的主要内容包括：专利制度的国家目标、技术基础设施的开发、对专利质量问题开展信息获取和交流、流程改进（特别是检索和审查方面），以及各国家局为确保已授权专利的质量所使用的程序，特别是关于技术方案是否充分公开和创造性判断标准的把握。

2017 年 12 月，SCP 第 27 届会议就各国如何理解"专利质量"一词和专利局之间检索与审查合作的问题展开了问卷调查，并收到 80 个成员和两个区域专利局的反馈，SCP 专门汇编了一份关于成员如何理解专利质量的

---

❶　例如，为严格落实我国新发展阶段的高质量发展要求，进一步规范专利申请行为，提升专利申请质量，消除不以保护创新为目的的非正常专利申请行为，国家知识产权局专利局于 2021 年 1 月发布了《关于进一步严格规范专利申请行为的通知》。

❷　Quality of patents. https：//www.wipo.int/patents/en/topics/quality_patents.html，2023 年 1 月 16 日访问。

文件。对于被调查的"专利质量"这一议题之概念，多数意见认为高质量专利应当满足所适用的专利法所规定的全部要求，即具有可专利性要件，包括属于可授权客体的主题和具备新颖性、创造性、实用性实质要求，以及符合充分公开这一对权利要求的形式要求。对于各专利局来说，提高专利质量是其履行职能的义务，其应尽职审查以便向专利权人确保其授予的专利权在法律效力方面具有一定的确定性，同时也向实施者和社会公众确认其授予的专利须得到严格的保护和尊重。换言之，对于专利局来说，应具备高质量专利的授权职能，包括符合所适用法律和既定标准，完整、全面的检索和审查程序；及时作出审查意见通知书和审查决定；拥有一批接受过良好培训、具备充分技能来履行职责的工作人员；保持透明度以保证专利局和利益攸关方之间的沟通等。❶

以下结合相关成员就加拿大和英国的这一议案的回应，从相关审查程序改进和国际合作交流信息两个关于专利质量提高的重点问题作出简述。需要指出的是，鉴于专利质量提高的议题更多的是 WIPO 协调专利局或知识产权局等审查业务主管机关的职能事项，偏重知识产权国际保护执法协调机制的 WTO，对于此议题基本没有关注。

二、审查程序改进相关问题的讨论及经验

（一）关于审查程序的改进

发展中国家中，巴西代表团比较积极且全面地提供了其关于改进审查技术及流程以提高专利质量的相关经验。其认为，提高专利质量是实现专利保护目标的关键所在，就"专利质量"这一问题进行讨论以增强专利制度效用，包括对其中的专利检索、审查及工作流程评估等加以改进是十分有益的；专利保护的目标是促进技术创新和传播，使技术和知识的生产者与使用者共同受益，有助于权利和义务的平衡，有利于社会和经济福利。巴西专利局已有 47 年历史（截至 2017 年），可以就其曾实施的一些提升

---

❶ 参见 WIPO 文件：SCP/27/4 REV.，November 9，2017。

专利制度效率以加强专利质量的举措进行分享。❶ 巴西代表团提到了协作审查电子平台，即 e – PAC 审查系统，该系统在专利审查期间，允许通过友好图形界面进行注册的不同实体开展协作和交换信息，并提供各类工具进行实时交流，从而有助于加速专利审查。巴西代表团还表示，其专利局在 2017 年 4 月采取了另一项重要措施，即与巴西卫生监管署签署了一项联合命令，以加快制药业的专利权授予；根据联合命令，巴西卫生监管署对事关公共卫生的事先同意申请进行评估，而专利局则拥有评估可专利性标准的专有权力。巴西代表团表示，该联合命令确认的程序除了能避免因处理时间造成的专利期限延长外，还简化了专利授权相关流程，促进了非专利药进入市场。巴西专利局还在 2017 年聘请了 210 名新的专利审查员，并与美国专商局、日本特许厅以及中国国家知识产权局签署了专利审查高速公路协定。所有上述措施对投资者和知识产权权利人来说，简化了专利授予流程并加强了法律确定性；而且，各国知识产权局之间就专利检索与审查交流信息非常重要，这有助于实现不断提高专利质量的共同目标。例如，包括巴西在内的一些国家的专利局已在其网站上提供专利检索和审查文件，查阅这些信息有助于审查员开展高质量的检索与审查工作。巴西还十分重视专利审查员素质提高工作，2010 年年底推出"专利审查员培训计划"，旨在为专利审查员建立和提供知识产权方面的培训，在他们将要从事的技术领域工作之外，对制度进行范围更广泛的总体介绍；培训的具体模块包括理论和实践课程，涵盖的主题包括知识产权制度、专利申请的工作流程、关于审查的各项法律要求、专利申请分类、在数据库中检索现有技术、草拟技术意见等，以使新审查员既能习得符合专利审查指导方针的技术专业知识，也能了解专利局的使命和愿景。授课教师包括经验丰富的资深审查员，新审查员在其指导下对"真实"申请进行技术审查；这样，新审查员将逐渐掌握其工作所需的各项技能，确保按要求及时完成工作。

发达国家用以提高专利质量、优化审查程序的手段相对更为丰富。以法国为例，其代表团在回复调查问卷时声明支持英国和加拿大就专利质量提出的工作计划修订案，认为"专利质量"的概念同时涵盖以下内容：所

---

❶ 巴西相关经验介绍参见 WIPO 文件：SCP/27/10，July 18, 2018，第 132 段。

提交申请的质量、基础设施和专利局内部程序的质量以及结果的质量；可授予专利标准的适用，例如，新颖性和创造性，是在对专利质量进行评价时要考虑的重要因素，同时，为了产出高质量的最终产品，不能忽略对程序质量进行管理。在法国，除了在专利局利用专门的质量管理工具（例如区域合作工作和申请文档分享），管理层还在专利处理流程中推出并采用了一系列针对不同活动的工具。例如，对其文献管理和申请文档监测工具进行了现代化升级，实现从提交申请到驳回或授予专利申请及管理年费的全流程应用。法国专利局还利用一个图形数据库对申请文档进行查询，最终目标是实现文档的无纸化处理，图形数据库与文档监测工具相链接，其共同提供的信息使专利局能够于 18 个月期满时进行公布并编辑出版工业产权专利公报。这两个工具的在线数据库信息，还可供公众查阅著录项目和申请文档。法国专利局本身也利用欧洲专利局的数据库（DOCDB）和英国德温特公司数据库（DERWENT 专利文献库），以及若干非专利文献数据库对现有技术进行检索。另外，法国专利局于 2017 年推出一项新用户服务电子平台"专利交易"为潜在的许可人和被许可人建立联系，即如果专利权人希望通过技术转让许可实施该专利，"专利平台"就可以帮助他们找到潜在被许可人；同样，如果实施人寻求创新技术，该工具可以帮助找到那些可用的技术；该平台还包含关于授权许可的指导、保密协定模板以及其他内容。根据法国代表团的解释，该系统旨在为中小型企业提供更多动力。❶

（二）相关专利局在审查业务上的国际合作

在 2013 年 SCP 第 19 届会议上，美国提出了"关于专利制度效率的提案"（SCP/19/4）、西班牙和欧盟提出"关于提高对创造性认识的提案"（SCP/19/5 Rev.）。会议决定，为推进议题的讨论，各国需要提供对专利局之间的工作分担计划和使用外部信息进行检索和审查的情况，提交的报告包括以下内容：（1）关于利用检索和审查结果的各类倡议；（2）二次/后续受理局加快处理检索和审查；（3）首次受理局优先或加快处理检索和

---

❶ 参见 WIPO 文件：SCP/27/10，July 18，2018，第 200 段。

审查；（4）联合检索和审查方面的合作；（5）利用其他局的检索和审查能力；（6）共享检索和审查信息的平台和工具；（7）挑战及支持工作分担环境的倡议。

这些与专利质量相关的合作活动实际上在一些专利局之间已经展开。例如，根据各国提供给 SCP 讨论的经验，英国、美国、韩国的知识产权局在 2010 年 11 月 10 日启动了一个计划，对各自对相应专利申请的检索和审查工作结果进行再利用，以便对各局之间工作分担的益处加以评估。根据该计划，如果同时向英国知识产权局和美国知识产权局提交了相应的申请，英国知识产权局会进行检索并将通过常规的公开流程将其结果与美国知识产权局共享，从而美国知识产权局能够最大限度地对英国知识产权局所做工作进行再利用；美国知识产权局完成其检索和审查后，其会通过共用的专利申请信息检索系统（PAIR）来公布其工作，以便英国知识产权局能够最大限度地加以利用，同时将后续审查中的重复工作最小化。这种对各自工作成果的贡献和再利用机制，旨在提高各自专利检索和审查流程的效率和质量；这一计划还包括了对各自审查员进行另一专利局相关法律制度、审查实践以及 PCT 加快审查机制方面的培训。又如，自 2010 年 5 月 28 日起，如果 PCT 国际申请得到了一份正面的可专利性国际初步报告，那么在英国该申请人可请求其国家阶段的加快审查，从而鼓励有效利用 PCT 国际阶段的工作结果。另外，WIPO 开发的集中查询检索和审查系统（CASE），为各参与的知识产权局提供了一个共享检索和审查方面信息的平台。该系统最初由 WIPO 国际局开发，目前可用于各参与局的审查员之间相互交换文件。自 2013 年 3 月起，任何专利局都可根据 CASE 系统的《框架规定》通知 WIPO 国际局以加入该系统，并可选择自己是希望作为交存局还是仅作为查询局，且针对该系统间的文件交换作出技术方面的选择。❶

在 2014 年的 SCP 第 20 届会议上，大部分代表团支持韩国、英国和美国三个代表团"关于各局间工作分担以提高专利制度效率的提案"（文件

---

❶ Wipo case – centralized access to search and examination. https：//www.wipo.int/case/en/，2023 年 1 月 8 日访问。

SCP/20/11 Rev.），日本代表团后来成为该提案的共同提案方。该提案建议采取如下行动：

（1）在 WIPO 网站上设立一个专题网页，介绍各专利局之间的工作分担与合作活动，以便将信息汇集一处，使各专利局和用户都能够更好地了解和利用这些现有活动和信息；SCP 的秘书处应当就各专利局之间现有的所有工作分担与合作计划/活动开展研究，提供并定期更新有效链接及其他相关信息。此外，还应当纳入关于工作分担与合作计划/活动的统计信息。该专题网页应当包含有利于促进和完善合作以及加强对这些计划的认识的信息。

（2）在 SCP 会议期间举行关于各专利局工作分担与合作的年度会议，分享国家和地区经验与最佳做法，并找出有助于提高这些计划对知识产权局、对知识产权制度的用户以及对广大公众的效用的方法。

上述提案中的某些内容得到其他一些代表团的支持，同时也对这些提案做了澄清，指出若要在该议题上采取进一步行动，需要在"专利质量"一词的定义上统一认识；有些代表团建议，围绕专利质量议题可开展对专利公开充分性要求的研究；还有些代表团建议 SCP 制作各国专利异议和行政撤销制度模式的汇总，并就各局之间如何分担工作进行研究。此外，SCP 的共识是，已就专利质量提交的各项提案并不影响各国实体专利法的统一或者对提案中工作分担方式的自动接受。一些代表团认为，目前任何研究都应是事实性信息的汇总，不含分析或建议，在后续会议上 SCP 应继续围绕专利质量议题进行研究。

根据各成员在 SCP 讨论中提交的信息，除了专利文献的国际交换之外，一些知识产权局还与其他局共享其内部检索系统，也即访问和利用其他局的文献数据库和检索系统。例如，俄罗斯联邦知识产权局（ROSPATENT）和欧亚专利局为其合作局提供了付费数据库的访问。在许多局，审查员能够获得其他局作出的针对同一发明的检索和审查相关的信息，即利用其他局完成的检索和审查结果并将其作为其国家阶段检索和审查的起点，也可以从国家/地区的数据库或 WIPO CASE 等区域/多边平台中获取需要的专利检索与审查报告、异议决定、法律状态等信息。不过，虽然任何局的审查员都可以从免费和公开的数据库中获取这些信息，但在适当的情况下，不影响根据其各自国家法律审查专利申请的义务，详细资料可从 WIPO 网页"对专利申请检索和审查的国际工作共享与合作活动"中查阅。其中一些举措涵盖了除共享与利用相应审查报告之外更全面的合作。例如，温哥华集团根据局间质量审核项目对相同申请案的工作进行复核，并努力制定共同的检索策略方法；东盟专利审查员实践协会旨在促进共享并更好地理解区内各局的检索和审查实践；美国专利商标局则与日本特许厅和韩国特许厅试行两个项目；另外，在五局合作框架下，第三期协作式检索和审查正在进行。❶

另外，根据报告，一些区域专利局协助对向其成员的某些局提交的国家专利申请进行现有技术检索和/或审查。例如，非洲地区知识产权局（ARIPO）向冈比亚和赞比亚提供，欧亚专利局向土库曼斯坦提供，欧洲专利局向法国、意大利、拉脱维亚和立陶宛等提供；此外，中国、丹麦、埃及、匈牙利、葡萄牙、俄罗斯联邦、新加坡和英国、巴西的知识产权局也为各自的合作局提供检索和/或审查工作。各国的实践还包括：①与其他专利局交换审查员，例如，奥地利、日本、摩洛哥、葡萄牙、新加坡、瑞典和英国，这些审查员分享和讨论每个局的审查实践和/或进行案例分析；②由其他专利局进行培训，以提高专利检索和审查的技能，例如，西班牙专利商标局（OEPM）通过在线课程和六个月的现场培训为拉丁美洲国家提供检索和审查培训，白俄罗斯则从欧亚专利局的实习中受益。❷

三、与专利质量提高有关问题的讨论与协调建议

（一）关于创造性和公开充分性两个具体议题的研究

依照 2014 年 11 月 3—7 日在日内瓦举行的 SCP 第 21 届会议的决定，秘书处根据各国提供的信息，编拟了专利质量议题下各国如何就创造性和公开充分性两个具体议题开展研究。关于创造性的研究包含以下三个主要

---

❶ 参见 WIPO 文件：PCT/WG/9/20，April 15，2016。

❷ 参见 WIPO 文件：SCP/27/5 REV.，November 10，2017。

方面：①技术人员的定义；②评价创造性所用的方法；③创造性（非显而易见性）的程度。关于公开充分性的研究包含以下三个要素：①可实施的要求；②作为权利要求依据的要求；③书面说明书的要求。

1. 关于创造性要求的讨论

各国专利法一致的理念是，专利保护授予的对象是普通技术人员根据公知常识难以推导出的创造性（非显而易见性）的结果。事实上，创造性是发明获得专利保护的核心要件。从 WIPO – SPC 的讨论看，关于创造性，一些国家的专利局确立了评估创造性的标准方法，以便支持审查员、申请人和第三方所作评估的客观性和一致性。对创造性的评估取决于现有技术、本领域技术人员和非显而易见性。在德国，在决定发明是否具有创造性之前，必须先确认以下几方面：申请日（优先权日）的相关现有技术；相关领域的熟练技术人员；熟练技术人员的能力或知识水平。评估一个申请的发明主题是否显而易见的起点，源自本领域技术人员寻找比已知解决方案更优的方案（或只是与其不同的另一方案）所需的努力，没有独一无二的、可通用的判断创造性的适用标准。技术方案的某些方面，例如，克服了技术偏见或满足了该技术领域长期存在的需求，都可能表明其具有创造性。在美国，格雷厄姆诉约翰·迪尔一案❶确立了判断创造性须进行的以下几个方面的基本事实调查：①确定现有技术的范围和内容；②确定现有技术与要求保护的发明之间的区别；③分析相关技术领域的普通技能水平。在新加坡，"风帆冲浪式做法"被广泛采用作为实践中判断创造性的指导，该做法包括：①确认要求保护的构思、本领域技术人员、所要求保护的发明与现有技术之间的差别；②分析此差别是否在当时被本领域技术人员视为显而易见。

可见，在各国专利制度实践中，对创造性的判断实际上都是基于"本领域技术人员"（PHOSITA）的评估结果。关于本领域技术人员这一主体的判定标准，一些国家的法律明确规定，此人拥有"平均"或"普通"水平的技能。本领域技术人员是假想出来的法律拟制人，是以其知识和技能为基础，用以评估要求保护的发明是否具有创造性的人；它不是做出发明

❶ Graham v. John Deere Co. – 383 U. S. 1，86 S. Ct. 684（1966）.

的发明人、不是具体的专利审查员也不是未来使用技术的潜在客户。这个拟制人的确切知识和技能水平需要针对每个具体个案、根据要求保护的发明之特性予以定义。从理论上讲，从本领域技术人员的角度对要求保护的发明进行评估，可以使有关该发明的分析具有客观性。一些国家定义了本领域技术人员普通或平均技能水平所具有的要素。❶ 美国自专利制度诞生之日起，就明确了法律仅为具有创造性的发明提供保护的基本理念，但从立法条款看，直到1952年的《美国专利法》第103条第a款中，才对专利必须具有非显而易见性（创造性）提出了要求，即"发明……如果申请专利的主题内容与现有技术之间的差异甚为微小，以致在该发明之初对于本领域技术人员是显而易见的，则不能被授予专利"。《欧洲专利公约》（EPC）第56条规定，对本领域技术人员而言，若发明相对于现有技术并非显而易见，则该发明应当被视为具有创造性，判断创造性时不考虑抵触申请中的现有技术。与此类似，《日本专利法》第29条第2款规定，发明如果在申请专利之前即能够为本领域技术人员容易获得，则不能取得专利。我国《专利法》第22条第3款规定，创造性是指与现有技术相比，申请专利的发明具有突出的实质性特点和显著的进步。在审查实践中，发明是否具备创造性，应当基于所属技术领域的技术人员的知识和能力进行评价。❷

对于创造性的评价方法，许多专利局运用"问题－解决"法进行判断，步骤大同小异。以我国为例，对创造性要求的判定通常采取三个步骤：①确定最接近的现有技术；②确定发明的区别性特征和发明基于区别性特征产生的技术影响所实际解决的技术问题；③从最接近的现有技术和技术问题入手，确定所要求保护的发明对于本领域技术人员是否显而易见。从各国专利制度的实践经验看，无论采用哪种方法，须记住的重要一点是，最终需要解决的总的基本问题依然是"这项发明是否显而易见"。另外，审查员需要避免采用事后诸葛亮或马后炮的方式来分析判断创造性，应以审查员读到专利申请文件时、"问题－解决"的技术方案是否已

---

❶ 参见WIPO文件：SCP/22/3，July 6，2015，SUMMARY，第9项。
❷ 参见《专利审查指南》第二部分第四章第2.4节。

经存在于该文件中来考虑是否显而易见。

总的来说，各国对一项发明是否具有创造性的判定因素通常包括：要求保护的发明解决了某技术领域一项长期存在的需求；其他发明人此前也曾尝试解决有关问题，但没有成功，要求保护的发明克服了以其他手段无法解决的技术难题；要求保护的发明在商业上格外成功（产业成功效应）；现有技术对本领域技术人员的教导使之无法实现所要求保护的发明，或发明人克服了一项技术偏见；要求保护的发明所带来的解决方案具有原创性，它与以前的老路不同，开辟了新的道路；要求保护的发明产生了意料之外的技术影响或结果；要求保护的发明提供了意想不到的简单解决方案；从意识到问题存在到做出解决问题的发明，其间过去了很长时间；要求保护的发明特别复杂而且不容易实施；要求保护的发明被其他人采用，而不用现有技术。近几年来，SCP 对创造性的讨论不断深入，除本领域技术人员、公知常识、辅助判定因素等方面外，还对化学这一具体领域的发明创造性判断标准展开研究。❶

2. 关于公开充分性要求的讨论

依据"公开换保护"这一专利制度，国家向发明人授予防止他人对发明进行商业利用的专利权，其对价为要求发明人充分公开与其发明相关的信息。专利技术方案的充分公开还有利于技术转让、避免重复研发。专利制度的重要功能，即促进信息的传播和获取专利申请技术所含的知识、扩大技术知识的公共积累和实现整体社会效益的提高。专利法充分公开要求的一个重要方面是，权利要求书应得到说明书的充分支持。总体而言，大多数国家关于充分公开的法律相关条款之措辞均与 TRIPS 协议第 29.1 条大致类似，即"成员国应要求专利申请人以足令所属技术领域的技术人员能够实施该项发明的清楚与完整的方式公开其发明……"例如，《美国专利法》第 112 条第 a 款规定，"说明书应包含对发明的书面说明……"我国《专利法》第 26 条规定，说明书应对发明或实用新型作出清楚、完整的说明，以所属技术领域的技术人员能够实现为准，权利要求书应当以说明书

---

❶ 参见 WIPO 文件 SCP/28/4, June 16, 2018; SCP/29/, November 5, 2018; SCP/30/4, May 7, 2019。

为依据，清楚、简要地限定要求专利保护的范围。

因此，充分公开要求技术方案实质上可实施，但在实践中，对书面说明书的要求一般被认为独立于、不同于对技术方案实用性的要求。在许多国家，检验公开是否满足可实施的要求，要看专利说明书是否披露了充分信息、使所属领域的技术人员能够据以实现，即基于这些信息和相应技术领域的普通常识，在没有"过度负担、过度试验或进行任何发明性尝试"❶的情况下能够实施该发明；或者说，其内容应清楚明确，没有任何模棱两可、含糊不清或自相矛盾的地方，且必须在申请当日对于本领域技术人员来说可实施。一般而言，本领域技术人员指在相关领域具备良好知识和专业水平的普通技术人员，但并不一定是该领域内的专家（有的国家认为其是指具有"平均水平技能和知识"的人）。据此，专利说明书无需就发明的每一处基本细节作出说明，但也不能过于简单、模糊不清，使普通技术人员难以实施。在决定权利要求书是否得到说明书的支持时，审查员应考虑说明书的全部内容以及任何所提供的附图。说明书是否充分公开这一问题的提出，可能是由于原始的权利要求书没有得到说明书所公开之内容的支持；而且，许多有关书面说明的判例法都在探讨，原始提交的说明书支持的究竟是否属于原始申请中所没有的权利要求。换言之，原始申请所涉及的权利要求是否获得了充分的支持，或说明书的修改是否属于《美国专利法》第132条说的"超出原发明公开范围的新情况"❷。从目前各主要法域的专利法实施进展看，充分公开的要求大有实质化趋势，即相当于将其作为与专利可保护客体的适格性要求和专利"三性"要件并列的实质性授权确权条件，以此确保各国的专利质量，使专利法律制度实现其"公开换保护"的初衷。

（二）关于异议程序的讨论和研究

各国和各地区的专利法一般都设置了异议或其他相关的撤销、无效程

---

❶ 关于这些概念的讨论参见 WIPO 文件 SCP/22/4，May 5，2015，第 8 – 13 项。

❷ 35 U. S. C. §132 Notice of rejection；reexamination：（a）……No amendment shall introduce new matter into the disclosure of the invention.

序，以便为第三方提供机会，使其能够在授权之前介入专利审查程序或在授权之后挑战专利权的有效性。尽管具体细节不同，各国制度中的这类程序有个共同的目的，就是通过增加程序性措施以便捷、低成本的方式提高专利质量。同时，在耗时的司法程序之外提供另一个替代性方案。其中，关于授权前是否提供某种渠道以便对拟授予的专利进行质量控制，SCP 对此议题组织展开了研究，形成了一系列成果和资料。❶ 概括而言，此类机制包括以下几个方面。

1. 异议程序的设立及简况

很多国家的专利法中都有关于异议程序的规定。在严格意义上，异议程序为第三人提供一个机会，在法律规定的某段期间内对拟授权的专利提出反对意见。异议人至少要提出一项专利法上规定的不应授权的理由。异议程序与授权程序紧密相关，通常要在授权之前或授权之后的较短期间内提出，❷ 也有的则将授权前后的异议合并，例如印度。概言之，异议是在专利局而非在法院进行的双方当事人对抗程序。常见的异议理由包括新颖性、创造性、实用性、充分公开和超范围修改，以及不属于专利保护客体等；异议程序可在审查部门或者由技术与法律专家组成的中立的委员会进行，双方当事人通常按照当地民事诉讼法规定的诉辩程序进行，因此有的国家明确规定在中止后继续的民事诉讼中适用禁止反悔原则。授权前异议通常在专利局审查专利申请案并给出积极结果和予以公布后即启动，在公布时往往注明了异议期，过期没有人申请异议的则授予专利权。如果有人申请异议，申请异议人须提出理由和证据，例如，提供申请缺乏创造性的现有技术文件等。专利申请人有机会依法进一步完善专利申请以满足要求并提交第三方意见，异议人也有机会回应该意见。基于双方提交的证据材料，审查员或其他依法被授权对异议进行裁决的人将作出是否应授权的裁决。有的国家异议程序在专利申请先行公布后、实质性审查之前进行。授权后的异议则在授权后即可以启动，具体操作程序与授权前异议相似，最

---

❶ 参见 WIPO 文件 SCP/18/4，SCP/17/9，SCP/14/5，SCP/12/3 Rev. 2 等。

❷ 例如，根据《欧洲专利公约》第 115 条，欧洲专利申请公开后，任何第三方都可以在欧洲专利局的程序中提交意见。

终由裁决者作出专利申请是应当维持、修改，还是撤销的决定。须指出的是，依据 TRIPS 协议，关于知识产权是否授权、是否有效，以及是否撤销的行政决定或裁决是可以上诉到法院接受司法审查的。

2. 设置异议等程序的目的

专利制度赋予权利人一段时间的垄断权，是为了促进创新和技术的传播与转让，这也要求权利人充分公开其发明技术方案；除了严格的实体性要件，专利法一般都会设置相应严格的授权确权程序，这些要件和程序要求可谓专利制度的根基，只有经过其检验的才是真正值得保护的发明。事实上，有许多国家的专利法在异议程序之外设置了复审、撤销、无效以及第三方意见提交等类似制度。复审是专利局依法在专利授权后的特定时段内，应权利人自己或第三人的请求对专利有效性进行再次审查的程序；撤销和无效是不设时限、由第三人提起的专利有效性争议审查程序；第三方意见提交则允许第三方提交关于现有技术的文件材料，例如他们认为与专利是否可以授权相关的、已经公布的专利申请文件以及专利或其他公开文献。设置异议程序无非为了更好地把握和提高专利质量，同样，为矫正有缺陷的专利，很多国家在法院或准司法机构设置了撤销和无效制度。

不过，在现实中不完全符合法律规定要件而获得专利权的情形时有发生，例如现有技术材料未被及时发现和检索，这并不必然得出专利审查质量低下的结论，因为有可能现有技术材料来自外国语出版物或刊载于少见的出版物。这些制度均使有可能掌握更多相关技术信息的第三方能够介入对专利的重新审查程序，使专利局能够获知并增加所授予专利的可信度。在实践中，第三方可能是竞争对手或其他在业务上受缺陷专利影响的利害关系人。通过异议等程序尽早纠正有缺陷的专利也对专利权人有利，使其对自己的专利更有信心；经受过异议等程序的专利更有可信度，因为其新颖性、创造性等核心要件符合专利法的要求。同时，异议等程序相对于法院的诉讼程序，更加高效便捷低成本，且裁决机构中的技术专家比法官更熟悉相关技术，对通常是研发伙伴的相关当事人来说气氛更加友好。

另外，虽然异议等程序的初衷是保障专利不授予那些不符合可专利性要件的技术方案，但它们还兼具保障公有领域范围的目标；也即，一旦被驳回、撤销或无效，相关技术即落入公有领域、不再需要权利人许可才能使用这些知识。从创新政策来说，各国法律规定的异议等程序可被视为支持和鼓励有效专利的工具，使得政府、产业、学界、权利人和任何第三方相信，只有真正满足法定要件的创新发明才能获得专利保护。增加授权专利的可信度，才能确保权利人遭遇侵权时在法院能够得到有效切实的强保护、在产业能够顺利对外许可实施。因为这些公共目的，虽然在各国提起异议等程序均交费用，但费用相对于专利诉讼来说非常低，有的国家还有减免事项。因专利授权确权制度的具体内容复杂，各国虽稍有差异，但基本秉持上述原理，这里不再展开介绍和分析。

（三）为提高专利质量协调检索与审查的建议

在 2015 年 11 月召开的 SCP 第 23 届会议上，美国针对提高专利质量的议题提出"关于开展工作共享研究的提案"（文件 SCP/23/4），建议在后续会议中开展以下三项议题讨论。

1. 工作共享如何能够增强专利局的能力

美国代表团建议，由 SCP 指导秘书处开展一项研究，以了解在各专利局间落实工作共享和国际合作项目，是否会、在何种情况下以及如何帮助参与合作各局通过利用他局开展的工作进行更高效的检索和审查，最终能够授予高质量的专利。对于这项研究，秘书处将从成员收集有关其在工作共享计划经验方面的信息，包括有关各局之间如何应用工作共享以及这种共享如何对这些局的专利申请检索和审查产生影响。这项研究的关注重点将放在一局有限的能力如何通过利用工作共享得到增强等问题，另外还将关注各局用于共享信息的工具，例如 WIPO 案例、全球专利档案和其他电子案卷系统，以及各局在使用这些工具中遇到的问题和获得的益处。该研究还将调查审查员认为各局之间共享的何种工作成果是有用的，以及如何最佳共享此种工作成果。美国建议，SCP 秘书处在介绍已完成的调查时，应对这些工具进行演示，以便 SCP 的参会者能够更好地理解工作共享都涉及哪些方面。

2. 共享审查员检索策略

美国代表团认为，在进行现有技术的自动检索时，审查员编制一系列检索词条，以发现最相关的现有技术，其所使用的检索术语和相关逻辑通常都保存在申请文件里，因此，获知各局对相关申请已经进行的审查所使用的检索逻辑将有益于各国家局，建议 SCP 开展一项成员关于共享检索策略意见的研究/调查。

3. 提供现有技术文献集

尽可能多地获得相关现有技术对于开展高质量的检索至关重要。一些现有技术只能在某些国家的文献集中找到，没有提供给其他局。美国代表团建议 SCP 秘书处研究将现有技术国家文献集提供给所有局（例如通过一个信息技术门户）的益处和可能遇到的障碍。

关于专利质量提高议题，除上述美国提案外，在 2016 年 6 月 SCP 第 24 届会议上，西班牙代表团提交了一份题为"创造性评价补充研究"的提案（文件 SCP/24/3），旨在推进各成员对专利质量、可专利性的研究。在此届会议上 SCP 决定，由秘书处在未来第 25、26、27 届会议的任务是基于从各成员及地区专利局收到的信息编拟一份信息汇编，该信息采集自关于"专利质量"一词和专利局之间检索与审查合作的问卷调查，包括以下内容：每个成员如何理解"专利质量"；专利局之间在专利申请的检索和审查上的合作与协作，包括经验、影响、检索策略交流、信息共享工具和这种合作与协作方面的能力建设需求。

根据上述决定，秘书处 2017 年 1 月 16 日发出通函邀请各成员及地区专利局回复调查问卷。该问卷共六个问题，60 个成员和两个地区专利局在 2017 年 7 月 SCP 第 26 届会议之前回答了问卷，20 个其他成员在 27 届会议上提交了回复文件。问卷的六个问题包括：

第一，"专利质量"的概念可能涉及不同方面。例如，它可能涉及各局的专利流程和管理质量、检索和审查质量、授权专利的质量或者专利制度质量。除此以外，从不同利益攸关方的视角对"专利质量"的含义还可能有不同理解，例如，专利局、申请人等的视角。你局如何理解"专利质量"一词？

第二，你局与其他专利局在检索和审查方面有何种类型的合作？这些类型的合作可以包括，例如，访问其他专利局的文献/数据库，利用其他专利局的检索和审查工作结果、专业知识和资源，合作式检索和审查，外包检索和审查等。

第三，在执行现有技术检索时，专利审查员将准备检索策略和检索式（例如，数据库和出版物的指示、分类号、检索术语和所使用的关键词）以找到相关的现有技术。你局是否与其他合作局分享（例如通过官方网站）或交换上述检索策略和检索式？

第四，为了方便合作，你局可以使用何种平台和工具共享检索和审查信息？这些平台和工具，例如，WIPO 案例、允许其他局获取信息的数据库和用于获取信息的外部数据库等，包括：①你局提供的平台和工具；②你局使用的平台和工具。

第五，在检索和审查领域中的此类合作对你局有什么影响？如果你局开展不同类型的合作且每类合作带来不同的影响，请分别指出。

第六，对于专利局之间不同类型的检索和审查合作，需要什么类型的能力建设？请指出为成功开展此类合作的任何专门的能力建设需求。此处，能力建设理解为能够支持专利局工作人员知识和能力发展以在局间开展有效检索和审查合作的不同活动和培训。

综上，关于专利质量的议题，各成员基于问卷答复中的具体问题仍在讨论中，该议题将持续保留在 SCP 会议议程中。另外需要指出的是，SCP 组织讨论的异议制度是广义的，包括狭义的授权之前的异议制度和其他授权后的行政性撤销与无效宣告等机制。SCP 于 2009 年 3 月召开的第 13 届会议作出决定，由秘书处编写的关于专利异议制度初步研究报告（文件 SCP/14/5），在第 16 届会议上该报告修改后形成 SCP/17/9，在 2012 年第 18 届会议上修改后形成文件 SCP/18/4。之后，虽然 SCP 对异议制度的研究始终放置在"专利质量"这一议题和议程之下，但至 2022 年 9 月的 SCP 第 34 届会议为止，尚未取得突破性进展。

（四）专利审查的授权的特殊程序

专利制度的理念是"公开换保护"，即发明人向社会公开披露其创新技术方案的详细信息，而社会则通过法律赋予其一段时间的垄断实施权，以此达到激励技术创新和推动产业发展的平衡。但是，当一项发明涉及国家安全等重大利益、专利公开可能带来风险隐患时，需要协调二者之间的关系。为此，一些国家在普通专利申请流程之外，特别设置了保密专利制度，并对向国外申请专利进行事先保密审查。

根据国外主要国家的保密专利制度，[●]专利局收到专利申请后进行初筛，将可能涉密的交给国防部等部门进行保密审查；经保密审查不涉及国家安全或重大利益的返还专利局继续按普通申请审查，需要保密的则在确定密级后交由专利局按照专利授权标准进行审查。对符合专利授权条件的保密专利申请，有的国家授予保密专利权、有的则暂时冻结不予授权。各国保密专利制度虽细节不同，但共同点是对整个专利申请的审查流程采取保密措施，在保密期限内专利局、专利权人或申请人均不得公开技术方案相关信息，防止涉及国家核心利益的敏感关键技术因专利法对普通专利的充分公开要求和市场化运作而外流。同时，为鼓励积极研发关键核心技术，各国的保密专利制度都妥善处理可能影响专利申请或权利人利益的问题，做到准确定密、定期及时解密、合理补偿、充分救济。可见，保密专利制度是"专利＋国家秘密"的综合体；本质上是对事关国防、军事或经济等其他重大利益的关键技术创新成果采取保密措施，对其进行征收或征用、给予发明人一定补偿。

作为配套措施，各国还设立了在本国产生的发明不能直接向国外提起专利申请，而应事先由本国专利局进行保密审查的制度，违者将承担相应的法律后果。根据 WIPO 关于"国际申请与国家安全考虑"成员立法与实践的考察，发现基于国家安全的原因，某些 PCT 缔约国的国家法规在以下情况下限制向其他专利局提交国际申请：①申请由相关国家的国民提交；②申请由相关国家的居民提交；③发明在相关国家作出。据统计，基于国家安全考虑，目前在立法中设立对外专利申请保密审查制度的 WIPO 成员有 27 个，包括了欧美中俄印韩等主要经济体。[●]限制向国外申请专利的理由包括：申请人是本国国民或居民、发明技术方案在本国完成、含有国家秘密、涉及国防军事、涉及国家安全或重大利益。可见，限制擅自向外申请专利，是为了防止关键核心技术相关机密信息因专利申请的公开而泄露

---

❶　此段内容根据相关文献介绍整理，例如，石新中、程子园：《试论国外科技保密法律制度及实施的特点》，《国际安全研究》2006 年第 3 期，第 60－64 页。

❷　国际申请与国家安全考虑，https：//www.wipo.int/pct/zh/texts/nat_sec.html，2023 年 2 月 8 日访问。

和流失。值得注意的是，日本作为世界主要经济体之一，因在专利制度上一直秉持"公开换保护"主旨，长期未建立保密专利制度；除了对来自美国的保密专利申请按《日美促进国防目的的交换专利和技术知识协定和议定书》规定执行外，其他所有专利申请均由特许厅负责审查、授权后则由权利人自主实施。在国际高科技竞争日趋加剧的态势下，日本近年来强调要用所有的经济手段来守护国家利益，推出了《经济安全保障推进法案》，❶内容包括引入保密专利制度，以防范目前其所有专利申请在提交满 18 个月后均公开详细技术方案存在的风险。该法案认为，对于具有潜在军事用途的铀浓缩、火箭、量子等敏感和尖端新技术的发明专利申请，任何外国政府、企业、个人，甚至恐怖分子都可能从公开的专利申请文件中获得信息并恶意利用，反过来对日本构成威胁。对此类专利申请，应采取"两步审查制"：第一步由专利局初筛判定其是否属于敏感技术领域、缩小目标和数量；第二步由新设立的包括国防部、专利局及其他相关政府机构人员的主管部门，全面审查其敏感性和评估其对行业的影响。主管部门将新兴的两用技术纳入保密目标时需要谨慎；如果范围太宽，可能会阻碍产业经济活动和相关技术研发，从而损害日本的经济实力和技术优势，且妨碍国际研究合作。另外，申请中技术内容可以分割的，可与申请人沟通分拆，仅就涉密部分签发保密令。经审查，对于可能危害国家安全和经济安全需要保密的专利申请，告知专利局不公开审查并暂停授权，禁止申请人到海外申请专利，违者给予惩罚；对冻结的保密技术，建立年度复查机制，一旦解密即可恢复授权；建立对申请人的补偿机制，以免削弱对此类技术的研发热情。日前，日本内阁已通过该法案，拟提交国会继续讨论。此外，从日本这一法案的其他内容可知，信息通信、电力、燃气、金融等基础设施均被认为与国家安全相关；为防范网络攻击导致这些关键设施瘫痪的风险，日本企业在引入国外这些领域的技术和设备时应事先报备审查。对半导体、蓄电池、医药品、贵金属矿石和大型磁铁等在经济安全保障上具有重要意义的产品，国家应调查其原材料供应链，对过于依赖国外的企业提供补助金。依据该法案，国家还可从股权投资或并购角度，对拥有核电、

---

❶ 第 208 回通常国会，https：//www.cas.go.jp/jp/houan/208.html，2023 年 2 月 8 日访问。

国防等领域关键技术的日本公司的外国基金持股程度进行监管，防范技术外流。从日本拟设立的保密专利制度看，其几乎是美国的翻版。

第三节 专利权的限制与例外

一、关于专利权限制与例外规则国际协调的讨论

（一）议题的由来

从经济学角度说，授予专利权被视为对创新活动和知识产品生产、投资的激励，若允许在所有情况下均可对专有权的全部内容实施强制许可，可能对创新者太严苛而消减创新积极性，并不符合专利制度设置的最终目标。为了在权利人、第三方和社会公众之间取得适当平衡，各国一般通过专利法明确专利权的专有保护在某些例外情形下予以限制，根据国情确定强制实施独占权的范围和期限。由于每个国家的社会经济条件和优先事项对相关各方利益平衡有影响，其国内专利法中关于限制与例外的具体规定也不尽相同。尽管如此，WIPO 作为专利制度的国际协调机构，仍努力推动成员间这一制度规则的协调。

2009 年 2 月 4 日，WIPO 关于专利问题的专门委员会 SCP 的秘书处在第 13 届会议上提交了"可专利客体的排除以及专利权的限制与例外"的提案，❶ 并在连续三届会议上对该主题进行了讨论。会上同时决定由秘书处委托外部专家进行关于专利权限制与例外的研究，包括但不限于公共卫生健康，公共政策、教育、研究和实验等过程中的实施和使用问题。SCP 关于该议题的讨论，汇总了许多国家立法中通常规定的限制与例外，大概包括以下部分或全部：①私人和/或非商业用途；②实验性使用和/或科学研究；③临时制备药物；④在先使用；⑤外国船只、飞机和陆地车辆上物

---

❶ 参见 WIPO 文件：SCP/13/3，February 4，2009。

品临时过境使用；⑥为取得药品当局的监管批准而必需的行为；⑦农民和育种者对某些专利发明的使用；⑧强制许可和/或政府使用。另外，专利权用尽后期也被纳入一类权利限制讨论。❶ 这些权利限制与例外情形一般以专利法等立法明确，而波拉例外、与公共健康卫生相关的强制许可，则在 TRIPS 协议等重要的知识产权国际保护双边、多边国际协议中也是重要议题。本节将选取主要在 WIPO 框架下讨论的专利权限制与例外的多数类型进行评述，而将专利保护与公共卫生健康问题，单独作为下一节的内容，结合 WTO 等其他国际条约框架下的讨论进展加以评析。

专利权的限制与例外议题，在 WTO 等其他国际经贸论坛上没有过多讨论，但发生在成员之间的专利领域的争端，主要因不同发展阶段的国家对专利权范围理解的不同，发展中国家在争端解决机制中的主张也就当然包含对专利权利限制的一定考量。因专利领域的 WTO 争端多与药品相关，本节不具体介绍 WTO 框架下的专利权限制问题，而将其合并到本章的第四节"专利保护与公共卫生健康"议题一起讨论。

（二）议题的提出及前期讨论情况

1. 专利权限制与例外议案的提出

在 2010 年 1 月 25—29 日举行的 SCP 第 14 届会议上，巴西提交了一项提案（文件 SCP/14/7），内容是关于专利权限制与例外议题的工作计划。该提案建议分三个阶段进行讨论：①就国家或地区立法中所有关于限制与例外的规定，以及落实这些规定的经验包括判例等，开展详细的信息交流；同时还应探讨各国为何以及如何运用本国立法中规定的限制与例外，或者如何理解适用限制与例外制度；②对哪些例外或限制可以有效处理发展关切，以及这些限制与例外的落实有哪些条件开展调查；同时，还应对国家机构能力如何影响例外与限制的运用进行评价；③以不穷尽的方式编写一份专利权限制与例外手册，作为 WIPO 成员的一项参考。巴西的这份提案得到各国家和地区代表团的广泛支持。针对该提案指出的第二阶段任务，即对哪些限制与例外可以有效处理发展关切，这些限制与例外的落实

---

❶ 参见 WIPO 文件：SCP/18/3，April 30，2012；SCP/21/7，October 6，2014。

有哪些条件开展调查，以及对国家机构如何影响限制与例外的运用进行评价，SCP 开展了相关调查，之后，对基于专利权限制与例外的调查问卷反馈及已有研究成果开展讨论。

2. 专利权限制与例外涉及的主要情形探讨

2010 年 9 月 2 日，秘书处在 SCP 第 15 届会议上提交了题为"关于可专利客体的排除以及专利权的限制与例外的专家研究"的文件（SCP/15/3），由英国剑桥大学知识产权与信息法中心赖奥尼尔·本特利（Lionel Bently）教授以导言作研究综述，并以附件形式列出五章，即澳大利亚昆士兰大学布拉德·谢尔曼（Brad Sheman）教授关于计算机程序的限制与例外研究，里约热内卢天主教大学丹尼斯·博格斯·巴博萨（Denis Borges Barbosa）和卡林·格劳－昆茨（Karin Grau－Kuntz）教授撰写的生物技术保护研究，印度国立司法科学大学桑纳得·巴舍尔（Shamnad Basheer）、沙什瓦特·普罗希特（Shashwat Purohit）和普拉桑特·瑞迪（Prashant Reddy）教授撰写的可促进公共健康的专利排除报告，南非大学柯恩拉德·威萨（Coen-raad Visser）教授撰写的健康语境下的专利权限制与例外，加拿大麦吉尔大学理查德·弋尔德（Richard Gold）和雅恩·乔利（Yann Joly）教授撰写的专利制度与研究自由比较研究。赖奥尼尔·本特利教授还在第 15 届会议上就"专家研究"进行了演讲并回答质疑。

这份研究报告在导言中叙述了各类专利权限制与例外情形的由来和历史，并指出，专利权例外制度的存在是一个较新的现象，不过各国对具体例外制度的适用情形尚未充分探索，在许多方面，例外可能存在较大的灵活性和差别。此外，导言部分还建议 SCP 应仔细考虑更广泛地运用专利权例外的情形，并努力确保专利保护的国际准则不会扼杀这种规范国家专利政策的重要途径。该报告第二章研究了与计算机程序有关的权利限制与例外，仔细阐释了各种制度如何规范不同的例外情况，以及相关专利局和法院在寻找适当的方式来区分可授予专利权和不可专利的客体方面遇到的困难，不过研究并未发现任何国家立法中有针对计算机程序的例外。报告第三章考察了有关人类、动物和植物等生命形式的可专利性客体排除和例外情况，并讨论了专利和植物品种权体系之间的复杂关系（例如"农民特权"问题）。报告第四章调查并反思了医学领域的专利保护限制情况，主要包括与治疗方法和生物道德伦理相关的例外。第五章调查并反思了与药物有关的限制与例外，特别是与药物制剂、平行进口和药品监管审查"波拉例外"有关的情况，以及为保护公共健康目的而实施专利强制许可的情形。该章的大部分内容涉及对 TRIPS 协议第 31 条和 WTO 的多哈谈判豁免条款中对授予与药品有关的专利强制许可的分析（这部分在后一节专利保护与公共卫生健康议题中着重讨论），并对各国法律中不同的规制方法以及相关案例进行了研究。第六章考察了有关促进研究和教学的限制与例外情况，指出几乎所有可专利客体的例外（不仅限于发现、科学理论、数学方法），都可以被设想为创造了一个促进研究的"科学共享"机制；该章详细研究了促进研究的各种例外及其实施，包括实验性使用、波拉例外和先用权例外，并对专利法的这些规定与经济发展之间关系等一般性问题作出一些评论。❶

3. 各国对专利权限制与例外问卷调查的反馈

自 2011 年 6 月始，秘书处总结专家和各国家、地区代表团对专家研究报告的评论意见，通过电子论坛向成员和地区办事处发放了一份关于专利权限制与例外的调查问卷，问卷主要用于调查各成员在以下几个方面的专利权限制与例外的国内情况：①私下和/或非商业使用；②实验性使用和/或科学研究；③药物配制；④在先使用；⑤在外国船舶、飞机和陆地车辆上的使用；⑥为获得当局行政审批的使用；⑦专利权终止；⑧强制性许可和/或政府使用；⑨与农民和/或育种人使用专利发明有关的限制与例外；⑩其他限制与例外。该问卷共收到 72 份回复。此后，"对专利权限制与例外的调查问卷的回复"在 2011 年底 SCP 第 17 届会议上提交并讨论（文件 SCP/17/3）；秘书处对回复文件格式进行编辑，以新文件的形式提交 2012 年 SCP 第 18 届会议（文件 SCP/18/3）。问卷的答案表明，专利所授予的专有权，意在防止第三方未经专利所有人同意制造、使用、出售、贩卖或进口专利产品；当专利权的客体是一个工艺流程时，防止第三方未经专利所有人同意使用该流程并使用、出售、贩卖或进口通过该流程直接获得的产品。根据此定义，有些国家指出专有权不包括防止未经授权的第三方私

---

❶ 参见 WIPO 文件：SCP/15/3，September 2，2010。

下使用、非商业使用或实验性使用专利发明的权利，这些例外不是必须单独作出规定的。许多成员通过适用法律，根据申请专利须具备新颖性、创造性和实用性以及披露的充分性，从可专利主题或客体中排除了下列部分或全部内容：发现和科学理论，数学方法，美学创造，心理活动，游戏，经营方式，规则和方法，计算机程序，信息呈现，被商业化的、违背公共秩序或道德的发明，植物和/或动物品种，人类或动物疾病的诊断、治疗和手术方法。另外，若某一特定客体被排除在可专利性客体之外，则无须专门对已排除的客体做例外规定。例如，有些国家把动植物排除在专利权客体之外，这些国家对农民和育种人使用专利动植物就不再规定限制与例外；同理，若一国在可专利性客体中未排除人类或动物疾病的诊断、治疗和手术方法，则该国法律一般都会对与治疗人类或动物疾病相关的医疗从业者的活动作出限制与例外的规定。

二、专利权限制与例外议题讨论的进展

（一）专利权限制与例外新一阶段探讨的启动

基于已有信息，巴西代表团在 2013 年第 19 届会议上提交了新的提案，提出了针对此议题第二阶段任务的内容。第一，请 SCP 秘书处就调查问卷 10 个方面中成员最常使用的限制与例外编拟一份分析报告；文件应考虑公共政策目标和社会整体需求，除发展需求、公共卫生目标和竞争因素外，报告还应考虑成员在落实这些例外和限制时遇到的障碍。第二，在下一届 SCP 会议举行之际召开一次为期一天的研讨会，可以包含三个环节：①由秘书处陈述上述分析报告的结果；②由首席经济学家和两位不同背景的专家发言，讲述内容包括限制与例外在处理发展关切时的有效性，以及国家能力如何影响限制与例外的运用；③由成员介绍限制与例外适用的相关案例研究，这一环节为成员提供了一个分享经验的机会，重点应是限制与例外的适用条件、遇到的实际困难以及克服这些困难的方法。❶

---

❶ 参见 WIPO 文件：SCP/19/6，February 20，2013。

应该说，巴西这份提案为促进国际层面上关于专利权限制与例外的研究做出了突出贡献。在 2013 年 2 月 25—28 日举行的 SCP 第 19 届会议上，各成员还商定，关于"专利权的限制与例外"这一主题，秘书处将根据从成员收到的资料，就各国如何实施以下 5 种限制与例外的问题编拟一份文件，但不对这些限制与例外的有效性进行评价：①私人和/或非商业性使用；②实验性使用和/或科学研究；③药物配制；④在先使用；⑤在外国船舶、航空器和陆地车辆上临时使用。该文件也应包括成员在实施这些例外时遇到的实际挑战。根据上述决定，秘书处发出了通知，请成员国和地区专利局就上述 5 项限制与例外向 WIPO 国际局提交"专利权限制与例外问卷"答复，答复其中的相关信息或对该信息加以更新；此外，也请尚未提交问卷答复的成员和地区的专利局提供上述信息。为此，秘书处编拟了相关文件供讨论，包括 SCP/20/3、SCP/20/4、SCP/20/5、SCP/20/6、SCP/20/7。

（二）专利权限制与例外议题的进一步聚焦

1. 集中讨论的四项限制与例外主要情形

在 2014 年 1 月 27—31 日举行的 SCP 第 20 届会议上，各成员商定，关于"专利权的限制与例外"这一主题，秘书处将根据从成员收到的资料，就成员怎样实施以下 4 种主要限制与例外的相关问题编拟一份文件，但同时不对这些限制与例外的有效性进行评价：①从主管部门获得监管审批的行为；②专利权用尽；③强制许可和/或政府使用；④关于农民和/或育种人使用专利发明的限制与例外。SCP 共收到 87 份成员答复，该文件也应包括成员在实施中遇到的实际挑战。SCP 第 20 届会议还决定，将在第 21 届会议期间就以下 4 项限制与例外召开一次为期半天的研讨会：①从主管部门获得行政审批的行为，②专利权用尽，③强制许可和/或政府使用，④与种植者和/或育种者使用专利发明有关的限制与例外。主要内容集中于两个问题：限制与例外在解决发展关切时的有效性以及国家能力对运用限制与例外有何影响；实施限制与例外的实践和案例研究（成员报告）。

2. 有关成员的立法经验

SCP 在 2015 年 7 月举行的第 22 届会议上商定，由秘书处汇编成员在限制与例外解决发展关切时的有效性及实践经验和案例研究，成员国和地区专利局应邀就此议题的适用法律内容向国际局提交报告。之后 SCP 收到来自澳大利亚、哥伦比亚、萨尔瓦多、伊拉克、日本、墨西哥、葡萄牙、瑞士和坦桑尼亚的报告。根据《萨尔瓦多知识产权法》第 116 条第 c 款，为实验目的开展的行为或者科学、学术或教育研究使用专利技术不构成侵权；不过虽然法律也有强制许可例外，但一直没有发放过。伊拉克认为，专利制度在经济发展中的作用取决于不同的产业以及各个国家之间的对比，专利可以发挥主导作用，将创新想法和发明转化成有竞争力的产品，并成功地营销这些产品；为此其专利局工业产权部在宣传方面发挥主要作用，例如在互联网上公布专利、在科学期刊上发表，以及与所有相关部委联络等；同时根据不同政府部门和机构的工作，向它们提供相应学科的专利摘要。在日本，1987 年关于一种除草剂的诉讼案首次界定了《日本专利法》第 69 条第 1 款规定的"实验或研究目的"适用范围；该案争议的焦点是，对于除草剂效果进行的实验（以供注册和作为一种农用化学品销售）是否属于第 69 条第 1 款中规定的"实验或研究目的"例外情形。法院认定，这种实验不属于法律规定的例外情形，因为它们仅是为销售除草剂的目的而进行的，而不是为了推动技术发展。此外，尽管针对第 69 条第 1 款所述"实验和研究"作出通用解释的司法先例为数不多，在日本一种普遍接受的学术理论是，专利权效力所不及的"实验或研究"，其范围应该限于为"技术进步"目的而进行的实验或研究，即可专利性检索、功能检索和为技术进步与发展目的而进行的实验。《墨西哥工业产权法》第 25 条确认专利所赋予的独占权，但其在 2003 年 9 月 19 日颁布了一项法令，通过了《卫生商品实施细则》。该细则的第 167 条之二第 3 款规定，在专利届满前的三年内，可以对活性物质或成分受专利保护的药品申请仿制药注册，并进行相关研究、测试和实验性生产。据此，墨西哥建立了波拉例外制度，且这一例外的适用在实践中很成功，因为其及时、适当地允许对仿制药进行上市许可注册，同时尊重了专利权。《葡萄牙工业产权法》第 102 条第 c 款规定了仅为试验或实验目的开展活动的专利侵权例外，另外于 2011 年 12 月 12 日颁布了第 62/2011 号法律，为涉及仿制药工业产权的权利纠纷创设了一个组合方案，包括禁令程序。根据这项立法，各公司只能在仲裁法院通过强制仲裁解决因仿制药上市许可发生的专利纠纷。具体来说，在仿制药公司提交上市许可之后，专利权人可以在 30 日内到仲裁法院提出异议；在异议通知发出之后，仿制药公司可以在 30 日内作出答复；仲裁决定可以上诉到主管法院。该项法律阐明，涉及发放药品上市许可、公开售价以及药品报销的行为不侵犯专利权，相关申请不得因专利等工业产权的存在而遭到拒绝。

3. 相关代表团提交的专利权限制与例外实践经验信息

2015 年底，SCP 第 23 届会议召开了关于专利制度和发展中国家及最不发达国家获取药品关系方面的研讨会，会上提交信息的成员包括：澳大利亚、哥伦比亚、萨尔瓦多、伊拉克、日本、墨西哥、葡萄牙、瑞士和坦桑尼亚。考虑到 WIPO 语言政策对会议文件篇幅的限制，文件 SCP/23/3 "成员国在限制与例外的有效性方面的经验与案例研究" 对收到的信息进行了概述，并在 SCP 的电子论坛上提供全文。2016 年底的 SCP 第 25 届会议举行了案例研究交流会，其中包括法院案件，这些案件涉及被证明对于解决发展问题和（或）增强经济有效性的限制与例外，并继续讨论了与专利权的限制与例外有关的各项议题。提供讨论的 "有关限制与例外的有效性和挑战的实践经验" 文件（SCP/25/3），汇总了危地马拉、联合国贸易和发展会议、WTO、创新远见、知识产权权利人协会、第三世界网络等 SCP 成员和观察员提交的关于限制与例外有关挑战，特别是在解决发展问题方面实际经验的新信息，同时也通过网站提供全文。相关材料显示，在危地马拉，有关限制与例外的有效性和挑战，特别是在解决发展问题方面的实践经验，与专利质量密切相关，因为专利给予的保护由其权利要求决定。关于限制与例外，危地马拉意识到该议题应当在 SCP 进一步讨论，应当分析各国法律及其适用，审视发展中国家和发达国家的不同。危地马拉在国家法中规定了强制许可及其程序，以及强制许可使用、改变和撤销的条件和有效期限。加拿大的 "药品获取制度"（CAMR）实施了 WTO 的决定，即在加拿大可以颁发强制许可，授权仿制药制造商向无法自己生产的国家出口仿制药。其办法是，根据《加拿大专利法》创设一项为专利药的生产和出口授予的强制许可，这种许可限于特定产品、数量和进口国；其中含有保障办法，以制止不当或非法使用，确保专利权人的利益得到照顾，以及根据该制度所出口药品的安全性。

　　UNCTAD 秘书处在技术合作中，通过其投资与企业部的知识产权处，收集了有关某些专利权的限制与例外在不同发展中国家实施的有效性方面的经验，包括：①药品监管审批例外；②实验使用例外；③专利权用尽的概念。其中，药品监管审批例外并没有在所有发展中国家的专利制度中实行，尤其是那些仍然适用 TRIPS 协议出台以前的专利法的国家，并没有在法律上为仿制药生产者提供为上市审批目的可以不经专利权人授权而实施专利保护主题的可能性。对于将国内实验使用例外限制于只用于非商业研究的国家而言，也是如此。UNCTAD 的经验表明，即使在一些已经施行该例外的国家，由于缺少专利意识或者生产能力有限，仿制药生产者并不必然大量使用该例外。还可看到，该例外的适用范围可能会因国家的法律实施情况而有所不同。一些国家将例外涵盖的活动限制在与寻求监管审批活动直接相关的活动，而另一些国家则包括某些准备活动，即使后者实际上并未真正提交监管审批请求。有关适用范围的另一个差别是地域性：一些国家将例外限定在其自身领土内为通过审批进行的活动，而在另一些法律制度中则允许为在国外通过审批进行的准备活动。关于实验使用例外，在绝大多数发展中国家，包括那些仍然适用 TRIPS 协议出台以前法律的国家，其适用范围也普遍不同。相当多的发展中国家将该例外的范围限制于只为非商业目的的研究；这与社会经济现实不符，为科学目的开展研究的同时也可以用于商业目的。最近修改了专利法的发展中国家经常反映该现实情况，即允许对专利保护主题进行研究，促进知识更新换代，即使可能存在一定的商业目的。关于专利权用尽，许多发展中国家看起来在很大程度上并没有意识到该问题。一些国家的法律包括专利所赋予权利的明确的例外，即专利产品经专利权人同意在世界上任何国家被投入商业流通；同时，这些法律在专利所赋予的权利中明确包括禁止专利产品进口的权利。另一个挑战是专门针对药品领域的。一些允许平行进口专利药品的国家缺少对其药品审批机构如何批准平行进口药物产品方面的指南。关于平行进口，专利法和药品审批法律之间需要有一致性和互补性。综上所述，UNCTAD 指出，尽管在国内法中有规定，但是专利限制与例外的适用范围经常是不清楚的，因此导致了其难以实施。WTO、创新远见、知识产权权

利人协会和第三世界网络提供的报告也围绕上述问题展开。❶

根据 2017 年 7 月举行的 SCP 第 26 届会议的决定，秘书处编拟了文件 SCP/27/3，题为"关于从当局获得监管批准行为例外的参考文件草案"。编拟参考文件的主要信息资源是通过 SCP 的各项活动收集到的信息。2009 年以来，SCP 已就专利权的限制与例外主题收集到了大量的信息。秘书处为编拟本文件，参考和利用了下述信息资源：①SCP 各届会议的报告；②关于可专利主题的排除事项及专利权限制与例外的专家研究报告（SCP/15/3）；③成员国和地区专利局提交的"专利权限制与例外问卷"答复；④关于专利制度和发展中国家及最不发达国家获取药品方面关系的研讨会（SCP/23）；⑤各国就与卫生相关专利灵活性地利用召开的交流会（SCP/20）；⑥秘书处编制的 SCP 文件，包括"关于可专利主题的排除情况以及权利的限制与例外的初步研究报告"（SCP/13/3）、"专利权限制与例外：从主管部门获得监管批准的行为"（SCP/21/3），以及"有关限制与例外的有效性和挑战的实践经验"（SCP/25/3）。除此之外，根据 SCP 第 26 届会议所作的决定，秘书处还利用了成员国和地区专利局在 SCP 第 26 届会议和第 27 届会议闭会期间提供的增补意见，并咨询了其他资源以获取补充信息。

在第 27 届会议上，SCP 讨论了关于从当局获得监管批准行为例外的参考文件草案。❷ 秘书处编拟了通过 SCP 的各项活动收集到的、2009 年以来就专利权的限制与例外主题的信息；参考资料包括：①SCP 各届会议的报告；②关于可专利主题的排除事项及专利权限制与例外的专家研究报告（SCP/15/3）；③成员国和地区专利局提交的"专利权限制与例外问卷"答复；④关于专利制度和发展中国家及最不发达国家获取药品方面关系的研讨会（SCP/23）；⑤各国就与卫生相关专利灵活性地利用召开的交流会（SCP/20）；⑥秘书处编制的"关于可专利主题的排除情况以及权利的限制与例外的初步研究报告"（SCP/13/3）、"专利权限制与例外：从主管部门获得监管批准的行为"（SCP/21/3）、"有关限制与例外的有效性和挑战的

---

❶ 参见 WIPO 文件：SCP/25/3，October 28，2016。

❷ 参见 WIPO 文件：SCP/27/3，November 20，2017。

实践经验"（SCP/25/3）。一些代表团对参考文件草案提出了评论意见，建议围绕草案及专利权限制与例外相关文件就此议题继续进行讨论和开展调查研究活动。

之后，2018 年 7 月 9—11 日的 SCP 第 28 届会议，讨论了"关于从当局获得监管批准行为例外的参考文件草案（第二稿）"（SCP/28/3）；2018 年 12 月 3—6 日的 SCP 第 29 届会议，讨论了"关于研究例外的参考文件草案"（SCP/29/3）；2019 年 6 月 24—27 日的 SCP 第 30 届会议讨论了"关于强制许可例外的参考文件草案"（SCP/30/3）；2019 年 12 月 2—5 日的 SCP 第 31 届会议讨论了"关于专利和获取医疗产品与保健技术的已有研究的回顾报告"（SCP/31/5）；2020 年 12 月 7—10 日的 SCP 第 32 届会议讨论了"关于在先使用例外的参考文件草案"（SCP/32/3）。

应该说，专利权的限制与例外在 WIPO 框架下持续受到很大关注，特别是近些年来涉及新冠病毒感染的药品研发、审批、仿制、强制许可和公共健康等议题，对于发展中和不发达国家来说这些制度及其运用极为重要；但是，专利制度作为创新激励机制，在全球范围内同样也发挥资源配置的调解作用，限制与例外制度的运用标准，实际上涉及不同发展阶段国家的基本利益。WIPO 作为全球知识产权制度建设的谈判协商平台，SCP 组织成员进行的这些讨论和研究，有助于交流信息、增进彼此了解。SCP 历届讨论和积累的相关资料，已经比较全面地展示这一平衡机制的共性和差异，至于后疫情时代各国如何对此议题进行进一步协商，达成更多的共识和合作，还有待观察。

三、专利权限制与例外的主要议题讨论

（一）关于非商业使用例外

SCP 关于"专利权的限制与例外：私人和/或非商业性使用"议题的调研信息显示，法律设立这项专利权限制与例外制度的公共政策目标包括：平衡各种合法利益，明确专利制度本身的原理，促进私人和/或非商业的创新和学术活动，促进知识共享、实验性研究和推动研发，等等。多

数成员法律对专利权的范围都有类似规定，即私人使用和非商业性使用不被包含在专利权范围内，专利所赋予的权利主要被规定为防止他人将专利发明用于商业/企业目的。例如，用于"产业或商业目的"（阿尔及利亚、肯尼亚和马达加斯加）、"商业目的"（奥地利）、"生产或经营目的"（中国）、"对发明进行商业开发或运营"（挪威）、"在其或为其业务活动"（荷兰）、"以产业或商业规模"（乌干达）、"将专利发明用作一项业务"（日本）以及"为营利或产业目的"（波兰）。以色列在答复中指出，专利权是"利用发明"独占权这一表述的定义，明确地将"非商业规模和不具商业特征的"活动排除在外；挪威在答复中表示，"不属于作为商业活动利用范围"的活动，被明确地排除在专利独占权范围之外。简言之，大多数成员对包含了各类活动的专利权的范围给出了广泛的定义，并明确规定了出于非商业目的的私人使用或非商业性使用是专利独占权的一种例外情形。同时，在制定该例外时，许多国家的国内法规定，该例外适用于在私下场合以及非商业目的所开展的活动，或将专利发明用于不以营利为目的的个人需求。例如，英国在答复中表示，例外是针对"私下且不以商业为目的"所开展的活动而规定的，罗马尼亚将例外限于"绝对"私下和非商业目的所开展的活动，《塞尔维亚专利法》明确规定该例外"必须符合对非商业和私下使用的要求"，捷克和芬兰的国内法也规定了"以非商业目的开展活动"的例外。❶

（二）关于科学研究和实验使用例外

SCP 关于"专利权的限制与例外：实验性使用和/或科学研究"制度的调查情况显示，在法律中纳入了实验性使用和/或研究性例外的大多数国家，一般都在相关规定中指出，专利所赋予的权利不应扩展到诸如"以实验或研究为目的"的活动、为"科学实验或科学研究"所开展的活动、"科研或实验""以实验为目的"开展的活动、"以科研目的"开展的活动、"在科学和技术研究过程中开展的以实验为目的"的行为，或"以评估、分析、研究、教学、测试或试生产为目的而使用发明"的行为等。例

---

❶ 参见 WIPO 文件：SCP/20/3，November 15，2013。

如，瑞士的法律规定，该例外涵盖"以研究或实验为目的所开展的行为，以便获得发明主题方面的知识，包括其使用；特别需要指出的是，任何与发明主题相关的科研都是被允许的"。各国/地区法律中的相关规定都使用了术语"科研""研究"或"实验"，但这些术语在法律中都没有被进一步定义，因此今后各国应对涉及适用范围的这些术语的解释进行讨论。另外，一些国家的专利法规定，只有目的为"专门"实验性的或"仅"用于研究性目的的活动才被归于该例外；此类规定的具体措辞包括："仅以试验或实验为目的"、"仅为专利主题研究提供服务，包括通过使用专利工艺直接获得的产品"，或"与一项专利发明相关的仅以研究和实验为目的""仅以实验和科研为目的的制造或使用"的活动、"与仅以实验为目的发明主题相关"的行为、"仅出于实验目的"的活动、"仅出于科研目的"的行为以及"仅为科研目的开展"的行为。

　　一些国家的专利法在研究性和/或实验性使用之外，进一步将教育和学术教学方面的活动明确排除在侵犯专利权的行为范围之外。例如，《洪都拉斯工业产权法》第 18 条规定，不得对仅以"实验、科研或教学"为目的的行为强制行使专利权；《墨西哥工业产权法》第 22 条则规定，专利所赋予的权利不应对在私下或学术领域以非商业性目的开展"纯粹的实验性科学或技术研究、测试或教学活动"的第三方产生任何效力。其他一些国家在专利法中也作了类似规定，例如"供研究和实验使用以对其进行评估、分析或教学"的行为、"仅以科学或教育目的对发明的实验性使用以及与此类科学或教育实验性使用直接相关的其他此类活动"、仅出于实验性目的开展的行为以及"为教学或科学或学术研究目的"开展的行为以及"出于学习、研究、实验或分析目的"的行为等。还有一些国家的法律明确表明了技术研发的例外，将"研发活动和与主题相关的实验"排除在侵权行为之外。例如，《以色列专利法》规定，"以改进发明或开发另一项发明为目的，与发明相关的实验行为"不构成"对发明的利用"；另外，根据该国特拉维夫地区法院的裁定，对于使用现有和受保护的流程或产品的实验性操作，若目的在于改进该流程或产品，或开发另一种流程或产品，法律对此是允许的。其他成员有关实验性使用例外的规定中，也有明确包含用于验证研究或试验的行为的，特别是为获得上市许可或其他管理流程

第二章　专利领域相关议题的国际讨论及动向

中的使用。例如，捷克、匈牙利、葡萄牙和西班牙的专利法都规定，独占性专利权不应扩展到与发明主题相关的出于实验性目的开展的行为，包括为专利产品或工艺获得上市许可所必需的实验和测试。阿塞拜疆、韩国、塞尔维亚和斯洛伐克等国也有类似规定。在实践方面，德国和日本的法院判决显示，其法律中的术语"实验性使用"涵盖了将与专利发明相同的方式用于进行临床试验；但这方面也有不同的做法，例如英国的判例法表明，以获得监管审批为目的开展的行为（如临床试验），不属于其《英国专利法》第 60 条第 5 款第 b 项所规定的实验性使用例外范围，与此类似，荷兰的法律实践表明，研究性例外不包括出于商业性目的的研究，如制药业中的临床试验。❶

基于此议题的探讨成果，在 2018 年 12 月 3—6 日的 SCP 第 29 届会议上，秘书处编拟了"关于研究例外的参考文件草案"，并邀请成员国和地区专利局向 WIPO 国际局提交补充材料或意见。该参考文件草案包括了关于研究例外的概述、目的和目标、国际法框架、地区文书中的规定、国内的执行情况、成员在执行时的挑战、执行该例外的效果等几个方面的内容，同时包含该例外相关各项法律规定的附件。草案的概述部分指出，一般认为，授予专利权能够激励技术创新和知识生产的投资，但从经济学角度说这也可能造成无谓损失，因此专利制度本身就提供若干纠正机制，特别是为调整利益攸关方之间不同的利益诉求，允许成员在国际条约的义务之下规定各种权利限制与例外。研究例外使得研究人员能够检查专利中的发明效果并对此进行改进，而不必要担心因侵权承担责任；如果没有这样的例外，科学家和研发人员在研究过程中使用他人受专利权保护的发明可能招致被诉，不利于研究活动的开展，从而无法推动技术发展、背离专利制度目的。

一些国家强调研究例外、实验使用的政策目标与专利制度中的信息公开这一要素相关，允许一些未经授权的使用，可以更全面核实专利所公开信息的真实性。另外，研究和实验使用例外服务于促进科学研究和技术进步的总体公共利益、有助于平衡专利制度中的权利义务，只要实验产生的

---

❶ 参见 WIPO 文件：SCP/20/4，November 18，2013。

成果不投放市场，专利权人就不会遭受直接损失。有的国家将教学也纳入研究例外范围，以提高教学水平。研究例外的规定也普遍存在于区域性知识产权协议中，如安第斯共同体、非洲知识产权组织（《班吉协定》）、海湾阿拉伯国家合作委员会、欧亚专利公约、北美自由贸易协定。目前 WIPO 已有 113 个国家根据各自法律框架将研究例外纳入，大部分的国家通过专利立法明确，英美法系的国家有通过判例也有通过成文法确立的，SCP 秘书处的草案也在附录中对这些国家的相关规定和做法进行了列举。❶ 值得注意的是，研究实验例外具体情形的判定，在不同国家和地域有明显幅度差异。在美国，判例对实验活动给予了"相当狭义的"例外，被控侵权方对专利的任何使用，只要有哪怕最轻微的商业意味或与其日常主业内容相符，就不能以实验例外抗辩，例如，杜克大学的学生和老师也被排除在例外范围之外，❷ 因为较大的研究性大学经常获批一些研究项目的资助，且可证明无论如何不具有商业应用性，然而这些项目毋庸置疑地促进了研究机构的合法商业目的。

（三）关于药物的临时配制例外

关于"专利权的限制与例外：药物的临时配制"议题，SCP 秘书处整理并提供了根据各成员适用法律实施该主题例外和/或限制方面的全面且比较性的概括信息。一些成员在答复事前发放的问卷时提供了例外范围相关的具体内容。例如，法国认为，专利所赋予的权利不应扩展到药物的临时配制和药房根据医疗处方进行的"单位剂量"药物配制。在亚美尼亚和拉脱维亚，如果专利发明被用于药房根据医师或医生的处方"单次"配制药物，那么这种使用就不构成对专利权人专用权的侵犯。与此类似，《俄罗斯联邦民法典》第 1359 条第 5 款采用了"一次性"配制药物的说法，因此"随后用于存储和销售的"药物配制不被认为是一次性使用，而被视为侵犯专利权人的专有权。《阿塞拜疆专利法》第 23 条规定，"偶尔"的

---

❶ 参见 WIPO 文件：SCP/29/3，November 26，2018。

❷ Madley v. Duke，307 F. 3d 1351（Fed. Cir. 2002）；详细案情及分析参见郑友德、金明浩：《从 Madey 诉杜克大学案谈实验使用抗辩原则的适用——兼论我国大学知识产权政策的调整》，《知识产权》2006 年第 2 期，第 50－54 页。

药物配制应不侵犯专利权人的专有权。在意大利，这种例外不适用于"工业模式中生产的活性成分的使用"。塞尔维亚在适用法律时确定，这一例外"不适用于以库存为目的配制药物，而仅适用于药物是要根据处方治疗患者而执行特殊的医疗指令的情况"。与此不同的是，《泰国专利法》规定，专利权人的权利不可扩展到"医生处方所特指药物的配制……"其中并没有"单次"或"偶尔"的限制。在土耳其，次数等限制也未明确，只要药房"不涉及大规模生产"并"仅根据处方"进行药物配制，就不应属于专利权范围。可见，关于药物的临时配制例外，同样也是不同国家因国内实际情况、做法存在差异的议题。❶

（四）关于在先使用的例外

关于"专利权的限制与例外：在先使用"的情形，SCP 编拟的文件显示，对于大多数成员而言，在申请日（或优先权日）之前，"正在使用发明"或者"正在为使用发明做有效和认真的准备"，就足够主张在先使用例外了，一些国家进一步提供了各自在法律适用中认定的在先使用例外适用范围的相关信息。总体来看，以下活动不被视为侵犯专利权："购买、建造或收购权利要求所述的主题"、对发明的"商业开发"或"商业利用"、"拥有作为专利主题的发明"、"创造和使用相似的技术方案"、"制造与所述发明相同的发明……并实施发明"、"利用专利产品、方法或工序"等。大多数成员规定，在先使用例外包括使用发明的准备工作，不过，并不是所有成员都这么规定；另外，各国关于此类工作的说明和表述各不相同，意味着不同国家对此项例外的范围之规定和理解也有所不同。成员的国内法中规定的相关措辞包括："必要的准备工作""必要的准备""有效和认真的准备""真实和认真的准备""大量和认真的准备""大量的准备""必要的安排""实际的准备""为从事发明做准备""所需的准备"等。例如，澳大利亚规定，在先使用例外包括"已采取明确措施（按照约定的或其他方式）"利用专利产品、方法或工艺的人的活动；荷兰则

---

❶ 参见 WIPO 文件：SCP/20/5，October 9，2013。

规定，此类例外包括"为了其业务或为其业务制造或应用而开始实施"。❶

在 2020 年 12 月 7—10 日的 SCP 第 32 届会议上，秘书处将关于专利权的限制与例外中在先使用例外的参考文件草案散发，供代表团讨论。该草案的内容涵盖：①在先使用例外的概述；②在先使用例外的目的和目标；③在先使用例外和国际法律框架；④地区文书中关于在先使用例外的规定；⑤各国对在先使用例外的实施；⑥成员在实施在先使用例外时面临的挑战；⑦在先使用例外的实施结果。另外，SCP 秘书处准备的该草案还阐明了成员在根据国内法实施此种例外时面临的挑战，以及实施此种例外的结果，并载有一个汇总了相关国家和地区关于在先使用例外的法律规定等情况的附录。❷

该草案在概述中指出，在先使用例外的目的是在以下两者之间取得平衡：一是在先使用者的利益，其本来可以但可能已决定不寻求专利保护，二是公开其技术发明并获得专利权保护的权利人。该例外制度的目的在于解决专利先申请制度固有的潜在不公平问题，通过允许在先使用者继续使用发明技术、保护在先使用者的经济利益，最终鼓励创造性活动和自由竞争使整个社会受益。目前，WIPO 框架下已确定共有 123 个国家和地区，通过各自知识产权或专利立法中的具体法定条款对在先使用例外作出了规定，SCP 的草案附录对这些国家和地区关于在先使用例外的法律规定进行了列举。从这些列举来看，各国对在先使用例外的规定或实践尽管存在很多细节差异，但大概可归纳为五种情况：①明确专利保护的法律效力先天是受限制的，如果一个人在申请日（或优先权日）之前使用了发明，则"专利对该人没有效力"或"专利所授予的权利不能对该人主张"，或这种在先使用在该司法管辖区不被视为专利侵权。②在先使用例外是一种继续在先使用的权利。③限制对在先使用者主张权利，并允许在先使用者有权继续该在先使用。④在先使用者对获得专利的发明创造的使用不是严格意义上的专利权的例外，而是一种特殊的许可，例如在日韩两国，在先使用者应拥有专利权的非独占许可，且无须向专利权人支付任何报酬。⑤将在

---

❶　参见 WIPO 文件：SCP/20/6，November 21, 2013。

❷　参见 WIPO 文件：文件 SCP/32/3，May 6, 2020。

先使用规定为一种侵权抗辩理由，例如在美国，在先使用者有权根据《美国专利法》第 282 条第 b 款就主题提出抗辩……若无此抗辩，该主题在其他情况下将会对要求保护的发明构成侵权。❶

另外，关于在先使用例外的适用，很多国家的法律要求在先使用者必须是在申请日或优先权日之前为其业务目的使用发明，或为此目的做出认真准备以使用发明的个人或第三方，且其活动必须是出于"诚信"或"善意"；关于使用方式、范围、时间、地域、在先使用利益转让、在先使用例外和宽限期规定之间的关系，以及成员在实施在先使用例外方面的效果、面临的挑战等问题，在该草案中也有涉及。❷ 例如，大多数国家没有判例来澄清例外的重要构成要素，如什么构成"使用""认真或有效的准备"或"善意"，因此该例外的确切范围可能具有一定的不确定性；再有，大多数国家的法律并未明确规定在先使用例外和宽限期规定之间的相互关系，一些国家的相关规定没有明确说明是否有可能对在先使用者权利进行转让；还有，该例外的适用是应严格按照专利地域性原则，还是可以做出突破。以上这些问题答案的缺失或者不确定，难以给企业提供明确指导方针以作出商业决策，因此有成员建议，从全球经济活动和产业角度来看，应统一在先使用权制度和做法。❸

（五）关于临时过境使用的例外

SCP 在其第 20 届会议上也讨论了关于"专利权的限制与例外：在外国船舶、航空器和陆地车辆上使用"议题的各国情况。调研结果表明，65 个成员就其规定与外国船舶、航空器和陆地车辆上使用的物品相关的限制和/或例外的法律向 SCP 进行了报告。例如，《萨尔瓦多知识产权法》中并未明确规定这类例外，但是，其认为"含有专利要素的物品的自由过境不应受到阻碍"。智利、哥斯达黎加和巴西指出，尽管其法律并未就该例外作出具体规定，但《巴黎公约》第 5 条之三适用于本国。此外，智利在答复

---

❶ 《美国专利法》（35 U.S.C.）第 273 条及其后面的条款。

❷ 参见 WIPO 文件：SCP/32/3，May 6，2020。

❸ 参见日本提交 SCP 第 32 届会议的文件，转引自 WIPO 文件：SCP/32/3，May 6，2020，第 99 段。

中提到，根据 1944 年 12 月 7 日的《国际民用航空公约》（以下简称《芝加哥公约》）第 27 条，该国是该公约的缔约方。许多国家的法律中相关规定的措辞大致类似，即采用《巴黎公约》第 5 条之三的规定。因而，一般而言，在多数成员，专利效力并未扩展至在外国船舶上临时使用专利发明，以及在临时或意外进入其领土的航空器和陆地车辆的建造或操作中使用专利发明，条件是这类发明是出于运输工具的需要且被专用于此。有些国家的法律专门规定了这类专利发明可能被用到的场景，如"在此类船舶的船体或机械、装备、器械或其他零部件中"或"在航空器或陆地车辆的建造或操作中"。大多数成员将该例外适用于相关船舶、航空器和陆地车辆，在大约三分之一的国家中，该例外还适用于航天器。《法国知识产权法典》载有关于在航天器中使用专利发明的具体规定，即"专利所赋予的权利不应扩展到将发射往法国领土上方外层空间的物体上"。在日本，该例外也适用于船舶和航空器。在英国，该例外也适用于"气垫船"。❶

（六）关于药品上市监管审批例外

从 SCP 成员和地区专利局提交的"专利权限制与例外问卷"答复看，一般而言，许多国家的监管审批例外是为了避免漫长的监管批准程序导致专利保护事实上的延伸，从而促进竞争产品在专利期满即进入市场。在制药领域，由于竞争往往会降低价格，这种例外被认为可以促进非专利药的可及性和可负担性，降低治疗费用。

SCP 的"专利权的限制与例外：从主管部门获得监管审批的行为"文件提到了与从主管部门获得监管审批的行为相关的例外规定。具体说，一些产品，典型的是药品，如果没有获得主管机关机构的上市许可就不能生产销售；而申请人为获得这种许可，必须提交一定数量的产品数据信息，包括生产和测试一些样品。如果申请人不是专利权人，则这种生产和使用可能被视作侵犯专利权。由于上市许可程序可能要花费几年时间，如果在专利期满之前无法在批准程序中使用专利发明，将延迟竞争产品（如仿制药）进入市场的时间，给竞争者和公众对低价等效药品的需求造成阻碍。

---

❶ 参见 WIPO 文件：SCP/20/7，October 16，2013。

为了缓解这种情况，许多国家专利法规定了监管审批例外，一般授权第三方为获得市场准入而提交数据信息的目的，可在专利保护期限内不经专利持有人的同意使用专利发明。在许多成员，此类例外的公共政策目标被认为是旨在防止专利权人将专利期的延长变成既成事实，以促进仿制药专利期届满后的市场营销。例如，澳大利亚在答复中解释说，"若没有这项例外，其他制造商只能在专利期届满后才能获得监管审批。这些程序需要原始专利权人花费一些时间和金钱才能延长排他期"。墨西哥在答复中表示，"有可能在专利有效期行将届满时，药品的仿制品能够进入市场，并且直到为保证仿制药的生物等效性、安全性或有效性的所有必要测试都进行了之后，专利的有效性才不再得到人为的维持"。巴西在其答复中指出该例外促成了"专利权人和知识产品使用者之间利益的合理平衡，并有助于保护公共利益"。类似地，以色列在答复中表示，该例外的目标在于"平衡仿制药产业与参与药品研发的制药产业这两方面之间的利益冲突"。❶

52 个 WIPO 成员提交的报告指出，其在法律中规定了从主管部门获得监管审批的行为相关的限制和/或例外，很多成员还针对该例外作出了详细规定；但是，有些成员将监管审批例外和实验/科研例外以另外的单行规定加以明确。例如，在墨西哥，该例外不在工业产权法中而是在卫生材料法规中，立陶宛也通过制药法规定了专利权的此类例外，保加利亚在《人用药品法案兽用医疗活动法案》与《发明和实用新型注册法》中规定了此类例外；《罗马尼亚专利法》并未明确作出此类规定，但为获得授权将药品或植物保护产品投放市场的情况在实践中被认为是一种侵权例外。另有 15 个成员表示，该例外适用于需要监管审批的"任何产品"；但在多数成员，该例外的适用范围仅限于"药品""人用或兽用药或医疗产品""专利药物或专利医疗设备和器械""药物""药剂""医疗产品""某些药品""药用和农用化学品""某些药品和农业产品""某些医用和植物保护产品""对抗疗法药物""药物或兽用生态产品""人用药或兽用药""参考药"和"仿制药"。❷

---

❶ 参见 WIPO 文件：SCP/21/3，August 19, 2014。
❷ 参见 WIPO 文件：SCP/21/3，August 19, 2014。

在 2017 年底 SCP 第 27 届会议成员就"监管审批例外"相关情况的梳理进行讨论形成的文件（SCP/27/3）基础上，2018 年 7 月 9—11 日的 SCP第 28 届会议讨论了"关于监管审批例外的参考文件草案（第二稿）"（SCP/28/3）。该草案介绍了相关国家和地区关于监管审批例外的实施情况，同时回顾了成员在国家层面实施监管审批例外时面临的各种挑战，例如该例外的范围具有不确定性、可能从中受益的潜在用户对这种例外缺乏认识等。此外，该草案还报告了可能影响使用监管审批例外的其他一些问题，以及国家法律实施方面的普遍挑战。关于监管审批例外和 TRIPS 协议的关系，该草案简介了加拿大药品专利保护案中 WTO 争端解决小组的报告。该报告审查了《加拿大专利法》中规定的监管审批例外，认为其规定的监管审批例外条款符合 TRIPS 协议第 30 条的标准，但允许仿制药生产者制造药品并在专利期届满前 6 个月开始库存的措施是不合理的，因为它不满足该条款关于"有限"的要求。❶

（七）关于强制许可例外

在 2014 年 11 月 3—7 日的第 21 届 SCP 会议中，文件 SCP/21/4/rev. 、SCP/21/5/rev. 汇总了各国"专利权的限制与例外：强制许可和/或政府使用"法律及适用的相关情况。有 86 份答复表示其以法令的形式规定了强制许可的限制和/或例外。总的来说，国内法对强制许可的规定存在若干共同要件或要求，包括：①受益方和颁发强制许可的一个（多个）有关机构；②颁发强制许可的理由；③强制许可请求方之前为获得自愿许可所采取的举措；④为达到授予许可的目的对强制许可范围和期限的限制；⑤非独占许可；⑥不可转让，除非与公司一同转让；⑦主要针对国内市场的供应侧授予（存在某些例外）；⑧向专利权人支付报酬；⑨对强制许可的颁发以及有关报酬的决定进行审查的可能性。

关于以上诸要件，各国家的规定各有不同。例如，对于颁发强制许可的理由，有 71 个答复为专利发明"未得到实施或未充分实施"；60 个答复为"拒绝以合理的条件颁发许可"；57 个答复为"从属专利"；56 个答复

---

❶ 参见 WTO 文件：WT/DS114/R，March 17，2000。

为"公共健康";52 个答复为"国家安全";47 个答复为"反竞争行为和/或不正当竞争";46 个答复为"国家突发事件和/或极端紧急情况";26 个答复为"其他理由"。除此之外,颁发强制许可的理由还包括:"发展国家经济的其他重要部门""国家经济需要""公共利益""公共需要""严重的公共利益威胁""未能以合理的条件满足市场需求""由于不能制造或未完成制造……或是商业化无法满足市场需求而无法对专利进行利用""公共非商业使用""不能满足公共的合理要求""无法以合理价格向公众提供专利发明""以不合理的高价出售或不能满足公众需求""不能为专利发明提供市场,或是不能在合理条件下提供""专利发明的实施对公共利益尤为必要""为了非商业公共利益有使用的必要""生物技术专利权人和植物品种所有人的权利重叠""当发明涉及受保护植物品种时进行强制交叉许可""植物育种者的强制许可""由于欧洲原子能共同体条约所产生的强制许可""植物品种""专利的利用方式不利于促进技术创新和转让传播技术""环境保护""妨碍工商业活动或其发展""由于不使用(使用不充分)而造成适当商品、作品或服务的市场供应不足""他人希望使用专利主题""食品和国家经济的其他重要部门的发展"或"清洁空气方案的具体条款以及核管理委员会的规定。"❶

关于政府使用的定义,很多国家的法律规定,该使用是指相关部门在法律所规定的特定情况下,可以不经专利权人的同意颁发许可,授权政府实体或经政府授权的第三方使用专利发明。例如,印度的法律规定,"如果一项发明的做出、使用、实施或出售是为了中央政府、州政府或政府机构,则可称之为以政府为目的使用发明"。在澳大利亚,如果对一项发明进行利用对于在澳大利亚适当提供某些服务是必要的,则可为了英联邦或一个州的服务而对该发明进行利用。在美国,如果一项专利所说明或涵盖的发明在未经专利权人许可,或没有合法使用或制造权的情况下被美国使用或为美国而制造,则专利权人的救济手段应为向美国联邦法院起诉国家,以追回对于上述使用和制造的全部合理补偿。此外,若干成员在法律适用中指出,向外国供应这些国家国防所需的产品,是"出于政府服务的

---

❶ 参见 WIPO 文件:SCP/21/4/rev.;SCP/21/5/rev.,November 3,2014。

目的使用发明"或"出于英联邦服务的目的由英联邦使用产品或方法"。

2019 年 6 月 24—27 日，SCP 在第 30 届会议讨论了"关于强制许可例外的参考文件草案"（SCP/30/3），根据之前成员提交的材料，❶ 秘书处汇编了关于强制许可的各种法律规定及适用情况。❷ 文件 SCP/30/3 对强制许可制度及其目标政策做了概述，介绍了《巴黎公约》和 TRIPS 协议两个涉及强制许可制度的国际法律框架，并对安第斯共同体、海湾阿拉伯国家合作委员会、非洲知识产权组织、欧盟等几个区域性国际法律框架下的强制许可相关制度做了综述。基于以上资料和成员回复的信息，该文件对国家实施强制许可例外制度所涉及的两个主要问题做了归纳：其一，关于设定强制许可例外的法律框架；其二，强制许可的适用条件和范围，包括：①许可的性质、期限、一般许可条款；②事先以合理的条款和条件、在合理期限内所做的获得许可努力；③专利持有人的报酬；④司法审查及类似机制；⑤授予强制许可的依据。此外，该文件还介绍了成员在实施强制许可例外时，国家和各利益相关方面临的挑战，以及实施强制许可例外的实际情况。从结果看，与专利授权总量作为比对，全球范围内专利强制许可制度很少使用，使用的领域主要是药品专利，这一议题又与公共健康和卫生议题交叉在一起，本书在后面一节专门介绍。

（八）关于育种者权农民使用例外

2014 年 11 月 3—7 日，第 21 届 SCP 会议对"专利权的限制与例外：关于农民和/或育种人使用专利发明的限制与例外"议题进行了讨论。该讨论的基础文件指出，与其他类别的限制与例外相比，规定农民和育种人使用专利发明方面限制与例外的国家数量较少，原因可能包括：第一，如果把动植物排除在可授予专利的主题之外，就无须规定此例外；第二，关于可自我繁殖生物材料专利的权利范围，可在多大程度上延及具备与专利材料相同特点的繁殖或扩繁所得生物材料，不同国家的法律规定和适用可

---

❶ SCP Electronic Forum：Comments and Documents（SCP/30）. http：//www. wipo. int/scp/en/meetings/session_30/comments_received. html，2023 年 1 月 8 日访问。

❷ 参见 WIPO 文件：SCP/30/3APPENDIX，May 21，2019。

能不同。成员的答复显示，与此相关的限制与例外主要有以下几种：①当植物繁殖材料由专利持有人或经其同意出售，或以商业化形式转给农民用于农业用途时，农民即获得使用所收获产品在自己农场用于进一步繁殖/扩繁的权利（农民使用）；与此类似，专利持有人或经其同意出售动物生殖材料之类的行为，即默示授权农民使用受保护畜禽用于农业用途；②如果繁殖/扩繁是使用上市生物材料的必然结果，也是该生物材料上市的目的所在，则专利权不延及由专利持有人或经其同意投放市场的生物材料而获的繁殖/扩繁所得生物材料，前提是所获的材料随后不用于上市；③专利权不延及创造或开发植物新品种的行为；④当育种人无法在不侵犯在先专利的情况下利用植物品种权时，可以颁发强制许可，在这种情况下，专利持有人有权以合理条件获得使用受保护植物品种的交叉许可（也称强制交叉许可）。❶

对于创造或开发新品种的行为，一些成员认为，开发植物新品种是允许第三方使用专利生物材料这一例外的重要政策目标。例如，墨西哥在答复中指出，例外的目的"不是阻碍技术发展，而是允许开展相关活动，以便在与活体材料相关的专利领域内，促进和鼓励产业适用的创造性活动、技术改进和技术知识传播"。瑞士的答复解释说，"植物品种保护法授予育种人的特权和专利保护的相关问题应与实验性使用的特权一同提出。育种人的特权是植物品种保护法规定的一项重要限制，它不但使育种和开发植物新品种成为可能，也同时使其在不经原始植物品种法定所有人允许情况下的商业化成为可能"。

（九）关于专利权用尽

在专利制度中施行专利权用尽原则的公共政策目标，是实现权利的适当平衡。2014年11月3～7日的第21届SCP会议提出了"专利权的限制与例外：专利权用尽"议题。对于专利权用尽，各国采用的主要有国内用尽、国际用尽、区域用尽、混合型用尽几种原则。在SCP收到的成员答复中，27份有国内用尽、19份有国际用尽、22份有区域用尽、4份属于混合

---

❶ 参见WIPO文件：SCP//21/6，August 19，2014。

型、4 份不确定；其中，混合型包括 3 份以国内用尽为主、特定情形下可能适用国际用尽，1 份以区域用尽为主、特定情形下可能适用国内或国际用尽。❶

大多数成员表示，专利权用尽是特殊的法定例外，有些成员通过判例法对此种例外予以确定。对于国内用尽，美国通过判例法指出，当专利权人或拥有其权利的人，出售了唯一价值在于其使用的机器或仪器后，他就收到了该使用的对价并让渡了限制该使用的权利；未经授权向美国进口在国外销售的专利装置，不能依据专利权用尽原则免于侵权。❷ 俄罗斯法院曾指出，权利用尽条款所指的限制仅延伸至具有物质形态的专利产品，并不适用于方法专利；不过，在一定条件下，即当方法专利与装置协同使用，或通过使用该装置实现该方法时，与方法有关的权利也被用尽。❸ 对国际用尽原则，一些成员的法律笼统规定，当产品由专利权人或者经其同意的人投放至"任何国家"的市场之后，则专利权不得延伸至此种产品的后续相关行为，这一国际用尽相当于承认在国外合法地投放市场的、则引进国内市场的平行进口不侵权。例如，在阿根廷，若被许可人可证明其购得的专利产品在购得国家已获得专利授权，或经授权销售产品的第三方授权，则产品应视为已合法地投放市场。在乌克兰，任何人以不侵犯专利权的方式取得的产品，在其引进商业渠道时，适用国际用尽。中国同样适用国际用尽原则，在某些情况下，如果被控侵权产品已由专利权人或被许可人销售，则专利权用尽。关于区域用尽原则，英国认为在欧洲经济区内应适用区域用尽原则，其判例法也确立了功能相当于权利用尽原则的默示许可原则；也即，专利权人通过销售专利产品，即向商品的购买者让渡了再销售或使用该专利物品的许可，不论首次销售是在英国还是在其他地方均适用该原则。❹ 对于混合型原则，瑞士根据专利产品首次投放的市场以及

---

❶　参见 WIPO 文件：SCP/21/7，October 6，2014。

❷　Fujifilm Corp v. Benun，605 F. 3d 1366，1371 - 72（Fed. Cir. 2010）.

❸　参见俄罗斯联邦宪法法院 2001 年 10 月 16 日意见，第 211 - O 号，转引自 WIPO 文件 SCP/21/7。

❹　Christopher Heath：*Parallel Imports and International Trade*，WIPO 官网：https：//www.wipo.int/edocs/mdocs/sme/en/atrip_gva_99/atrip_gva_99_6.pdf，2023 年 3 月 5 日访问。

商品的性质，适用不同的权利用尽原则，具体如下：①原则上，由专利权人或经其同意投放在瑞士或欧洲经济区的产品，可以进口到瑞士或在瑞士使用、转售（区域用尽）；②如果由于专利产品的功能特性使专利保护居于次要地位，则适用国际用尽；③当医药等专利产品的价格由瑞士某州或商业化的国家制定时，此种产品只有经专利权人同意后才可投放瑞士。此外，国际用尽也适用于获得专利的农业生产方式和设备。❶

第四节　专利保护与公共卫生健康

一、WIPO 框架下议题的提出及其重要性

专利保护与公共卫生健康一直以来是不同发展阶段国家在知识产权及相关国际论坛上争执和分歧很大的焦点问题，例如 WTO 成员就 TRIPS 协议相关条款展开了长期讨论，本节后面对此加以介绍。在 WIPO 平台上，各成员对此议题最先是在专利权限制与例外的大议题之下讨论的，之后则结合更宽泛的公共卫生健康概念进行探讨。此议题的核心关注是，政策制定者如何在产生医疗领域创新成果的专利权人与需要获得医疗领域创新成果的公众之间找到适当的平衡点。SCP 围绕着梳理和确定各成员专利制度下的法律框架和实践，发现各自寻找充分实现创新激励措施和卫生相关技术获取之间平衡机制的经验。显然，任何此类法律框架都必须考虑技术持有者和技术用户的利益；但是，为应对与医疗卫生领域创新和药物可及性有关的复杂要求，需要对专利制度与其他政策之间的协同增效作出全面的了解。同时，贸易政策、公共卫生政策、采购政策、监管环境、创新政策和知识产权战略、市场环境和其他因素之间的相互作用等，这些广泛的议题对于理解专利保护和公共卫生健康之间的关系也至关重要。为了应对这些挑战，WIPO 的 SCP 组织了相关研究和讨论。

---

❶ 参见 WIPO 文件：SCP/21/7，October 6，2014。

二、WIPO 专利委员会对议题的讨论过程及进展

在 2011 年 5 月 16—20 日举行的第 16 届会议上，SCP 要求秘书处为第 17 届会议准备一份文件，简述 WIPO 关于专利保护与公共卫生健康的活动，以及与其他国际组织就此开展的相关合作活动。秘书处准备的文件提供了有关 WIPO 在专利保护和公共卫生健康领域活动的全面信息，以协助 SCP 成员就此议题进行充分的讨论。❶ 具体而言，根据 2010 年和 2011 年两年期计划和预算中关于"知识产权与全球挑战计划"所确定的授权，WIPO 创建了全球挑战部（Global Challenges Division），与 WIPO 相关计划密切合作开展该计划下的工作。❷ WIPO 的该项工作获得其他机构以及其他利益攸关方，即联合国及其他政府间组织、民间社会和非政府组织以及私营部门、学术界的实质性参与；例如，与 WHO、WTO、UNCTAD 等 WIPO 的国际组织进行合作并加强对话，与区域和国家组织、非政府组织、民间社会、私营部门、学术界共同寻找解决包括公共卫生健康在内的人类面临的主要挑战的方案及知识产权相关战略。WIPO 的许多活动直接或间接涉及专利保护与公共卫生健康专题，SCP 文件对各类活动做了简要说明；有些活动可能不直接涉及健康问题，但可能与改善专利制度在健康领域的贡献有直接关系；该文件的第 3—7 节提供了 WIPO 与专利保护和卫生健康直接相关的活动信息，包括：①WIPO 发展议程和发展与知识产权项目；②在日内瓦展开的相关研讨会和会议；③技术和法律合作；④与 WTO 和 WHO 的合作；⑤其他活动。❸

2011 年 12 月 5—9 日召开的 SCP 第 17 届会议要求 SCP 成员和观察员就专利保护与公共卫生健康这一主题提交书面意见；在 2012 年 5 月的 SCP 第 18 届会议上，哥斯达黎加、多米尼加、俄罗斯、西班牙、欧亚专利局、知识生态国际组织（KEI）、拉丁美洲制药工业协会（ALIFAR）、药品专利

第二章 专利领域相关议题的国际讨论及动向

---

❶ 参见 WIPO 文件：SCP/17/4，October 20，2011。

❷ 该计划的目标是领导和推动政策审议，促进信息的获取和使用，并支持评估有关知识产权和全球问题的政策、法律和实践选择，如气候变化、粮食安全和公众卫生健康。

❸ 参见 WIPO 文件：SCP/17/4，October 20，2011。

池（MPP）、第三世界网络（TWN）等成员和观察员向秘书处提交了意见。俄罗斯提交的意见表明，随着《面向 2020 年的制药工业发展战略》的制定和通过，俄罗斯制药业于 2010 年起迈出了现代化改造的第一步。2010 年 4 月 12 日俄罗斯颁布了有关药品流通的第 61 – FZ 号联邦法律，该法为监管药品流通对国家体制进行了大刀阔斧的重整，使全国药品流通领域各利益相关方的活动发生了重大变化，其中也包括联邦主管机构的各项活动。首先，制定有关医疗用途的药品流通的国家政策和法律框架的重大任务，由俄罗斯联邦卫生与社会发展部（以下简称俄卫社部）负责；为解决药品流通战略管理方面的挑战，在俄卫社部下设新机构，即国家药品流通监管局负责药品注册及审查。随后，按照 2010 年 8 月 4 日颁布的第 1316 – r 号俄罗斯联邦政府令，国家卫生与社会监督局药品检验研究中心和 L. A. Tarasevich 生物药品标准化与控制国家科学研究所被划归俄卫社部管理。与此同时，俄罗斯负责监控药品安全并根据不断变化的流通药品安全形态采取行政监管措施的机构——卫生与社会监督局，受邀参与 WHO 积极合作，包括进入 WHO 保存有关药品副作用的报告多达 400 多万份的国际数据库。目前该局正在尝试推出使监管要求与国际标准接轨的步骤，使俄罗斯的药品市场成为全球药品市场的一部分。另外，2010 年 4 月 12 日颁布的第 61 – FZ 号联邦法律对药品广告作出了规范，明确禁止向公众推销有关未注册药品和处方药的广告（仅可向卫生保健专家推广）。❶

在 2014 年 1 月第 20 届会议期间，SCP 举行了关于各国运用卫生相关专利灵活性的交流会。一些代表团强调专利制度在促进创新和新药开发中的重要作用，一些代表团称 SCP 应当根据之前南非代表团代表非洲集团和发展议程集团提交的提案❷，就此议题涉及的现状、信息交换、技术支持等方面开展研究工作。一些代表团支持美国的提案（文件 SCP/17/11）。一些代表团要求讨论专利保护和卫生健康议题时采取一种兼顾各方利益和基于证据的做法，考虑所有利益攸关方以及各种关系和因素。SCP 第 20 届会议还商定，秘书处将尽可能与 WHO 和 WTO 协作，开展一项关于在专利

---

❶ 俄罗斯经验的详细内容，参见 WIPO 文件：SCP/18/INF/3，April 11，2012。

❷ 参见 WIPO 文件：SCP/16/7 和 SCP/16/7 Corr.，May 18，2011。

申请和/或专利中公开国际非专利名称❶的可行性研究，以及一项题为"专利制度对推广新药以及促进发展中国家和最不发达国家供应仿制药和专利药所需的技术转让的作用"的调查研究。据此，2014 年底的 SCP 第 21 届会议主要围绕两份文件进行探讨：一是关于"专利制度在新药推广以及为在发展中国家/最不发达国家提供仿制药和专利药促进必要的技术转让中所发挥的作用"的研究（文件 SCP/21/8），各代表团讨论了该项研究涉及的问题，如专利制度对促进新药推广和技术转移的效果、非专利因素的作用，使用某些指标所产生的问题，以及 WHO 关于专利和药物研究与开发的工作等；二是关于"在专利申请和/或专利中公开国际非专利名称的可行性研究"（文件 SCP/21/9），一些代表团讨论了在专利申请和/或专利中公开国际非专利名称的用处，其他一些代表团强调了此种公开的成本和负担，并强调公开国际非专利名称不利于专利检索。

根据 2015 年 7 月 27—31 日的 SCP 第 22 届会议作出的决定，2015 年底的第 23 届会议期间举行了一个半天的研讨会，讨论专利制度和发展中国家及最不发达国家获取药品方面的挑战等之间的关系，包括促进创新和推动必要的技术转让，以便这些国家获取仿制药和专利药的议题。研讨会由 WHO 的公共卫生、创新和知识产权协调员主持，来自法国、荷兰、英国、印度的相关专家参与了研讨和问答。在 2016 年 6 月举办的 SCP 第 24 届会议上，非洲集团提交了"关于 WIPO 专利与卫生工作计划的提案"，该份工作计划旨在增强成员尤其是发展中国家和最不发达国家调整其专利制度的能力，以充分利用国际专利制度规定的灵活性，推进与获得卫生健康相关的公共政策优先发展事项。该工作计划由三个相互关联同时推进的环节组成：①WIPO 秘书处与参加 SCP 的成员磋商后，委托知名独立专家开展研究；②成员之间及与该领域主要专家进行信息交流；③在该计划前两项工作的基础上，向成员尤其是发展中国家和最不发达国家提供相关领域的技术援助。会议议定，秘书处通过与独立专家、WHO 和 WTO 的磋商，编拟一份研究报告提交第 26 届会议讨论；该报告将依据包括前期研讨会和分

---

❶ 国际非专利名称是由 WHO 制定的一种原料药或活性成分的唯一名称，也被称为通用名称（generic names）。

享会议在内的 SCP 活动搜集的信息、辅以公开文献确定研究范围后，首先研究"专利灵活性"和"充分利用灵活性"这两个专门用语，然后调查发展中国家和最不发达国家在充分利用此种专利灵活性方面所面临的限制，最后调查这些限制对于在发展中国家和最不发达国家为了公共健康的目的获得负担得起的药物特别是基本药物的影响。❶

在 2017 年 7 月的 SCP 第 26 届会议上，秘书处依据第 24 届会议的要求提交了研究报告。❷ 同时，加拿大代表团提出了"关于对专利和获取医疗产品与保健技术❸的已有研究进行回顾"的提案，该文件回顾了 2005—2016 年所完成的相关工作，以期在短期内间接地提炼出专利对医疗产品与保健技术可用性和可及性的影响。该文件回顾了由 WIPO、WHO、WTO 及其他有关政府间组织编写的研究报告，由这些组织委托外部研究人员进行的研究，以及经过同行评议的学术研究；将这些研究的主题概括为：专利保护与医疗产品和保健技术可负担性和可用性之间的关系；知识产权制度在激励和促进新药和保健技术开发，以及在确保优质产品供应方面的作用；知识产权制度在医疗产品和保健技术部门中促进知识溢出和技术转让的作用；强制和自愿许可机制及专利池在促进医疗产品和保健技术可负担性和可用性方面的作用及表现；各种非专利障碍与基本药物的可用性和可及性之间的关系，等等。❹

之后，SCP 的历届会议还是围绕加拿大代表团的提案以及秘书处编制的研究报告进行。2017 年底的 SCP 第 27 届会议增补了文件 SCP/26/6 的内容（即文件 SCP/27/6），2018 年 7 月的第 28 届会议围绕专利与卫生议题，根据文件 SCP/16/7、SCP/16/7 Corr.、SCP/17/11、SCP/24/4、SCP/27/8、SCP/27/8 Add.、SCP/28/5、SCP/28/6、SCP/28/9、SCP/28/9 Add. 和 SCP/28/10 进行了讨论。❺ 2019 年 12 月 2—5 日的 SCP 第 31 届会议继续讨论了"关于专利和获取医疗产品与保健技术的已有研究的回顾报告"（即文件

---

❶ 参见 WIPO 文件：SCP/24/4，June 29，2016。
❷ 参见 WIPO 文件：SCP/26/5，June 2，2017。
❸ 该议题中的"医疗产品和保健技术"，系指医药、疫苗、诊断方法和医疗器械。
❹ 参见 WIPO 文件：SCP/26/6，June 21，2017。
❺ 参见 WIPO 文件 SCP/28/12 对议程第 7 项的总结。

SCP/31/5），回顾了 2005—2018 年所完成的工作，概述了相关研究报告中分析的事实和作者的主要结论与建议。❶

三、WHO/WTO/WIPO 联合行动的最新动向

2020 年以来，因新冠病毒感染疫情扩散，WIPO 除了进行疫情跟踪，还提供各国应对新冠病毒感染疫情的立法和规范性文件，以及知识产权主管部门的措施等信息，❷ 在开发专门性的专利信息检索工具、发布相关疫苗和疗法专利态势报告外，还与 WHO、WTO 建立新冠技术援助三方平台讨论各种议题，包括就治疗技术进行合作，对成员个性化技术需求提供专家协助等。该平台就公共卫生、知识产权和贸易事务的交叉问题，以协调和系统的方式提供一站式服务，为这三个组织的成员和其他合作伙伴提供的全面专业知识；在上述三方各自的框架内，向寻求满足其对新冠疫苗、药物和相关技术需求的成员提供技术支持，同时按照所提要求，促进并提供及时和有针对性的技术援助，以充分利用所有可用方案来获取疫苗、药物和技术，包括在面临类似挑战的成员之间进行协调和交流。例如，目前，该平台协商的议题是，在 WTO 的 TRIPS 协议框架下，如何充分利用法律和政策，使各成员通过知识产权许可和技术转移能够获得公共健康所需的治疗方案和信息，克服新冠病毒感染疫情给人类社会和经济带来的损害和影响。❸

对此，该平台采取了几个方面的措施。

（1）与其他组织合作开展了涵盖一系列主题的，面向区域、次区域和具体成员的联合能力建设活动。

在 WHO 和 WIPO 合作下，WTO 与西非经济体（ECOWAS）共同组织了三天的关于各成员如何处理健康、知识产权与贸易政策关系的工作会

---

❶ 回顾工作中采用的研究报告的基本信息，参见 WIPO 文件 SCP/31/5 中的附件。

❷ Wipo covid - 19 related services and support. https：//www. wipo. int/covid19 - policy - tracker/#/covid19 - policy - tracker/ipo - operations，2023 年 3 月 8 日访问。

❸ WHO - WIPO_WTO Covid - 19 Technical Assistance Platform. https：//www. who - wipo - wto - trilateral. org/，2023 年 3 月 8 日访问。

议，围绕相关地区应对新冠病毒感染疫情的问题，探讨将这三项公共政策目标结合时需要考虑的核心点。这一工作会议是"WTO – ECOWAS"委员会关于促进服务贸易、货物贸易能力建设的一部分。50 多个政府的官员和15 位来自 WHO 及其非洲办事处、WIPO 和 WTO 秘书处的专家参加了会议，围绕公共健康、知识产权和贸易事项的主题，对在知识产权体系下如何就健康相关技术获取和创新进行了讨论，对国际贸易中涉及健康技术获取的决定性要素进行了审议，对如何建设回应新冠病毒感染疫情的综合协作能力进行了探讨。与会者对影响公共健康的广泛因素进行了讨论，包括知识产权政策的选择和灵活性、市场准入、健康相关服务的交易、政府采购、竞争政策、健康技术规范、假冒药品打击以及地区贸易协议中与健康相关的条款等。工作会议还为参与人提供了机会，让其界定未来对公共健康和贸易相关能力建设的优先需求。这些活动成果将被用于响应该地区WTO 成员的优先项目，确定与西非经济体继续合作的框架，例如，WHO、WIPO 和 WTO 可以提供支持的、能体现和涵盖各利益攸关方独特而有价值角色的新冠病毒感染疫情应对指南。

（2）提供关于贸易与公共健康议题特别是针对新冠病毒感染疫情的网络课程。

课程内容涉及公共健康、知识产权和贸易有关的法律和政策考量等交叉领域。该项目于 2021 年 5 月 3 日首次开课，基于 2020 年版的 WHO – WIPO – WTO《促进医药技术和创新的应用——公共卫生、知识产权和贸易之间的融合》研究报告，❶ 提供为期 5 周的网络课程，对来自全球的从事卫生健康工作的政府官员和技术专家讲授公共健康、知识产权和贸易政策等问题；该课程就知识产权在卫生健康体系中的角色、贸易措施等方面，向选课人提供了影响公共健康的不同视角。在应对新冠病毒感染疫情的背景下，这一课程项目旨在加强各方措施的协调、合作和政策透明度。新冠病毒感染疫情引发了全球公共健康危机，凸显全球合作的重要性。关

---

❶ 该报告已经更新，参见《促进医药技术和创新的应用——公共卫生、知识产权和贸易之间的融合》（第二版），世界贸易组织、世界卫生组织和世界知识产权组织联合发布，2021 年，WIPO 第 628C/21 号出版物。

于公共健康的课程强调了回应新冠病毒感染疫情政策的协调性需求，这一经验来源于 WTO 自 2005 年以来组织的系列工作会议。课程由概述和五个板块组成；每个板块为期一周，学员可按自己的节奏自行安排进度，并可获得相应的背景材料、授课视频，在每一板块结束时进行小测验。学员还需要参加网络研讨会，与各方参与者就创新与健康相关技术可及性、应对新冠病毒感染疫情合作和常规合作等议题进行讨论。

（3）其他联合活动。

关于疫情应对具体知识产权政策选项的重点培训和讨论，[1] 目的是促进创新活动和可及时、可负担地获得药品、诊断方法、疫苗、治疗方法和医疗设备。另外，三方负责人一致同意，在现行合作框架下，组织可运行的能力建设工作组，提高关于疫情和健康技术的信息更新，增强成员决策者和专家抗击新冠病毒感染疫情的能力。首次工作会议于 2021 年 9 月 27 日召开，主题是关于技术转让和许可，会议将传达信息、提高认识和了解知识产权许可、技术秘密和技术转让在实践中是如何操作的，讨论对象不仅限于医疗技术，还包括相关产品和服务；参会者包括来自 WHO、WIPO 和 WTO 成员及其候选人的代表。[2] 在 2022 年 12 月 16 日举行的联合技术专题讨论会上，三方负责人再次强调，在新冠病毒感染疫情大流行等危机局势的推动下，世界可以迅速采取行动；合作是促进创新和及时公平获得卫生产品的关键因素，无论是针对新冠病毒感染疫情还是为未来的大流行做好准备。[3]

四、TRIPS 协议框架下药品专利保护相关的议题讨论

（一）WTO – DSB 案件中与 TRIPS 协议相关的争议概况

就国际知识产权保护框架而言，WTO 体系与 WIPO 的最大不同，在于

---

❶ 例如 2021 年 9 月 27 日召开的网络虚拟会议，WIPO – WHO – WTO/GC/COVID – 19/21。

❷ 会议用英文进行，资料获取：https：//www. wipo. int/meetings/en/details. jsp? meeting_id = 65948，2023 年 3 月 8 日访问。

❸ WTO Dispute Settlements：One – Page Case Summaries（1995—2020）. https：//www. wto. org/english/res_e/booksp_e/dispu_settl_1995_2020_e. pdf，2023 年 3 月 8 日访问。

其对于各成员之间因知识产权问题产生的争议有一套可实际操作的解决机制。这是因为知识产权制度的产生和发展与市场经济紧密相关。自 WTO 通过 TRIPS 协议将知识产权保护与国际贸易捆绑在一起后，知识产权制度法律规则在国际范围内的一体化趋势更加明显。正如学者所言，知识产权国际保护的制度的特征与功用，表现为知识产权国际保护标准在缔约方之间的一体化、知识产权国际保护规则从实体到程序的一体化以及知识产权国际保护体系与国际贸易体制的一体化。❶ TRIPS 协议总结和发展了近两个世纪以来主要知识产权国际公约确立的国际知识产权保护规则，更重要的是把知识产权与国际贸易问题紧密联系在一起，并规定了一些执法方面的强制措施，显现出保护范围扩大、标准提高、措施完善、国际化进程加快，以及注重保护的有效执行和争端的解决等特点。对公共健康与知识产权这一不时可能在不同发展阶段的成员国之间发生争议的议题，可根据 TRIPS 协议的实施状况，选择 WTO 争端解决机构（Dispute Settlement Body，以下简称 DSB）成立以来处理的相关案件进行考察。

WTO 出版的《单页案例精要》（2021 版）对 1995—2020 年的 DSB 案例，以单页的篇幅对每个案件的专家组（有时包括上诉机构）报告的要旨进行简明扼要的提炼。每个案例精要由主要事实、报告要旨、其他事项（有特别意义的问题）三个部分组成，案件依照年代顺序（按 DSB 的序号）编排；该出版物还包括了已散发给 WTO 成员、但因处于上诉而尚未被 DSB 采纳的专家组报告，附录中有按国名排列的案件报告索引和对报告涉及的 WTO 相关协议条款、成员的统计。总的来看，自 DSB 成立以来，相比于其他经贸领域，知识产权方面的争端不是很多；不过，DSB 案例的相关统计信息，为研究 TRIPS 协议实施后知识产权国际保护中存在的主要争议问题提供了线索。例如，1995—2020 年 DSB 受理了 607 件争议，除了和解的案件外，有 479 件通过专家组报告/上诉庭报告/仲裁方式结案，或已发布待生效决定；其中，与知识产权相关的案件，依据 TRIPS 协议起诉

---

❶ 吴汉东：《知识产权国际保护制度的变革与发展》，《法学研究》2005 年第 3 期，第 126 – 140 页。

的有 42 件、其他诉由的有 7 件。❶

（二）关于专利的主要案例及其争议点

连同执法措施、药品管理等其他诉由一起，在 WTO 框架下知识产权争议诉诸 DSB 最多的是专利纠纷案件。尽管多数已经发生效力的专利纠纷报告都是在 2000 年前后作出，但其中争议发生的领域和当事方成员国对焦点问题的不同观点仍具有讨论意义。以下选取了加拿大药品专利案、巴西诉美国专利案，以及印度与欧盟的扣押仿制药争议介绍。

1. DS114：欧共体 Vs. 加拿大——药品专利保护例外和保护期延长❷

（1）案例描述：1997 年 12 月 19 日，欧共体及其成员国要求与加拿大进行磋商，指控加拿大的立法（尤其是专利法）缺乏对药品的保护，与其在 TRIPS 协议下应履行的义务不相符；也即加拿大立法对获得专利的药品发明没有提供依据 TRIPS 协议第 27 条第 1 款（符合保护要件可授予专利的客体）、第 28 条（受保护的权利）和第 33 条（保护期）可获得的完整保护期限的充分保护。双方的磋商没有达成相互满意的解决办法。

（2）处理过程及结果：1998 年 11 月 11 日，欧共体要求设立专家组，对争议事项进行审查。DSB 于 1999 年 2 月 1 日设立专家组。澳大利亚、巴西、哥伦比亚、古巴、印度、以色列、日本、波兰、瑞士、泰国和美国保留作为第三方的权利。三名成员组成的专家组于 2000 年 3 月 17 日发布最终报告，裁定认为《加拿大专利法》第 55.2.1 条的"药品管理审查例外"没有违反 TRIPS 协议第 27 条第 1 款、第 28 条第 1 款，因而属于 TRIPS 协议第 30 条所说的例外；但同时专家组裁定，《加拿大专利法》第 55.2.2 条的"药品存储例外"违反了 TRIPS 协议第 28 条第 1 款，不属于 TRIPS 协议第 30 条所说的例外。之后争端双方没有对专家组报告提出上诉，DSB 于 2000 年 4 月 7 日签署通过了专家组报告。关于保护期，专家组认为加拿大对在 1989 年 10 月 1 日之前申请的专利仅给予自授权之日起 17 年保护，

❶ Dispute Settlement Body. https：//www. wto. org/english/tratop_e/dispu_e/dispu_body_e. htm，2023 年 3 月 8 日访问。

❷ 参见 WTO 文件：WT/DS114/R，17 March 2000；WT/DS170/10，28 February 2001。

违背 TRIPS 协议的最低 20 年保护期规定；加拿大依据"关于争端解决规则与程序的谅解"（简称 DSU，WTO 争端解决机制的基本文件）对此项专家组裁定提出仲裁，请求给予合理的执行时间，后经仲裁该执行期限延展到 2001 年 8 月 12 日。

2. DS224：巴西 Vs. 美国——专利法第 18 章的规定含有歧视因素❶

（1）案例描述：2001 年 1 月 31 日，巴西常驻联合国代表团给美国常驻代表团去信，要求就美国专利法的规定进行磋商，特别是第 18 章（原第 38 章，即《拜杜法案》）"联邦资助发明中的专利权"。巴西认为美国专利法有几个歧视性要素，包括但不限于：①规定任何获得任何此类发明所有权的小企业或非营利组织，都不得授予任何人在美国使用、也不得出售相关发明的专有权利，除非该被许可人或受让人同意任何体现本发明或通过本发明生产的产品将在美国大量生产；②要求与小企业或非营利组织签订的每项协议都应包含适当的条款以实现上述要求；③限制联邦所有的发明在美国进行许可或转让，必须同意体现发明或使用发明制造的任何产品都要在美国生产。

巴西要求与美国就美国专利法的以上及其他相关规定进行磋商，以便于理解美国如何证明这些要求与 WTO 的义务相一致，特别是与 TRIPS 协议第 27、第 28 条，TRIMS 协定第 2 条，以及 1994 年《关税及贸易总协定》第 3 条和第 11 条相一致。2001 年 2 月 19 日，印度根据 DSU 第 4.11 条作为第三方申请加入巴西提起的与美国磋商。

（2）处理过程及结果：该纠纷自印度申请加入巴西发起的磋商后再无后文。WTO 的网站信息至 2022 年底仍显示该案处于"磋商中"。

3. DS408：印度 Vs. 欧盟——仿制药边境扣押争议❷

2010 年 5 月 11 日，印度要求与欧盟及其成员国荷兰磋商，因在印度生产的仿制药在荷兰的港口和机场海关转运至第三国时，不断被以侵犯专利权为由扣押。印度称这些扣押不符合欧盟和荷兰 1994 年《关税及贸易

---

❶ DS224：United States – US Patents code. https：//www. wto. org/english/tratop_e/dispu_e/cases_e/ds224_e. htm，2023 年 3 月 8 日访问。

❷ DS408：European Union and a Member State – Seizure of Generic Drugs in Transit. https：//www. wto. org/english/tratop_e/dispu_e/cases_e/ds408_e. htm，2022 年 12 月 2 日访问。

总协定》第 5 条、第 10 条的规定；同时也不符合 TRIPS 协议的相关条款，即与第 2、41、42 条同时解读的第 28 条，以及结合 2003 年 8 月 TRIPS 协议与公共健康决议相关规定解读的第 31 条。2010 年 5 月 28 日，巴西、加拿大、厄瓜多尔请求参加磋商；2010 年 5 月 31 日，中国、日本、土耳其请求参加磋商。随后，欧盟知会 DSB 其接受加拿大、中国、厄瓜多尔、印度、日本、土耳其参加磋商。但之后，该案不了了之。

　　总的来看，药品专利是 WTO 在知识产权领域发生争议最多的议题。除了以上示例，DSB 受理的争议还包括专利相关的农业化学品、试验数据等议题。主要原因在于，药品等发明具有其他技术领域发明不同的特性，其研发周期长、投入大，且上市销售还有安全性和有效性的相关试验数据等要求，往往在投入市场后需要有更强的保护和更长周期来弥补权利人；但同时，专利药品的强保护也容易使得专利权人与后续研发者或仿制药生产者的利益发生冲突，也涉及公共健康议题，因为高昂价格可能减少药品可及性、有违国际人道主义原则。不过，尽管药品专利问题是国际贸易中不同国家分歧最大、最容易引起 WTO 知识产权争端的议题，但从 DSB 最终结果看，很多争议无果而终，说明该议题的复杂性。虽然这些案例发生时间早，但很多问题实际上仍存在而未得到解答，例如与波拉例外相关的药品保护期延长、仿制药专利纠纷先期解决机制，以及试验数据保护、过境执法等问题。当前的国际经贸谈判趋势表明，因 WTO 框架下这些难题长期搁置无法化解，在新的区域性 FTA 和双边、多边国际贸易谈判中，药品专利保护相关的问题恰好是协议中知识产权条款的核心内容。例如，2020 年初签订的中美第一阶段协议❶，正是将药品专利保护期延长、仿制药上市之前的争议早期解决机制和专利链接制度等重要内容纳入其中，而中国专利法也相应地已经在 2020 年 10 月的新一次修改中增加了相关内容；❷ CPTPP 的相关条款虽然暂时被搁置，但长期来看这一议题将被制药业发达国家和地区推动。

❶　中华人民共和国和美利坚合众国政府经济贸易协议，http：//wjb. mof. gov. cn/gongzuodong-tai/202001/W020200116100508495758. pdf，第 1 章第 3、4 节，2022 年 12 月 2 日访问。
❷　詹映：《补齐专利制度短板推动医药产业创新》，《知识产权报》2020 年 12 月 2 日。

（三）关于药品专利保护及基于公共健康强制许可的争议

1. 公共健康与药品专利保护的关系

确保药品可及性、维护公共健康是国际条约明确的保护和促进人权的重要方面。1948 年《世界人权宣言》第 25 条第 1 款规定，"人人有权享受为维持他本人和家属的健康和福利所需的生活水准，包括食物、衣着、住房、医疗和必要的社会服务……" 1966 年《经济、社会及文化权利国际公约》第 12 条规定："本盟约缔约国确认人人有权享受可能达到之最高标准之身体与精神健康……国家有预防、治疗和控制传染病的义务……为求充分实现此种权利应采取创造环境，确保人人患病时均能享受医药服务与医药护理等措施"。2001 年 6 月，联合国大会以决议形式通过《关于艾滋病承诺的宣言》，指出在诸如艾滋病等流行病的威胁下，药品可及性是实现健康权的基本要素之一，可保障逐步实现每人享有高标准的身心健康的权利。可见，保障公共健康安全是每个国家在国际法上的法定义务，提高药品可及性是解决公共健康危机的重要环节。

受专利保护的药品在保障公共健康安全方面当然具有重大作用，而上述国际公约对药品可及性的确认揭示了受专利保护的药品也同时具有的公共产品性质，国家有义务从保障公共健康的角度出发为社会公众提供急需药品。但是，专利保护强调未经许可不得使用，这使得药品专利保护与公共健康的维护之间可能存在冲突，从而反映了药品专利强制许可制度的重要价值。药品可及性作为基本人权保障的属性和国家提供公共健康服务的义务，也是专利法设置强制许可制度的理论基础；健康技术相对落后而公共卫生健康问题亟须解决的国家和地区，都格外希望引入该制度来解决药品专利保护和公共健康目的的药品可及性供给不足这对矛盾，以更合法合理地平衡各方利益。

TRIPS 协议第 8 条规定："知识产权的保护与权利行使，目的应在于促进技术的革新、技术的转让与技术的传播，以有利于社会及经济福利的方式去促进技术知识的生产者与技术知识的使用者互利，并促进权利和义务的平衡。"这一原则性条款强调了知识产权保护应注意与公共利益平衡的问题。据此，各国在药品专利保护与公共健康维护之间寻找平衡点，也是符合 TRIPS 协议关于知识产权保护的目标与宗旨的。

2. WTO 框架下与药品制造及出口相关的强制许可的增设

允许对专利实施强制许可，是 2001 年《多哈宣言》❶ 确定的 TRIPS 协议可以提供的例外；也即，在特定情形下，未经专利权人同意，政府机关或法院可颁发专利强制许可证，以确保药品专利的实施，解决成员国（欠发达和发展中国家）的公共健康危机。强制许可机制被公认为 TRIPS 协议允许的灵活性选项，很多国家的专利法都将其纳入。成员国可采取的以强制许可实施专利的具体措施包括：①国家有实施强制实施许可的权利，并有权决定实施强制实施许可的理由；②国家有权认定何种情况构成"国家处于紧急状态或其他极端紧急的情况"（艾滋病、疟疾等传染病造成的公共健康危机可以被认为构成"紧急状态"）；③国家有权在遵守最惠国待遇和国民待遇条款的前提下，构建自己的"权利用尽"制度；④发达国家应促进和鼓励其企业向最不发达国家转让技术。

但是，TRIPS 协议第 31 条最初要求强制许可生产的产品"主要"服务于本国市场；"多哈宣言"提到，对强制许可范围的这种限制，可能会妨碍没有药品生产能力或能力不足的 WTO 成员，使其难以有效利用强制许可制度获得等效但价廉的仿制药。为此，WTO 总理事会于 2003 年 8 月 30 日通过了《关于 TRIPS 协议和公共健康的多哈宣言第六段的执行决议》，同意豁免 TRIPS 协议第 31 条第 f 项义务，即允许成员国将强制许可生产的药品出口到符合条件的其他成员国。2005 年上述决议作为 TRIPS 协议的修正案提交 WTO 成员讨论，经过长期磨合，该修正案于 2017 年 1 月 23 日正式生效。这一针对向符合条件的需求国出口专利药品的强制许可，由 TRIPS 协议新增的第 31 条之 2 给予了完全的法律效力，即允许低成本仿制药根据强制许可生产和出口，专门用于满足不能自己生产这些产品的国家之需求。这一 TRIPS 协议条款的修改，无疑确保了发展中和不发达国家根据 WTO 规则获取药品的有效法律途径。

---

❶ 指 2001 年 11 月在多哈召开的 WTO 第四届部长级会议上发表的《TRIPS 与公共健康多哈宣言》。

3. 新冠病毒感染疫情带来的关于药品专利保护及其限制的进一步讨论

为解决疫苗短缺等问题，南非和印度于 2020 年向 WTO 理事会提出提案，建议为预防、遏制、治疗新冠病毒感染的目的，豁免成员对 TRIPS 协议规定的版权及相关权、工业设计、专利和未披露信息的保护和实施义务，❶ 这无疑是知识产权国际保护制度中需要各国协调取得共识的一个重大举措。对此，有国外研究者关注到，专利、商业秘密和药品试验数据的保护，可能会影响到用于治疗、预防疫情的仿制药及生物制品的可及性，指出应给予药品专利强制许可、试验数据使用强制许可或豁免等专有权保护的限制与例外制度，但这些研究并没有提出详细的制度解决方案。❷ 同时，有不同意见认为，药品知识产权保护豁免不仅不能起到提高疫苗供给、降低疫苗价格的效果，而且还会影响市场主体开发疫苗的积极性。❸

另外值得关注的问题是，仅有药品专利的强制许可，在实践中也可能不足以真正得以实施，因为药品专利权人往往是那些为原研药提供强保护的国家，包括对药品试验数据所含的信息提供一种类似专有权的保护，这样就可能因为试验数据的强制许可无论在国际条约中还是在国内法中均于法无据而难以执行药品专利强制许可。例如，2016 年欧盟成员国罗马尼亚试图通过给予专利实施强制许可进口治疗丙肝的药品索非布韦，但由于其药品试验数据保护期一直要到 2024 年才届满，最终无法实施强制许可。❹

---

❶ 参见 WTO 文件 IP/C/W/669（2020）：*Waiver from Certain Provisions of the TRIPS Agreement for the Prevention, Containment and Treatment of Covid - 19.*

❷ Syam N: *EU Proposals Regarding Article 31 bis of the TRIPS Agreement in the Context of the COVID - 19 Pandemic*, Geneva: South Centre, 2021; Perehudoff K, Hoen E, Boulet P: *Overriding Drug and Medical Technology Patents for Pandemic Recovery: A Legitimate Move for High - income Countries, too*, BMJ Global Health, 2021 Apr; 6（4）: e005518; McMahon A: *Global Equitable Access to Vaccines, Medicines and Diagnostics for COVID - 19: The Role of Patents as Private Governance*, Journal of Medical Ethics, 2021, 4723: 142 - 148.

❸ Hilty R Batista P, Carls S, et al: *Covid - 19 and the Role of Intellectual Property: Position Statement of the Max Planck Institute for Innovation and Competition*, https://papers.ssrn.com/sol3/papers.cfm? abstract_id = 3841549; Bostyn S: *Why a COVID IP Waiver Is not a Good Strategy*, https://papers.ssrn.com/sol3/papers.cfm? abstract_id = 3843327; [2022 - 02 - 03].

❹ Oser A: *The COVID - 19 Pandemic: Stress Test for Intellectual Property and Pharmaceutical Laws*, GRUR（Journal of European and International IP law）, Volume 70, Issue 9, 2021, p. 851.

(四) 药品专利相关的试验数据保护议题

在人类追求高质量生活的进程中，生命、健康是全球公认的由国际国内法治共同提供保障的民生基本权利，也是各国政府都需要履行的职责和义务。面对人们不断增长的健康需求，代表最先进技术的、服务于人类生命健康安全的药品专利的重要性不言而喻。药品专利开发周期长、投入大、风险高，创新者对回报的期望值也比其他技术领域的要高。专利药品高企的价格，也使得一般民众望而却步；生命健康保障与专利权强保护的冲突，不时引发国内国际社会争议。药品专利保护的特殊性不仅反映在保护期延长问题上，还涉及试验数据保护问题；对此国际上的讨论集中在是否对药品试验数据反映的信息采取一定时期的专有使用权保护，其实质是对原研药开发者的保护强度到底如何确定。

1. TRIPS 协议关于药品试验数据保护规则不清晰

药品试验数据保护与药品专利的保护息息相关，但因乌拉圭回合谈判中各国利益博弈焦点过多，在 WTO 框架下这一问题实际上被模糊处理了。TRIPS 协议第 7 节 "对未披露信息的保护" 中，第 39 条第 3 款规定 "各成员如要求，作为批准销售使用新型化学个体制造的药品或农业化学物质产品的条件，需提交通过巨大努力取得的、未披露的试验数据或其他数据，则应保护该数据，以防止不正当的商业使用。此外，各成员应保护这些数据不被披露，除非属为保护公众所必需，或除非采取措施以保证该数据不被用在不正当的商业使用中"，对此条款一直以来存在不同看法。首先该条款指向的是 "未披露信息"，而目前各国药品管理部门都对药品安全性进行严格监管，新药上市前必须提交相关试验数据以证明药品的有效性、安全性；同样，主管部门也据此信息评估仿制药的等效性，并根据其是否存在风险和具有同等功效以决定是否批准上市。使用药品试验数据反映的安全性、有效性信息，是否等同于使用数据本身，是存在争议的问题；因此，对于 TRIPS 协议是否包含了建立药品试验数据专有保护制度的义务，美国、欧盟国家和地区，印度、巴西等国家存在不同的观点和立场。由于 TRIPS 协议相关规定含义不明，所存争议长期未决，发达国家转而通过与贸易伙伴签订双边或建立新的多边国际贸易协议的方式，将药品试验数据的保护单独提出，要求贸易伙伴或潜在成员国提供商业秘密或反不正当竞争保护之外的专门保护制度。

2. 新一轮国际贸易谈判中的药品试验数据保护问题

不难理解，药品试验数据保护是后 WTO 时代 CPTPP 新一轮国际贸易谈判、同时也是近年来 FTA 等多双边协定中知识产权谈判的一个重点议题。《全面与进步跨太平洋伙伴关系协定》为加大农业化学品和药品、生物制剂的保护，制定了第 F 节第 B 款和第 C 款，即"关于农业化学品的措施"和"关于药品的措施"。其中，除了加强这些药物的专利权保护外，还要求成员国为这些领域的新产品之未披露的试验和其他数据，视不同情形给予 10 年、8 年、5 年的保护期。例如，第 18. 47 条要求成员国对农用化学品未披露试验数据或其他数据的保护期限为自新农用化学品获得上市许可之日起至少 10 年，第 18. 50 条关于成员国对新药上市许可提交的未披露试验数据或其他数据应给予至少 5 年保护，第 18. 51 条对生物制品未披露试验数据或其他数据给予 8 年或 5 年以上保护期。另外，根据第 18. 53 条"与部分药品销售相关的措施"的规定，若有第三方（仿制药厂）依赖已上市专利药品的安全性和有效性数据提请相关机构药品上市审批时，应确保专利权人对此享有知情权、并有充足时间和机会寻求救济措施；当然，同时第三方也有机会提出专利有效性争议、消除上市后的侵权隐患。这里提到的数据，是指原研药厂在专利药品申请上市时提交给药品监督管理部门的相关试验数据，这些数据依据第 18. 50、第 18. 51 条要求应给予一定期间的保护，该两条规定虽然目前暂缓实施，不过并不排除今后条件达成时重新启动施行，那时若成员国法律对药品试验数据没有保护规定或保护不足将可能违背相关国际义务。而且，这些条款不排除发达国家通过双边协议要求实施。目前我国对仿制药上市申请仅要求提交生物等效性或一致性证明（且有豁免情形），❶ 因此药品的安全性和有效性数据实际上依赖于已上市的原研药。当然，我国 2019 年修订的《中华人民共和国药品管理法实施条例》第 34 条已给予这些数据 6 年的保护，符合 CPTPP 要求；但对于疫苗等生物制品则没有涉及其试验数据的保护问题，与《全面与进

---

❶ 参见国家药品监督管理局：《关于仿制药质量和疗效一致性评价工作有关事项的公告》（2017 年第 100 号公告）。

步跨太平洋伙伴关系协定》第 18.51 条的规定有差异。另外，根据 2017 年修改的《中华人民共和国农药管理条例》第 15 条，我国对农药等产品相关试验数据的保护期为自登记之日起 6 年，与 CPTPP 要求的 10 年保护期有差异。对此，我国需要关注并详细考察论证农业化学品、药品、生物制剂等领域试验数据保护力度，以便在可能发生的 CPTPP 恢复实施这些条款，或在双边国际经贸谈判中适时作出关于保护期的决策。

第五节　标准必要专利保护与国际司法管辖权争议

一、通信技术领域的专利保护新动向与疑难问题

（一）通信技术领域标准化趋势

标准是由公认机构达成共识并批准的文件，用来提供可普遍和重复使用、旨在促进最佳效益和秩序的规范、指南、行为特征及结果；标准是科学、技术和经验的结合，追求最佳社会效益。● 从这一定义可知，标准是描述现代工业、农业、服务业等各行业领域最佳实施方案的、体现技术和社会效果统一的一系列技术规范文件。随着产业技术创新和经济一体化程度的加深，标准在技术推广和市场竞争中的作用越来越凸显，尤其在以互联互通为主要趋势的电子通信领域，各项技术的商业化过程更是离不开标准化。近年来通信技术领域全球专利申请数量的激增和专利丛林现象的出现，使得标准的制定根本无法回避专利技术；而先进技术普遍受专利权保护的客观现状和专利权人倾向于参与标准制定以便占领更广阔市场的商业策略安排，使得手机等移动通信设备及其控制的智能装置上包含了大量的 SEP。目前第 5 代移动通信系统（5G）正成为实现物

● 参见国际标准化组织（ISO）和国际电工委员会（IEC）共同发布的：ISO/IEC GUIDE 2：2004（E/F/R）. https：//www.iso.org/standard/39976.html，2023 年 3 月 5 日访问。

联网（IoT）实时互联互通数据交换及处理不可或缺的技术，因此，无论是国外通信领域的主要企业，还是中国的华为、中兴等公司，都格外重视开发 5G 甚至下一代的 6G 及元宇宙交互通信技术，并积极在全球申请专利保护，同时争取在世界各主要通信标准制定组织（Standard Setting Organization，以下简称 SSO）中被纳入 SEP。

与此同时，围绕通信领域 SEP 产生的纠纷在全球呈现同步爆发现象，相关法律争议引起了各国产业界、决策层、法律实务界和学术界的高度关注。SEP 涉及的法律问题主要是专利侵权及救济方面的特殊性，以及权利行使构成限制竞争的可能性。须指出的是，世界主要的通信领域 SSO 在法律性质上是国际性非政府组织，其制定的标准是推荐性行业标准而非国家强制性标准，因此一般难以直接适用反垄断法评判；而且，为了避免被卷入专利权人与实施人之间的 SEP 相关争议，这些 SSO 普遍制定了专利政策，要求参与其标准制定的成员遵循 SEP 信息披露义务，并作出将"公平合理无歧视"地许可他人使用之声明。"公平"指平等竞争而非搭售等违反竞争法的行为，"合理"指合理的许可费，"无歧视"指以相似的条件对待所有的实施人。❶ 然而，无论具体措辞和形式如何，SEP 权利人的 FRAND 声明通常仅仅是原则性的，并没有关于许可的具体条件或内容。从国际电信联盟（ITU）、国际标准化组织（ISO）、国际电工委员会（IEC）、欧洲电信标准协会（ETSI）等通信领域主要 SSO 的专利政策看，多数关于 SEP 信息披露义务和 FRAND 许可声明的要求都过于模糊，在实践中产生理解差异成为必然。美国电气和电子工程师协会（IEEE）于 2015 年发布了新的专利政策（董事会章程附件六），指出 SEP 权利人提交的保证函并作出 FRAND 声明的，不应申请颁发或执行禁令救济，除非标准实施者不参与有管辖权可对合理使用费、权利有效性、侵权赔偿等问题进行审理的法庭审判或不遵守其裁判结果，另外在确定合理的许可费时应基于最小销售单元。虽然 IEEE 的这一专利政策对 FRAND 声明的法律效果和合理许可

---

❶ Yann Ménière：*Fair, Reasonable and Non – Discriminatory（FRAND）Licensing Terms*, European Commission Joint Research Centre, Institute for Prospective Technological Studies, Science and Policy Report（2015, Draft）, http：//is. jrc. ec. europa. eu/pages/ISG/EURIPIDIS/documents/05. FRAND report. pdf, ［2022－02－03］.

费确定方式提出了更具体的要求、相对具有可操作性，能在一定程度上帮助当事人各方和裁决者理解和判定 SEP 相关争议中的权利义务关系，有利于最终解决 SEP 纠纷的核心争议；但是，这一政策又招致 SEP 权利人的抨击，并可能采取保留态度甚至不愿意参与标准制定，这在全球通信产品和技术的兼容性需求只增不减的 5G、6G 和物联网、元宇宙时代来临之际，极易导致 SSO 推广先进技术广泛运用、推进产业技术更新换代和加速创新的目的落空。而且，IEEE 的内部政策性文件并没有清晰阐释 SEP 争议解决的法理基础——将 FRAND 声明视为禁令救济放弃的理由，因而这一政策对 FRAND 声明的理解，对在其他 SSO 框架下，尤其是其他法域发生的 SEP 争议之解决缺乏示范性作用。

虽然我国近些年来对技术标准化与 SEP 专利权保护的问题有了一定关注和研究，在立法和司法实践中也就 SEP 相关法律纠纷的解决路径做了积极探索，但仍缺少对 FRAND 许可声明相关法律问题的系统、深入的研究，难以全面回应业界所面临的困惑和满足司法裁判可预见性的需求。事实上，关于 FRAND 许可声明法律性质的不同观点，对禁令颁发、许可费确定两大核心民事救济问题解决思路具有重要的影响。

（二）FRAND 声明之法律性质在各国存在不同观点

1. FRAND 承诺的技术背景及其原则性和模糊性

在 SEP 相关法律纠纷中，权利人对 SSO 作出的 FRAND 声明通常是标准实施人的请求权基础，而法院首先碰到的也是如何理解具有明显模糊性的 FRAND 声明之法律属性问题。鉴于此，对 FRAND 声明之法律属性的认识，特别是据此而确定的 SEP 权利人与标准实施人（被许可人）之间的权利义务关系，对后续产生的 SEP 相关法律纠纷中侵权和禁令救济、许可费确定、是否构成权力滥用或垄断等主要争议问题的解决思路有实质性影响。目前关于 FRAND 声明之法律性质的理解包括第三方利益合同、弃权声明、要约邀请、权力滥用、诚信、默示许可、单方法律行为等观点；但在世界范围内，无论是理论阐述还是司法判决对此还未形成共识，各种观点都存在说理不足的问题，有必要进一步讨论以便为涉及 SEP 侵权和禁令救济、许可费确定、权利滥用和反垄断等主要争议问题的解决提供有参考价值的理论依据，提高法律适用的可预期性以引导 SEP 权利人和实施人的行为。

在我国，国务院原法制办 2015 年 12 月 2 日公布的《专利法》第四次修订草案送审稿第 85 条曾经规定："参与国家标准制定的专利权人在标准制定过程中不披露其拥有的标准必要专利的，视为其许可该标准的实施者使用其专利技术。许可使用费由双方协商；双方不能达成协议的，可以请求国务院专利行政部门裁决。当事人对裁决不服的，可以自收到通知之日起十五日内向人民法院起诉"；不过，学界和业界对这一条款的增设表示质疑，认为以立法形式对 SEP 进行规制应当谨慎、不宜过早干预。❶ 之后由于争议大，在 2020 年通过的《专利法》修正案中，原送审稿第 85 条已经删除。由于"默示许可说"随着我国《专利法》第四次修订过程中的已有讨论和最终立法的放弃，本书在此不再予以进一步分析。其他关于 SEP 权利人 FRAND 声明之法律性质的阐释中，弃权说仅在国外且仅限于学理、在实践中没有实例，下文将其并入"单方法律行为说"讨论；至于禁止反悔说、要约邀请说、权利滥用说、诚信说等，实际上都指向谈判义务说。因此，本书将集中评述世界各国法律适用中的主要理论，即第三人利益合同说、单方法律行为说、谈判义务说。

2. 第三人利益合同说

合同的相对性是世界通行的基本原则，当然，个别情形下有的国家也承认第三人利益合同或利他合同的存在。一般而言，英美法国家通过判例阐释合同法理论，比大陆法系通过立法及其适用解释更灵活。在 SEP 相关案件中，英美法官采用第三人利益合同说在判决说理时较容易实现内部逻辑自洽性；也即，将 FRAND 声明视为 SEP 权利人在与 SSO 之间订立的合同中作出的承诺，据此实施人作为受益人有直接的救济请求权，且鉴于 SEP 权利人已承诺许可，据此一般不应直接颁发侵权禁令、实施人故意"反劫持"的个别情形除外。大陆法系虽然也有利他合同概念，但法院通

---

❶ 张伟君：《默示许可抑或法定许可——论〈专利法〉修订草案有关标准必要专利披露制度的完善》，同济大学学报（社科版）2016 年第 3 期，第 103－116 页；秦天雄：《标准必要专利规制问题的法理思考及建议——兼评〈专利法修订草案（送审稿）〉第 85 条》，《北京化工大学学报》（社会科学版）2016 年第 3 期，第 15－23 页。

常需要在相关立法中寻找直接依据来加以适用和解释。我国《民法典》关于利他合同的第 522 条一般适用于债权,❶ 是否适用于知识产权尚缺乏理论探讨和实践经验;且该条第 1 款显然不适用于 SEP 纠纷中权利人与实施人之间的争议,而在法律并无规定、SSO 与 SEP 权利人也未明确约定实施人可直接请求权利人向其履行债务的情况下,实施人也难以直接依据第 2 款规定向法院请求救济。

3. 单方法律行为说

单方法律行为是基于单方的意思表示成立的法律行为,常见的如物权抛弃、债务免除、遗嘱或继承之抛弃、捐助等。在民事领域,单方法律行为应当完全是行为人单独意思自治的产物;因单方行为不得给他人设立义务,该行为应当也可以根据当事人的单方意思表示而发生变更或撤销。但是,SEP 权利人作出的 FRAND 声明并不完全是基于自己的意思自治,而更多的是应 SSO 的知识产权政策之硬性要求出具的宣示性的保证函,且在标准实施后该声明不可撤回,相关义务须随专利权而转让,这些特征与单方法律行为有较明显差别。另外,FRAND 声明所指向的义务具有高度原则性,很难界定具体内容,难以推断该义务包括了放弃基于专利权的侵权禁令救济和赔偿请求权。事实上,即使对 FRAND 声明采取单方法律行为说,也难以作为 SEP 实施人在谈判破裂后提起诉讼的恰当理论依据。

4. 诚信说与要约邀请说

在专利保护强度方面,德国法院向来比较"亲"专利,即倾向于对权利人提供有力的保护和救济措施;当然,这也是基于德国在专利权的授予和确认标准方面把握得比较严、专利质量较高,例如同样的发明申请,在美国可以获得授权而在德国甚至整个欧盟却有可能被认为缺乏创造性而不授予专利。在亚马逊的"一点式"网上购物专利(One – Click Patent)案中,该专利自 1997 年在美国递交申请,1999 年获得授权后一直饱受质疑,历经侵权诉讼禁令撤销后的和解❷单方复审经修改后维持有效等程序,到

❶ 崔建远:《论为第三人利益的合同》,《吉林大学社会科学学报》2022 年第 1 期,第 152 – 161 页。

❷ Amazon. com, Inc. v. Barnesandnoble. com, Inc. , 73 F. Supp. 2d 1228 (W. D. Wash. 1999), vacated by 239 F. 3d 1343 (Fed. Cir. 2001).

2010 年才最后明确授权;❶ 但在欧洲，最终却被欧洲专利局认为申请中要求保护的减少购物下单步骤的构思不具有创造性，因此不能获得专利权。❷ 尽管德国对其专利局颁发的专利之有效性比较自信，但在实践中采取"诚信说"灵活处理对权利人的充分保护与产业标准推广实施问题。德国联邦最高法院确立了关于 SEP 纠纷的"橙皮书标准"，即如果具有市场支配地位的 SEP 权利人之专利是进入市场必不可少的前提条件，而权利人拒绝许可缺乏合理性和公正性，则违反了《德国民法典》第 242 条规定的诚实信用原则，作为实施人的被告可以适用强制许可抗辩（即不支持 SEP 权利人的禁令救济）。❸ 不过，在摩托罗拉诉微软案中，德国曼海姆法院指出，SEP 权利人摩托罗拉向国际电信联盟提交的 FRAND 声明是否属于许可须按德国法解释；《德国民法典》第 328 条所指的利他合同并不适用于物权合同，因此 SEP 权利人的 FRAND 声明不能被视为放弃禁令请求权的物权处分行为，也不是针对不特定第三人，只要对方承诺许可合同即成立的有拘束力的要约，而只是邀请对方进行协商的意思表示。基于此理由，法院认为该案中摩托罗拉主张专利侵权救济没有构成威胁性索赔，不适用"橙皮书标准"。❹ 有意思的是，双方当事人在美国同时进行的诉讼结果却不同：美国法院采取第三方利益合同说，判决不予执行德国法院颁发的禁令，并支持微软因对抗摩托罗拉禁令救济而产生的律师费和诉讼费。❺

5. 诚信说向谈判义务说的转化

（1）欧洲各国裁判中对诚信说的淡化。

其他欧盟国家在司法实践中未明确采取诚信说解释 FRAND 声明。例如，荷兰法院对 SEP 权利人合法权利的保护持肯定态度，在与德国"橙皮书标准"案情相同的飞利浦诉 SK 卡塞腾光碟公司一案中，海牙法院认为

---

❶ USPTO 网站专利全文数据库中的一点式专利文献，https：//patft. uspto. gov/netahtml/PTO/index. html，2023 年 2 月 1 日访问。

❷ 参见 EPO 上诉委员会裁决：T 1244/07（1 - Click/AMAZON）of 27. 1. 2011。

❸ Royal Dutch Philips Electronics Ltd. v. Defendants, Az. KZR 39/06（2009）.

❹ Landgericht Mannheim [LG] [Regional Court] May 2, 2012, 2 O 240/11, 转引自 Thomas F. Cotter：*Comparative Law and Economics of Standard Essential Patents and FRAND Royalties*, 22 Tex. Intellectual Property Law Journal, 2014（311）, at note 28.

❺ Microsoft Corp. v. Motorola, Inc. , 696 F. 3d 872, 879（9th Cir. 2012）.

FRAND 声明并不意味着 SEP 权利人不能请求禁令，被告在进入市场前未通知原告进行协商，属于未经许可使用、应予禁止（这一判决结果与德国法院认定权利滥用不支持权利人的禁令请求不同）。荷兰法院指出，谈判过程很重要，在 SEP 权利人不进行诚信谈判或滥用权利的特殊情形下可以不颁发禁令，例如，在 LG 诉索尼案中，SEP 权利人发出了要约，实施人没接受也未拒绝，但由于双方仍在谈判且另有仲裁协议，法院没有颁发禁令。❶ 在意大利的三星诉苹果案中，米兰知识产权法庭驳回了 SEP 权利人的诉前禁令请求，认为双方已经开展了认真的许可谈判，没有发现任何一方有恶意，SEP 权利人寻求禁令构成了滥用市场支配地位；在法国的三星诉苹果案中，法院拒绝了 SEP 权利人的诉求，指出颁发禁令将使双方权利义务明显失衡，但同时也驳回了实施人反诉 SEP 权利人滥用程序的索赔请求。❷

欧盟各国对 SEP 案件的裁判思路在 2015 年的华为诉中兴案后逐渐统一。该案中，德国杜塞尔多夫法院将涉及 SEP 争议的相关问题提请给欧洲法院（ECJ）裁决。欧洲法院在裁决中指出，SEP 权利人向 SSO 作出了一项以 FRAND 条件许可实施其专利的承诺，使得第三人对取得符合 FRAND 条件许可的可能性有了正当期待，因此若 SEP 权利人拒绝提供此许可，原则上可以构成《欧盟运行条约》（TFEU）第 102 条所指的滥用市场支配地位；不过，在以下情形下 SEP 权利人请求禁令救济，不违反《欧盟运行条约》第 102 条：①在提出诉讼前已经向被诉人发出过警告，②在被诉人明确表示愿意达成符合 FRAND 条件的许可合同后提出了具体的、书面的要约，③被诉人没有认真答复该要约，但仍继续使用。❸ 在该案中，法院将 FRAND 声明视为一种承诺，但却没有就此进一步论证，而是转为从竞争法视角为 SEP 权利人和实施人的谈判行为设定相对明确的规则；在此意义

---

❶ Philips Electronics v. SK Kassetten, 17 March 2010；Thomas Höppner：*Competition Law in Intellectual Property Litigation*：*The Case for a Compulsory License*：*Defense under Article* 102 *TFEU*, European Competition Journal, 2011（7），pp. 297 – 322.

❷ Gabriella Muscolo：*The Huawei Case*：*Patents and Competition Reconciled*, Rivista Telematica – Anno V, numero 1（2017, ISSN 2282 – 667X, Italy），pp. 90 – 114.

❸ Huawei v ZTE, CJEU C – 170/13；Paragraph 51 – 53, 61 – 71.

上，法院回避了 FRAND 声明的法律性质问题，将说理重点转向 FRAND 是双方均应遵守的谈判义务并据此判定各自的法律责任。该案裁决后，欧盟各国法院在一系列 SEP 纠纷中也采用此路径解决❶。

（2）我国司法适用中的原则与谈判义务说殊途同归。

我国法院在实践中对 FRAND 原则的阐释根据谈判双方行为及过错判定，❷ 本质上是诚信谈判义务说。本书认为，基于我国民法的大陆法系渊源，可以理解 FRAND 声明属于一种 SEP 权利人在 SSO 相关文件和载体上进行公告，表示其愿意以 FRAND 为条件许可他人实施其专利技术的事实行为，因此其本质上类属于针对不特定人的、表示准备订立合同的商业广告。但还需进一步明确的是，根据合同订立中双方谈判和出价属于要约邀请还是要约通常并没有清晰的界限，合同最终条款往往是讨价还价多次才能确定，以及 SEP 许可谈判更为复杂的现实，按惯例将 FRAND 声明视为应当由 SEP 权利人来启动许可谈判，并向实施人提出符合 FRAND 原则的要约之义务为妥。这里，对于什么是符合 FRAND 原则的要约，我国司法实践中法院基于诚信原则判定双方行为性质和权利义务，具有针对个案加以阐释以解决具体 SEP 争议的灵活性，但同时也具有一定的争议性；正如学者所言，诚信原则"是未形成的法规，是白纸规定。换言之，是给法官的空白委任状"。❸

无论采取哪一种学说，在解决 SEP 相关纠纷时，法院对权利人和实施者双方的权利义务最终实际上都是要根据其各自在启动谈判后的具体行为表现来判定的。因此，从根本上说，采用谈判义务说更有包容性和国际协调性；其特点是不仅将 FRAND 视为是 SEP 权利人应当首先提出许可合同之要约的承诺，而且是谈判启动后权利人和实施人双方均须遵守的诚信谈判义务，对这一 FRAND 谈判义务的违反将按具体情形各自承担相应的法律后果。

---

❶ 参见 4iP 知识产权委员会："Case Law post CJEU ruling Huawei v ZTE". https://caselaw. 4ipcouncil. com/search/tag/frand%20declaration，2023 年 1 月 8 日访问。

❷ 法释〔2016〕1 号，第 24 条。

❸ 梁慧星：《诚实信用原则与漏洞补充》，梁慧星主编：《民商法论丛》第 2 卷，法律出版社，1994，第 65 页。

事实上，无论采取哪一种学说，也不会否认 FRAND 声明会给相关技术领域的标准实施人带来一种预期或市场信赖：即 SEP 权利人不会任意拒绝许可，否则将导致 SSO 和国家反垄断执法机构所关注的专利劫持现象；但是，如果一刀切地认为 SEP 权利人的 FRAND 声明意味着其不应当请求禁令救济，则又无法应对可能产生的实施人反劫持问题。从行业特点看，通信领域的 SSO 在全球主要只有几个；即使其推出的并非强制性标准，但实际上采用这些 SSO 制定的标准，成为终端产品进入相关市场的必然选项，很难想象消费者会为无法实现先进互联互通技术功能的产品买单。同时，移动通信电子产品上附着的 SEP 多如牛毛，即使 SSO 公布了 SEP 清单，要求众多的终端产品生产者去一一核对并提出获得许可的要约条件，成本太高也不合理，可能导致产业制造者举步维艰，担心随时遭遇专利侵权风险而宁愿采用旧技术，这与 SSO 推广标准化推进技术更新发展的意图相背离。若 SEP 权利人仅做一个 FRAND 声明即坐等标准实施人按自己的出价自动前来交费，对众多的仅从事终端设备生产的标准实施人似乎并不公平；因为标准实施人面对诸多可能存在披露充分性、标准实施的必要性以及专利有效性等疑问的自称 SEP，也完全可以作出对等的宣示性的公开声明，称自己愿意以 FRAND 为条件获得许可，坐等 SEP 权利人找上门来谈判。传统上必须由被许可人去寻求专利权人许可的模式，极有可能使 SSO 演变为其一直忌讳、担心引起竞争法规制的专利池或专利联盟，因此很多 SSO 在知识产权政策中明确其不对 SEP 权利人披露的信息、必要性、专利有效性等实体问题作出保证。在实务中，其实 SEP 权利人面对众多的实施人，能更准确地对自己的技术成本和利润作出合理判断，由其通知实施人启动许可谈判并提出包含合理许可费的要约，更符合行业惯例和 FRAND 原则；如果 SEP 权利人未通知实施人、出价过高或未给予对方合理的讨价还价余地就直接请求救济，显然不符合 FRAND 谈判义务。但另一方面，实施人若明知是权利人有 SEP，尤其在那种双方同属于某个 SSO 主要成员、对标准制定过程和彼此的 SEP 充分了解的情况下，一方故意回避不主动接触，或拖沓谈判进程迟迟不愿达成协议支付许可费的，也显然违反 FRAND 谈判义务。从目前的全球性 SEP 纠纷看，争议通常发生在拥有通信领域技术和产品国际竞争力的跨国公司之间，很多时候争议双方当事人均了解和承认彼此的 SEP 存在交叉许可关系，在这种情况下禁令救济不宜轻易颁发，合理许可费的确定才是双方的核心争议。

二、全球爆发的 SEP 纠纷平行诉讼问题

（一）同族专利的本质同一性带来的择地诉讼问题

SEP 纠纷的核心争议问题是禁令是否适当以及合理许可费如何确定和执行。通过分析近年来国内外发生的主要案例涉及的 SEP 技术来源，研读我国及其他国家、地区的相关法律文件，不难发现，尽管各国颁发的专利在理论上仍然具有地域性，并没有所谓"全球专利"存在，但基于此类专利技术适用于移动通信设备上必须具备的互联互通功能的实际需求，各国被纳入 SSO 标准的、由不同国家或组织授予专利的 SEP，实际上是具有共同优先权、内容相同或基本相同、指向同一技术的同族专利。正因为此，在全球性 SEP 实践中，基于组合许可而商议全球许可费率正在成为被广泛支持的方案。越来越多的国家和地区的法院认为：在诉讼双方无法就具体许可范围达成一致时，法院有权根据案件的具体情况超法域判决全球费率。法院作出这一裁决的主要考量因素有：①SEP 权利人和实施人的经营状况，如果双方均为大型跨国公司，权利人在多个国家注册专利，而实施人也在多个国家生产和销售专利产品，二者在地域范围上高度重合；②善意谈判情况，争议双方是否遵从商业惯例，避免专利劫持和反向劫持；③是否符合效率原则，节约成本，这里的成本和效率不仅体现在 SEP 权利人和实施人的谈判阶段，也延伸至许可合同的履行和争议解决过程中。尽管如此，不同国家或地区的法院确定许可使用费的考量因素实际上不尽相同。由于各国发展阶段和国情不同，在裁定全球许可费率时 SEP 纠纷当事人往往没法达成一致，这就滋生了近些年来 SEP 权利人和实施人在全球分别启动平行诉讼选择对自己有利的法院，从而引发国家之间司法管辖权争抢、禁诉令与反禁诉令频发，甚至诉诸 WTO 争端解决机制的现象。❶

---

❶ 参见 WTO 文件：WT/DS611/5, 9 December, 2022。

当然，除了国际司法管辖权争抢，主要经济体还通过各自国内法封锁通信领域优势技术，避免外流而被竞争对手获取、改进和超越。例如，美国总统拜登于 2022 年 8 月正式签署芯片与科学法案，内容包括向半导体行业提供巨额资金支持，为企业提供高额的投资税抵免，鼓励企业在美国研发和制造芯片，并在未来几年提供庞大的科研经费支持等；此外，芯片与科学法案还特别要求，接受财政补助的厂商不得在中国新建、扩建先进制程工艺，这无疑是想通过财政红利将尖端技术留在美国，以便对我国创新造成制约。

（二）先进技术的全球化和专利保护的地域性冲突问题

1. SEP 国际平行诉讼中的司法管辖权争抢

如上所述，随着信息时代的到来，知识产权国际保护规则在科技领先国家极力推动下日趋统一，跨国公司的知识产权全球化布局和竞争成为常态。与此同时，PCT 专利申请国际合作等程序便利化制度的运用，使得原先知识产权所具有的地域性特征日益消减；特别是在强调万物互联互通的移动通信领域，由事实上具有技术规范制定权的 SSO 国际组织颁发适用于特定市场的统一标准，将在理论上被视为全球最先进的通信技术作为 SEP 加以推广。越来越多的实质上指向同一发明技术方案的 SEP 在全球范围内同步推广实施，在极大方便全球用户、推动技术进步更新的同时，也因国家间科技竞争白热化、各国法律实施环境等具体国情不一致而带来了一定的问题。例如，在理论上，专利权仍是由一国政府机关或者某一区域性组织依国内或区域性立法进行审查进而颁发证书和予以保护的一种独占实施权，其地域性仍然存在，至少至今为止并未诞生所谓的"全球专利"；即使是 SEP 权利人在加入相关标准组织时对该组织作出了 FRAND 声明，但其权利效力、保护范围、许可费算定基础等具体法律适用规则方面，仍需由一国法院依据其国内法和惯例作出裁判。

从全球范围看，SEP 纠纷通常发生在拥有通信领域技术和产品国际竞争力的通信领域巨头以及主要移动设备生产者之间，很多纠纷的原被告存在交叉许可关系，权利人和实施人高度交叉重合，多因费率谈判破裂而引发诉讼。显然，对于 SEP 这种可能影响某一跨国企业市场核心利益，甚至整个国家产业更新换代的重要科技创新成果，每一个对其依法签发专利权利证书并提供法律保护的国家都不会轻易放弃司法管辖权。由一国司法机构认定全球费率，不易考虑到因专利权的地域性特征而产生的不同国家之间授予专利权的条件和专利权保护期限的差别，同时可能带来择地诉讼问题。在国际法层面，为克服择地诉讼问题的相关国际公约迟迟难以达成，因此在国内法层面，被告若打算依据不方便管辖理论对法院审理全球费率提出异议，在很大程度上会受到制约；而且，因为各国法院对不方便管辖主张的审查标准差别较大，能否排除管辖主要依赖于法官的自由裁量，提出管辖异议的一方举证很困难。与此同时，近些年来随着知识产权保护力度的加大和市场主体法律意识及运用技能的提高，禁令制度在国际平行诉讼中的杀手锏作用备受关注；针对同一 SEP 的专利纠纷在不同国家几乎同步爆发，而这些国家的法院鲜有根据国际礼让原则或适用不方便诉讼理论拒绝管辖的，甚而均频频积极适用各自民事诉讼法中的保全制度，致力于将 SEP 全球费率的裁判这一重要的、涉及复杂专业知识技能的事项纳入自己的司法管辖权范围。换言之，在国际经贸关系日趋紧张的今天，对国际知识产权规则话语权和科技领域纠纷司法管辖权的争抢，在通信技术领域的 SEP 纠纷中得到集中体现，诉讼在一定程度上成为博弈工具。

2. 我国法院关于几起主要 SEP 纠纷的态度

信息通信技术的发展和广泛应用，使得全球关于 SEP 的纠纷将呈增加趋势；而我国是世界最大的移动通信产品市场，法院也难以避免成为全球通信领域主要技术竞争者和产品制造者诉讼优选地之一。在实践中，我国法院除了直接面对 SEP 争议解决诉求，也尝试通过相关司法解释和司法政策、指南等进行引导，以期达到裁判标准相对统一。根据《最高人民法院关于审理侵犯专利权纠纷案件应用法律若干问题的解释（二）》（法释〔2016〕1 号）第 24 条，推荐性标准中明示了 SEP 信息的，实施人应当获得许可，否则可以颁发禁令；但若 SEP 权利人故意违反 FRAND 许可义务、而实施人无明显过错，则如果双方谈判失败的话，就不支持 SEP 权利人的禁令请求。显然，这条规定回应了实践中各方关注的 SEP 专利劫持和反劫持现象；该条同时规定，SEP 实施许可的具体条件应由专利权人、被诉侵权人依 FRAND 原则进行协商，协商不成的由法院综合考虑专利的创新程度、在标准中的作用、标准所属的技术领域、标准的性质、标准实施的范围和相关的许可条件等因素确定。这一司法解释通过后，北京和广东两地高院分别对相关规则进行了细化；❶例如，将适用范围从推荐性标准扩展到国际 SSO 的标准，并将其相关政策、行业特点和商业惯例补充为判定因素，强调了诚信、积极谈判、利益平衡等原则，并在具体判定中区分和描述了各自的过错情形及相应的证据、责任规则等。从这些司法文件看，我国司法机关对 FRAND 声明所持的态度是基于诚信谈判说，强调谈判失败的责任根据过错原则来判定以解决新型复杂的 SEP 纠纷。

我国法院近期先后颁发了几个涉外禁诉令，引起国际上的高度关注。例如，2020 年 8 月，在涉及 SEP 跨国平行诉讼的华为与康文森案中，中华人民共和国最高人民法院知识产权法庭对禁诉令的发放条件作了详尽的论述，明确了"禁诉令"性质的行为保全考量因素。该案的禁诉令实际上是有针对性的"禁执令"，即不得执行德国法院的一审判决；禁令充分考虑了在本国诉讼中一审已作出确认不侵权判决、申请人有胜诉可能性、不颁发禁令难以保障本案判决最终执行的紧急性，以及公共利益和国际礼让等因素，理由充分，符合惯例。又如，2020 年 9 月 23 日，武汉中院就小米与美国交互数字公司（IDC）之间的 SEP 使用费纠纷作出裁定，禁止 IDC 在全球范围内其他任何法院提起相关诉讼，以干扰和妨碍本案诉讼进行；2020 年 12 月 25 日，武汉中院对爱立信与三星之间的争议作出类似裁定。后两个案件中裁定的复议申请均被武汉中院驳回。与康文森案不同的是，小米案和三星案中的禁诉令均是在一审诉讼程序刚开始即颁发的，且诉由并非侵权或确认不侵权之诉，而是许可费纠纷；也就是说，申请人实际上是承认专利权有效的，只是双方对许可费率有争议谈判未成功。那么，此时其是否能充分证明胜诉的可能性以及是否存在不颁发禁令其合法权益即难以获得保障的紧急情形，实际上都还是未知数；对方当事人（外国的 SEP 权利人）对此极为不满，尤其对全球禁诉令不事先举行听证，在同一法院申请复议事实上很难撤销，因而限制了自己在全球范围正当行使基本诉权为由坚持多方寻求补救，甚至引发国外法院采取反制措施。鉴于涉外知识产权纠纷中禁诉令频发，SEP 又涉及核心技术保护程度的话语权，2021 年美国在 301 报告中特意提到对我国法院这一动向的关注，而欧盟于 2022 年 2 月 18 日启动（美日等国后续跟随）了在 WTO – DSB 就我国这几起 SEP 案裁判透明度问题提出的磋商请求。❶

尽管根据 WTO 的 DSB 过去若干年的经验，这次对于中国法院禁诉令裁决提起磋商的相关活动大概会不了了之，但同时也不排除像其他议题一样不通过 WTO 迂回，而直接通过双边或者区域 FTA 形式解决制度和规则差异，从而形成我国企业难以拓展海外市场的不利局面。这也给予我国一定的警醒，即对于禁令制度的实施究竟怎样把握尺度，才能做到不偏不倚，取得良好的社会效果，既有利于保护我国当事人的合法权益和维护国家司法主权，也无损中国知识产权保护专业性和公信力的国际形象，这是值得进一步研究的议题。

三、竞争法视野下的 SEP 许可和保护国内外对策比较

（一）SEP 是否构成滥用市场支配地位的判定困难

因专利技术被纳入标准推广而产生的锁定效应，使 SEP 权利人在相关市场上具有支配地位的可能性变大。在实践中，标准实施人往往以专利权人滥用市场支配地位来对抗 SEP 权利人基于侵权之诉提出的禁令请求。我国 2022 年 6 月 24 日修改的《中华人民共和国反垄断法》（以下简称《反垄断法》）第 3 条将"经营者滥用市场支配地位"明确为垄断行为，指出具有市场支配地位的经营者，不得滥用市场支配地位，排除、限制竞争（第 7 条），并在第三章第 22—24 条对推定经营者具有市场支配地位和滥用市场支配地位行为的认定因素和标准作出了详细全面的规定。不过，尽管《反垄断法》第 68 条规定经营者不得滥用知识产权排除、限制竞争，

❶ DS611：China – Enforcement of intellectual property rights. https：//www.wto.org/english/tratop_e/dispu_e/cases_e/ds611_e.htm，2023 年 1 月 5 日访问。

但长期以来正当行使知识产权和垄断行为之间的界限依然扑朔迷离，具体规则仍模糊不清。

另外，负责反垄断执法的国家市场监督管理总局 2020 年修订了其 2015 年发布的《关于禁止滥用知识产权排除、限制竞争行为的规定》，❶其中第 13 条对 SEP 相关问题做了回应，即经营者不得在行使知识产权的过程中，利用标准（含国家技术规范的强制性要求，下同）的制定和实施从事排除、限制竞争的行为。具有市场支配地位的经营者没有正当理由，不得在标准的制定和实施过程中实施下列排除、限制竞争行为：①在参与标准制定的过程中，故意不向标准制定组织披露其权利信息，或者明确放弃其权利，但是在某项标准涉及该专利后却对该标准的实施者主张其专利权；②在其专利成为标准必要专利后，违背公平、合理和无歧视原则，实施拒绝许可、搭售商品或者在交易时附加其他的不合理交易条件等排除、限制竞争的行为。不过，上述规定除了第一项明显违反诚信的情形简单易断，在实践中也不会对此产生疑难争议外，第二项提到的行为仍需要解释 FRAND 原则才能判定，这又回到了问题的原点，即到底如何适用 FRAND 来裁判是否给予 SEP 侵权禁令，是否对争诉双方颁发禁诉令，以及如何才能作出合理的全球许可费率裁判。

从实践经验看，在 SEP 纠纷中，主张权利人构成滥用市场支配地位的依据主要有：索取不公平的高额许可费；搭售；违反 FRAND 许可承诺；滥用禁令救济等。认定构成滥用市场支配地位是个疑难问题，其中涉及复杂的经济学考量；事实上，即使不认定是否构成滥用市场支配地位，仅依据民法上的禁止权利滥用原则，也可以对 SEP 权利人的滥用行为进行规制。在实践中，美国、欧盟及日本各自适用不同的标准或法理，对专利权人的禁令请求予以不同程度的限制；从相关司法解释的规定可知，我国司法机关对于禁令救济也采取合理限制的态度。不过，专利权人和标准实施人的主观"故意"和"无明显过错"比较抽象，在判定上有难度。对此，欧盟法院在华为诉中兴案中确立的判例法规则可以参考，采取司法解释或最高层级的司法政策、指导案例等方式引导双方诚信谈判的程序，以行为

❶ 参见国家市场监督管理总局令第 31 号，2020 年 10 月 23 日。

规范代替"故意"和"无明显过错"等抽象性的主观判断。鉴于司法解决纠纷成本高且有滞后性，可借鉴日本的做法，❶ 由国家知识产权局牵头组织专家小组制定一部内容比较全面细致的 SEP 许可谈判指南，对业界在 FRAND 原则下开展具体商业谈判行为发挥事先的规范引导作用，预防和减少在许可谈判中产生不必要纠纷，同时也能为法官审理此类案件提供参考。

（二）兼顾知识产权保护与反垄断执法的协调

当今时代，以专利、版权运用为核心的网络新业态，在借助新技术应用时极容易引起限制竞争的争议；基于此，在强化知识产权保护的同时也需要关注公平竞争、避免权利滥用，以反垄断执法调和平衡创新与竞争两项公共利益。反垄断法与知识产权法的关系极为复杂。通常认为，知识产权是法律赋予的专有权、是合法的垄断，正常行使权利形成的自然垄断地位不受反垄断法的规制；但是，具有市场支配地位的知识产权权利人在行使其权利时不当利用甚至滥用其垄断地位，或行使权利超出法律所允许的范围和界限、损害他人合法权益或公共利益时，法律应当予以制止以免造成阻碍市场竞争的后果。在全球范围内，市场经济发达的国家对二者关系的处理方式一般都是在反垄断法中对滥用知识产权仅作原则性规定，以便执法者结合争议发生时的社会经济形态、国家创新政策、产业发展趋势和公众价值导向等具体情况作出裁决。我国 2008 年的《反垄断法》也作了类似规定，即第 55 条"经营者依照有关知识产权的法律、行政法规规定行使知识产权的行为，不适用本法；但是，经营者滥用知识产权，排除、限制竞争的行为，适用本法"，该规定在 2022 年最终通过的最新修订案中仅作序号顺延而未作内容改动。可见，知识产权是否正当行使、权利人的行为是否构成滥用市场支配地位，只能是留待执法和司法机关解答的难题。尽管广义上反垄断法与反不正当竞争法一样以维系公平竞争为宗旨，但后者是民事侵权特别法，目的在于禁止行为人违背诚信侵占他人无形财

---

❶ 日本特许厅的《标准必要专利授权谈判指南》根据司法判决和许可实践，总结了 9 项判断可比较许可协议的考量因素。

产等合法权益的行为；而前者是公法，主要考量的是某一行为是否造成了对竞争秩序的破坏，损害公共利益而需要公权力干预和制裁。我国现阶段的知识产权事业发展在一定程度上呈现两极分化现象，一方面大众和企业普遍缺乏足够的知识产权法律意识和运用能力、亟须加强保护和引导，另一方面个别市场主体可能利用法律适用中存在的空隙极力扩张权利，甚至利用漏洞滥用权利或程序侵害竞争者合法利益和损害公众利益。因此，国家执法部门和司法机关在加强知识产权保护力度的同时，也须明确态度对可能产生的垄断实施监管和对破坏市场竞争秩序的垄断行为实施打击。

在已经迈入的 5G 时代和即将到来的元宇宙技术条件下，追求互联互通和信息便利的网络和通信技术合为一体，移动终端成为人们日常生活须臾不可分离的智能设备，基于不同范围网络通信的数据运用成为物联网发挥效能的必要生产设施。此外，移动电子设备的全球性、区域性标准化趋势日益明显，而为推广最先进技术效果采纳的 SEP 及其许可实施，必然将会产生更多的专利侵权和反垄断纠纷，而且问题会几乎在全球同步爆发。❶在 SEP 涉及的垄断争议中，执法机构和法院如何依据事实和法律、结合创新发展政策判定，才能恰当反映我国当前的发展状况，协调反垄断和知识产权保护两项公共政策，无疑是下一阶段我国知识产权保护领域需要进一步明确和统一相关标准和规则的重要议题。同理，近期版权领域也产生了音乐作品、音乐电视作品的使用和许可模式相关的垄断争议；❷尽管法院已对此议题作出了一定回应，❸但著作权集体管理制度的完善，特别是网络环境下音乐作品的集中使用规则等问题，仍亟须结合《反垄断法》的适用作出进一步阐释。

2022 年的《反垄断法》关于知识产权滥用的规定没有条文表述上的变化，这表明知识产权保护与公平竞争维系两项公共政策的考量仍是个复杂问题。不过，2019 年 1 月 4 日国务院反垄断委员会印发的《关于知识产权

---

❶ 管育鹰：《标准必要专利权人的 FRAND 声明之法律性质探析》，《环球法律评论》2018 年第 3 期，第 5 - 18 页。

❷ 秦楚乔、范晓玉：《广东 9 家 KTV 诉音集协垄断案开庭！称三次签约请求被不合理拒绝》，http：//pc. nfapp. southcn. com/1365/2034684. html，2023 年 1 月 8 日访问。

❸ 参见北京知识产权法院民事判决书（2018）京 73 民初 780 号。

领域的反垄断指南》，重申了知识产权与反垄断的基本关系，明确了知识产权领域适用反垄断法的基本原则和分析要素；其中涉及了对包括 SEP 和著作权集体管理在内的诸多重要议题，这将为今后我国知识产权领域的反垄断执法提供参考。在此，本书不再详细探讨与 SEP 争议相关的竞争法问题，尽管事实上反垄断审查（执法）同样涉及禁令、许可费率等民事纠纷争议焦点的判断，但因反垄断问题涉及市场支配地位、过高定价、搭售以及公共利益等更复杂的因素，相关规则在国际层面上的协同统一更为困难（相关内容见本书第五章第一节），宜留待今后进一步研究。

第三章　版权领域主要国际公约的
近期讨论焦点

　　版权（在我国立法和实践中与"著作权"同义）与专利权、商标权并列为国际上公认的三大知识产权支柱。不过，与工业产权的保护对象专利、商标有所不同，作为版权保护对象的作品及其他信息资讯，还往往表达了创作者和传播者的思想、认识、主张、倡导、批评、感情、社会观念等内容，因此也属于一国意识形态、文化传播领域的范畴。在国际层面上，版权制度的协调很早就以《伯尔尼公约》确定了基本框架，即版权的保护对象是一切文学、科学、艺术领域的创作成果，成员国应依据国民待遇、自动保护、独立保护、最低保护限度等原则对所有成员国的国民创作的这些内容提供保护。这一国际版权制度的基本框架在 20 世纪末期，为应对经济全球化和信息时代来临做了两次比较重要的扩张；一是 1994 年 WTO 成立时通过的 TRIPS 协议，将《伯尔尼公约》确立的版权保护规则纳入世界经贸体系，二是 WIPO 于 1996 年通过的旨在数字信息技术和网络环境下更充分地保护版权人、表演者和录音制品制作者的权利的"互联网条约"《世界知识产权组织版权条约》和《世界知识产权组织表演和录音制品条约》。另外，作为国际知识产权制度的维系和管理者，WIPO 近期推动了两个版权领域的国际条约出台：①《视听表演北京条约》（2012 年 6 月 24 日通过、2020 年 4 月 28 日生效），❶ 这是新中国成立以来第一个在我

---

❶　视听表演北京条约，http：//treaty. mfa. gov. cn/tykfiles/20220727/1658914005109. pdf，2023 年 1 月 5 日访问。

国缔结、以我国城市命名的生效知识产权国际条约，我国在条约谈判和缔结中发挥了重要作用，并通过《著作权法》修改，全面践行条约精神（例如增加了表演者对音像制品的出租权、将民间文艺表演者纳入保护范围），昭示了国家加强知识产权保护的决心和态度；②《马拉喀什条约》，本章后面将详细介绍其出台经过和主要内容。

21 世纪以来，版权领域国际规则的协调主要反映在执法方面，也即上面提到的因国情不同而带来的法律适用和解释差异导致的相关争议。对此，在 WIPO 框架下少有讨论，而主要是与国际经贸相关的议题在 WTO 和近期的 CPTPP、FTA 等新协定中讨论。例如，在 2007—2009 年美国对我国发起的"中美知识产权第一案"的 WTO 争端裁决❶中，尽管最终结果是我国《著作权法》随后作出了细节表述调整，但争端诉由是"知识产权执法"。本章后面部分将对后 WTO 时代的版权执法规则的国际协调作出述评。

第一节　版权的限制与例外

2004 年 11 月，经智利代表团提议，❷ "为教育、图书馆和残障人士的著作权及相关权的限制与例外"议题列入 WIPO 的版权及相关权常设委员会（Standing Committee on Copyright and Related Rights，以下简称 SCCR）第 12 届例会的议程。2005 年 11 月，智利代表团向 SCCR 第 13 届会议提交关于限制与例外的提案，收集部分 WIPO 成员对于限制与例外的做法，并对其中的差异性进行比较分析。2008 年 3 月，巴西、智利、尼加拉瓜和乌拉圭联合向 SCCR 第 16 届会议提交议案，继续强调以国际间条约强制性规定最低例外和限制的重要性，且主张不阻止缔约方采取更宽的例外。2010 年 11 月，SCCR 第 21 届会议各成员国同意在两年内致力于例外和限制的

工作项目。本节将评述 SCCR 对此议题的讨论情况。

在 WTO 框架下，虽然不时有争端发生，但版权领域整体上一直不是成员国间关注的焦点；即使是限制与例外这一在 WIPO 论坛上长期讨论的议题，在与国际贸易紧密相连的 WTO 论坛上也没有专门设置谈判平台。当然，版权领域的争议话题也可在执法领域中讨论，因为盗版和假冒是最简单易断的版权和商标侵权行为，但成员国在科技文化发达国家的推动下，更多的是关注强化版权保护执法而非版权限制与例外问题。

一、关于残障人士限制与例外的讨论及《马拉喀什条约》的通过

（一）《马拉喀什条约》的缘起及谈判协商过程

在 WIPO 框架下，关于建立有利于残障人士的版权限制与例外制度的国际讨论文件主要包括 4 项：①由巴西、厄瓜多尔和巴拉圭提出的《关于通过一部改进盲人、视障者和其他阅读障碍者获取作品的 WIPO 条约的草案》，其中包括世界盲人联合会准备的案文；②由美国提出的《共识法律文书》；③由非洲代表团提出的《WIPO 残疾人、教育研究机构、图书馆和档案馆限制与例外条约草案》；④由欧盟代表团提出的《关于改进视障者获取版权保护作品的联合建议草案》。❶ 本部分的分析也基于这四份提案。多数代表团对努力制定一部适当的国际文书表示支持，但发展中国家与发达国家之间仍然存在分歧。

2012 年 11 月，SSCR 第 25 届会议讨论了 WIPO 视障者条约草案，并于2013 年 4 月 20 日发布了更新草案。经过艰苦的谈判，各方代表最终在WIPO 马拉喀什外交会议上达成一致，于 2013 年 6 月 27 日通过了《马拉喀什条约》。2013 年 6 月 28 日，包括中国在内的 51 个国家签署了该条约。自 2004 年 WIPO 启动版权例外与限制议题讨论至《马拉喀什条约》最终发布，各国家和地区的代表团针对中心议题一直存在争论和探讨；从议题的

---

❶ 参见 WIPO 文件：SCCR/22/8，Mar. 16, 2011。

提出到 WIPO 外交会议正式通过条约，经历了整整十年。漫长的谈判历程说明了各国在视障者的权利保障与著作权及相关权保护之间的不同观点和利益冲突，条约的最终诞生是充分平衡和协调各方利益的结果。《马拉喀什条约》被称为版权领域的人权条约，旨在通过版权限制与例外，为盲人、视力障碍者等阅读障碍者提供获得和利用作品的机会，从而保障其平等获取文化和教育的权利。

根据《马拉喀什条约》相关条款的规定，条约于 2013 年 6 月 28 日开放签署，并在其后的 1 年内在 WIPO 总部开放给任何有资格的有关方签署，并在 20 个有资格的有关方交存批准书或加入书 3 个月之后生效。这样，条约于 2016 年 9 月 30 日正式生效。2021 年 10 月 23 日，全国人民代表大会常务委员会表决通过了关于批准《关于为盲人、视力障碍者或其他印刷品阅读障碍者获得已出版作品提供便利的马拉喀什条约》的决定；根据条约规定，2022 年 5 月 5 日对我国生效，中国成为第 85 个缔约方。条约在中国的生效和实施，有助于丰富阅读障碍者的阅读资源，实现平等参与社会生活，提高我国对视障者权利的保护水平。同时，随着条约缔约方的快速增加，❶ 条约在各缔约国的生效，为缓解无障碍格式版作品稀缺，帮助解决全球阅读障碍者的书荒问题、推动文化教育基本权利的公平实现提供了有力保障。

根据《马拉喀什条约》第 12 条，缔约方可以在条约要求规定的权利和限制范围之外，自行增加新的权利的限制和例外；基于此，我国《著作权法》2020 年修改时，在第 24 条将第 12 项适用情形从"将已经发表的作品改成盲文出版"修改为"以阅读障碍者能够感知的无障碍方式向其提供已经发表的作品"。2022 年 8 月 1 日，国家版权局印发了《以无障碍方式向阅读障碍者提供作品暂行规定》，对阅读障碍者概念和无障碍格式版及其制作、提供、跨境交换等相关问题作出了详细的规定，以全面落实《马拉喀什条约》。

---

❶ 马拉喀什条约，https：//www.wipo.int/marrakesh_treaty/zh/，2023 年 1 月 5 日访问。

（二）条约的重要意义及主要概念

1. 条约宗旨及总体框架

《马拉喀什条约》分为序言和正文两部分：正文部分包括 12 条实质性条款、10 条程序性条款以及 13 个脚注。序言明确了条约的精神，即贯彻《世界人权宣言》和《联合国残疾人公约》的规定：保证"非歧视原则、机会均等、可获取性、完整及有效地参与和融入社会"；强调版权保护的重要性，通过激励和回报文学和艺术创作以提高所有人，包括视障人士、阅读障碍人士参与社区文化生活、享受艺术并分享科学进步带来的益处的机会。序言还指出，在版权有效保护与更大的公共利益之间，尤其是与教育、研究和信息获取之间须保持平衡，而且这种平衡须为有效和及时地获得作品提供便利，使视力障碍或其他印刷品阅读障碍者受益。序言重申了各方根据现有国际版权保护条约承担的义务，以及《伯尔尼公约》第 9 条第 2 款和其他国际文书中规定的有关限制与例外的三步检验标准的重要性和灵活性。条约的第 1 至第 12 条为主要论述缔约国义务的实质性条款，对重要概念（第 2、第 3 条），无障碍格式版的国内法律限制与例外、跨境交换和进口（第 4、第 5、第 6 条），技术保护措施（第 7 条），尊重受益人隐私（第 8 条），促进跨境合作交易（第 9 条），实施的一般原则（第 10 条），以及关于限制与例外的普遍义务和其他的限制与例外（第 11、第 12 条）作出了规定。条约的程序性条款共 10 条（第 13 至第 22 条），也称组织管理性条款，主要涉及条约的签署、生效、加入和退出，以及 WIPO 国际局和大会的职责等。以下对条约涉及的主要法律问题进行概述。

2. 条约涉及的主客体及执行人等重要概念

在适用主体方面，根据条约第 3 条，受益人不论有无任何其他残疾，包括 3 类：①盲人；②有视觉缺陷、知觉障碍或阅读障碍的人，且无法改善（并不要求必须使用所有可能的医学诊断程序和疗法）到基本达到无此类缺陷或障碍者的视觉功能，因而无法以与无缺陷或无障碍者基本相同的程度阅读印刷作品的人；③因其他方面的身体残疾而不能持书或翻书，或者不能集中目光或移动目光进行正常阅读的人。可见，条约的受益人比多数国家立法中允许将作品改版为"盲文"的例外适用的受益对象更广，实际上包括了盲人、视力障碍和印刷品阅读障碍者因其他残疾导致无法阅读纸质文献的人群。

在适用客体方面，根据条约第 2 条关于定义的规定，"作品"是指《伯尔尼公约》第 2 条第 1 款所指的文学和艺术作品，形式为文字、符号和/或相关图示，不论是已出版的作品，还是以其他方式通过任何媒介公开提供的作品（包括有声形式的作品，例如有声读物）。"无障碍格式版"是指采用替代方式或形式，让受益人能够使用作品，包括让受益人能够与无视力障碍或其他印刷品阅读障碍者一样切实可行、舒适地获取和使用的作品版本。无障碍格式版作品为特定受益人专用，必须尊重原作品的完整性，但要适当考虑将作品制成替代性无障碍格式版所需要的修改和受益人的无障碍需求。

另外，"被授权实体"是条约中十分重要的概念，条约第 2 条也对其作出了规定，指得到政府授权或认可，向受益人提供教育、指导培训、适应性阅读或信息渠道的非营利性实体，还包括主要活动或任务之一是向受益人提供相同服务的政府机构或非营利组织；其中，"得到政府认可的实体"包括接受政府财政支持，以非营利方式向受益人提供教育、指导培训、适应性阅读或信息渠道的实体。被授权实体自行确定并执行职能的做法包括以下方面：①确定其服务的人为受益人；②将无障碍格式版的发行和提供限于受益人和/或被授权实体；③劝阻复制、发行和提供未授权复制件的行为；④对作品复制件的处理保持应有关注并设置记录，同时根据条约第 8 条尊重受益人的隐私。

（三）无障碍格式版的国内法限制与例外适用条件

1. 适用的权项内容

条约第 4 条第 1 款规定了无障碍格式版适用条件，包括义务性和选择性两种情况；前者适用的权项内容，即①各缔约方应在其国内版权法中规定对复制权、发行权和《世界知识产权组织版权条约》规定的向公众提供权的限制或例外，以便于向受益人提供无障碍格式版的作品。国内法规定的限制或例外应当允许将作品制成替代性无障碍格式版所需要的修改。②各缔约方为便于受益人获得作品，还可以规定对公开表演权的限制或例外。

2. 适用条件与方式

条约第 4 条第 2 款进一步规定了该限制于例外的具体适用条件和方式，即，缔约方为执行第 4 条第 1 款关于该款所述各项权利的规定，可以在其国内版权法中规定限制或例外，以便：第一，在符合下列全部条件时，允许被授权实体在未经版权人授权的情况下制作作品的无障碍格式版，从另一被授权实体获得无障碍格式版，以任何方式包括以非商业性出借或者以有线或无线传播的方式将这些无障碍格式版提供给受益人，以及为实现这些目的采取任何中间步骤：①希望进行上述活动的被授权实体依法有权使用作品或该作品的复制件；②作品被转为无障碍格式版，其中可以包括浏览无障碍格式版的信息所需要的任何手段，但除了使作品对受益人无障碍所需要的修改之外，未进行其他修改；③这种无障碍格式版供受益人专用；④进行的活动属于非营利性。第二，受益人依法有权使用作品或该作品的复制件的，受益人或代表其行事的人，包括主要看护人或照顾者，可以制作作品的无障碍格式版供受益人个人使用，也可以通过其他方式帮助受益人制作和使用无障碍格式版。

3. 其他事项规定

（1）缔约方为执行第 4 条第 1 款的规定，可以根据第 10 条和第 11 条在其国内版权法中规定其他限制或例外（各方达成共识，对于视力障碍或其他印刷品阅读障碍者而言，在翻译权方面，本款既不缩小也不扩大《伯尔尼公约》所允许的限制与例外的适用范围）。

（2）缔约方可以将本条规定的限制或例外限于在该市场中无法从商业渠道以合理条件为受益人获得特定无障碍格式版的作品。可能采用这种方式的缔约方，应在批准、接受或加入本条约时，或者在之后的任何时间，在向世界知识产权组织总干事交存的通知中作出声明（各方达成共识，不得以商业可获得性的要求为根据，对依本条规定的限制或例外是否符合三步检验标准进行预先判定）。

（3）第 4 条规定的限制或例外是否需要支付报酬，由国内法决定。

从条约以上对版权限制与例外的具体规定看，最终文本是协调各国不同诉求的结果。例如，在非洲、印度看来，条约的受益人针对的不仅仅是视障者，也包括其他残疾人，❶ 其适用范围远大于巴西等国❷和欧洲、美国的提案；欧盟提案第 2 条适用的仅是"平面媒体障碍者"，而且，如果存在为平面媒体障碍者提供服务的充分而完善的市场解决方案，则上述相关权利的限制与例外不再适用；❸ 美国提案则没有提及为视障者设立版权例外与限制，而是将焦点放在了无障碍格式版作品的利用和跨境问题上。❹

（四）无障碍格式版作品的跨境交换问题

条约第 5 条的核心内容是各缔约方应通过国内法提供例外和限制以确保：①被授权实体之间可进行根据限制或例外或依法制作的无障碍格式版的跨境交换；②被授权实体可以跨境向受益人直接发行或提供无障碍格式版；③无障碍格式版仅限受益人使用。

1. 谈判中涉及的主要问题

在条约缔结过程中，不同国家的提案对无障碍格式版作品的跨境转让与传播问题均有涉及，但代表发达国家的美欧提案与代表发展中国家的巴西、非洲提案相比，具有很大的差异。美国理解的无障碍格式版是盲文、有声读物或数字文本；其提案认为各缔约国可以不经版权人许可，向另一缔约国进出口已发表作品的盲文纸质版本，或向另一缔约国境内的受信任中介组织进出口已发表作品的任何特殊格式版本，但该版本必须是依据其本国版权法中为平面媒体障碍者设立的限制与例外获得的，且如果进口/出口国无法在合理时间内对该版本支付合理的报酬，各缔约国可以选择限制此条款的适用。欧盟将"可查阅格式作品"界定为将平面印刷作品格式修改为便于阅读障碍者获取的格式，且被转化的作品必须合法取得、转化格式须尊重原作的完整性；其提案认为，依据缔约国国内法中例外条款获

---

❶ 参见 WIPO 文件：SCCR/20/11，June 15，2010；SCCR/26/4 PROV.，April 15，2013。

❷ 巴西等国提案中，残障者（第 15 条）指盲人和视力受损、无法通过戴眼镜等方式矫正、达到与未受损的正常人一样的程度以获得作品内容的人，参见 WIPO 文件：SCCR/18/5，May 25，2009。

❸ 参见 WIPO 文件 SCCR/20/12，June 17，2010。

❹ 参见 WIPO 文件 SCCR/20/10，June 10，2010。

得的纸本无障碍格式版作品，只有当另一缔约国同样设立例外条款，或者通过另一缔约国中受信任的中介组织获得版权人的特别出口许可时，该无障碍格式版作品的复制件才能被发行到另一缔约国，且该无障碍格式版作品必须是通过后一缔约国境内建立的受信任的中介组织发行；对于无障碍格式网络作品的跨境网络传播，同样要满足上述条件，也即只能受信任的中介组织通过网络向公众传播。可以看出，美欧提案除了限定可以跨境的作品版本，还将重点放在了受信任的中介机构上，对"受信任中介"的概念与条件做了明确细致的规定，从而大大限定了受托人的范围，排除了个人等其他使用者自主跨境转让与传播无障碍格式版作品的可能性。

相较而言，巴西等国和非洲提案则对无障碍格式版作品及其跨境传播条件的要求更为宽松。例如，关于无障碍格式版或"可查阅格式作品"，巴西等国和非洲提案认为包括任何使得残疾人像非残疾人一样灵活、舒适地使用作品的选择方式或形式；应该包括（但不限于）按需要采用所有可用不同字体和字号制作的大号字体印刷品、盲文、录音制品、与屏幕阅读器或点字显示器兼容的数字复制件和带有声音说明的视听作品。另外，这些发展中国家均认为，下列行为无需版权人同意即被允许：①若某一作品可由某一国家的任何个人或组织根据第 4 条的规定制作或拥有其无障碍格式版本，向任意一个国家出口该作品的任何无障碍格式版本或其无障碍格式版本复制件；②能够在其他国家遵循本条约第 4 条规定的个人或组织，进口①中所述版本的作品或其复制件。可见，发展中国家普遍认为，无障碍格式作品的跨境传播不需要任何中介，任何个人和组织在满足法定条件时，均可自由跨境传播无障碍格式版作品；同时，无须限制无障碍格式作品的版本必须是盲文、纸质等，从而更有利于无障碍格式作品的自由跨境转让与传播。❶

2. 关于商业可获得性

商业可获得性关系到出版商、视障者、被授权实体的切身利益，在条约谈判中发达国家和发展中国家间存在较大分歧。早期的条约草案曾就"发达国家的合理价格""发展中国家的合理价格"给出了定义，并提出商

---

❶　关于四方提案简介和对比，参见 WIPO 文件 SCCR/22/8，Mar. 16，2011。

业可获得性条款的 3 个备选方案。❶ 其核心问题是，当缔约国市场上已存在某个商业性的无障碍格式版时，或受益人可以通过合理的方式合理的价格获取某作品的无障碍格式版时，是否可以限制这一作品的无障碍格式版的发行和提供。尤其是在无障碍格式版的跨国进口中，是否要优先考虑原国家市场上的无障碍格式版以及进口国受益人的需求和收入水平。发展中国家和视障人士支持去除或弱化商业可获得性的相关内容，提出条约不应当不合理地限制被授权实体根据其国内法律中的限制和例外提供无障碍格式版；作品无障碍格式版的获得性将促进其跨境交换，同时商业可获得性的相关条款可能会对发展中国家造成很大的经济负担。发达国家和出版商则担心这一条款会影响出版商的商业利益。最终，商业可获得性相关内容出现在条约第 4 条，同时从第 5 条（无障碍格式版的跨境交换）中去除，并删除"发达国家的合理价格""发展中国家的合理价格"等定义。根据条约第 4 条第 4 款，缔约方可以将此限制或例外限于在该国市场中无法从商业渠道以合理条件为受益人获得特定无障碍格式的作品。可能作出此规定的缔约方，应在批准、接受或加入本条约时，或在之后的任何时间，在向 WIPO 总干事交存的通知中作出声明。同时，各方不得以商业可获得性要求为根据，来判定依本条规定的限制或例外是否符合三步检验标准。这样，条约将问题的决定权交给了缔约方，即缔约方可以依据国情作出商业可获得性的相关规定，但不作为判定合理使用的先决条件，这充分体现了条约序言中重申的《伯尔尼公约》等国际文件中有关限制与例外"三步检验标准"的重要性和灵活性。

3. 条约最终达成的条款

经过激烈的谈判和相互妥协，各方就无障碍格式版跨境传播达成基本一致，即以条约第 5 条明确了通过国内法对限制和例外的规定，确保依法制作的无障碍格式版可以在不同成员国的"被授权实体"之间进行跨境交换，以节约经济成本、避免重复转换作品格式。条约第 5 条同时指出该条不增加或影响成员方业已承担的国际条约的责任和义务，亦不增加其在加入相关国际条约方面的义务。第 5 条具体内容如下：

---

❶ 参见 WIPO 文件 SCCR/23/7，Dec. 16, 2011；SCCR/25/2 Rev.，A 条，Feb. 22, 2013.

第 1 款　缔约方应规定，如果无障碍格式版是根据限制或例外条款依法制作的，该无障碍格式版可以由一个被授权实体向另一缔约方的受益人或被授权实体发行或提供。

第 2 款　缔约方为执行第 5 条第 1 款的规定，可以在其国内版权法中规定限制或例外，以便：①允许被授权实体在未经权利人授权的情况下向另一缔约方的被授权实体发行或提供受益人专用的无障碍格式版；②允许被授权实体在未经权利人授权的情况下根据第 2 条第三项向另一缔约方的受益人发行或提供无障碍格式版，条件是在发行或提供之前，作为来源方的被授权实体不知道或者没有合理理由知道无障碍格式版将被用于受益人以外的目的（被授权实体可采取进一步措施确认其正在服务的人是受益人）。

第 3 款　缔约方为执行第 5 条第 1 款的规定，可以根据第 5 条第 4 款、第 10 条和第 11 条在其国内版权法中规定其他限制或例外。

第 4 款　（1）缔约方的被授权实体依第 5 条第 1 款收到无障碍格式版，而且该缔约方不承担《伯尔尼公约》第 9 条规定的义务的，它将根据其自身的法律制度和做法，确保无障碍格式版仅为该缔约方管辖范围内的受益人复制、发行或提供。（2）被授权实体依第 5 条第 1 款发行和提供无障碍格式版，应限于该国管辖范围，除非缔约方是《世界知识产权组织版权条约》的缔约方，或者以其他方式将旨在实施本条约的对发行权和向公众提供权的限制与例外限于某些不与作品的正常利用相抵触、也不致不合理地损害权利人合法利益的特殊情况。（3）本条的任何内容均不影响对何种行为构成发行或向公众提供行为的认定。

第 5 款　本条约的任何内容均不得用于处理权利用尽问题。

应该说，最终讨论形成的条款，对无障碍格式版作品的跨境传播作了比较严格的限制，传播者和受益人都很明确，行为边界也十分清晰，适应不同国家对此项权利限制适用范围的理解，避免无障碍格式版作品的跨境传播给国内版权人的利益造成冲击。

（五）关于技术措施的义务

视障者获取信息同样面临受限于技术保护措施的困境。当前，技术保护措施在发达国家中的应用尤为广泛，然而美欧两提案却对这一问题未作任何规定。相反，巴西等国提案和非洲提案中对此有明确规定。以巴西等国提案为例，其第 6 条"关于规避技术保护措施"规定，当某一作品已经采取技术保护措施时，各缔约国应当确保符合本条约第 4 条所述例外条款的受益人仍有途径享有该例外条款所带来的利益，包括视障者拥有必要时规避技术保护措施以保证自己可以获取该作品的权利。很显然，巴西等国和非洲代表团认为，技术保护措施不应当对视障者享有的例外构成实质障碍，视障者有权采取特定手段规避阻碍其合法接近作品的技术保护措施。最终，条约第 7 条采取了折中的规定：缔约方应在必要时采取适当措施，确保在其为制止规避有效的技术措施规定适当的法律保护和有效的法律救济时，这种法律保护不妨碍受益人享受本条约规定的限制与例外；但同时，该条用脚注 11 指出：被授权实体在很多情况下选择在无障碍格式版的制作、发行和提供中采用技术措施，本条的任何内容均不对符合国内法的这种做法造成妨碍。换言之，如果国内法允许被授权实体在无障碍格式版的制作、发行和提供中采用技术措施，则第 7 条的内容并不阻碍该国采取此做法。

与条约第 5 条一样，第 7 条实际上也将技术措施及其规避问题交给了缔约国自行确定。

（六）涉及条约实施的其他重要问题

1. 被授权实体应承担的义务

作为非营利性组织，许多被授权实体担心由于条约的相关规定带来过多的义务压力，因此被授权实体的义务一直是盲人组织、图书馆界等关注的问题。根据条约第 2 条定义的规定，被授权实体的义务至少包括：①采取一定的措施确认其服务的是符合资质的受益人；②将无障碍格式版的发行和提供仅限于受益人和被授权实体；③劝阻复制、发行和提供未授权复制件的行为；④对作品复制件的处理保持应有注意并设置记录，并尊重受益人的隐私。同时，因被授权实体在不同国家界定的复杂性，为促进无障碍格式版的跨境交换，缔约各方应鼓励自愿共享信息，帮助被授权实体互相确认；政府层面还应积极承担或协调相关的信息公开和共享的义务。作品的无障碍格式版的生产能力发达和欠发达的国家都要向 WIPO 进行备案登记，WIPO 为此应专门设立一个数据库或信息联络点，便于成员方共享信息，以便不发达成员从发达成员引进作品的无障碍格式版复制件，使得跨境传播处于中立第三方的有效监管之下，确保无障碍格式版的作品真正服务于受益人。❶

2. 与合同的关系

如前所述，残障者和图书馆等使用作品的例外与限制问题，是 2004 年同时在 WIPO 提出讨论的❷。根据国际图书馆界的意见，合同不应该被允许凌驾于著作权限制和例外之上；那些为例外条款所设定的目标和政策对于国内和国际而言都是非常严肃的声明，不应该因为合同而无效。实际上，大部分图书馆获得的数字产品都附有使用许可证协议，导致用来支持图书馆活动的法定例外和限制条款无法被顺利实现。对此，美欧两提案并未做相关规定，而巴西等国提案和非洲提案均有明确规定；巴西等国提案第 7 条"与合同的关系"规定："任何违背第 4 条规定的例外的合同条款应为无效"，非洲提案第 14 条也做了类似的规定。❸ 可以推定，基于合同的版权利用模式可能使视障者享有的例外受到制约或被剥夺，但条约的最终文本未对强制性义务与合同的关系作出规定，使之成为由缔约国自主处理的未决问题。

二、关于图书馆和档案馆等机构的限制与例外

WIPO 关于就图书馆等公共文化机构使用作品的例外制定国际条约的议题，与教育、残障人士等合理使用议题一并提出，早期并未刻意区分讨论。2011 年 6 月，在 SCCR 第 22 届会议上，非洲代表团提交了题为"WIPO 关于为残疾人、教育研究机构、图书馆和档案馆实行例外与限制的条约草案"，❹ 各国家和地区代表团对该三项议程项目表示赞同，并认同在此后的会议上对该三项议程进行深入讨论并提出提案，特别是图书馆和档案馆的

---

❶ 《马拉喀什条约》第 9 条。

❷ 参见 WIPO 文件：SCCR/12/3，November 2，2004。

❸ 参见 WIPO 文件 SCCR/22/8，Mar. 16，2011，第 39、40 段。

❹ 参见 WIPO 文件 SCCR/22/12，June 3，2011。

限制与例外问题得到重点关注。会上，图书馆版权联盟、国际图书协会联合会（International Federation of Library Association and Institutions，以下简称 IFLA）、美国都对该提案予以高度赞同，同意积极开展图书馆、档案馆等机构的例外与限制研究。作为 WIPO 的国际间非政府组织观察员，IFLA 积极参与 WIPO 会议，积极敦促各界关注和推动图书馆版权限制与例外的国际立法。在 2011 年 11 月的第 23 届会议上，IFLA 阐述了版权与图书馆的关系，并论证了需要一部关于图书馆和档案馆限制与例外国际条约的理由，并联合图书馆电子信息联盟（Electronic Information for Libraries，以下简称 EIFL）、国际档案理事会（International Council on Archives，以下简称 ICA）和图书馆非政府组织（INNOVARTE）❶ 等提出了"关于图书馆和档案馆的版权限制与例外的条约建议稿"；巴西据此提交了名为"需要一部图书馆和档案馆例外与限制条约的理由：IFLA、ICA、EIFL 和 INNOVARTE 准备的背景文件"，对 IFLA、ICA、EIFL 和图书馆非政府组织起草的条约建议作了简要说明，重点阐述了图书馆和档案馆正在面临的问题以及建议稿的具体内容。❷ 同时，美国提出了名为"图书馆和档案馆限制与例外的目标与原则"的文件，提出了拟讨论制定的国际条约的目标和原则。❸

自第 23 届、第 24 届开始，各国家和地区代表团就上述拟定条约所涉具体议题进行探讨，相关主题包括：馆藏保存；复制权与备用复制品；法定缴存；图书馆出借；平行进口；跨境使用；孤儿作品、收回和撤回作品及商业流通以外的作品；对图书馆和档案馆责任的限制；技术保护措施；合同；翻译作品权等 11 项。在 2013 年 12 月第 26 届会议上，SCCR 讨论了秘书处之前准备的"载有关于图书馆和档案馆例外与限制适当国际法律文书（不论何种形式）的评论意见和案文建议的工作文件"，对自"图书馆和档案馆限制与例外"议题项目确定以来各成员国提出的提案和观点建议进行重述。❹ 下面摘取较有代表性的几类国家和地区，即亚非拉国家和欧洲、美国对提案的意见进行简介。

❶ 该非政府组织基本信息参见 WIPO 文件：SCCR/18/6，May 25, 2009。
❷ 参见 WIPO 文件：SCCR/23/3，Nov. 18, 2011。
❸ 参见 WIPO 文件：SCCR/23/4，Nov. 12, 2011。
❹ 参见 WIPO 文件：SCCR/26/3，April 15, 2013。

（一）关于馆藏版本保存

对于此议题，不同成员国的诉求有所不同，各自核心主张摘要如下：

1. 非洲集团、巴西、厄瓜多尔、印度和乌拉圭的观点

应准许图书馆和档案馆不经版权所有人授权复制已发表和未发表的作品，或受相关权保护的资料，不论其格式如何；制作的复制件可以按公平做法，为教学、研究和保存文化遗产等目的，用于更换所保存或更换的作品及资料原件；复制应限于非营利使用，符合公共利益，有利于人类发展，不与作品的正常利用相抵触，也不致不合理地损害作者的合法利益。前述这种活动可以现场或远程进行。

2. 美国提出的原则和目标

例外和限制可以并应该使图书馆和档案馆能够履行其保存作品的公共服务职能，这些作品构成世界民族和人民积累的知识和遗产。为此目的，例外和限制可以并应该使图书馆和档案馆能够为保存和更换目的，在适当的情况下制作已发表和未发表的作品的复制品。以各式各样的介质和格式进行保存具有必要性，包括从过时的存储格式中移植内容。

3. 欧盟的意见

对作品或其他受保护的客体进行复制（包括数字化）的唯一目的是保存和预备复制品。为保存目的，复制行为的对象是陈旧、稀缺、仅存或残损而濒临消失的作品或其他受保护客体，以及格式过时的作品和其他受保护客体。保存馆藏作品是档案馆的活动重心和某些公共图书馆（特别是国家缴存本图书馆）的主要活动之一。欧盟的信息社会版权指令未就保存明确作出规定，但该指令准许成员国"就向公众开放的图书馆、教育机构或博物馆或不追求直接或间接商业利益的档案馆实施的特殊复制行为"规定复制权的例外或限制。因而，对免责的行为必须作出准确描述，在此条件下成员国可以为保存目的而规定对复制权的限制。虽然成员国在指令的实施上存在差异，但仍然可以找出一些共同原则：

（1）涉及的行为是复制行为，主要是为受版权保护的作品或其他受保护客体的保存或归档的唯一目的而进行复制（包括数字化）。这一复制包括在某些情况下制作一件复制品来取代原件，例如作品原件损坏、遗失、

残损（如英国、爱沙尼亚），或全部或部分（如芬兰法提及技术性复原）无法使用（如立陶宛、爱沙尼亚），必须修复（如芬兰、荷兰），或要求转换过时的格式，或避免作品介质的进一步残损（防护措施）。绝大多数成员国明确提及使用数字技术和复制在数字介质上。很多成员国已将这一例外限定为仅对纸质资料适用，一些成员国还将这一为保存目的的例外限定为仅在某些情况下适用，即不论从权利人那里还是从市场上均无法获得新复制品（如英国、希腊和芬兰）。

（2）复制本身不得为直接或间接获取商业利益。

（3）例外通常适用于受益人的馆藏作品，即原件必须属于图书馆或档案馆的馆藏范围。总之，在图书馆和档案馆履行其公共利益使命与权利人利益间可以维持一种合理平衡。

（二）关于复制权与备用复制品

1. 非洲集团、巴西、厄瓜多尔、印度和乌拉圭的观点

应准许图书馆和档案馆以任何方式复制并向其用户或另一图书馆和档案馆提供由本馆合法获得或获取的任何作品或受保护的资料，以便后者进而为教育、私人学习、研究或馆际文献提供之目的提供给其用户，只要这种使用符合国内法确定的公平做法；应准许图书馆和档案馆在其他任何情况下制作并向图书馆和档案馆用户提供作品或受保护的资料之复制件，只要国内立法中的限制或例外准许该用户制作这种复制件。

2. 美国的观点

复制权和提供复制品的问题，实际上不仅是活动问题，也是目的和意图问题。这一问题非常重要，必须非常小心地设计这二者之间的关系，并承认与本主题有关的例外与限制有适当的边界。复制和提供复制品实际上涉及两种活动：第一种是馆际互借，第二种是向终端用户提供复制品。在美国，不仅有向谁提供复制品的问题，还有提供多少复制品的问题。首先，关于图书馆提供复制品，我们规定有很多条件。图书馆提供复制品将用于私人学习、学术或研究而不是直接或间接用于商业目的，且复制品上载有保护该作品的版权标记。图书馆相互之间或向终端用户提供一份杂志中的单篇学术性文章，或有版权的汇编片段，或有版权的作品片段（如一

章或有限的若干页）的复制品，以及复制一本书那样的或更大的作品，对这些情况我们有不同要求。显然，当复制整件作品时，就产生对出版者和作者不利的市场效果问题。因此，考虑公平惯例与合理使用的主题非常重要。

3. 欧盟的观点

欧盟认为，成员国可以就向公众开放的图书馆、教育机构、博物馆和档案馆实施的特殊复制行为规定例外和限制，只要这些行为没有直接或间接的商业利益。它不是一个空白的许可，而是明确提到的特殊复制行为；例外的受益人仅限为向公众开放的机构，且其活动不具有营利目的，这些受益人的共同特征是追求研究和（或）教育的目标。成员国受到三步检验标准的严格制约，它们只能在某些特殊情况下适用这些限制，即限制不与作品或其他相关权客体的正常利用相冲突，也不致过度损害权利人的合法利益。这一意见反映了欧盟成员国在是否规定对图书馆和档案馆利益的某一特定限制方面，存在不同的法律传统和解决方法，包括在选择某一例外的情况下，可以自行决定是否要求向权利人付酬。

（三）关于法定缴存

1. 非洲集团、巴西、厄瓜多尔、印度和乌拉圭的观点

成员国可确定由特定的图书馆和档案馆或任何其他机构作为指定的缴存中心，规定凡在该国发表的作品，不论格式如何，均须向该中心缴存并由其永久保存至少一份复制件。指定的缴存中心应要求，凡已发表的版权作品或受版权或相关权保护的已发表资料，均须缴存复制件；应准许指定的法定缴存中心为保存目的对可公开获取的内容进行复制，并要求凡已向公众传播或向公众提供的版权作品或受相关权保护的客体，均须缴存复制品。

2. 美国的观点

美国提出，法定缴存制度有助于发展国内馆藏，并可以有助于保存工作，特别是在它们涵盖诸多种类以各种格式出版的作品的情况下。法定缴存制度对于被国家确认为本国珍贵文化遗产的那些作品也特别重要。

3. 欧盟的观点

欧盟认为,"法定缴存"是指要求出版者将其出版物的复制品缴存于公认的国内机构——通常是国家图书馆(国家缴存本图书馆)——的法定义务。出版物可以是图书或新闻通讯、年报等期刊;报纸或乐谱;地图、示意图、图表或表格;节目单、目录、小册子。法定缴存的目的是确保获得、记录、保存和提供一国已出版的文化遗产。尽管欧盟版权制度不涉及法定缴存问题,但法定缴存立法在很多欧盟成员国中均存在(如法国、英国和丹麦)。其他成员国则实行基于自愿协议的法定缴存制度(例如,荷兰的缴存制度基于与国内出版者协会支持的出版者订立的个别协议实行,在此背景下,绝大多数荷兰的印刷资料缴存于国家图书馆)。法定缴存的唯一目的是保存本国文化遗产。法定缴存馆藏包括享有不同种类的版权保护的资料。一般来说,法定缴存制度并非作为对版权及相关权的限制而建立的,各国制度在履行资料法定缴存义务的范围方面也有所不同。总之,根据必须缴存的资料的范围和这种缴存的程序,法定缴存可以有广泛的一系列解决方法。

(四)关于图书馆出借

1. 非洲集团、巴西、厄瓜多尔、印度和乌拉圭的观点

这些国家的提案指出:应准许图书馆和档案馆向用户或另一图书馆和档案馆出借由本馆合法获得或获取的版权作品及受相关权保护的资料,以便后者进而以任何方式包括数字传输,提供给其任何用户,只要这种使用符合按国内法确定的公平做法,任何明文规定了公开出借权的缔约方/成员国仍可以保留适用这种例外的权利。

2. 美国的观点

美国的提案指出,制定条约的目标是使图书馆和档案馆能够履行其促进研究和传播知识的公共服务职能;图书馆和档案馆支持研究、学习、创新和创意活动,这对 21 世纪的知识经济具有根本意义;其提供各种馆藏,向广大公众包括处于不利地位的社区和社会的弱势成员提供信息和服务,可以而且应当建立起合理的例外与限制框架,使图书馆和档案馆能够直接或通过中间图书馆向研究人员和其他用户提供某些资料的复制本。

3. 欧盟的观点

欧盟认为，保护专有权的制度准许有一定程度的变通性，不过如果该权利的专有性被削弱，至少应该有获得报酬的可能性。成员国虽然可以免除某些类机构（包括图书馆）支付报酬的义务，但事实上欧洲法院一向对成员国非常严格，而且在多次审判中仍维持不变，因此成员国并不能制定图书馆不经事先授权或支付报酬而出借作品和其他客体的普遍性规则。欧盟制度的国内法实施各式各样，但都运作良好，使公共图书馆能够履行其使命，被用户愉快地使用，同时实现与尊重权利人利益的平衡。馆际互借在欧盟的出租和出借指令中未作规定，该问题留给成员国在恪守其国际和共同体义务的范围内自行处理。

（五）关于平行进口

非洲集团、巴西、厄瓜多尔、印度和乌拉圭等国家的提案认为，在缔约方未规定作品首次售出或者其他所有权转让之后发行权国际用尽的情况下，应准许图书馆和档案馆获得和合法进口已发表作品，以归入其馆藏之中。

欧盟认为，平行进口与为图书馆和档案馆制定限制规定的必要性之间的联系不是太清晰；在国际条约中，这些问题仍属于缔约方自由裁量的范畴，应当慎重仔细地考虑国际条约采用这类建议所带来的危险。欧盟的立法中没有与此相同的规定，尽管我们确实有一个关于区域性发行权穷尽的体制。在任何情况下，平行进口在全球的普遍化将终结权利人对售后市场的控制，应当谨慎仔细地评估该措施的潜在影响。

美国未对这一议题发表意见。

（六）关于跨境使用

非洲集团、厄瓜多尔、印度的提案认为，应允许位于某一缔约方领土的图书馆和档案馆发送、接收或交换另一缔约方领土合法制作的作品或受相关权保护的材料的复制品，包括根据本条约制作的作品和受相关权保护的材料复制件及任何格式的资源。

美国和欧盟没有对此议题发表意见。欧盟成员国奥地利认为，这个问题已被有关为图书馆和档案馆的用户复制和发行复制件的有关规定所涵盖，因此国内版权法中针对上述机构的复制和发行行为的限制性规定也应当适用于跨境使用。

（七）关于孤儿作品（收回/撤回作品/商业流通外作品）

非洲集团、厄瓜多尔、印度的观点相似，即（1）经过合理调查仍无法确定作品或受相关权保护的资料的作者或其他权利人身份或所在地的，应允许图书馆和档案馆复制、向公众提供或者以其他方式使用该作品或资料；对作品或受相关权保护的资料进行某些商业性使用是否需要支付报酬，应由国内法决定；缔约各方可以规定，一旦作者或其他权利人随后向图书馆或档案馆表明身份，其应有权为未来的使用要求合理的报酬，或者要求停止使用；除非国内法另有规定或法院就某一特定作品作出裁决，否则应允许图书馆和档案馆为保存、研究或其他合法使用之目的，酌情以任何格式复制并提供任何退出流通，但此前曾由作者或其他权利人向公众传播或者向公众提供的版权作品或受相关权保护的资料；（2）任何缔约方均可以向 WIPO 总干事交存通知，声明其将仅针对某些使用适用（1）的规定，或者声明以某种其他方式对这些规定的适用予以限制，或者声明不适用这些规定。

美国认为，对作品的商业性使用不属于图书馆例外。图书馆和档案馆例外涉及具有合理必要性的保存、传播、和使用，例如客户的研究和私人使用，这些例外同样适用于版权作品，不论其是否是孤儿作品。欧盟认为，孤儿作品是一个仍需探讨的发展中问题；欧盟委员会已经将一份关于允许使用孤儿作品的指令的建议交由各成员国讨论，❶ 同时也一直在讨论针对商业流通之外的图书复制传播的解决方案，该方案由权利人自愿协议、集体管理组织自愿要求，以集体管理组织颁发许可为基础。

---

❶ Directive 2012/28/EU of the European Parliament and of the Councilon certain permitted uses of orphan works，该指令现在已经通过生效。

（八）关于对图书馆和档案馆责任的限制

非洲集团、巴西、厄瓜多尔、乌拉圭、印度等国认为，图书馆员和档案馆员在其职责范围内行事，所涉行为系出于诚信，且由于相信或者有合理理由相信属于下列情况的，不负版权侵权责任：①对作品或受相关权保护的资料的使用是本文书中的限制或例外范围内允许的使用，或者是不受版权限制的使用；②作品或受相关权保护的资料属于公有领域，或者是一项开放内容许可证的对象。缔约方立法规定有间接侵权责任制度的，图书馆和档案馆应当免于为其用户的行为承担责任。

美国提出，国家的版权法可以承认对图书馆和档案馆及其雇员和代理人责任的限制；同时，图书馆和档案馆及其雇员和代理人如果出于诚信行事，相信或者有合理理由相信自己的行为符合版权法的，国家的版权法还可以对某些类型的损害赔偿主张进行限制。

欧盟未对此议题发表意见。

（九）关于技术保护措施

非洲集团、巴西、厄瓜多尔、乌拉圭和印度提出，缔约各方应在必要时采取适当措施，确保在其为制止规避有效的技术措施规定适当的法律保护和有效的法律救济时，这种法律保护不妨碍图书馆和档案馆享受本文书/条约规定的限制与例外。换言之，图书馆和档案馆应当有权规避应用于任何作品上的技术保护措施。

美国认为，图书馆为了确定其是否希望购买某个作品复制件归入其馆藏的时候，可以规避限制对作品进行查阅的技术保护措施；另外，通过国会图书馆与商务部的相关部门协商同意的行政程序，可以获得三年期内针对某类作品用户的技术保护措施的例外，例如，允许大学的电影教学课使用电影、转存一些技术过时的材料。美国还有一条关于限制图书管理人和档案管理人责任的规定，即当图书馆和档案馆不知道或者没有理由知道他们侵犯了技术保护措施的时候，免负任何刑事责任。

欧盟未对此议题发表意见。

（十）关于合同

非洲集团、厄瓜多尔、印度认为，任何禁止或者限制缔约方实施或者享有其根据本条约规定制定的版权限制和例外的合同条款，均应为无效。很多图书馆都存在合同限制问题，这些合同经常凌驾于国内法所规定的合理使用之上，因此需要终止这种合同或者对其作出例外规定。例如，当图书馆购买了一本书，其出借给用户的次数应当不受限制；不幸的是，在数字环境下，有关数字复制品的合同仅允许这些复制品被出借的次数不超过20次。推行这种合同的人给出的理由是，对于物理意义上的图书会有磨损，为此如果需要图书馆会返回书店再次购买这本书；可是数字复制品不存在这种状况，为此有必要限制图书馆出借这些复制品的次数，这样图书馆就会重新回来购买，以为用户提供同样的复制品。为此，有必要规定一个例外以允许图书馆继续适用例外和限制，使其功能不受制于这些问题。

美国认为，应当审慎地关注这一领域，不应限制图书馆与其他材料提供商签署合同或进入合同关系的自由；一般而言，当事方的缔约自由是美国法的一项重要原则。

（十一）关于翻译作品权

非洲集团认为，在作品无所需语种译文的情况下，图书馆和档案馆可为教学、学术或研究目的翻译合法购得或获取的作品，但必须注明作品的来源，包括作者的姓名，除非此种来源无法获知。印度则认为，图书馆和档案馆应有权以任何格式提供任何作品的翻译件。美国提出，翻译权不同于复制权，翻译还涉及作者精神权利；我们并不认为针对复制权及有关发行权的例外可以自动涵盖翻译行为。欧盟认为，《伯尔尼公约》第8条规定作者享有翻译和授权翻译其作品的专有权利，这项权利与复制权、向公众传播权或者租借权等其他权利不同；目前正在讨论的为图书馆和档案馆服务的例外和限制，仅针对复制权、向公众传播权和租借权，不包括、不暗含对翻译权的限制。

综上，在 2017 年 5 月第 34 届 SCCR 会议上，主席编拟了"关于图书馆和档案馆限制与例外的非正式表格"，❶提出了上述 11 个议题的原则、存在的问题及建议采取的方法。该表格的目的是作为一个有用的工具，通过借鉴 SCCR 能够掌握的众多资源，为讨论每项议题的实质内容提供架构；这将使 SCCR 能够基于实证展开讨论，尊重不同观点，明白目标并非引导讨论取得任何具体或不受欢迎的成果，而是为了促进更好地理解各议题以及讨论和预期成果的实际意义。例如关于保存，主席概述的原则是：为确保图书馆和档案馆能够履行其保存（包括以数字形式保存）各国积累的知识和遗产的公共服务责任，可以有允许制作作品复制件的限制与例外，以便在某些情况下保存并替换作品。问题是：用于保存/替换目的的现行限制与例外在数字环境下是否及如何适用，存在着法律上的不确定性，这包括数字化转换/格式转换是否应被视为复制行为的问题；没有法律上的确定性，图书馆和档案馆可能出于担心从事违法行为——例如未经授权保存/替换复制件——而无法履行其使命。对此，应采取额外的保障措施来避免未经授权使用此类复制件。主席建议采用的方法是：确保现有的或拟议的限制与例外将使图书馆和档案馆能够为履行其使命而进行数字化保存和数字化转换/格式转换，这些限制与例外也应涵盖原生数字化作品；应注意限定为保存/替换而进行的复制行为的目的，以避免对这些限制与例外进行任何滥用。

另外，在 2017 年 5 月第 35 届会议上，秘书处根据各代表团讨论的结果编拟了"关于限制与例外的 2018/19 两年期行动计划草案"（文件 SCCR/35/9），确定了 SCCR 第 36 届到第 39 届会议中关于图书馆和档案馆限制与例外相关研究和讨论的任务；这项工作在很大程度上基于克鲁斯的"关于图书馆和档案馆的版权限制与例外的研究报告：经更新和修订的内容"（2017 年版）❷ 和前述主席的"关于图书馆和档案馆限制与例外的非正式表格"。目前，关于图书馆和档案馆的限制与例外仍在 SCCR 会议的议程上。

---

❶ 参见 WIPO 文件：SCCR/34/5，May 5，2017。
❷ 参见 WIPO 文件：SCCR/34/6，May 5，2017。

三、关于教育、教学和研究机构的限制与例外

(一) 对议题讨论的简单回顾

如前所述，WIPO 论坛上有关教育与研究例外与限制的工作，也是根据文件 SCCR/22/12 中非洲集团名为"WIPO 关于为残疾人、教育研究机构、图书馆和档案馆实行例外与限制的条约草案"的提案启动的；该项限制与例外的工作计划，也是制定一部或多部适当的国际法律文书。在第 24 届会议上，各国家和地区代表团审议讨论了厄瓜多尔、秘鲁和乌拉圭的提案"与教育有关的限制与例外"，巴西的提案"为教育、教学和研究机构规定版权限制与例外的条款草案和主题领域"，以及非洲集团"WIPO 关于为残疾人、教育研究机构、图书馆和档案馆实行例外与限制的条约草案"的更新版。❶ 会后汇总的文件 SCCR/24/8 Prov. 成为此后委员会开展讨论未来案文工作的基础；SCCR 第 25、第 26 届会议上继续讨论，争取制定一部或多部适当的国际法律文书（无论是示范法、联合建议、条约还是其他形式），并在 SCCR 第 30 届会议之前就教育、教学和研究机构及其他残疾人的限制与例外问题向大会提出建议。

(二) 各国对版权保护和例外与限制之间平衡的不同理解

1. 议题讨论因明显的分歧而不易推进

WIPO 关于版权限制与例外这项议程的讨论进展并非顺畅。在 2013 年 12 月的 SCCR 第 26 届会议上，针对非洲代表团提出的案文，欧盟认为，版权保护不仅为促进教育内容的创作所需，也为创作一般性作品所需，而一般性作品处在教学活动运行的核心；因此，在版权保护和实现公共利益目标之间实现公正、可持续的平衡至关重要。《伯尔尼公约》规定了具体例外，允许为引用和教学目的使用版权作品，《罗马公约》《世界知识产权组织版权条约》《世界知识产权组织表演和录音制品条约》也有类似例外；

---

❶ 参见 WIPO 文件：SCCR/24/6，SCCR/24/7，SCCR/22/12，July 16 to July 25，2012。

这些例外规定在实施方面给这些公约或条约的成员留出了很大余地（例如，在教育方面并不区分教育层次或者教育性质）。对国际一级的框架来说，适宜通过国家立法来执行并使其适应本地条件，同时尊重各项公约与条约中规定的三步检验标准。美国也认为，对于教育、教学和研究机构的例外，各国之间可以依据国情不同进行不同的规定，没必要制定国际条约。

厄瓜多尔、秘鲁和乌拉圭则认为，在适用《伯尔尼公约》第 9 条第 2 款、TRIPS 协议第 13 条、《世界知识产权组织版权条约》第 10 条或任何其他多边条约中的类似条款时，均不妨碍缔约方对三步检验法的解释尊重教育和研究需求所产生的合法利益，包括第三方的利益，尊重其他人权和基本自由，以及尊重其他公共利益，例如实现科学进步以及文化、教育、社会或经济发展的需要，保护竞争和二级市场等；同时，应当更新和扩大教育例外，尤其是数字领域例外的国际法义务，缔约各方应对其国内法中根据《伯尔尼公约》，尤其是第 10 条第 1 款和第 10 条第 2 款被认为可以接受的限制与例外进行更新，推动其适当扩大到数字环境中，并制定适合在数字网络环境中保护教育与研究活动的新的例外与限制规则。

对于"受益人"定义的备选项，非洲集团、印度、巴基斯坦等均作最广泛理解，包括了公共和私营教育、教学和非营利研究机构；欧盟的指令（2001/29/EC）中对教育机构类型（学校、大学等）或性质（公立或私立）未作限制，但强调该例外述及了教育活动的具体目的是非商业性目的，美国则未对此问题发表评议。❶

2. 关于教育、科研使用具体例外情形的观点

对于教育、教学和研究机构哪些使用行为可以视为侵权例外，鉴于欧美等发达国家和地区并不关心、不表态，主要是发展中和相对不发达国家和地区在主张。非洲代表团认为：

（1）凡在缔约方领土内有住所的教育机构或研究组织，出于教学、个人学习或研究目的都可以：①用任何语言翻译作品并以印刷形式或类似的形式制作该译本；②复制并出版翻译后的作品；③向属于特定机构或组织

---

❶ 参见 WIPO 文件：SCCR/26/4 Prov.，April 15，2013。

成员的残疾人提供无障碍格式的作品；④在为教育目的制作和发行的教育资源中收入版权资料的节选。

（2）在缔约方领土内有住所的人应有权将合法获得的根据本条第（1）款制作的作品复制件出口到另一个被联合国划为发展中国家或最不发达国家的缔约方。

巴西的提案认为，以下行为不构成对版权的侵权行为：

（1）教育机构在教育或研究活动中，为教学目的，酌情对作品进行表演、朗诵和展览；但应以非商业目的为限，而且除非做不到，否则应标明出处，包括注明作者的姓名。

（2）教师在教育或研究活动中，为解说目的，对任何类型的现有作品的摘录，或就视觉艺术或短小乐曲的作品全部，进行复制、翻译和发行，以用作教学资源；但应以非商业目的为限，而且除非做不到，否则应标明出处，包括注明作者的姓名。

（3）受众可对讲座、会议和授课做笔记，但该笔记未经演讲人事先书面许可，不得全部或部分发表。

（4）为学习、批评或辩论目的，在图书、报纸、杂志或任何其他媒体上引用一部作品的摘录；应以正当理由为限，并应遵循合理使用的原则，而且除非做不到，否则应标明出处，包括注明作者的姓名。

3. 关于远程教育中的使用例外

关于远程学习，非洲的提案是：

（1）在位于缔约方领土境内的教育机构或研究组织开展的远程学习课程中，对作品或相关权客体进行的以下使用应属合法：①限于教学目的，对任何作品进行表演，包括戏剧作品和视听作品；②为完成教学目标展示所需的数量合理的任何作品。

（2）若通过数字网络播送的媒介教学活动的内容是为市场销售的目的表演或展示，而并非为开设的网络课程或可合理确定为研究计划使用作品或相关权客体，则上述第（1）款的规定应不适用。

（3）为以下目的，位于缔约方领土境内的教育机构应有权录制和保存任何远程教育播送内容的复制件，无论复制件是否包括受版权或相关权保护的内容：①保存供学生在一段时间内获取完成学习目标所需的内容；②

进行偶然的或数字播送所需技术环节的复制和存储，包括对材料的瞬时或临时存储，但在系统或网络上获取受版权保护内容的时间，不得长于为便于因播送目的而制作的教学内容的播送所需的合理时间，而且应以技术上的可行性为限。

（4）如教育机构或研究组织了解或有理由认为，复制件系非法制作或获取，则本条的规定应不适用于通过非法制作或获取的复制件进行的表演或展示。

对于远程教育学习，美国认为，其一直推动远程教育发展和提高的进程，并努力确保版权法对教育作出的例外规定能够反映出数字时代的现实。美国版权局曾发布一项关于版权和数字远程教育的研究报告，为此于2002 年颁布了技术、教育和版权协调法案（TEACH 法案），修正了《美国版权法》第 110 条，以便在适宜情况下并根据某些限制，准许将受版权保护作品的表演和展示纳入数字远程教育。该法案扩大了远程教育可使用的作品范围，取消了有形课堂的概念，以支持在教师督导下的"媒介教学活动"理念；同时，法案承认在数字环境下对版权所有人的内在风险，为此纳入了一些保障条款，防止未经许可擅自发行和复制受版权保护的作品。依据法案的规定，只有经认可的教育机构或政府部门，方可援用该例外规定，同时仅许可正式注册课程的学生接收受版权保护作品的播送内容；此外，教育机构须采用可合理防止接收者在课程时段外保存该作品和防止对其再传播的技术措施。最后，为保护远程教育教材市场和鼓励创作远程教育教材，法案规定的例外不延及专门为在线教育使用编写的受版权保护作品、教科书材料或学生为其独立使用专门获取的其他材料。基于同一精神，美国认为，在国际层面上讨论版权的例外与限制，必须以确保通过教育机构承担适当责任的方式来兼顾其需求，为这一例外使用提供一个安全的环境至关重要。

（三）关于教育研究使用例外议题讨论的近期进展

从上述不同国家的观点看，关于教育研究使用例外在整体上没有反对意见，但在例外适用的具体范围和规则等方面仍有分歧。在 2017 年第 34 届会议上，SCCR 主席编拟了"关于教育和研究机构限制与例外的非正式表格"，总结自该题目确立在议程上以来，各国家和地区代表团提出提案和建议及研究报告所涉的中心议题及结论性意见。❶ 该表格作为一个有用的工具，通过借鉴委员会能够掌握的众多资源，为讨论每项议题的实质内容提供架构，以促进更好地理解各议题及其对讨论和预期成果的实际意义。

例如，关于为教育目的的复制，表格采用丹尼尔·生（Daniel Seng）教授《关于教育活动限制与例外的研究报告》❷ 作出的内容提要和结论性意见，即教育复制限制与例外的实施存在显著差异，但这些条款的所述目的基本清晰（为了教学、教育、讲授、科学和研究）。教育复制例外主要的限制是不以商业利益为目的，复制例外的规定还包括了定性和定量的限制。一般来说，教育复制例外条款不会为作者或权利人带来合理的报酬；但是如果制作多个副本，则应规定合理报酬。关于网络远程学习，只有为数很少的成员国专门为教学目的的网络内容传播制定了特别条款，但这并不意味着其他成员国不存在处理该问题的条款；不过，成员国"向公众传播"或"提供"的权利是否涵盖数字内容的网络传播，在很大程度上是由各成员国作出实质性法律规定的问题。此外，由于电子媒体的使用，网络远程学习将不可避免地涉及对源作品进行某种形式的复制，对网络远程学习作出规定的条款也必须兼顾这一点。关于教育广播/传播/录制，该报告的结论性意见为：这类限制与例外的实施很广、差异很大；虽然这些条款的目的基本清晰（通常是为了教学、教育、讲授、科学和研究），但广播、传播和录制的合理使用方式存在着显著的差异，成员国立法中的条款可能不仅提及"传播"或"广播"，而且提及"录制""固定""制片""提供"，甚至"表演""使用"或"任何方式"。有趣的是，尽管《伯尔尼公约》第10条第2款有规定，成员国在制定教育广播、传播和录制条款时，很少使用"以例证的方式"这一表述，甚至很少使用其各备选项。所设置的条件、质量和数量方面的限度和限制也有很大差异。为推动在线远程学习，同时管控可能的在线侵权行为，一些成员国还进一步将源作品的在线

---

❶ 参见 WIPO 文件：SCCR/34/6, May 5, 2017。
❷ 参见 WIPO 文件：SCCR/33/6, Nov. 9, 2016。

可得性与技术措施的实施相挂钩。一般来说，广播、传播和录制条款不会为作者或著作权人带来合理的报酬。然而，规定了合理报酬的教育复制条款主要针对的是制作多个副本、使用复制设备和第三方复制源作品。在要求为教育广播、传播和录制支付合理报酬的条款中并未显示出明显的模式。关于网络远程学习，只有为数很少的成员国专门为教学目的的网络内容传播制定了特别条款，但这并不意味着其他成员国不存在处理该问题的条款。成员国"向公众传播"或"提供"的权利是否涵盖数字内容的网络传播，在很大程度上是由其国内法作出实质性规定的问题。此外，由于电子媒体的使用，网络远程学习将不可避免地涉及对源作品进行某种形式的复制，关于网络远程学习使用例外的条款也必须兼顾这一点。除上述示例外，对于私人/个人使用、引用、教育出版物/选集、汇编/合集、学校演出、教育复制和翻译的强制许可、教育目的的技术保护措施（TPM）/权利管理信息（RMI）例外，以及孤儿作品、合同、进口和出口（跨境问题）、教育机构责任的限制等中心议题，报告也作出分析和总结。

在 2017 年 5 月第 35 届会议上，SCCR 秘书处根据各代表团讨论的结果编拟了"关于限制与例外的 2018—2019 两年期行动计划草案"（文件 SCCR/35/9），确定了从第 36 届到第 39 届会议的任务。2018 年上半年为适用于教育和研究机构的限制与例外制度有关的各种现行立法和其他机制进行分类，基础文件是上述丹尼尔·生教授的《关于教育活动的版权限制与例外更新后的研究报告及附加分析》（文件 SCCR/35/5）和主席的《关于教育和研究机构限制与例外的非正式表格》（文件 SCCR/34/6）。2018 年下半年，针对国家和国际层面的教育和研究机构限制与例外活动所涉的数字议题开展研究，内容覆盖电子学习模块的提供和慕课（MOOC）等远程学习系统的开发和运营，以及国际层面可能发展和改进的领域。2019 年上半年，SCCR 成员和利益攸关方举办地区研讨会，以分析教育和研究机构以及图书馆在限制与例外制度方面的情况，并确定解决可能的需求的建议或方法，包括软法、合同或许可和其他规范性途径。2019 年下半年，SCCR 第 39 届会议上通报上述活动情况，并召开关于教育和研究机构与版权议题的会议，审议各种应对挑战的制衡机制之国际解决方案。

在 2020 年的第 40 届会议上，SCCR 发布了关于限制与例外区域和国际会议的报告，❶ 总结了这一议程的相关研究情况和基于较大共识确定的优先事项，包括：确保国家版权法中的例外允许为保存目的对作品进行复制和其他使用，以及推动对例外制度的调整以允许通过数字和在线工具进行教学、学习和研究（包括跨境情形）。报告指出，各方普遍认为应当对限制与例外给予更多考虑，包括限制与例外被合同推翻的可能性、对教育和研究机构（及其代理机构）的安全港保护，以及关于例外与技术保护措施和权利管理信息的规定。报告还汇总了对可能有所帮助的各种形式文书的支持，例如条约、决议、模版、建议、指南、手册等一系列工具包。基于此，SCCR 秘书处目前正与成员国版权局、专家和其他机构以及受益组织召开信息通报和交流会，讨论有关问题，包括：文本和数据挖掘研究的限制与例外；《教科文组织开放科学建议书》（2021）及其对国际版权法和政策的影响；确保限制与例外不被合同条款推翻的模式；对教育、研究和文化遗产机构（及其代理机构）的安全港保护；以及为保护限制与例外所允许的使用对技术保护措施和权利管理信息规则适用的例外。SCCR 还列出了可以采取的具体、实用的工作步骤，旨在短期内向成员国提供指导和支持，同时也使委员会能够开展工作，争取通过一部或多部关于限制与例外的适当的国际法律文书。❷

目前，关于图书馆、教育教学和研究机构及其他残疾人的限制与例外议题，仍在 SCCR 会议的议程上，尚待各国家和地区通过研究报告、提案等方式达成一致意见。

第二节　广播组织权的保护问题

一、议题的提出及讨论进程

进入 21 世纪以来，WIPO 的 SCCR 对提升和更新广播组织权利的国际

---

❶ 参见 WIPO 文件：SCCR/40/2，Sept. 15, 2020。
❷ 参见 WIPO 文件：SCCR/42/4，Mar. 8, 2022。

保护问题进行了详细充分的讨论，问题的关键在于如何优化对广播组织者相关权的保护，以期应对数字时代的到来和互联网及其他新兴技术的日益普及。

（一）长期未达成共识的网络环境下广播组织权保护问题

2002 年 5 月 13—17 日，SCCR 在日内瓦举办第 7 届会议，会上提交并讨论了秘书处编写的保护广播组织的技术背景文件，用以说明自 1961 年通过《罗马公约》以来影响广播组织活动的技术变化。该文件讨论了技术发展过程中广播信号传送实体的多样化，例如电缆传播、卫星传播、数字化网络或电信广播、交互式传播等，对于上述新技术带来的新的广播形式是否能够成为受保护的对象以及在何种范围对其进行保护予以说明。事实上，以 1997 年 WIPO 在马尼拉举办的"广播组织权利保护全球会议"为开端，SCCR 在历届成员国大会上都将更新和提升现代化广播组织国际保护的问题作为重点议题。在 1998 年 11 月的大会上，SCCR 决定草拟保护广播组织条约，并要求各国提交草案；但从各成员国陆续提交的提案看，在条约的保护目标、保护对象及保护范围等方面并未达成一致意见。从 2004 年开始，SCCR 编制了"关于保护广播组织的条约的合并案文"及其修订版本，拟定条约的实质内容，以便形成供 WIPO 外交会议讨论的主要工作文件；❶ 2006 年 5 月，SCCR 第 14 届会议决定重点讨论文本中的保护传统广播和有线广播的问题，关于网播（包括实时广播）问题的文本暂时放在附录搁置。❷ 2006 年 9 月，SCCR 第 15 届会议讨论了汇总之前所有提案提出的《世界知识产权组织保护广播组织条约经修订的基础提案草案》，❸ 并将保护扩大到网络广播这一争议性问题；同时，WIPO 大会决定于 2007 年 1 月和 6 月召开两次 SCCR 特别会议，以澄清悬而未决的问题。❹ 不过，之后

---

❶ 参见 WIPO 文件：SCCR/11/3，February 29，2004；SCCR/12/2 Rev. 2，May 2，2005；SC-CR/14/2，February 8，2006。

❷ 参见 WIPO 文件：SCCR/14/2，February 8，2006；该文件名为"世界知识产权组织广播组织条约基础提案草案（包括关于保护网播问题的非强制性附录）"。

❸ 参见 WIPO 文件：SCCR/15/2，July 31，2006；其更新版 SCCR/15/2 Rev. 未公布，但内容实际上一样。

❹ 参见 WIPO 文件：WO/GA/33/4，Sept. 22，2006。

的两次特别会议因有些代表团认为条约草案涉及的内容过于繁杂、最终未能提交正式提案而搁置。

（二）"基于信号"条约草案讨论中涉及的主要问题

2007 年 9 月，WIPO 大会审议了 SCCR 关于拟议的保护广播组织权利外交会议特别会议的报告，同意采取"基于信号"的途径起草新条约，❶并决定将该主题保留在 SCCR 议程上，在就目标、具体适用范围和保护对象达成协议后，再考虑召开外交会议。2008 年 3 月 SCCR 第 16 届会议重新审议了保护广播和有线广播组织的问题，主席根据大会的任务规定编写了一份非正式文件，总结自 1999 年各成员国提交提案以来达成的共识和需讨论的议题。❷ 从之后 SCCR 会议的讨论看，各成员国对拟定的条约所涉及的一些议题仍有分歧。

1. 关于信号固定后的权利及其保护程度

一些代表团认为，制定新条约的目标应该是建立对广播信号的保护，使广播组织能够防止该信号的盗播行为。信号在发射时存在，但随后消失，成为电磁脉冲；因此，信号中的权利在逻辑上仅涉及信号的实时转播以及固定；在固定之后，它不再是一个信号，而是固定下来的广播内容。这一看法不仅仅是从纯物理学和哲学角度出发，还基于这样的观点：授予广播组织固定后的权利将产生重叠保护、这对广播组织权利的有效保护是不必要的，其将使得人们获得广播内容更有风险、更困难。但其他一些代表团认为，为了有效保护广播组织，赋予其信号固定后的权利是必要的；《罗马公约》和 TRIPS 协议均包括录制后的权利，固定信号对于在交互式传输中有效保护广播组织的合法经济利益有重要作用；此外，拟定新条约"基于信号的保护"仅意味着广播内容的汇编和传输引起保护，而不是传输内容本身。

2. 关于网络环境下的广播内容传播赋权问题

将固定的广播内容通过互联网向公众提供，使公众可以在个人选定的

---

❶ 参见 WIPO 文件：WO/GA/34/8，July 23，2007。
❷ 参见 WIPO 文件：SCCR/16/3 Prov.，Sept. 5，2008，第 112 – 148 段内容。

时间和地点访问该内容，成为网络环境下日益常见的一种广播内容使用方式。支持赋予广播组织这一权利的观点认为，鉴于互联网在当今的信息和通信基础设施中的重要性，除非将交互式互联网传输纳入其中，否则更新广播组织权利的做法将毫无意义，制定新条约的做法也不值得。反对者则认为，交互式网络传播和利用网络实时直播应单独看待，在就传统的广播和有线广播问题达成共识之后再处理。互联网条款在传统广播的网络传播问题中也会涉及，不应将这些条款的讨论与对广播者网播或实时直播的保护混在一起。

3. 关于最低保护期限

各成员国对广播者权利保护期的立场从 0 年到 50 年不等。有代表团认为保护应该仅仅覆盖实时信号即电磁脉冲，不授予其任何固定后的权利，因此不涉及期限。认为广播者有固定后权利的代表团支持 20 年（如 TRIPS 协议）或 50 年（如《世界知识产权组织表演和录音制品条约》）的保护期。

4. 关于技术保护措施

一些代表团认为赋予广播组织采取技术保护措施的权利必不可少，这也是制定新条约的目的之一。其他代表团反对条约中纳入该条款，认为技术保护措施可能会影响公众获取已经属于公有领域的信息。各成员国对于权利管理信息义务的条款没有达成共识。

5. 关于权利限制与例外

各成员国对广播组织权的权利限制与例外是采用灵活开放式、还是采用封闭列举式规定进行了讨论，但达成的共识仅是应当符合《伯尔尼公约》提出的"三步检验法"。

6. 对于新条约是否规定一般性原则条款

支持制定一般性条款的观点认为，这样可以确保公共利益和权利人受益之间的平衡，反对者则认为会增加法律的不确定性。❶

---

❶　参见 WIPO 文件：SCCR/17/INF/1，Nov. 3，2008，第 23–29 段。

（三）关于保护广播组织条约草案讨论的后期进展

1. 讨论工作计划和基础文件编制

2009 年 12 月 SCCR 第 19 届会议的结论指出，秘书处将应成员国的要求组织地区研讨会，以明确有关一项基于信号方法保护可能的条约草案的保护目标、具体范围和客体的观点，并将在第 20 届会议上向本委员会提交一份关于这些研讨会的报告。另外，SCCR 秘书处还编制了有关非法盗用信号行为的社会经济学研究（1—3 部分）的文件分析材料（对应文件 SCCR/19/12、SCCR/20/2、SCCR/21/2）供下一步讨论参考。❶ 根据 SCCR 的工作计划，2010 年在拉丁美洲和加勒比国家、亚太国家和非洲国家共举行了三次地区研讨会，取得了一些共识，例如：迫切需要加快进度，制定一项针对传统广播的、基于信号的保护广播组织的条约，以回应全球技术突飞猛进的发展速度及其对广播组织权利造成的种种影响；承认广播组织为创作其广播节目进行经济投资的重要性，对信号盗播问题表示关注；条约侧重点是防止第三方在未经同意的情况下使用或利用其广播节目信号、导致广播产业投资和竞争力受到影响；广播组织对本地知识和信息的推广传播、教育和就业的影响；条约应坚持技术中立；条约受益者应是广播组织和有线广播组织；条约应明确有线广播节目、广播节目、信号等定义；继续就国际互联网议题进行辩论；依条约授予的权利不应损害任何纳入广播节目的重要作品的权利；与公共利益攸关的专有权的具体限制；条约遵守和执法方面的具体问题等。❷

2. 草案涉及的术语清单及定义讨论

2011 年 6 月的 SCCR 第 23 届会议重申和承诺，将继续工作、为制定一项旨在更新传统意义上的广播组织和有线广播组织保护的国际条约而努力。之后各成员和观察员围绕《保护广播组织条约草案》（文件 SCCR/23/6），基于主席提交的"《保护广播组织条约草案》待审议问题拟定清单"（文

---

❶ 参见 WIPO 文件：SCCR/21/4，Sept. 14，2010。
❷ 关于 2010 年保护广播组织地区研讨会的结果和成果，参见 WIPO 文件：SCCR/22/9，May 16，2011。

件 SCCR/23/9）广泛交换了意见。从这两份材料看，各代表团认为需要明确的概念和定义包括"广播""广播组织""有线广播""有线广播组织""信号""电子通信""转播""载有节目的信号""节目""向公众传播节目""向公众提供节目""为商业利益公开表演节目""使用广播前播送""一般原则""文化多样性""保护竞争""对加密和权利管理信息的保护"，等等；对于专有权及其内容，成员国也表达了不同观点。

2012 年 7 月 16—25 日的 SCCR 第 24 届会议通过了《保护广播组织条约工作文件》。该文件是初步拟定的新条约草案，包括从 1999 年开始各成员国提案及历次会议讨论的核心问题，连"最后条款"在内共 17 条，并提出了条文的备选方案。❶ 经两年讨论，在 2014 年第 27 届会议上，秘书处重新编拟了该文件，根据成员国达成的新共识对一些条款作出了完善。❷ 此后历届会议都关注定义、保护对象、权利内容等核心问题，自第 31 届大会起持续讨论《经修订的关于定义、保护对象、所授权利问题的合并案文》。❸

3. 广播组织权的国际统一规则涉及法律关系过于复杂而推进困难

关于广播组织权的国际规则协调议题，虽然在 WIPO 努力下，经过 SCCR 的前期持续工作产生了大量讨论文件和参考资料，包括拟定条约的草案，但直至 2019 年，该议题并无实质性进展。因此，2020 年之后的 SCCR 第 40 届、第 41 届会议未涉及这一议题。

在 2022 年在第 42 届会议上，SCCR 代理主席和副主席、协调人合作编拟了"经修订的 WIPO 广播组织条约案文草案"，❹ 该案文草案是在新冠病毒感染疫情使所有正常国际工作无法进行的困难情况下编写的，目的是在工作情况允许进行正常会议活动时，为 SCCR 的下一步工作提供基础。同时，旧案文（SCCR/39/7）中的替代性条款数量被尽可能地限制，努力以

---

❶ 参见 WIPO 文件：SCCR/24/10，Sept. 21，2012。

❷ 参见 WIPO 文件：SCCR/27/2 REV，Mar. 25，2014。

❸ 参见 WIPO 文件：SCCR/31/3、SCCR/32/3、SCCR/33/3、SCCR/34/3、SCCR/35/3、SCCR/37/8、SCCR/38/10、SCCR/39/7。https：//www. wipo. int/meetings/en/topic. jsp? group_id = 62，2023 年 1 月 5 日访问。

❹ 参见 WIPO 文件：SCCR/42/3，Mar. 4，2022。

最清晰、最简洁的方式起草条款案文。目前,这一议题的走向是在国际层面上就广播组织权出台一部新的条约,但鉴于议题涉及过多复杂的法律关系,出台时间尚难以准确判断。

二、保护广播组织条约草案讨论中的主要法律问题

总的来说,尽管历经近二十年,但是 SCCR 关于《保护广播组织条约》草案推进缓慢,条约难以出台。以下将基于 SCCR 最新的文件("合并案文" SCCR/39/7 和"案文草案" SCCR/42/3),介绍该条约草案讨论涉及的仍存在分歧的主要法律问题。

(一)相关核心概念及定义

1. 广播、节目信号、节目

SCCR 历次会议的"合并案文"及其修正案,对保护广播组织拟定条约中的一些基本概念进行了界定,也基于不同国家利益的考量提供了备选方案;2022 年最新的"案文草案"也延续了大部分定义,但不再提供备选方案。值得注意的是,尽管各代表团对 WIPO 拟制定的《保护广播组织条约》应"基于信号"已达成共识,但对广播(有线广播)、信号、载有节目的信号、节目、播送等用语到底如何表述难以达成一致。"合并案文"一开始包括对"信号"的界定,后来修改为"载有节目的信号";到了最新的"案文草案",则采用了"节目信号"一词,指原始传输形式和任何后续技术格式传输的载有节目的电子生成载波,这一纯物理学的概念与"节目"指向的"实况、录制材料"等内容可以区分,但其与"广播"概念的关系仍不明朗❶。总体看来,SCCR 经过多年讨论不断区分这三个概念,意图尽量准确界定广播组织权客体,这也体现在"案文草案"第 3 条第 1 款关于条约适用范围的规定中,即"依本条约授予的保护仅延及是本

---

❶ "广播"是指以有线或无线手段传输节目信号供公众接收;通过卫星进行的此种传输也是"广播";传输加密信号,由广播组织或经广播组织同意向公众提供解密手段的,是"广播"。"节目"是指由图像、声音或图像加声音,或者其表现物组成的实况或录制材料。

条约保护受益人的广播组织用于传输的节目信号，不延及此种信号所载的作品和其他受保护客体。"❶ 另外，之前一直与"广播"并列的"有线广播"，"案文草案"不再单独列出而是将其与"转播"一样纳入"再传输"定义。

2. 广播组织

对"广播组织"的定义，各代表团在细节上存在争议。例如，是否并列提及"有线广播组织"，有没有必要在定义中加上"向公众""无论何种技术"等词，或强调"仅通过计算机网络传递节目的实体不归入广播组织"等；最终，2016 版"合并文案"将"广播组织"［和"有线广播组织"］进行如下界定："广播组织"［和"有线广播组织"］系指采取主动，并对广播［或有线广播］负有编辑责任的法律实体，包括对信号所载的节目进行组合、安排播出；仅通过计算机网络发送载有节目的信号的实体不属于"广播组织"［和"有线广播组织"］的定义范围。❷ 由于备选方案多，在之后几届 SCCR 会议上欧盟对由此影响条约进程提出疑问，因此尽量达成共识简化条文成为 SCCR 案文的完善方向。在最新的 2022 版"案文草案"（SCCR/42/3）中，"广播组织"的定义是"指首先广播并负责编辑的法律实体，包括对信号所载的节目进行组合并安排时间；'广播组织'也指代表其行事的实体；仅通过计算机网络手段发送节目信号的实体不属于'广播组织'"。

（二）适应数字化网络技术发展的转播权定义

为适应数字时代技术的发展，WIPO 框架下的保护广播组织条约草案一开始就拟定了转播权、向公众传播权、录制权、复制权、发行权、录制后播放权、已录制广播节目提供权七项权利和对广播信号的保护，❸ 其中最为重要的是"转播权"，特别是当广播技术已经从传统的无线、有线、卫星信号传输方式扩展到网络时，应如何定义"转播"的问题。

---

❶ 参见 WIPO 文件：SCCR/42/3，Mar. 4，2022。

❷ 参见 WIPO 文件：SCCR/33/3，Sept. 19，2016。

❸ 参见《WIPO 广播组织条约经修订的基础提案草案》（SCCR/15/2，2006 年 7 月 31 日），第 9 - 16 条。

2015 版的"合并案文"根据活动发生时间的不同，分别界定了"转播"与"近同时转播"两个概念❶；2016 年版修正后的"合并案文"将"转播"与"近同时转播"分开界定，同时将"近同时转播"（near simultaneous retransmission）修改为"近同时播送"（near simultaneous transmission）。❷ 根据此两项定义，"转播"系指原广播组织［原有线广播组织］以外的任何其他实体，或此种实体的代表人，以任何方式播送载有节目的信号供公众接收，无论是同时播送、近同时播送［或延时播送］；"近同时播送"系指仅在处理时差或便于载有节目信号的技术播送所需限度内进行的滞后播送。可见，关于"转播"定义，须注意以下几个方面：

1. 在转播主体方面

广播组织可以禁止的转播行为，必须是原广播组织［有线广播组织］以外的"任何其他实体"或"此种实体的代表人"。对于方括号中的"有线广播组织"，有成员国建议其概念可以为"广播组织"吸收而不必单列，因此草案仅以这种形式呈现术语的可选择性。

2. 在转播方式方面

根据美国、欧盟及其成员国代表团的建议，采用"在任何媒介上"来表述以涵盖通过计算机网络等"任何方式"进行播送，这样在国际文件中可将英文"by any means"（以任何方式）（一般指传统的"有线或无线"方式）与"over any medium"并列供成员国选择。

3. 在转播时间方面

转播指任何其他实体同时播送或是稍微滞后的播送。具言之，基于转播技术、编码等方面的因素，转播时间可以有所不同；广播组织可以同时、稍滞后或近同时播送。其后，在欧盟等代表团的主张下，条约案文继续进行修改完善和精简，对于"转播"的定义，最新的 2019 版"合并案

---

❶ WIPO 文件 SCCR/31/3（2015 年 11 月 15 日），第一款"定义"中关于"转播"的"备选方案 B"之第 d 项规定：（1）"转播"系指原广播组织（原有线广播组织）以外的任何其他实体以任何方式对广播节目（有线广播节目）进行播送，无论是同时播送或是滞后播送。（2）"近同时转播"系指仅在处理时差或便于广播节目（有线广播节目）的技术播送所需的限度内进行的滞后转播。

❷ 参见 WIPO 文件：SCCR/32/3（2016 年 3 月 17 日）第一款"定义"中关于"转播"的第 e、f 项。

文"（SCCR/39/4）仍保留；**❶** 不过在 2022 版"案文草案"（SCCR/42/3）中，"转播"及"近同时播送"的定义消失，换成了涵盖面十分广的（e）项"再传输"，指"原广播组织以外的任何其他第三方以任何手段同时传输节目信号供公众接收"。

（三）关于广播组织权的限制与例外

在制定草案的过程中，耗费时间和精力最多的就是如何协调各成员国在网络环境中各自的利益。各国代表团在会议上都对此提出各自方案，表明权利限制与例外在谈判中居于十分重要的地位。在处理该问题的国内法上，美国与欧盟的称谓不同；美国版权法从使用作品的角度来说，将之称为"合理使用"，而欧盟是从限制权利的角度来说，称其为"权利的限制与例外"。在协调过程中，草案第 17 条给出了保护广播组织的权利限制与例外的四个备选方案，均为详细的封闭式列举；**❷** 其中，备选方案 WW 基本沿用《世界知识产权组织表演和录音制品条约》和《伯尔尼公约》的相关规定，XX 照搬了文件 SCCR/13/4 中关于限制与例外的规定，YY 照搬了文件 SCCR/13/3Corr. 中关于限制与例外的提案，ZZ 则照搬了文件 SCCR/14/6 中关于限制与例外的提案。最新"合并案文"和"案文草案"对限制与例外的规定一致，即都没有像早期讨论的条约草案和相关案文那样作出具体细致的列举，留给成员国较大的自由立法和适用空间；其表述为："（1）缔约各方可在其国内立法中，对给予广播组织的保护规定与其国内立法中给予文学和艺术作品版权及相关权保护所规定的相同种类的限制或例外。（2）缔约各方应将对本条约所规定权利的任何限制或例外，仅限于某些不与载有节目的信号之正常利用相抵触也不无理地损害广播组织合法利益的特殊情况。"**❸**

第三章

版权领域主要国际公约的近期讨论焦点

---

❶ 与"转播"相关的定义仍是两项：（e）"转播"系指原广播组织或代表其行事者以外的任何其他第三方，以任何方式播送载有节目的信号供公众接收，无论是同时播送、近同时播送（或是延时播送）；（f）"近同时播送"系指以任何方式滞后播送载有节目的信号，供公众接收，但滞后的程度仅在处理时差或便于载有节目的信号进行技术播送所需的限度内。

❷ 参见 WIPO 文件：SCCR/15/2，2006 年 7 月 31 日。

❸ 参见 WIPO 文件：SCCR/39/4（2019）、SCCR/42/3（2022）。

（四）保护广播组织权利的技术措施

技术措施是指权利人主动采取的，能有效控制进入受版权保护的作品并对版权人的权利进行有效保护，防止侵犯其合法权利的设备、产品或方法。就广播而言，技术措施主要是指加密技术和通路控制。在数字技术和互联网环境中，广播组织权的客体可以由某些技术措施加以保护，如控制访问、复制的措施等。尽管技术措施可以保护广播组织权，但技术措施本身又可以被其他的行为和技术措施所规避；如果不禁止各种规避行为，在数字技术和互联网环境下广播组织的权利也难以得到有效切实的保护。为此，早期 2006 年的草案第 19 条就规定了缔约方关于技术措施的义务、提供了 MM 和 V 两条备选方案。❶ 在 2019 版"合并案文"（SCCR/39/4）中，关于技术措施义务的条款包括两项内容和一条备选方案（方括号中的内容）：（1）缔约各方应规定适当的法律保护和有效的法律补救办法，制止规避由广播组织为行使本条约所规定的权利而使用的、限制对其广播节目进行未经其许可或法律禁止行为的有效技术措施。（2）在不限制上述规定的情况下，缔约各方应规定适当和有效的法律保护，以制止未经授权对加密的载有节目的信号解密。[（3）缔约各方应在必要时采取适当措施，确保在其为制止规避有效的技术措施规定适当的法律保护和有效的法律救济时，这种法律保护不妨碍第三方使用不受保护或不再受到保护的内容以及本条约规定的限制与例外。] 在 2022 版"案文草案"（SCCR/42/3）中，关于技术措施的义务在第 12 条规定将上述备选的第（3）项更改为非备选的并列内容。

应该说，技术措施是网络环境下权利人普遍采用的自我保护手段，如果对技术措施的法律保护水平不能及时有效地提高，会对整个版权保护水平产生负面影响，建立广泛的技术措施法律保护规范已经成为一种国际性潮流；但如果任由权利人采取技术措施控制访问和获取内容，则可能使限制与例外失去可能，在公共利益维护方面失衡。

---

❶ 参见 WIPO 文件：SCCR/15/2，2006 年 7 月 31 日。

（五） 关于广播组织权的保护期

广播组织权的保护期问题同样关系到广播组织与公众之间的利益平衡。对此，2006 年的草案第 18 条提出了 DD、EE 两个备选方案：方案一是依本条约授予广播组织权利的保护期，应自广播播出之年年终算起、至少持续到 50 年期满为止；方案二是依本条约授予广播组织权利的保护期，应自广播播出之年年终算起、至少持续到 20 年期满为止。❶ 方案一由美国、阿根廷和欧共体等国家和地区提出，方案二由新加坡提出，在讨论草案的过程中，得到印度、南非、伊朗等国的支持。支持方案二的理由主要是，第一，50 年的保护期限大大超过了《罗马公约》和 TRIPS 协议的规定，如此长的保护期限是不合理的；第二，对广播组织进行保护是要保护其对广播所作的投资而不是创造性成果，故其不应该授予其享有与作者和表演者相同的保护期。从历次会议的讨论结果来看，支持方案一的代表团要多些，主要原因是很多国家现行的国内法已经赋予广播组织权 50 年的保护期；考虑到立法的惯性，不可能将保护期限改回 20 年，这些国家当然希望条约规定 50 年保护期，使其他国家的保护水平与其一样，这样在适用国民待遇时不至于处于不平等的地位。

由于支持方案二的代表团不愿意让步，直到 2019 年版的"合并案文"中，仍然采取了备选方案模式并列供缔约国选择，即"依本条约授予广播组织的保护期，应自载有节目的信号播送之年年终算起，至少持续到[50][20][X]年期满为止"。不过，最新出台的 2022 年版"案文草案"第 11 条最终还是采用了方案二，即"依本条约授予广播组织的保护期，应自节目信号传输之年年终算起，至少持续到 20 年期满为止。"

总的来看，广播组织条约草案的谈判中关于保护期的讨论，涉及多个国家之间的分歧；这些争论的实质问题是如何平衡广播组织与社会公众之间的利益，以及如何平衡发达国家与发展中国家之间的利益。以上的介绍仅是近期各代表团达成的暂定成果，最终条约何时达成通过以及具体条款如何表述和确定，还需后续会议继续讨论。

❶ 参见 WIPO 文件：SCCR/15/2，2006 年 7 月 31 日。

第三节　国际贸易争端及新一轮谈判中的版权执法问题

一、版权保护的国情差异及争议解决

（一）早期 WTO 中美知识产权争端案中的版权执法争议

1. 中美 WTO 知识产权争端第一案概况

这一争端的起因是，我国 2001 年《著作权法》第 4 条规定："依法禁止出版、传播的作品，不受本法保护；著作权人行使著作权，不得违反宪法和法律，不得损害公共利益"。关于这一条，在 2001 年《著作权法》第一次修改之后不久就有修改的讨论❶，但当时并没有引起关注；直到 2007 年 8 月 13 日"中美知识产权争端 WTO 第一案"❷ 这一条款才引起了意外的波澜。这一争端涉及美国对我国知识产权法及执法措施提出的多项指控，但 WTO 的 DSB 专家组经审理于 2009 年 1 月 26 日公布了报告，驳回了美国的大多数指控，唯对其中针对我国当时《著作权法》第 4 条的指控给予了支持。美国在起诉时认为，我国《著作权法》的该规定实际上相当于对于那些尚未经事先审批获准在中国出版或传播的作品等内容而言，拒绝了对其著作权或邻接权提供保护，因此违背了我国基于 TRIPS 协议的相关义务。2009 年 3 月 20 日，中美都决定对专家组的报告不上诉，这起争端尘埃落定。

2. 我国《著作权法》第 4 条的修改

为执行上述 WTO 争端裁决，我国于 2010 年 2 月修改了《著作权法》第 4 条，表述改为"著作权人和与著作权有关的权利人行使权利，不得违

---

❶　陈雪平、于文阁：《对我国〈著作权法〉第四条的再认识及修改建议》，《大庆师范学院学报》2003 年第 1 期，第 36－38 页。

❷　金海军：《解析"中国 WTO 知识产权争端第一案"专家组报告》，《法制日报》2009 年 2 月 26 日。

反宪法和法律，不得损害公共利益。国家对作品的出版、传播依法进行监督管理。"事实上，在法律修改之前，即使是我国公民的作品，其内容同样必须符合我国的公共秩序，接受主管机关的事先审查，"违禁作品"的概念（虽然是作品但因违反其他法律法规而禁止传播）在我国国内并无争议；也就是说，我国 2001 年《著作权法》第 4 条并未造成对外国人和本国人的不同待遇而违反 TRIPS 协议。但是，我国《著作权法》第 4 条本身在立法技术上的确有些问题，容易引起美国式的理解（如对未经引进程序审批的外国作品不予保护）；因此，修改后的措辞明确了"权利人"应当依法行使权利的义务，而非未履行相关手续的作品不受著作权保护，但这一修改并未实质性改变我国的文化意识形态政策，且基于无传播利用即无收益的基本推理，这类作品即使受到他人侵害，也难以出具利润损失证据以主张和获得损害赔偿的救济。

（二）难以协调的版权国际保护制度诉求

1. WIPO – WTO 专题讨论及其中的版权议题

自 2010 年以来，WIPO 联合 WTO 每年连续组织知识产权领域的教学研究者进行专题学术研讨，通过共同推出的论文集——网络年刊❶展现来自全球范围特别是发展中国家的知识产权研究者具有代表性、多样性的观点。该年刊旨在促进知识产权相关议题的讨论和分析，相对那些传统的知识产权法律和政策采用的通行话语体系，它为更广泛的来自不同区域、代表不同声音的学者提供了表达路径。在为期两周的紧凑的专题研讨活动中，来自全球主要是发展中国家的资深或新兴学者，将他们最新的研究成果提交给同行评议，以汇编形成年度性论文集。自 2010 年以来，已有超过来自 64 个国家的 130 名学者在此刊物上发布研究成果；同时响应不同需要，该年度性刊物还为非洲和亚洲学者编辑专门的版本。

这份由同行评议并供各国同行讨论的网络学术年刊，由具有国际声望

---

❶ WIPO – WTO Colloquium paters. https：//www.wto.org/english/tratop_e/trips_e/colloquium_publication_e.htm，2022 年 12 月 23 日访问。

的知识产权学者，包括来自 WIPO 和 WTO 的高级专家组成编辑部，对研究成果的质量、多样性、学术价值、议题与作者所处国家、地区关系的紧密程度等进行考察，同时也发布当前全球学术界可能感兴趣的议题，为学者、研究人员、政策制定者和普通公众提供指南。多年来，WIPO－WTO 联合发布的这一学术网刊，已经成为值得信赖的国际知识产权研究前沿动向的信息来源。2019 年末开始的新冠病毒感染疫情全球暴发，导致 WIPO－WTO 联合专题讨论会的 2020 年会推迟举行；为保持支持和承认来自更广泛研究人员学术成果的势头，并在知识产权法律和政策问题比以往任何时候都更重要的局势下，该平台制作了 2020 年特刊，为与新冠病毒感染相关的知识产权问题，应对全球卫生危机的知识产权法律、政策和实践，知识产权、新兴技术及数字环境的挑战和机遇，知识产权与发展的反思，联合国可持续发展目标框架内知识产权法律和政策的经验教训以及新发展方向等前沿研究课题提供观点发布和讨论途径。

梳理历年来该学术网刊的内容，可以发现版权领域的议题包括：版权保护与教育普及、版权侵权的教育例外、集体管理规则、版权保护与知识获取、印刷产业的盗版打击、建筑物版权保护与城市建设、欧盟合理使用制度、盗版现象及其规制措施、网上侵权及通知删除机制、慕课及版权教学使用例外、不发达国家的合理使用实践经验、技术措施与版权保护、信息时代版权保护不足与过当、音像制品的集体管理、版权与外观设计保护的交叉、署名权和无名作品的保护、版权法改革、人工智能（Artificial Intelligence，以下简称 AI）生成物及版权保护问题、版权与共享经济创新、电子游戏相关的版权保护、数字技术及版权法变革、《马拉喀什条约》及其影响、AI 创作的主体资格问题、名人照片的版权与隐私权问题、非洲知识产权制度一体化中的版权规则协调、录音制作者权利的集体管理、ISP 的过滤义务及合理使用问题、南非的集体管理制度、版权纠纷仲裁、AI 时代的版权人；等等。这些议题反映了当前国际版权保护领域不同发展阶段国家的关注点，包括本章第一节讨论的权利限制与例外（或者合理使用）、各国长期以来一直讨论的打击盗版和 ISP 责任问题，以及因技术快速发展引发高度关注的技术措施、AI 辅助创作和集体管理等议题。❶ 尽管 WTO – WIPO 提供了国际知识产权议题研究成果发表论坛，但对于大多数相对不发达国家研究者集中讨论的共性问题，欧美日等发达国家和地区并不十分关心，因此多数议题并未列入 WTO 或 WIPO 议事日程；同样，发达国家关注的加重侵权责任和严厉打击盗版的倡议，也未在国际层面上形成共识且列入多边协议议事日程，而且曾经提出讨论的强化版权执法的新国际条约《反假冒贸易协议》（The anti – counterfeiting trade agreement，以下简称 AC-TA），也因为无法达成共识而最终流产。以下将简要介绍 ACTA 中关于版权执法强化条款的建议。

2. 关于强化版权执法国际条约缔结尝试的失败

（1）ACTA 的发起及失败。

制定 ACTA 的设想最初由日本于 2006 年提出，随即美国、加拿大、欧盟和瑞士参加了 2006—2007 年的早期酝酿，之后日本、美国、加拿大、欧盟、瑞士、澳大利亚、墨西哥、摩洛哥、新西兰、韩国、新加坡等参加了于 2008 年 6 月启动的正式谈判；2010 年 10 月，ACTA 草案文本的主要争议方美国和欧盟迅速达成妥协，并于 2011 年 5 月公布了最终文本。

ACTA 主要由发达国家发起和主导，旨在建立国际知识产权保护新秩序，因此一直在保密状态下进行，这显然是在刻意剥夺发展中国家参与权、知情权和话语权，就此构建的知识产权执法方面的国际新标准显然缺乏足够共识和充分论证。2011 年 10 月 1 日，美国、澳大利亚、加拿大、韩国、日本、新西兰、摩洛哥和新加坡在东京签署了 ACTA；其他谈判方如欧盟、墨西哥和瑞士也参加了签字仪式，并表达了对 ACTA 的强烈支持和努力尽快签署协议的意愿；按照协议的安排，接下来的步骤涉及各个签字方批准书的提交，且在第六个批准书提交的时候 ACTA 将生效。❷ 但是，

---

❶　这些议题根据 WTO – WIPO 历年网刊的论文内容归纳汇总，每一集刊物中各篇论文的全文。WIPO – WTO Colloquium paters. https：//www. wto. org/english/tratop_e/trips_e/colloquium_publication_e. htm，2023 年 1 月 5 日访问。

❷　Office of the United States Trade Representative：*ACTA Signing Participants in Tokyo, Japan on October* 1，2011，https：//ustr. gov/acta，［2022 – 02 – 03］.

当波兰政府于 2012 年 1 月 19 日宣布将签署 ACTA 之后，随即在波兰的若干城市爆发了反对加入 ACTA 的示威游行，主张 ACTA 是几个主要发达国家之间秘密谈判的结果，是对网络自由、个人隐私的限制和破坏；抗议活动波及了斯洛文尼亚、瑞典等国以至于整个欧洲的黑客组织。据此，波兰等政府或代表陆续宣布放弃批准该协议。❶ 2012 年 2 月 22 日，欧盟委员会请求欧洲法院对 ACTA 是否会侵犯公民的基本权利和自由进行评估；4 月 12 日，预审法官大卫·马丁（David Martin）发表了反对 ACTA 的意见草案，认为该协议的条文存在很多模糊性和不确定性因素，欧盟议会无法保证其能给予欧盟公民足够、充分的保护。❷ 2012 年 6 月，美国大使代表也在白宫发表了对 ACTA 的官方意见：我们相信 ACTA 将对全球知识产权形成强有力的保护，但同时需要注意对网络个人隐私、言论自由等权利的维护。"❸ 可见，迫于国际社会的压力，美国对 ACTA 的态度有了缓和，不再迫切要求各谈判参与国继续履行签署和实施 ACTA 的义务。2012 年 7 月 4 日，欧盟议会对 ACTA 的批准进行投票，最终以反对票压倒支持票而告终。至此，在国际上另行建立强化知识产权保护新条约的 ACTA 实际上已经流产，但仍有学者认为该协议有变相回归的可能。❹

（2）ACTA 中的版权执法内容。

ACTA 的宗旨是建立新的高标准国际知识产权保护多边协议，因此其在保护对象上既包括有形市场，也覆盖无形网络；在侵权行为规制上，既针对那些直接追求经济利益的侵权行为，也针对那些对经济收益没有直接或间接动机的侵权行为；在保护措施上，则涵盖了民事、行政、刑事等所有保护手段，并大幅度丰富了这些执法手段，突破了当时知识产权国际保

---

❶ 詹映：《反假冒贸易协定（ACTA）的最新进展与未来走向》，《国际经贸探索》2014 年第 6 期，第 96 – 108 页。

❷ 参见欧洲议会文件：2011/0167（NLE）。

❸ Mirian Sapiro：*The Role of the Anti-Counterfeiting Trade Agreement*（ACTA）. https：//petitions. obamawhitehouse. archives. gov/petition/end – acta – and – protect – our – right – privacy – internet/，［2023 – 01 – 06］.

❹ 刘萍、冯帅：《ACTA 的"变相"回归及中国对策研究》，《时代法学》2013 年第 5 期，第 86 – 98 页。

护的一些规则。❶ 但是，当时间过去了十年之后，ACTA 的变相回归实际上已经部分实现，只不过不是以新的多边国际条约的形式，而是更多体现在双边或区域自由贸易协定中。

例如，在版权执法领域，ACTA 第 8 条第 1 款明确了禁令的适用对象不仅包括侵权人，也包括相关的第三人；这样，网络平台等处于贸易或信息中介地位的相关第三人，也可能成为相关禁令程序的执行人，这比 TRIPS 协议第 44 条的民事禁令适用对象仅为侵权人显然范围更广，也更容易招致相关第三人的强烈反对。另外，ACTA 关于临时措施（禁令）的规定和 TRIPS 协议相比有明显差异，即扩大了申请人的范围；TRIPS 协议第 50 条第 3 款规定司法当局有权要求申请人提供合理有效的证据，以便其能充分肯定地确认申请人就是权利人，且申请人的权利正在受到侵犯，或这种侵犯即将发生，而 ACTA 第 12 条第 4 款中则没有明确申请人必须为权利人这一主体限制。关于边境措施，ACTA 第 16 条第 1 款（b）项规定缔约方可以将过境货物（包括过境和转运）纳入边境措施执法范围，即主管机关对于处于进口、出口或转运环节中的疑似侵权的货物都可以采取边境措施，这一规定相对于 TRIPS 协议仅要求成员方对进口假冒和盗版货物采取中止放行的措施而言扩大了海关执法范围，而且 ACTA 第 17 条还将海关依职权主动保护增设为缔约国的强制性义务。再有，ACTA 第 27 条专门针对网络数字环境中的侵害知识产权行为之执法措施作出了规定，即缔约方应在其国内法中为权利人提供有效的救济措施，包括预防侵权的事前禁令救济措施和足以阻止未来侵权的中间禁令救济措施，确保其国内法中有关民事和刑事的执法程序同样适用于数字环境下的盗版和假冒侵权行为，以快速救济措施防止侵权和震慑未来侵权。

虽然欧美等发达国家和地区建立 ACTA 强化国际知识产权保护的计划已经流产，但其草案所含的这些严格的版权执法措施可能不时散见于新的各类国际经贸谈判中。

第三章　版权领域主要国际公约的近期讨论焦点

---

❶ 陈福利：《反假冒贸易协定述评》，《知识产权》2010 年第 5 期，第 85 – 91 页。

二、新一轮国际经贸谈判中的版权保护新动向

（一）后 WTO 时代国际经贸体系重塑中的知识产权规则讨论

ACTA 失败后，美国意识到再难以通过 WIPO 及 WTO 实现其目标，便联合其他知识产权强国开展"垂直论坛转移"，即通过双边、区域性的关于贸易、投资等伙伴关系或自由贸易协定，以及多边协议的方式来寻求超 TRIPS 协议标准的知识产权国际保护。这些协议在知识产权保护问题上都追求范围更广、力度更强，因而常被称为 TRIPS 协议 – plus；其内容通常包括数据独占、禁止平行进口、调整药物注册使用和专利保护的关系、对强制许可施以苛刻条件、专利保护期延长、药品试验数据保护等。美国拟在 WTO 的条件基础上，以对方接受 TRIPS 协议 – plus 为条件，为打算进入新协议的缔约国提供更优惠的市场准入（WTO – plus）。❶ 这其中最具代表性的新多边协议，正是美国一手发起和推进但后来因各种原因又退出的"跨太平洋伙伴关系协定"。❷ TPP 议题广泛，几乎涵盖新时代国际经贸一体化所需的内容，包括市场进入、原产地规定、纺织品与成衣、海关管理、食品安全检验及动植物防疫检疫、技术性贸易障碍、贸易救济、投资、贸易便利化、跨境服务、金融、电信、政府采购、知识产权等，其市场开放标准也高于 WTO。虽然美国在特朗普总统上任后退出 TPP，但日本接手后牵头很快将其转化为"全面与进步跨太平洋伙伴协定"，并经日本、新加坡、越南、加拿大、墨西哥、澳大利亚、新西兰批准后于 2018 年底正式生效。目前，泰国、英国、菲律宾、印度尼西亚、哥伦比亚、韩国等都表达希望加入，我国也于 2021 年 9 月 16 日提交了加入 CPTPP 的书面申请。从其签署内容看，CPTPP 与 TPP 一脉相承，整体上以建构高质量、高标准的新型国际经贸规则为目标。CPTPP 的序言第一条明确，原 TPP 文本

---

❶ Sean Flynn et al. ：*The U. S. Proposal for an Intellectual Property Chapter in the Trans – Pacific Partnership Agreement*, 28 Am. U. Int'l L. Rev. 105, 134 (2002).

❷ 美国还与欧盟共同发起"跨大西洋贸易与投资伙伴协议"自由贸易协议谈判，其内容与 TPP 大同小异，且后来不再积极推进，本书不再对其作出详细介绍分析。

除了几条程序规定外，其他条款经必要修改均纳入正式文本；序言指出正式文本中的一些特定条款暂缓实施，其中包括原 TPP 争议较大的 22 项知识产权方面的内容中的 18 项，但剩余知识产权条款所要求的保护强度也超过了 TRIPS 协议。

（二）CPTPP 中的版权保护新规则

1. 关于版权保护的内容

《全面与进步跨太平洋伙伴关系协定》知识产权章 H 节对版权（著作权和相关权利）的保护力度比 TRIPS 协议要高。例如，该部分条款明确了复制权的控制范围包括以电子方式进行的复制、扩张向公众传播权的概念和适用范围、扩张了表演者和录音制品制作者的权利、采纳有弹性的合理使用适用规则等，❶ 均提高了版权保护的标准。不过，第 18.63 条关于延长版权保护期的条款已暂缓实施，这对于我国加入 CPTPP 是极大的利好条件；因为关于保护期的延长问题，自我国《著作权法》第三次修改启动至今几乎从来没有发生过争议和讨论，这表明无论是国内产业界还是社会公众，对于目前法律规定的 50 年保护期所考虑的诸多平衡因素是有共识的。当然，从长远说，在美日欧等越来越多国家和地区以立法明确 70 年以上保护期的国际环境下，我国不得不面对版权保护期的延长的实际问题，需要尽早规划对策；因为保护期延长涉及重大利益调整，需要仔细研究我国产业发展现状和分析得失利弊才能确定。

总的来看，我国《著作权法》于 2020 年 11 月修订后已基本符合 CPTPP 的要求，例如将复制权的定义扩展为包括数字化形式的复制行为、进一步明晰广播权和信息网络传播权两类向公众传播权的概念、增加表演者的出租权、增加播放录音制品付费的法定许可制度、对著作权限制与例外采取"一般原则 + 具体情形列举"的规范模式等。同时，由于 CPTPP 的版权一节关于技术保护措施、权利管理信息的第 18.68 – 18.69 条因高标准的刑事责任规定而整体暂缓实施，我国这方面的相关立法规则要领先于 CPTPP。

---

❶ 参见 CPTPP 第 18.57 – 59 条、第 18.62 条、第 18.65 – 66 条。

2. 与版权保护相关的执法方面的内容

在民事程序及救济方面,《全面与进步跨太平洋伙伴关系协定》第 18.74 条的规定涉及了包括禁令在内的具体责任形式和救济方式,以及包括法定赔偿和惩罚性赔偿在内的赔偿数额计算、诉讼费用的承担、指定专家鉴定的必要性和合理性、侵权物的销毁或禁入商业渠道、适应举证妨碍制度的文件信息提交令、违反法院命令和滥用程序的处罚措施等内容。我国现行各知识产权单行法、民事诉讼法以及配套司法解释中关于民事责任与救济、证据和行为保全(临时禁令)等规定基本满足了 CPTPP 的这些要求,仅存在个案中具体规则的理解适用标准和裁判尺度统一的问题。另外,《全面与进步跨太平洋伙伴关系协定》第 18.74 条第 16 款规定,在以行政程序对一案件实体问题进行裁决并责令进行任何民事救济时,缔约方应规定这些程序及救济原则与本条所列的原则基本相同。对此,我国各知识产权单行法均包含了行政执法部门可以对侵权纠纷进行查处并作出相应裁决的条款,行政执法部门近期也完善了查处侵权纠纷的行政程序、力争与民事司法救济标准全面对接;同时,依据各知识产权单行法,不愿意接受行政执法部门关于停止侵权和赔偿损失等实体问题的处理(调解)结果的,可以提起另行起诉提出民事程序救济。因此,我国知识产权立法符合 CPTPP 关于民事和行政程序及救济规则的要求。

《全面与进步跨太平洋伙伴关系协定》第 18.74 – 18.75 条关于临时措施和边境措施的规定,给予成员国执法机构更宽松的自由裁量权;特别是第 18.75 条加大了海关的知识产权执法力度,成为继 WTO 的 TRIPS 协议之后知识产权边境保护的国际新标准。不过,由于我国《知识产权海关保护条例》的保护标准本来就超过 TRIPS 协议,与 CPTPP 接轨仅需借鉴其条款进行精细微调即可。❶ 例如,修改《知识产权海关保护条例》时,参照《全面与进步跨太平洋伙伴关系协定》第 18.76 条第 3 款,允许权利人通过多种形式提供同等的担保,包括对一段时期全国范围内的海关保护案件都予以担保;这样,在海关对已备案的知识产权依职权提供保护时,不必

---

❶ 朱秋沅:《中国视角下对 TPP/CPTPP 知识产权边境保护条款的考量及相应建议》,《电子知识产权》2018 年第 3 期,第 13 – 26 页。

再要求权利人在海关中止放行货物的书面通知送达起 3 个工作日内提交个案申请和担保,❶ 减轻权利人在程序上的负担。

CPTPP 关于刑事程序和处罚措施的规定,是整个知识产权章最为严厉的部分,典型特点是通过降低入罪门槛显著提高知识产权的国际保护标准。刑事处罚不仅针对侵害版权、商标和商业秘密,也包括破坏技术保护措施和权利管理信息;鉴于包括刑事处罚内容在内的技术保护措施和权利管理信息相关条款已经暂缓实施,本书不再探讨,仅分析讨论其中有关版权侵权的刑事处罚规定。CPTPP 强调商业规模的商标侵权和盗版不必以营利为目的,其第 18.77 条要求成员国应规定至少适用于具有商业规模的蓄意侵权盗版案件的刑事程序和处罚。依据该条第 1 款,所谓"具有商业规模"的蓄意侵权至少包括:①为商业利益或经济收入目的而从事的行为;②并非为商业利益或经济收入目的而从事,但对版权人的市场利益产生重大不利影响的行为。尤其值得关注的是第②项扩展了传统的盗版行为的刑事责任范围,明显降低了侵害版权的刑事责任门槛,提高了保护强度。这一规定对《中华人民共和国刑法》(以下简称《刑法》)上的"侵犯著作权罪"判定规则可能产生重要影响,因为至今为止我国追究著作权侵权刑事责任的前提是"以营利为目的",且对违法所得数额和情节的严重性均有限定。《全面与进步跨太平洋伙伴关系协定》第 18.77 条第 2、第 3 款还将刑事责任扩展到包括进出口盗版物和在贸易过程中贴附他人注册商标的侵权行为,同样涉及我国《刑法》对"销售侵权复制品罪"的认定和解释,即需要将"销售"行为扩展到包括进出口,且取消"以营利为目的"的前提以及对违法数额和情节严重的限定。

另外,《全面与进步跨太平洋伙伴关系协定》第 18.77 条第 4 款规定,有必要处理在影院放映过程中对一部电影作品进行未经授权复制的行为,因为此种非法复制对权利人作品的市场利益可能造成重大损害,成员国应采取必要措施以制止,包括但不限于适当的刑事程序和处罚。对于我国来说,未经许可录制正在播放的电影之行为,的确属于《著作权法》第 53 条所说的未经许可的复制且不符合第 24 条的合理使用情形,根据其严重性

---

❶ 《知识产权海关保护条例》第 38 条、第 16 条。

可以追究刑事责任，因此《著作权法》本身无须修改；但需要将《刑法》第217条"侵犯著作权罪"的定罪理念从结果犯变更为行为犯，即不再以营利目的、违法数额、情节严重等作为定罪量刑的前提，或增加一项关于未经许可在影院非法录制他人作品的具体情形。事实上，这一执法实践已经开展，例如2021春节档期间，各地版权、电影主管部门和公安机关联合查办大要案件，在排查锁定多名偷拍盗录嫌疑人员后，由公安机关展开刑事调查，依法追究不法分子刑事责任。❶

此外，《全面与进步跨太平洋伙伴关系协定》第18.77条第5款要求成员国对于该条前面几款所规定的违法行为，在国内法中保证对其协助或教唆行为追究刑事责任，这实际上是对帮助侵权行为给予刑事处罚。对于盗版，我国《著作权法》《刑法》中均没有帮助侵权的相关规定；不过，对于网络环境中的盗版行为，理论上可以适用《刑法》第287条之二"帮助信息网络犯罪活动罪"，对明知他人利用信息网络实施侵害著作权犯罪，为其犯罪提供各种帮助的情节严重的行为予以追究。《全面与进步跨太平洋伙伴关系协定》第18.77条第6、7款详细规定了各种刑事程序和措施，如果我国相关法律法规已经做了适应前面几款要求的调整，这些具体措施的执行就不再是阻碍。最后，《全面与进步跨太平洋伙伴关系协定》第18.79条规定了对载有加密节目的卫星信号和有线电视信号的专门保护，要求成员国将相关行为处以刑事责任规定为犯罪并对权利人提供民事救济，但该条已暂缓实施。《全面与进步跨太平洋伙伴关系协定》的J节规定了互联网服务提供商的责任，第18.82条详细规定了成员国应为权利人对在线环境中发生的版权侵权行为提供的法律救济，并为网络服务提供商设立或维持适当的"避风港"，该条也已暂缓适用，不过我国立法和实践已经满足要求，本书不再详述。

---

❶ 张维：《多部门出重拳打击院线电影盗录传播》，《法治日报》2021年4月30日第6版。

第四章　商标、外观设计和地理标志领域的国际讨论焦点

　　WIPO 于 1998 年设立了商标、工业品外观设计和地理标志法律常设委员会（Standing Committee on The law of Trademarks，Industrial Design And Geographical Indication，以下简称 SCT）并就相关议题进行探讨，以促进国际法制的协调，为国内法律及其实施提供指导。SCT 面向所有 WIPO 成员或《巴黎公约》成员开放，不属于这两个组织成员国的联合国成员、政府间组织、非政府组织也可以观察员的身份参加讨论。SCT 还同时设立了有助于加快讨论的电子论坛，❶ 以发布其工作文件的初稿和研究报告及相关草案，参会者可以通过电子邮件对这些文件发表评论。

第一节　驰名商标的保护问题

一、议题的提出及进展

　　以法律规范保护商标专用权的基础是混淆理论。正如研究者指出的："商标的权利无论是否通过使用、注册或驰名产生，其保护的基本依据都

---

❶　SCT E–Forum：Documetns. https：//www.wipo.int/sct/en/meetings/，2023 年 3 月 1 日访问。

是建立在避免混淆之上的。以混淆作为商标保护的评判标准，在传统商标法中具有至关重要的意义。"❶ 但是，商标保护基于避免混淆的理论也存在一定的局限性，特别是在国际贸易环境中，因商标注册的地域性和商标实际使用的复杂样态，使得一国的商标在他国使用和注册是否必然造成混淆的判定出现困难。因此，自《巴黎公约》以来，在商标保护国际法规范的阐释和国内法的适用中，联想和淡化理论也不时被论及，用以解决驰名商标的跨类别保护争议。但是，国外驰名商标的保护，无论是否跨类，均涉及地域性的突破；尽管驰名的认定因素在国际上有一定共识，但个案中千变万化的事实，使得长期以来驰名商标保护议题在国际层面上达成统一协调并非易事。

就驰名商标保护建立国际规范性文件的提议，在 SCT 第 1 届会议（1998 年 7 月 13—17 日）即已启动。该次会议基于之前 WIPO "驰名商标专家委员会"在 1995—1997 年的讨论成果，参考了 WIPO 大会、保护工业产权巴黎联盟大会及《商标法条约议定书》的意见，形成了《关于驰名商标保护的规定》草案，包含 6 个条款及其注解。❷ 在 SCT 第 2 届第 1 期会议（1999 年 3 月 15—17 日）和第 2 期会议（1999 年 6 月 7—11 日）上，该项工作继续进行；且经保护工业产权巴黎联盟大会和 WIPO 大会的讨论，形成了《关于保护驰名商标规定的联合建议》（以下简称《联合建议（一）》），并在第 34 届 WIPO 大会（1999 年 9 月 20—29 日）召开的联合会议上通过。❸ 该建议指出，考虑到《巴黎公约》有关保护驰名商标的规定，建议各成员国考虑将《联合建议（一）》中的规定用作保护驰名商标的指南，并建议，每个亦属有权处理商标注册事务的地区政府间组织的巴黎联盟成员或 WIPO 成员，可以提请该政府间组织注意，比照《联合建议（一）》中的规定对驰名商标进行保护。

---

❶ 黄晖：《驰名商标和著名商标的法律保护》，法律出版社，2001，第 57 页及后面相关章节。

❷ 参见 WIPO 文件：SCT/1/3，May 14，1998。

❸ 参见 WIPO 文件：SCT/3/8，October 7，1999。

二、国际间驰名商标的认定问题

本部分将基于《联合建议（一）》，对驰名商标保护国际规则的核心内容进行评介。该建议第 2 条对某商标是否在某成员国为驰名商标的确定作出了规定，具体包括"需考虑的因素"和"相关公众"两个方面，同时指出了"不得要求必须具备的因素"。

（一）认定驰名商标需考虑的因素

《联合建议（一）》指出：第一，在确定某商标是否为驰名商标时，主管机关应对能据以就该商标驰名作出推理的任何信息予以考虑；第二，主管机关应对向其提交的有关能据以就该商标驰名或不驰名作出推理的因素加以考虑，包括但不限于以下信息：①相关公众对该商标的了解或认识程度；②该商标的任何使用的持续时间、程度和地理范围；③该商标的任何宣传工作的持续时间、程度和地理范围，包括在公开的交易会或展览会上对使用该商标的商品和/或服务所作的广告或公告及介绍；④该商标的任何注册和/或任何注册申请的期限和地理范围，以反映使用或认识该商标的程度；⑤成功行使该商标权的记录，尤其是该商标由主管机关认定为驰名商标的情况；⑥与该商标相关的价值。第三，以上因素是用来帮助主管机关认定商标是否驰名的指南，而非作出这一认定的前提条件。更确切地说，驰名商标的认定将取决于个案的特殊情况。在某些案例中，可能全部因素都相关；在另一些案例中，可能部分因素相关；在一些案例中，则可能这些因素一个也不相关，而据以作出是否驰名认定的可能是未在上文第二项中列举的其他因素。

《联合建议（一）》关于驰名商标认定考虑因素的列举，确实可以给成员国的国内立法和司法活动作出引导，例如，我国的《商标法》第 14 条第 1 款就引入了相关规定。不过，在司法实践中，凭借这些因素的证据材料主张驰名商标保护并不简单，尤其是"相关公众对该商标的知晓程度"，不像后面几项因素一样容易保留并罗列相对客观的证据材料（尽管效果不一）。事实上，"相关公众""知晓程度"的判定往往具有较大的主观性，这也是驰名商标保护中困扰各方的难题。面对此难题,各国的实践也在持续变革,例如,有些国家通过判例保护外国驰名商标(美国);有些国家引入了驰名商标注册制度(日本);有些国家对恶意注册从行政和司法角度同时进行遏制,打击驰名商标抢注者和侵权者(中国)。特别需要注意的是,随着互联网、社交媒介及各种形式电子商务的普及,虚拟全球市场极大地扩张,国际商业竞争的样态极大地改变,如何恰当把握驰名商标保护的标准尤为重要。事实上,各国在法律适用的过程中尽管为履行国际公约承诺对外国驰名商标给予"充分"保护,但同时也强调"适当保护",❶其中,《联合建议(一)》所说的"相关公众"弹性标准,无疑是实现这种适当保护的最有力抓手,这表明外国驰名商标到底是否在不同成员国获得保护具有不确定性。

(二)关于"相关公众""知晓程度"的判定

根据《联合建议(一)》,第一,相关公众应包括,但不必局限于:①使用该商标的那一类商品和/或服务的实际和/或潜在的消费者;②使用该商标的那一类商品和/或服务的经销渠道中所涉的人员;③经营使用该商标的那一类商品和/或服务的商业界。第二,如果某商标被确定至少为某成员国中的一部分相关公众所熟知,该商标即应被该成员国认为是驰名商标。第三,如果某商标被确定至少为某成员国中的一部分相关公众所知晓,该商标可以被该成员国认为是驰名商标。第四,即使某商标不为某成员国中的任何相关公众所熟知或知晓,该成员国亦可将该商标确定为驰名商标。

从以上"应包括、不限于""和/或""至少一部分""亦可"等用语可见,《联合建议(一)》关于"相关公众"范围界定和"知晓程度"与驰名商标判定之间的关系规定较模糊,仅在"熟知"条件下要求"应当"认定,而在"知晓""不熟知或知晓"情况下均为"可以"认定驰名商

---

❶ Robert C. Bird & Elizabeth Brown: *The Protection of Well - Known Foreign Marks in the United States*: *Potential Global Response to Domestic Ambivalence*, North Carolina Journal of International Law, 2012(38), pp. 495 - 530.

标，这后两类实际上是一种价值导向而并非强制性义务，是否采用此建议以及具体的判定尺度，只能由成员国立法或执法机关自由选择和灵活把握。

从现实生活来看，就公众对某一商标的了解而言，可能只有相关公众了解，而不是所有公众均了解，因此《联合建议（一）》列举的三类相关公众，只是说明性的，除此之外还可能存在其他相关公众；相应地，某一商标只要至少为一个相关领域的公众所熟知，即足以认定该商标为驰名商标，不应适用更为严格的检验标准，例如商标必须为列举的全体公众所熟知。当然，对于仅在本国为一个相关领域公众所知晓的商标和仅在他国驰名的商标，成员国可以根据国家政策自由决定是否给予保护。《联合建议（一）》中的这一开放性态度也符合商标法的基础理论，因为作为混淆的主体，"相关公众"是一个抽象的、拟制的人，其概念的外延虽然不像未作任何限定的"普通消费者""公众"等那样宽泛，但也给予了执法者相当程度的自由裁量权。不过，《联合建议（一）》中的规定可能容易让人误解为强制性规范；例如，在知识产权保护方面向来倡导强保护的美国，也有观点质疑该国际文件关于在仅有部分相关公众知晓的情况下可以得到驰名商标保护的规定，支持外国驰名商标不能"自动"在本国获得承认的判例。❶

我国最高人民法院在《关于审理商标民事纠纷案件适用法律若干问题的解释》的第 8 条中，也采用了"相关公众"作为混淆判定的主体标准。❷与"相关消费者"相比，"相关公众"更具有灵活性，可以将混淆主体的主要可能性都包括进去。在商业活动的各个阶段，混淆的主体可能不同，概括来看包括了潜在消费者、购买者、旁观者、公众等，具体的判断则需要结合个案事实材料进行。不过，因为"相关公众"的裁量具有弹性，无论其处于生产和消费过程中的哪个阶段，执法者其实都很难抽象出一个

第四章　商标、外观设计和地理标志领域的国际讨论焦点

---

❶ Maxim Grinberg：*The WIPO Joint Recommendation Protecting Well - Known Marks and the Forgotten Goodwill*，Chicago - Kent Journal of Intellectual Property，Vol. 5，2005，p. 5.

❷ 参见最高人民法院《关于审理商标民事纠纷案件适用法律若干问题的解释》（法释〔2002〕32 号，2020 年修正）第 8 条规定："商标法所称相关公众，是指与商标所标识的某类商品或者服务有关的消费者和与前述商品或者服务的营销有密切关系的其他经营者。"

"理性的人"来判定其是否可能混淆，这种理性的人事实上也并不存在；因此，在司法实践中，更常见的是由"法官根据具体情况和自己的经验，通过比较冲突的商标及其使用的情况，认定混淆可能性。❶"另外，上述司法解释虽然没有明确"相关公众"的地域范围，但另一与此议题相关的司法解释，则将"相关公众"的地域范围明确限定为"中国境内"。❷

（三）不得要求必须具备的因素

《联合建议（一）》还明确规定了驰名商标保护中成员国不得要求的因素：第一，认定驰名商标时不得要求：①该商标已在该成员国中使用，或已在该成员国或就该成员国进行注册或提出注册申请；②该商标在除该成员国以外的任何管辖范围驰名，或该商标已在除该成员国以外的任何管辖范围或就除该成员国以外的任何管辖范围进行注册或提出注册申请；③该商标为该成员国中的全体公众所熟知。第二，尽管有前述第一款第②项的规定，但根据即使某商标不为某成员国中的任何相关公众所熟知或知晓，该成员国仍可将该商标确定为驰名商标的规定，该成员国可要求该商标必须在除该成员国以外的一个或多个管辖范围驰名。

可见，"不得要求必须具备的因素"也与前面"相关公众""知晓"的范围和程度一样，是一种原则性的规定，是供成员国自由选择的非强制性规范。

三、关于驰名商标的保护范围

驰名商标保护的宗旨是禁止各种恶意抢注和侵权行为。《联合建议（一）》的第3条指出，成员国应对驰名商标进行保护，以防被用作发生冲突的商标、企业标志和域名，其效力至少应自该商标在该成员国中驰名之时起。在判定是否被抢注为商标、其他企业标志和域名时，可考虑将恶意

---

❶ 孔祥俊：《商标与反不正当竞争法》，法律出版社，2009，第278页。
❷ 参见最高人民法院《关于审理涉及驰名商标保护的民事纠纷案件应用法律若干问题的解释》（法释〔2009〕3号）第1条规定："本解释所称驰名商标，是指在中国境内为相关公众广为知晓的商标。"

作为评估竞争利益的众多因素之一。可见，驰名商标保护的意义不仅在于未注册时禁止他人未经许可恶意抢注或在同类商品服务上使用，还在于禁止他人变相仿冒和搭便车，利用各种方式侵占驰名商标所有人良好的市场信誉获取不正当利益。

为此，《联合建议（一）》列举了驰名商标保护范围可延伸的领域，不仅包括与驰名商标发生冲突的商标如何处理，还有在商标之外的其他企业标志和域名上使用与驰名商标相同或近似标识从而导致混淆误认等具体情形，旨在引导成员国对驰名商标提供全面充分的保护。

（一）与驰名商标发生冲突的商标禁止注册和使用

《联合建议（一）》第 4 条采用了"发生冲突的商标"来描述与驰名商标混淆的商标，实际上指向故意或恶意造成冲突的抢注和使用行为，并规定了具体的应对方式。

1. 与驰名商标发生冲突的商标之含义

（1）如果某商标或其主要部分被在与使用某驰名商标的商品和/或服务相同或类似的商品和/或服务上使用，或提出注册申请或已获核准注册，而该商标或该商标的主要部分构成了对该驰名商标的复制、模仿、翻译或音译并容易导致混淆的，即应认为该商标与该驰名商标发生冲突。这也是典型的、基于商标混淆理论应认定有冲突的情形。

（2）无论商标所使用、提出注册申请或注册的商品和/或服务如何，只要该商标或该商标的主要部分构成对驰名商标的复制、模仿、翻译或音译，且至少符合下列条件之一的，即应认为该商标与该驰名商标发生冲突：其一，该商标的使用会暗示该商标所使用、提出注册申请或注册的商品和/或服务与驰名商标所有人之间存在某种联系，并且可能会使驰名商标所有人的利益受到损害；其二，该商标的使用可能会以不正当的方式削弱或淡化驰名商标的区域性特征；其三，该商标的使用会不正当地对驰名商标的区域性特征加以利用。显然，这是基于淡化或联想理论而认定某一商标的使用和注册将与驰名商标发生冲突的情形。

（3）尽管《联合建议（一）》第 2 条指出，在确定商标是否驰名时不得要求该商标为成员国中的全体公众所熟知，但为判定该商标的使用是否可能会以不正当的方式削弱或淡化驰名商标的区域性特征，或该商标的使用是否会不正当地对驰名商标的区域性特征加以利用时，成员国可以要求该驰名商标必须为全体公众所熟知。

（4）在适用《联合建议（一）》第 5 条的规定时，不得要求成员国适用上述第（1）、第(2) 项规定来确定企业标志是否与驰名商标发生冲突，但恶意进行使用或注册的除外。

2. 发生冲突的商标获准注册之前的异议程序

如果可适用的法律允许第三方对商标的注册提出异议，按第 4 条第（1）款规定与某驰名商标发生冲突的，应可构成提出异议的依据。

3. 发生冲突的商标获准注册之后的宣告无效的程序

第一，驰名商标所有人应有权在某成员国注册局将注册的事实公之于众之日起不少于 5 年的期限内，要求主管机关裁决，对与该驰名商标发生冲突的商标注册宣告无效。

第二，如果主管机关可以依职权对商标注册宣告无效，在注册局将注册的事实公之于众之日起不少于 5 年的期限内，与驰名商标发生冲突应可作为作出此种无效宣告的依据。

4. 禁止使用与驰名商标发生冲突的标识（侵权救济程序）

驰名商标所有人应有权请求主管机关裁决，禁止使用与驰名商标发生冲突的商标。允许提出此请求的期限，应自驰名商标注册人知道使用之时起不少于 5 年。

5. 在恶意注册或使用的情况下不得规定救济时限

第一，尽管有本条第 3 款的规定，如果与驰名商标发生冲突的商标是依恶意注册的，成员国不得在提出对该发生冲突的商标的注册宣告无效的请求方面预先规定任何时限。

第二，尽管有本条第 4 款的规定，如果与驰名商标发生冲突的商标是依恶意使用的，成员国不得在提出禁止使用该发生冲突的商标的请求方面预先规定任何时限。

第三，在确定是否有恶意时，主管机关应顾及注册或使用与驰名商标发生冲突的商标的人，在对该商标进行使用或注册，或提出注册申请时，是否知道或有理由知道该驰名商标的存在。换句话说，明知故犯的主观故意是判定"恶意"的依据。

6. 在已注册但未使用的情况下不得规定时限

如果与驰名商标发生冲突的商标已经注册，但从未使用，则成员国不得在提出对该发生冲突的商标的注册宣告无效的请求方面预先规定任何时限。

（二）禁止使用与驰名商标发生冲突的企业标志

《联合建议（一）》第5条对与驰名商标发生冲突的企业标志相关问题作出了规定，包括：

1. 关于"发生冲突的企业标志"的认定

第一，如果某企业标志或该标志的主要部分构成对某驰名商标的复制、模仿、翻译或音译，且至少符合下列条件之一的，即应认为该企业标志与该驰名商标发生冲突：其一，该企业标志的使用会暗示该企业与驰名商标所有人之间存在某种联系，且可能会使驰名商标所有人的利益受到损害；其二，该企业标志的使用可能会以不正当的方式削弱或淡化驰名商标的区域性特征；其三，该企业标志的使用不正当地对驰名商标的区域性特征加以利用。

第二，尽管《联合建议（一）》第2条有关规定指出，在确定商标是否驰名时不得要求该商标为成员国中的全体公众所熟知，但为判定该企业标志的使用是否可能会以不正当的方式削弱或淡化驰名商标的区域性特征，或该企业标志的使用是否会不正当地对驰名商标的区域性特征加以利用时，成员国可以要求该驰名商标必须为全体公众所熟知。

第三，不得要求成员国适用第4条第1款（1）项，以确定在驰名商标在成员国驰名之前，是否已经在该成员国在与该驰名商标相同或类似的商品和/或服务上，使用、注册或提出注册申请某企业标志并与该驰名商标发生冲突；但依恶意对驰名商标进行使用或注册，或提出企业标志注册申请的情况除外。

2. 禁止使用"发生冲突的企业标志"及期限

驰名商标所有人应有权请求主管机关裁决，禁止使用与驰名商标发生冲突的企业标志。允许提出此请求的期限，应自驰名商标所有人知道或应当知道之时起不少于5年。

3. 恶意注册或使用的情况

尽管有第 4 条第 2 款的规定，成员国不得在提出禁止使用该发生冲突的企业标志的请求方面预先规定任何时限；在判定是否有恶意时，主管机关应顾及注册或使用与驰名商标发生冲突的企业标志的人，在对该企业标志进行使用或注册或提出注册申请时，是否知道或有理由知道该驰名商标的存在。

（三）禁止使用与驰名商标发生冲突的域名

与驰名商标发生冲突的域名应当禁止注册和使用。在判定是否有冲突时，至少在某域名或该域名的主要部分构成对某驰名商标的复制、模仿、翻译或音译，且该域名是恶意注册或使用的情况下，应认为该域名与该驰名商标发生冲突。

驰名商标所有人应有权请求主管机关裁决，由对发生冲突的域名进行注册的机构撤销注册，或将其转让给驰名商标所有人。❶

综上，WIPO 关于驰名商标保护的《联合建议（一）》自提出以来，对各国的立法和执法产生了很大影响。驰名商标保护制度最初的设立目的在于防止混淆，兼顾驰名商标权利人权益和消费者利益；但是当驰名商标的保护扩大到非同类的商品或服务上且不以混淆为前提时，其保护的重点转移至驰名商标所承载的商誉和所起到的表彰功能。在某种程度上，是否采用淡化理论，以及在何等程度和以何种方式在国内商标法实践中恰当表述或阐释此理论，实际上关乎国家知识产权保护政策的制定。但是，《联合建议（一）》在国际法意义上并非强制性规范，即使是采用"应当"表述的条款也并不能替代国内执法。在国际经贸竞争持续加剧的大环境下，各国对驰名商标保护的程度与国情相关。我国《商标法》已启动新一轮修改，草拟的相关规则已经采用了淡化理论，这无疑会强化对驰名商标的保护。

---

❶ 这一规定允许主管机关直接裁决将抢注的域名转让给驰名商标所有人，大大简化了重新申请的程序，有利于加强对驰名商标的保护，我国最新《商标法》修改草案已纳入类似受让规则。

第二节　商标的许可使用问题

一、议题的提出及进展

（一）问题的缘起

商标许可使用是商业活动中的常见现象，历史悠久。商标权是典型的无形财产权，因不发生有形财产一样的实体占有，商标权人完全可以在自己使用的同时，通过合同把商标许可给他人使用，或者自己不亲自在商品或服务中使用，而将专有权许可给他人独占性使用。不过，商标许可使用对于权利人来说是把双刃剑。一方面，这种无形产权运用机制可以使其以低成本迅速地扩大品牌的市场占有率，通过收取许可费实现利润的最大化；也可使被许可人避开商标注册和商誉培育过程中的风险，借用权利人已形成的信誉获得市场竞争优势，实现双赢。另一方面，商标许可使用也可能造成商标使用所获得的收益与权利人的实际控制相分离，从而给商标权的保护带来潜在威胁和挑战。在商标专有许可的情形下，被许可人对商标实际使用所获得的信誉主张利益分享的态度更明显，事实上中国发生的引人注目的王老吉与加多宝、两个红牛、莲香楼等品牌抢夺大战，都与商标"所有权"和实际"经营权"分离导致的许可关系终结时的商誉划分争议相关。

然而，商标许可使用的本质是许可人和被许可人双方基于对无形财产使用合意而订立的协议，在不违反法律规定的情况下，尊重合同自由是保障当事人之间的意思自治得以实现的前提；质言之，法律不能取代当事人不违反强制性规定的意思自治，这一法理无论是在国内法还是在国际法上都一样适用。因此，在国际层面，《巴黎公约》、TRIPS 协议等明确了商标保护规范的公约，也不能就商标许可的具体条款问题作出规定。不过，鉴于商标和专利一样有典型的地域性，国际间除了驰名商标的跨境保护问题需要协调外，在商标的跨境许可使用情况应予以公示以减少纠纷冲突方面也有需求。

（二）议题的早期讨论及指导性国际文件的推出

以一份国际规范性文件进行指导的动议，与驰名商标保护议题一样在 1998 年的 SCT 第 1 届会议即已启动。基于 WIPO "商标许可问题专家委员会" 在 1997 年第一次会议上的意见，形成了《商标许可条款草案》，草案包含简介和五个条文及其注解，以国际备案格式为附件；❶ 此后 SCT 在 1999 年 11 月 8—12 日的第 3 届会议上继续讨论修改该草案（参见文件 SCT/3/5）。在 2000 年 3 月 27—31 日的第 4 届会议上，该草案进行最后讨论以敲定条款的具体表述，❷ SCT 决定以联合建议之类的形式向巴黎联盟大会和 WIPO 成员大会推荐。2000 年 9 月 11—15 日，SCT 第 5 届会议审议通过了《关于商标使用许可的联合建议草案》（以下简称《联合建议（二）》，该草案包括了联合建议、6 个条款及其注释以及两个附录表格。❸ 2000 年 9 月 25 日—10 月 3 日，在 WIPO 召开的成员国大会上，《联合建议（二）》通过并公开发布；❹ 该建议指出，每一个成员国均可考虑将 SCT 在其第 4 届会议上所通过的任何文件或规定，用作其国内关于商标使用许可方面的指南，每一个有权处理商标注册事务的地区政府间组织的成员，包括巴黎联盟成员或 WIPO 成员，均可提请该政府间组织关注这些规定。

二、联合建议的主要内容

WIPO 发布的《联合建议（二）》，旨在协调和简化国际间商标使用许可登记备案方面的形式要求，从而对 1994 年 10 月 27 日签订的《商标法条约》（该条约的目的是用来统一和协调各国家或地区主管局在国家或地区商标申请的提交、变更的登记、商标注册的续展方面所规定的形式要求）

---

❶ 参见 WIPO 文件：SCT/1/4，May 14，1998。
❷ 参见 WIPO 文件：SCT/4/2，January 12，2000。
❸ 参见 WIPO 文件：SCT/5/4，June 8，2000。
❹ 参见 WIPO 文件：A/35/10，July 26，2000。

进行补充。《联合建议（二）》是继 1999 年 9 月通过的《关于保护驰名商标规定的联合建议》之后，WIPO 推动国际知识产权法律规范一体化，以适应工业产权领域快速发展步伐的又一项成果。以下将根据《联合建议（二）》的案文（包括所附的范本）以及 WIPO 国际局编拟的解释性说明，介绍商标许可国际备案制度的主要内容。❶

（一）关于术语的规定

《联合建议（二）》涉及的主要术语包括：①"主管局"指由成员国授权进行商标注册的机构；②"注册"指由主管局进行的商标注册；③"申请"指要求注册的申请；④"商标"指与商品有关的商标（商品商标）或与服务有关的商标（服务商标）或与商品和服务两者有关的商标；⑤"注册持有人"指商标注册簿上列为注册持有者的人；⑥"尼斯分类"指由 1957 年 6 月 15 日在尼斯签订并经修订和修正的《商标注册用商品和服务国际分类尼斯协定》所制定的分类；⑦"使用许可"指允许依成员国可适用的法律使用某商标的使用许可；⑧"被许可人"指由注册持有人许可使用商标的人；⑨"独占使用许可"指仅许可一个被许可人使用，并禁止注册持有人使用和许可任何其他人使用商标的使用许可；⑩"唯一使用许可"指仅许可一个被许可人使用，并禁止注册持有人许可任何人使用，但不禁止注册持有人使用商标的使用许可；⑪"非独占使用许可"指不禁止注册持有人使用或许可任何其他人使用商标的使用许可。

（二）关于商标使用许可登记的请求

1. 关于登记请求书中的内容

如果成员国的法律规定，使用许可须向其主管局登记，该成员国可要求登记请求书中包括下列的部分或全部说明或组成部分：①注册持有人的名称和地址；②注册持有人有代理人的，该代理人的名称和地址；③注册持有人有送达地址的，该地址；④被许可人的名称和地址；⑤被许可人有

---

❶ Joint Recommendation Concerning Trademark Licenses. https：//www. wipo. int/publications/en/details. jsp？id＝344&plang＝EN，2023 年 1 月 8 日访问。

代理人的，该代理人的名称和地址；⑥被许可人有送达地址的，该送达地址；⑦如被许可人为任何国家的国民，该国国名；被许可人如在一国有住所，该国国名；被许可人如在一国有真实有效的工商营业所，该国国名；⑧注册持有人或被许可人为法人的，该法人的法律性质，以及该法人系依据哪一国以及该国之内的哪一领土区域的法律所组成（如适用）；⑨被许可使用商标的注册号；⑩使用许可所适用的商品和/或服务的名称，须按尼斯分类中的类分组，每组之前标明该组商品或服务所属的尼斯分类的编号，并按该分类的类顺序排列；⑪使用许可是独占使用许可、非独占使用许可还是唯一使用许可的说明（如适用）；⑫使用许可仅涉及注册所适用的一部分领土的说明，以及对该部分领土的具体说明（如适用）；⑬使用许可的期限；⑭签字（第 2 款所述）。

2. 关于登记时要求的签字

其一，注册持有人或其代理人的签字，无论是否附有被许可人或其代理人的签字，均应为成员国所接受；其二，被许可人或其代理人的签字，即使附注册持有人或其代理人的签字，只要附有如下内容之一，亦应为成员国所接受：①使用许可合同的摘要，该摘要中须写明当事各方和被许可的权利，并经政府公证机构或任何其他政府主管机关证明其真实性；②经证明的使用许可声明，该声明须按附于本规定附件中的使用许可声明书式所规定的形式和内容写成，并由注册持有人（或其代理人）和被许可人（或其代理人）二者签字。

3. 关于登记请求书的呈交

就商标许可使用登记请求书呈交方面的要求而言，如果请求书中的说明和组成部分的呈交和排列，与本规定附件所附的请求书样式中的说明和组成部分的呈交和排列相符，则任何缔约方不得驳回请求。

4. 关于登记文件的语言、译文

其一，成员国可要求，请求书须使用主管局接受的语种，或使用主管局接受的数种语言之一。其二，成员国可要求，上述第 2 款所述的文件使用主管局接受的语种或主管局接受的数种语言之一的，请求书须附有将该所需文件译成主管局接受的语种或主管局接受的数种语言之一的译文，并须经证明。

5. 关于费用

任何成员国均可要求，登记商标使用许可的，须向主管局缴纳费用。

6. 关于涉及几项注册的单一请求书

即使使用许可涉及一件以上的注册，只要请求书中说明所有有关注册的注册号，并且所有注册的注册持有人和被许可人均相同，以及请求书中根据本条第1款规定的内容就所有注册说明使用许可的范围，一份单一请求书即应足够。

7. 关于禁止其他要求的规定

任何成员国不得要求在向其主管局登记使用许可方面须遵守上述第1至第6款所述以外的要求。尤其不得提出以下要求：①提供被许可使用的商标注册证；②提供使用许可合同或使用许可合同的译文；③说明使用许可合同的财务条款。

8. 关于与申请有关的请求

如果成员国可适用的法律规定，与申请有关的使用许可须登记，上述第1款至第7款应比照适用于要求进行此种登记的请求。

（三）关于修正或撤销登记的请求

如果请求涉及修正或撤销使用许可登记，应比照适用上述建议的第2条。

（四）关于未登记的商标使用许可的效力

1. 关于注册的有效性和对商标的保护

不向主管局或成员国的任何其他机关登记使用许可，不得影响被许可使用的商标的注册有效性或对该商标的保护。

2. 关于被许可人的若干权利

①成员国不得要求被许可人依该成员国的法律享有参加由注册持有人提起的侵权诉讼，或通过此种诉讼获得因被许可使用的商标被侵权所致的损害赔偿的任何权利，须以登记使用许可为条件。②如果前述①项不符合成员国的国内法，则该项规定不适用于该成员国。

上述两项规定所提出的建议值得关注。第1项指明了商标许可不登记备案，不影响被许可使用商标注册的有效性或对该商标的保护，明确了在商标权保护中应将程序问题与实体问题区分对待的原则。换言之，即使成员国的法律规定对使用许可进行强制登记，那么未遵守这一要求也不能导致被许可使用的注册商标被宣布无效，也不得以任何方式影响对该商标给予的保护。至于第 2 项，其意图不是想协调是否应允许被许可人参加由许可人提起的诉讼，或其是否应有权获得因被许可使用的商标被侵权所致的损害赔偿的问题，而是说明这个问题应由可适用的国内法律处理。事实上，关于未登记的商标许可协议，被许可人是否有权参加由注册持有人提起的侵权诉讼和获得损害赔偿的问题，在 WIPO 的商标使用许可专家委员会第一届会议和 SCT 第 3 届会议上进行了大量的讨论。❶ 反对未登记的被许可人参加诉讼和索赔的代表团认为，根据其国内法，商标使用许可合同只有进行了登记，才对第三方具有效力；支持的代表团则强调，如果被许可人在由注册持有人提起的侵权诉讼中是否可以获得损害赔偿要取决于该使用许可的登记情况，那么这只会有利于商标侵权人，因为他们可能一点责任都没有，而唯一遭受未经许可使用商标之损害的只有被许可人；另外从商标侵权者的角度来说，受保护的商标被许可使用时是否进行登记应没有任何区别，重要的是商标是否受保护，而这一点可以通过查询商标注册簿来核实。

因不同观点和做法难以协调，《联合建议（二）》最终规定，如果被许可人依成员国的法律有权参加由注册持有人提起的侵权诉讼，并有权获得因被许可使用的商标被侵权所致的损害赔偿，则无论使用许可是否已经进行了《联合建议（二）》所称的登记备案，被许可人均应能行使这些权利。《联合建议（二）》的解释中还进一步阐明，被许可人是否有权参加由注册持有人提起的侵权诉讼和获得损害赔偿的问题，与是否允许被许可人以自己的名义就被许可使用的商标提起侵权诉讼的问题是不同的，后一情况不是《联合建议（二）》所处理的问题；因此，成员国可以要求须以登记作为被许可人以其自己的名义就被许可使用的商标提起法律诉讼的条件，也可规定未登记的被许可人只有在参加了由注册持有人提起的侵权诉讼的情

---

❶ 参见 WIPO 文件：TML/CE/I/3，第 70 至 74 段；SCT/3/10，第 122 至第 124 段。

况下才有权获得损害赔偿；但当可适用的国家或地区法律根本未对登记使用许可作出规定时，则不能作出这种要求。❶

需要指出的是，如果成员国的法律规定了商标使用许可只有在进行了登记时才对第三方具有法律效力，则该规定并非一定要被解释为未登记的被许可人就必然不能获得因被许可使用的商标被侵权所导致的损害赔偿；但是，在已订立商标使用许可协议之后注册人再将注册商标转让的情况下，许可使用合同未登记备案的，被许可人是否可以以使用许可协议来对抗被转让人，对此，《联合建议（二）》并未涉及。

（五）关于代表注册持有人使用商标

《联合建议（二）》规定，注册持有人以外的自然人或法人使用商标的，如得到注册持有人的同意，即应认为构成注册持有人本人的使用。这一规定看似简单，但涉及商标使用中并不罕见的注册人之外的其他人经许可使用商标，是否可以视为注册人自己使用的实际问题。该问题至少与三种不同情形相关：其一，确定某商标是否已获得显著性；其二，确定某商标是否已成为驰名商标；其三，确定某商标是否已得到足够的连续使用，从而可维持而不撤销其注册。不过，《联合建议（二）》第 5 条仅涉及注册持有人以外的人使用商标可能对注册持有人更为有利的情况，并没有讨论在何种情况下注册持有人可能对此种使用负有责任的问题。

应当指出的是，商标法中有一条公认的标准，即注册商标在一定期限内未连续使用即可能被宣告无效（在我国商标法中的规定是连续三年不使用即可请求宣告无效，业内一般称"撤三"）。在国际层面的实体法规范中也包含类似规定，例如，TRIPS 协议第 19 条第 1 款允许 WTO 成员对三年未使用的注册商标宣告无效。一般而论，商标必须由其注册持有人或得到其许可的人使用才能维持注册；但有些国家或地区的法律规定，注册持有人以外的人使用商标只有在满足若干条件时才能被视为构成注册持有人使用商标，例如，订立了包含质量保障条款的正式许可使用合同，以及对此

---

❶ 参见 WIPO 国际局《关于商标使用许可的联合建议》（2000 年），"解释性说明"第 6 页，第 4.03 段。

类合同进行登记备案等。TRIPS 协议第 19 条第 2 款也规定，允许成员国要求注册持有人须对被许可人使用商标有所控制，才能认为这种使用对维持商标注册有效。❶《联合建议（二）》第 5 条规定，注册持有人以外的任何人对商标的任何使用，只要得到注册持有人的同意，即须视为注册持有人的使用；这意味着成员国不得要求任何其他条件，例如注册持有人须对商标使用进行控制等条件，也即，只要第三方在注册持有人的同意下使用了该商标，就不得以注册商标未使用为由而宣告其无效，这一规定显然比 TRIPS 协议第 19 条第 2 款宽松，对商标注册持有人更为有利。

（六）关于对使用许可的说明

如果成员国的法律要求对商标被许可使用情况予以说明，全部或部分地不遵守该要求，不得影响被许可使用商标的注册有效性或对该商标的保护，亦不得影响第 5 条的适用。

《联合建议（二）》对此作出规定，目的并非协调解决各国依标签、广告或消费者保护等法律的要求提供产品（或服务）相关信息的一般问题；这一规定也非强制性义务，而仅是说明一种情况，即成员国可以通过相关法律要求在产品或包装上，或在提供服务时，或为此种商品或服务做广告时，对商标被许可使用这一情况予以说明。不过，如果国内法要求作出这种说明，则《联合建议（二）》指出，未遵守这一义务进行说明不得致使商标的注册被宣告无效。这一建议的根本出发点在于，对被许可使用的商标，如果被许可人未遵守法律对标签或广告的要求而导致商标的注册被宣告无效，这一制裁措施过于严厉，故建议成员国不宜据此作出决定。也就是说，未遵守标签或广告的信息说明规定，不至于使得被许可使用的商标获得保护的可能性降低；对未遵守标签或广告方面的要求所进行的制裁，不应对商标权效力产生影响。

总体而言，关于商标许可合同备案程序与相关效力规定的国际协调，除了诉权、救济权、无效理由等个别问题外，基本不涉及不同发展阶段国

---

❶ TRIPS 协议第 19 条第 2 款规定：在受所有权人控制的前提下，另一人使用某一商标应被视为为维持注册而使用该商标。

家的不同诉求问题，因此成员国对这些非强制性规范并无太多争议。《联合建议（二）》发布后，这一议题即结束，SCT 转而协调讨论商标领域的其他议题，例如域名、企业名称、他国国名的注册❶等。随着跨境电子商务的发展，互联网上商业标识保护问题日益突出，这也成为 SCT 后期讨论的重要议题。

第三节　互联网上商业标识的保护问题

一、议题的提出及前期进展

（一）议题讨论过程简介

有关在互联网上保护商标权的议题，最初与驰名商标保护、商标许可问题一样，是在 SCT 第 1 届会议（1998 年 7 月 13—17 日）上提出的，❷ 并在第 2 届会议的第 2 期（1999 年 6 月 7—11 日）和第 3 届会议（1999 年 11 月 8—12 日）上继续讨论。❸ 在 SCT 的第 4、第 5、第 6 届会议上，关于在互联网上的商标权保护问题，成员国形成了草案（名称上稍有调整）并进一步讨论。❹ 草案的这些规定，旨在为商标注册人在互联网上使用其商标以及参与电子商务发展提供一个明确的法律框架，以促进和方便有关商标权及其他各种标志的工业产权保护的现行法律在互联网上的适用。草案制定的具体目标，一是确定依照成员国可适用的法律，某一标志在互联网上的使用是否有助于商标权或该标志的其他工业产权的取得、维持或侵权

---

❶　例如发布《保护国名防止作为商标注册和使用》，参见文件 WIPO/STrad/INF/7，2015 年 11 月 23 日。

❷　参见 SCT 第 1 届会议报告中的 "Agenda Item 5：Issues to be considered by the Standing Committee"，WIPO 文件：SCT/1/6，November 5，1998。

❸　参见 WIPO 文件：SCT/2/9 Prov.，April 8，1999；SCT/3/4，October 7，1999。

❹　参见 WIPO 文件：SCT/4/4，January 27，2000；SCT/5/2，June 21，2000；SCT/6/2，January 25，2001。

救济，或确定此种使用是否构成不正当竞争行为；二是让那些对相同或相似标志享有权利因而发生冲突的权利人，能在互联网上共同使用这些标志；三是确定进行补救的办法。至于如何确定可适用的法律这一问题本身，并不在草案的处理范围内而是留给各成员国根据国际私法规范处理。

该草案条文经保护工业产权巴黎联盟大会和 WIPO 大会联合审议，在2001 年 9 月 23 日—10 月 3 日的 WIPO 大会第 36 届系列会议上通过。❶ 随后，WIPO 公开发布了《关于在互联网上保护商标权及各种标志的其他工业产权之规定的联合建议》（以下简称《联合建议（三）》，这是继 WIPO《关于保护驰名商标规定的联合建议》和《关于商标使用许可的联合建议》之后，通过国际协调达成的适应工业产权领域快速发展步伐的又一项成果。《联合建议（三）》旨在促进各成员国将关于商标权及各种标志的其他工业产权保护，以及关于禁止不正当竞争的现行法律，适用于各种商业性标志在互联网上的使用。《联合建议（三）》确立了以下原则或规则：①成员国对各种标志在互联网上的使用，通过直接或比照方式，尽量适用关于商标权及各种标志的其他工业产权的保护以及关于禁止不正当竞争的现行法律；②某标志一旦在互联网上使用，任何人不论其所处的地域即可同时、即时看到；③某标志在互联网上的使用是否有助于商标权或该标志的其他工业产权的取得、维持或侵犯，或此类使用是否构成不正当竞争行为，依照成员国可适用的法律确定；④以上情形发生时的补救办法。

（二）关于互联网上的使用视为在成员国使用的考虑因素

根据《联合建议（三）》第 2 条、第 3 条，商标等标志如果在成员国中产生商业影响，则该标志在互联网上的使用就构成在该成员国中的使用；在确定某一标志在互联网上的使用是否在某一成员国中产生商业影响时，主管机关应考虑所有相关情况，包括（但不限于）：

（1）情况表明该标志的使用者正在该成员国中经营，或已制订重大计划在该成员国中经营与互联网上使用该标志的商品或服务相同或类似的商品或服务。

---

❶ 参见 WIPO 文件：A/36/8，June 18，2001。

（2）就该成员国而言，该使用者从事商业活动的程度和性质如何，考量因素包括：①使用者是否实际上正为该成员国境内的顾客服务，或与该成员国境内的人士已建立其他具有商业动机的关系；②使用者在互联网上使用该标志时，是否申明无意向该成员国境内的顾客交付所提供的商品或服务，并且是否按其所申明的意图行事；③使用者是否在该成员国中提供诸如保修或维修等售后活动；④使用者是否在该成员国中从事与该标志在互联网上的使用相关，但并未在互联网上开展的进一步商业活动。

（3）在互联网上提供商品或服务与该成员国的关系，包括：①所提供的商品或服务是否能在该成员国中合法交付；②价格是否以该成员国的官方货币标明。

（4）该标志在互联网上的使用方式与该成员国的关系，包括：①该标志的使用是否涉及该成员国中互联网使用者可获得的交互联系方式；②使用者是否就标志的使用，列明在该成员国中的地址、电话号码或其他联系方式；③该标志的使用是否涉及在代表该成员国的国际标准化组织标准国家代码3166顶级域中注册的域名；④在该标志的使用中所用的案文是否采用该成员国中的一种主要语言文字；⑤该标志是否系与该成员国境内互联网使用者已实际访问的互联网存储单元一同使用。

（5）该标志在互联网上的使用与该成员国中该标志相关权利的关系，包括：①此种使用是否以该项权利为依据；②如果该项权利属于另一人，则此种使用是否会不正当地利用或无理地损害受该项权利保护的该标志的显著特征或声誉。

需要注意的是，《联合建议（三）》指出，以上因素是用来帮助主管机关确定某标志的网上使用是否在某成员国中产生商业影响的参考和指南，而并非是作出确定的前提条件。更确切地说，主管机关应该根据个案的具体情况来确定。在某些个案中，可能全部因素都与之相关；在另一些个案中，可能部分因素相关；还有一些个案中，可能这些因素无一相关，而据以作出决定的可能是未在上文中列举的其他因素，该其他因素可能单独具有相关性，也可能与上文列举的一种或多种因素共同具有相关性。

（三）关于互联网上使用的方式及效力

某一商业标志在成员国的互联网上使用，包括因技术进步而可能产生的各种使用形式；对此，在解释成员国可适用的法律所规定的取得或维持该标志权利的要求时应予以考虑。例如，有的国家在法律上规定了取得或维持某一商标权利须通过实际使用，该使用要求贯穿取得或维持未经注册的商标或其他标志受保护的权利、取得或维持商标注册、避免权利被撤销或无效、确定商标是否获得显著性、确定商标是否驰名等程序。如果依据可适用的法律，这些因素具有相关性，则他人在互联网上使用标志，也可被认为是标志在该成员国的在先使用。不过，《联合建议（三）》并未要求成员国必须为通过使用而取得或维持商标权，或各种标志的其他工业产权提供各种法律可能性，只是指出如果依据成员国的法律，标志的使用与这些情况相关，则应考虑在互联网上的使用。简单地说，《联合建议（三）》不强求成员国必须在法律中明确这些情况下的使用要求，而仅强调标志在互联网上的使用，适用是否在其国内产生商业影响的一般原则。同样，标志在互联网上的使用是否构成权利的侵犯和不正当竞争行为，也应考虑因技术进步而可能的使用形式。

须注意的是，仅仅在互联网上使用某标志，不得认为必定对该标志依某具体成员国的法律可能存在的任何权利的侵犯，或是依某具体成员国的法律构成不正当竞争行为，除非该使用已经在该成员国产生了商业影响；至于具体个案中侵权或不正当竞争行为的实质性判定标准，应留给成员国可适用的法律来处理。《联合建议（三）》还要求成员国考虑在那些相对于互联网常见情形之外的、不同寻常的使用形式中保护商标及其他标志的权利；例如，在网上横幅广告中使用、买卖搜索引擎关键词使用、将标志作为元标记使用、在统一资源定位器（URLs）中使用、作为检索条件使用，以及将来可能出现的任何其他新的使用形式。当然，《联合建议（三）》并不要求成员国将这些使用形式都看成是对商标权或各种标志其他工业产权的侵犯；对于侵权或不正当竞争行为是否已实际发生，将根据成员国可适用的法律判定，包括可能在某些情况的例外（如描述性正当使用、属于言论自由的谈及等）。

（四）关于在接到侵权通知之前的使用免责的规定

根据《联合建议（三）》第 9 条，如果某一标志在某一成员国互联网上的使用被指称在该成员国构成侵权，则在以下情况下，该标志的使用者在收到侵权通知前，不承担侵权责任：（1）依据与使用者有着密切关系的另一成员国的法律，使用者在该另一成员国中拥有该标志的权利，或使用该标志系经该项权利的所有人的同意，或被允许以该标志在互联网上使用的方式使用该标志；（2）该标志权利的取得和对该标志的任何使用并非出于恶意；（3）使用者已就该标志在互联网上的使用合理地提供了足以通过邮寄、电子邮件或传真方式与其联系的信息。《联合建议（三）》的前述规定，涉及因同一标识在互联网使用造成的标识相关权利人的利益在不同国家发生冲突如何解决的问题。首先，由于商标权和各种标志的其他工业产权具有地域性，理论上说在不同国家相同或类似标志可以由不同的权利人持有；但如果该标志在互联网上使用，则这种情况就可能产生问题，因为互联网上的信息具备全球性，此种使用可能被视为侵权。也就是说，如果在一个国家某一标志被许可使用，但根据另一国的法律此种使用却被视为侵权时，即会产生冲突。为此，《联合建议（三）》第五部分设立了一种"通知和避免冲突"程序，试图平衡善意、合法使用者和可能因此种使用而权利受到侵犯者之间的利益。❶ 该程序的一般性原则如下：在互联网上使用标志之前，任何人均无义务对已登记注册或未登记的权利进行国际检索；在收到侵权通知时，只要权利人或以其他方式被许可使用该标志的人出于善意使用该标志，并在互联网上使用该标志时提供了与使用者取得联系的充足信息，即可被免除责任。基于此，成员国对上述权利人或使用者不得施以任何形式的禁令，或责令其对通知前发生的任何损害承担责任，也不得迫使此类使用者在互联网上使用标志之前对现有的权利进行国际检索；但是，一旦收到侵权通知，其必须采取必要措施以避免或终止冲突，否则将承担侵权责任。

《联合建议（三）》的第 9—第 12 条不适用于在互联网上对标志的使

❶ 参见 WIPO 文件：A/36/8，June 18，2001，第五部分，第 9—12 条及其注释。

用被视为在成员国构成不正当竞争行为的情况，因为各国的不正当竞争禁止法存在着很大差异，成员国对不正当竞争行为是否适用"通知和避免冲突"程序由其自行决定；但如果成员国依有关工业产权的现行国际公约和协定可能相互承担相关义务，则《联合建议（三）》的规定并不减损该义务。

须注意的是，如使用人取得或使用标志的权利系出于恶意，则《联合建议（三）》上述关于收到侵权通知后因采取措施而免责的规定不适用。至于是否出于恶意，相关标准在《联合建议（三）》的第4条作出了规定；即，在确定标志是否被恶意使用或权利是否系恶意获得时，应考虑任何相关情况，尤其是：（1）使用该标志或取得该标志权利的人，在首次使用该标志、取得该项权利，或为取得该项权利提交申请（三者中以日期早者为准）时，其是否知悉相同或类似标志的权利属于另一人，或没有理由不了解有该项权利的存在；（2）该标志的使用是否会不正当地利用或无理地损害受该项其他权利保护的该标志的显著特征或声誉。

（五）关于救济方式和措施的规定

《联合建议（三）》第六部分对救济的一般原则作了规定。

救济应与商业影响相称，也即，对因标志在某一成员国中互联网上的使用而发生的侵权或不正当竞争行为所给予权利人的救济，应与此种使用在该成员国中产生的商业影响相称；主管机关在判定时应兼顾各方利益、权利等情况，并可要求或允许标志的使用者提出有效的补救办法供考虑和裁决。

主管机关在确定救济方式时，应考虑通过采取合理措施限制该使用，以避免在所涉成员国产生商业影响，或避免侵权或不正当竞争行为；合理措施包括用该标志在互联网使用时所用的一种或多种语言及用主管机关指明的任何其他语言清楚明确地注明：①使用者与被侵权人或受不正当竞争行为影响的人并无关系；②使用者无意向某成员国境内的顾客交付所提供的商品或服务。合理措施还包括在交付商品或服务前，必须问明顾客是否处于该成员国境内，并对表明处于该成员国境内的顾客拒绝交付商品或服务；以及由相互指称侵权的双方设立网关，或为对方提供链接，使得对方可以接入自己的网页。

如果依某一成员国的法律，某一标志在该成员国互联网上的使用构成侵权或不正当竞争行为，该成员国的主管机关应尽可能避免采用禁止今后在网上对该标志进行任何使用的救济措施，尤其是在此情形下：依据与使用者有密切关系的另一成员国的法律，该使用者在该另一成员国拥有该标志的权利，或经该项权利所有人的同意被允许在网上使用该标志，以及该标志权利的取得和对该标志的任何使用都并非出于恶意。

《联合建议（三）》之所以对救济措施作出这样的限制，是因为互联网无地理、物理意义上的国界，不加限制地停止使用禁令，将会超越该标志被侵犯权利的地域性效力，成为实质上的"全球禁令"，不符合相称性原则。不过，《联合建议（三）》也并不完全排除对使用的全面禁止，特别是在抢注或使用标志出于恶意的情况下，禁止使用是合理的，这项规定并不干涉成员国反抢注的法律在此种出于恶意的情况下对禁止使用作出规定。当然，如果使用者的行为并非出于恶意，且其本身对该标志拥有权利或被许可在互联网上使用该标志，则《联合建议（三）》的上述规定在总体上应理解为不宜对使用者施以"全球禁令"。

二、网络中商标等标志保护和禁止不正当竞争的主要议题

（一）域名争议及其解决机制的建立与运行

1. ICANN 域名系统及其运行中的抢注问题

SCT 讨论的网络环境下商标等标志保护和禁止不正当竞争议题，首先针对的是域名注册中的知识产权问题。该议题在 SCT 成立之初即开始讨论，并很快达成初步共识，即讨论的目的是推动建立与互联网域名相关的知识产权纠纷，例如域名争议的解决机制，而非协调并发布相关国际法律规范的指导文件。1999 年 WIPO 在对此议题研究讨论的最终报告中提出建议，提供给负责全球范围内互联网协议（IP）地址的空间分配、根服务器系统管理等事务的"互联网名称与数字地址分配机构"（The Internet Corporation for Assigne – Names an – Numbers，以下简称 ICANN）这一新的国际

组织，以作为其互联网域名系统的政策和技术支持，这些建议也在 WIPO 大会上提供给成员国参考。

ICANN 域名系统运营以来，发生了诸多争议，其中一个重要的问题就是域名与商标的冲突。因为商标注册与域名注册是两套互相分离的体系，商标在不同国家或地区的主管当局注册、条件不尽相同，而域名注册则由一个非政府组织按先到先得的原则签发。由于国际域名有唯一性，而其注册体系并不与商标注册体系挂钩，这样就造成某一商标可能被他人先行注册为全球域名的情形（有时是恶意抢注，例如抢注含有著名企业商标、字号、知名商品名称、名人姓名的互联网域名后，再高价卖回给原主体以赚取暴利），域名抢注人和标志所有人产生冲突就不可避免。

2. ICANN 关于域名争议的 UDRP 规则

为此，WIPO 发起《统一域名争议解决政策》（Uniform Domain Name Dispute Resolution Policy，以下简称 UDRP）及其规则，❶ 并经 ICANN 于 1999 年 10 月 24 日确认实施（其规则后来有补充和修订），即利用建立于 1994 年的 WIPO 仲裁与调解中心，❷ 为各方提供省时、合算的互联网域名争议解决机制，使其无需进行耗时、复杂、跨境、高成本的法院诉讼。UDRP 为商标所有人有效解决因第三方恶意注册和使用与其商标权相对应的域名而引发的争议提供了一种类似行政程序的便捷解决机制，适用于全球常见的 .com、.net、.org 等通用顶级域名（gTLD）争议，同时也越来越多地适用于不同国家代码的顶级域名（ccTLD）争议，如 .ch、.es、.fr、.nl、.me 等。根据 UDRP 第 4 条 a 款，投诉人一旦依照议事规则向争端解决机构指称域名注册人已注册和使用的域名同时符合下列三要件，则该争议将由争端解决机构通过强制性行政程序解决：①域名与投诉人拥有的商标或服务标记相同或极其相似、容易引起混淆；②注册人不拥有对该域名的任何权利或合法利益；③已注册的域名正被恶意使用。投诉人需要提交被投诉方

---

❶ UDRP 相关内容参见 ICANN 网站：统一域名争议解决政策，https：//www.icann.org/resources/pages/policy-2012-02-25-zh，2023 年 1 月 9 日访问。

❷ WIPO 调解与仲裁中心作为一个独立的和公正的机构，是国际商业仲裁机构联合会（IFCAI）的成员；在行政上其属于 WIPO 国际局的一部分，在工作中得到由跨国争端解决方面的 38 位专家组成的仲裁咨询委员会的帮助，除了调解仲裁外还提供争端解决咨询服务。

存在 UDRP 第 4 条 b 款所规定的恶意注册和使用域名的证据，域名争议解决机构的专家组认定该投诉成立的，应当裁决注销已经注册的域名，或裁决将该域名直接转移给投诉人；专家组认定投诉不成立的，则应当裁决驳回投诉。不过，UDRP 虽然将其称为强制性行政程序，但事实上其赋予投诉人的救济方式仅限于对域名的注销或转移，对于可能涉及的更复杂的知识产权侵权或不正当竞争等法律问题，则投诉人只能通过诉讼等其他途径解决。因此，虽然该统一域名争议解决机制的管辖具有一定强制性，但并不排除任何一方当事人在该行政程序开始前、进行中或作出裁决后，直接向有管辖权的法院起诉的权利。另外，如果被投诉人自裁决公布之日起 10 日内提供有效证据证明有管辖权的法院已经受理相关争议的，域名争议解决机构的裁决则要暂停执行，等待判决结果。❶ 可见，统一域名争议解决机制只是给投诉人提供一种与法院诉讼并行的非排他性快速争议解决方式；根据 UDRP 程序产生的裁决对法院并没有约束力，是否采纳以及采纳哪些裁决意见，由具有管辖权的法院自由裁量。

换言之，司法机关对域名注册人和投诉人的域名争议具有最终实体审查权，我国司法实践对此也有验证。❷ 在多数情况下，域名抢注可以通过统一域名争议解决机制得到高效快速的解决；不过，因程序设置、证据审查规则等差异，根据域名争议解决机制作出的裁决与法院的判决可能不同，此时根据司法终局原则，法院的判决域名注册机构应当执行。例如，在陈某飞与布鲁有限公司网络域名权属纠纷案中，获得 ICANN 授权的美国国家仲裁院认为陈某飞的行为满足 UDRP 第 4 条 a 款规定的三个条件，裁定将 bulu. com 域名从陈某飞转移给布鲁公司；但在陈某飞随后请求确认涉案域名归属、并主张布鲁公司侵犯其合法权益的诉讼中，广州互联网法院经审理认为，原告陈某飞对涉案域名的注册、使用不具有恶意，故确认其以域名持有人的身份继续享有涉案域名 bulu. com 的合法权益。❸

---

❶　UDRP 第 4 条 k 款 "诉讼程序的可行性"。

❷　杨煜：《蒋海新诉荷兰皇家飞利浦电子股份有限公司计算机网络域名案》，《法学》2004 年第 3 期，第 124 – 128 页。

❸　参见广州互联网法院（2019）粤 0192 民初 69 号民事判决书。

3. ICANN 授权在 WIPO 设立的域名仲裁中心

WIPO 的仲裁与调解中心作为享有较高国际知名度和认可度、中立的国际性知识产权争议解决机构，其提供的调解、仲裁、专家裁定等多种高效知识产权替代性纠纷解决途径（ADR），是构建完善知识产权国际保护体系的重要内容。该中心也长期与中国国家知识产权局及地方知识产权部门、仲裁与调解机构、律所等进行合作，推广 WIPO 的仲裁与调解规则。2019 年 7 月 21 日，经中国互联网络信息中心（CNNIC）正式授权，WIPO 仲裁与调解中心成为第三家中国国家顶级域名（. cn）争议解决机构；2019 年 10 月，经中国司法部批准，WIPO 仲裁与调解上海中心在上海自贸区设立。目前，该中心接受上海有关法院的委托，已接收并成功调解了多件涉外知识产权侵权纠纷。❶

在互联网时代，品牌的防御保护显得尤其重要；通常热门话题刚开始发酵，相关词汇就会立刻被注册成商标或同时被抢注为域名，越来越多的创业者和企业面临着商标、商号的侵权争议和域名抢注困扰。依据 UDRP，❷ 申诉方必须阐明争议的域名与其商标相同或近似、足以导致混淆，以及应诉方没有使用该域名的权利或合法权益，但却恶意注册和使用该域名。WIPO 仲裁与调解中心依据上述 UDRP 已办理了 5 万余件域名案件，❸ 领域涉及餐饮、零售、时装、娱乐、网络和信息产业、银行以及媒体和出版等各行业；随着数字经济的发展，传统企业向互联网转型，品牌方对知识产权保护、数字资产重要性的认知持续提升，未来该中心关于域名的争议及相关仲裁调解案件还会增加。该中心可以用英文、法文、中文、德文、日文、韩文、挪威文、葡萄牙文、俄罗斯文、西班牙文等 10 种语言处理案件，且所有的决定都会在其网站上公开，这种做法受到了公众的极大关注。目前，该中心已被公认是解决因注册和使用互联网域名而引起的纠纷的主要争端解决服务提供者，此外还经常就有关知识产权争端解

---

❶ 中国新闻网上海站：《国际仲裁机构与上海法院联手出招保护企业知识产权》，http：//www. sh. chinanews. com. cn/fzzx/2022 - 08 - 02/101850. shtml，2022 年 12 月 1 日访问。

❷ 详细内容参见《统一域名争议解决政策》。

❸ 数据来源于 WIPO 网（截至 2022 年 8 月）：Total Number of Cases per Year. https：//www. wipo. int/amc/en/domains/statistics/cases. jsp，2023 年 2 月 1 日访问。

决和互联网相关问题接受咨询。

在 SCT 组织下，"域名系统中与商标有关的最新消息"议题几乎在每一届会议上都会涉及，尤其是针对地名、国名、地理标志等相关的顶级或二级域名注册中的问题，域名争议程序的修订，案例分析，等等。而且，因所有 UDRP 专家组的裁决均发布在 WIPO 仲裁与调解中心的网站上，对各国相关机构组织和市场主体有重要参考价值。另外，2017 年该中心发布了《关于 WIPO 专家组就 UDRP 若干问题所发表意见的概览》（第三版，以下简称《WIPO 概览 3.0》），这份提供全球参考的网上概览覆盖了超过 100 个议题，援引了 265 位 WIPO 专家的近 1000 份代表性裁决；为便于按当事方业务领域和争议主题查阅裁决，中心还提供了可在线检索的 UDRP 裁决法律索引，反映了自 2011 年 2.0 版发布以来受理范围扩大、数量近两倍的案件中 DNS 和 UDRP 各方面演变的情况。[1] 这些对涉及商标与域名重要问题的纠纷裁决及其反映的趋势，不仅被案件当事方普遍接受，也已被相关专家在大多数案件中借鉴采用。这些 WIPO 资源的免费提供在 UDRP 中具有基础性作用。2019 年是 UDRP 成功实施 20 周年，WIPO 中心在日内瓦主办了一次大会纪念，回顾并展望了 UDRP 判例、互联网近期相关发展动态以及一系列其他热点议题，包括替代性争议解决（ADR）模式的平台的设立问题。除了新冠感染病毒全球大流行而导致的 2020—2022 年的暂停例外，该中心还定期举办域名争议解决讲习班和域名专家会议，与有关各方沟通最新信息。

从最近召开的 SCT 第 45 届会议的汇总情况看，UDRP 机制在因恶意抢注和使用域名所困扰的商标所有人中仍有很大需求。[2] 自 1999 年 12 月以来，WIPO 仲裁与调解中心已办理超过 56000 起基于 UDRP 的案件，仅 2021 年商标持有人就向中心提交了 5128 件投诉，同比增长 22%，且该中心连续第六年受理域名案件超过 3000 起、域名总数超过 100000 个；利用中心的程序解决域名争议的投诉人有各行各业的企业、机构和个人，业务活动涉及最多的领域为银行和金融、互联网和信息技术、生物技术和制

---

[1]　WIPO Overview of WIPO Panel Views on Selected UDRP Questions, Third Edition. www. wipo. int/amc/en/domains/search/overview3.0/，2023 年 2 月 1 日访问。

[2]　参见 WIPO 文件：SCT/45/3，February 28，2022。

药、零售业、食品、饮料和餐饮业、时尚业等，包括指称欺诈性电子邮件或钓鱼计划、假冒活动、商标同形异义变体抢注以及面向消费者的网站（例如假冒网站）等其他非法使用涉及争议域名的新类型案件。迄今为止，UDRP 程序可适用的争议域名注册协议的语言有近 30 种，仅 2021 一年在受理案件中列名的当事方就来自大约 180 个国家，反映出 WIPO 这一争议机制的全球性。

（二）互联网中介机构在商标侵权中的责任问题

1. 关于互联网中介机构的概念

互联网中介机构在数字经济环境下发挥着重要的信息枢纽作用。从 21 世纪之初传统商业活动陆续转移至互联网开始、到专门从事电子商务的中介平台兴起，网上市场随着数字技术的发展和应用以越来越多样的形态出现，目前几乎可以说有网络的地方就有商业交易，每一个 App 应用、每一个打开的网页上，都可以开展各种形式的商业活动。相应地，自 20 世纪 90 年代末以来在 WIPO 的 SCT 论坛上，关于网络中介服务平台对商标侵权是否承担责任的问题讨论，也从域名注册和典型的商业主体网站或电商平台，延伸到了搜索引擎、社交媒体、网上拍卖、在线娱乐资讯等并非以电商为主业，而是主要从事其他互联网信息服务业务的中介机构。这些领域中的网络中介机构在商标保护中日益发挥着重要的作用，如何既能有效保护商标权人利益、又能恰当把握责任规则以促进电商和数字经济发展，是各国立法和司法中共同面对的问题，也是网络中介平台与品牌所有人共同期盼获得行为规范指导的问题。

WIPO 将在线拍卖网站、搜索引擎、虚拟世界和社交媒介的经营者视为互联网中介机构的一部分，"互联网中介机构"指在互联网上汇集或促进第三方交易的经营者，他们在互联网上为源自第三方的内容、产品和服务提供接入、主机、传输和索引，或者向第三方提供基于互联网的服务。❶

---

❶ 此概念参见经合组织（OECD）2010 年 4 月出版物的定义："The Economic and Social Role of Internet Intermediaries", p. 9. https：//www. oecd. org/digital/ieconomy/44949023. pdf，2022 年 8 月 5 日访问。

SCT 意识到网络环境下商标保护议题的复杂性，组织成员国就此展开讨论，以期尽早形成共识，消减国际贸易中特别是跨境交易中的法律风险。

2. 互联网中介机构商标保护责任议题的提出

2010 年的 SCT 第 23 届会议要求秘书处准备一份文件（文件 SCT/23/6），整理关于"商标与互联网"议题下之前已有的讨论成果（例如相关联合建议和与 ICANN 的合作）和当前面临的问题，供成员国进一步讨论。SCT 在第 24、第 25 届会议上提出，商标的非典型利用问题需要各国共同面对，例如未经许可将商标作为关键词搜索、将假冒商标的商品在网络拍卖清单上陈列、将商标用于网络社交和虚拟世界交易等。❶ 一些成员国在司法实践中已有相关案例，具体情况因各国发展状况差异有不同，这些案例也作为附件提交 SCT 讨论。

SCT 认为，对此议题的讨论，一方面可以明确商标所有人在网络环境中保护商标所面临的问题和挑战，包括在不同网络环境中的不同挑战（社交媒体、搜索引擎、拍卖网站等）；另一方面有助于探讨国家或国际上有哪些机制或合作形式可能有助于成员国的商标执法工作，同时法律专家也可以讨论相关问题，例如从版权领域吸收经验以解决网上商标侵权或假冒的可能性，以及现行国际机制或国内法如何平衡相互矛盾的政策利益，其在网络环境中确保适当、公正地保护商标起到何种作用等。

3. 在线拍卖网站对商标侵权行为的责任

在线拍卖网站的商业重要性不断上升，因为零售商正以低成本利用此机会接触庞大的消费群。需要注意的是，尽管这样的网站通常会促进专业和业余零售商的发展，但同时也会产生顾虑，即商标等品牌名称可能被非法利用来吸引买家购买非真品。这种动态对商标所有人提出了重大挑战，互联网的全球性和商标法的地域管辖权分歧加剧了这些挑战。

一段时期以来，在多个司法管辖区，大型拍卖网站都被商标相关权利人提起了诉讼，这一领域的诉讼增长势头强劲。尽管在这些案件中提出的事实和法律论点具有明显相似性，但最终结果却在不同的司法管辖区出现分歧。国内法的不同固然会造成这种分歧，但更广泛的政策考虑也对法院判决产生

---

❶ 参见 WIPO 文件：SCT/24/4，August 31，2010；SCT/25/3，February 11，2011。

影响。因此，在纠纷发生时，拍卖网站和品牌所有者都面临着法律适用的不确定性，双方的应对策略必须根据不同的管辖区分头制定、负累较大。

SCT 组织的讨论首先明确，在审查相关判例法之前，对广泛的政策问题进行概述是有帮助的；也即，当品牌所有人对拍卖网站的行为提出疑问时，会涉及哪些问题？毫无疑问，在这方面最重要的问题是：应该由哪一方负责网上商标使用的监测。一种观点认为，品牌所有人应该承担这种责任，因为他们对其商标及授权使用的商品服务有深入的了解、最适合监测商标使用行为是否违规；而且，知识产权持有人应自主积极行使自己的权利、而不是依赖其他人替他们做。然而，品牌所有人不认同此主张，认为拍卖网站为那些达成大量交易的卖家提供支持服务，且拍卖网站目前的运营方式使得自己承受了巨大的损失；因此，在线拍卖网站应该承担监测责任，因为它们本身就有能力过滤广告并对卖家及时采取行动进行救济、最终防止在其网站上发生商标侵权行为；而且，拍卖网站从网站上进行的所有销售中获利，包括了非法商品的销售，因此应对此承担相应责任。然而，后一种观点又受到拍卖网站的抵制，因为它可能会危及他们的商业模式；而且一般来讲，互联网服务提供商（ISP）通常不承担网上非法活动的责任，因为它们是仅仅提供网络服务的渠道，拍卖网站仅仅是为买卖双方之间的交易被动提供平台，不应要求其承担商标侵权责任。

从各国实践看，在确定拍卖网站的责任时，拍卖网站与卖家、品牌所有人的交互方式和程度，是法院判定各方责任的一个重要考虑因素。例如，在网络环境下，德国在网上拍卖案例中形成并确立了侵权责任相关法律原则，即网络市场平台提供者不对商标侵权行为负有责任，除非他们实际上已知晓所涉的侵权行为；凡中介机构已获悉侵权行为的，即可追究其作为"介入者"的责任，同时提供强制性救济，并责令采取预防措施。❶而在美国的判例中，蒂芙尼指控 eBay 通过网站广告和搜索引擎的赞助商链接推销涉案商品、并诱导用户"寻找低价的蒂芙尼商品"，以及允许假冒的蒂芙尼珠宝在其网站上销售的行为属于欺骗消费者；该案一审法官驳回

---

❶ Kur, Annette: *Secondary Liability for Trademark Infringement on the Internet: The Situation in Germany and Throughout the EU*, Columbia Journal of Law & the Arts, 2014, p. 525, pp. 532 – 535.

起诉，认为蒂芙尼未能提供证据证明 eBay 有意欺骗消费者，且 eBay 每年用于努力打击假冒商品的开支达到 2000 万美元，蒂芙尼上诉后美国联邦第二巡回上诉法院维持了一审判决。[1] 另外，为了应对不断增加的假冒产品网上销售事件，电商平台等各类网上中介机构越来越倾向于与权利持有人自愿合作；事实证明，这种合作在制止假冒产品网络销售方面虽非充分有效，但在一定程度上是成功的。[2]

除了 SCT 组织讨论产生的一系列文件外，WIPO 的"执法咨询委员会"在 2017 年 9 月 4—6 日的第 12 届会议上，发布了由牛津大学研究员兼国王学院客座教授 Frederick Mostert 撰写的《网上商标侵权处理办法研究报告》的内容提要，介绍了诸多国家关于网络中介机构是否承担平台上发生的商标侵权责任的做法和经验，供各成员国讨论和参考。[3]

4. 搜索引擎关键词竞价拍卖涉及的商标侵权责任争议

互联网用户进行在线搜索时可能会看到两组不同的结果：自然排序结果和竞价排序链接；前者是由搜索引擎以与搜索条件相关的中立方式生成的，后者是因为某些网站作为广告客户向搜索引擎经营者支付费用购买服务、以确保在输入特定关键词搜索后显示的能指向意图链接网站的排序结果。以关键词作为标的竞价拍卖是搜索引擎经营者都采取的营利手段。以 Google 为例，广告客户对某些关键字进行出价，并按"点击付费"（pay per click，PPC）收取费用；也就是说，每次用户输入该关键词后点击显示的链接结果时，Google 都会按点击次数向相应的广告客户收取费用，此费用以竞价拍卖方式决定，也即同意按"点击付费"支付最高费用的广告客户所设置或希望设置的链接将出现在搜索结果页的黄金位置。一般而言，作为自然结果列表中第一个链接出现的品牌所有者，也会出价购买该排名，以确保专门搜索其品牌的消费者能首先访问其网站；但当广告客户竞价购买的关键词是第三方商标时，可能出现复杂情况，即搜索特定品牌的

---

[1] Tiffany (NJ), Inc. v. eBay, Inc. 600 F. 3d 93 (2010).

[2] 邓益辉：《中国最大电商平台如何打假?》，《民主与法制时报》2017 年 4 月 30 日第 9 版；另有关合作模式及成效等详情，参见阿里巴巴打假联盟网站：http：//aaca. alibabagroup. heymeo. net/，2023 年 2 月 1 日访问。

[3] 参见 WIPO 文件：WIPO/ACE/12/9 REV. 2，September 1，2017。

消费者可能会先接触到来自该品牌竞争对手竞价购买的链接，从而导致消费者混淆或认为这两个商家是关联或相附属的。

商标所有人当然认为这是有问题的，但如何采取补救措施是商标法难以解决的问题。例如，如果该竞价活动侵权，应追究谁的责任？是搜索引擎、广告客户还是两者都追究？谷歌公司因其允许广告客户将第三方的商标作为关键字出价的"Adwords"计划，曾经在多个司法管辖区引发诸多案件并持续成为被告；在"Adwords"计划中购买商标关键词的可能是品牌所有人的竞争对手，或者可能通过链接的网站提供假冒品牌的商品，无论哪种情况，品牌所有人都可能受到商誉和经济上的损失，从而引发诉讼纠纷。❶ 事实上，关键词检索竞价排名涉及的商标侵权争议如何解决，要达成共识以确定国际规则难度相当大；因此，至今这仍是成员国依据各自国内法来解释适用的、国内法在实施中其实也存在不同认识的话题。对这一问题的判断，涉及经营网络技术应用的中介平台作为第三方在侵权责任中地位的释明；例如，其是仅仅提供中立的网络技术服务、还是积极地参与直接侵权用户的行为，使用是否符合商业使用意义，是否足以导致混淆误认等，都涉及商标侵权理论中的基础性问题。

5. 社交媒体用户使用商标的侵权争议

商标在网络虚拟世界中的使用引发的法律疑难问题，在各类社交媒体兴起之初就被 WIPO 关注到。❷ 为用户打造虚拟世界平台的经营者，对其用户侵害商标权行为是否以及应当承担什么样的责任，与传统的网络服务提供者面对的是相似的问题。不过，社交媒体用户的使用具有比市场主体（例如抢注域名、购买关键词广告链接至自己的商业网站等明显的竞争者）的使用更复杂而难以判断的因素；尤其在商业使用的要求上，对于虚拟世界中的用户创作或生成内容（UGC）尤为如此，很难说聊天、日志、直播（非专门带货）等明显具有商业性。还有，要证明商标在虚拟世界和社交媒体上的使用、可能产生消费者混淆的风险，或淡化驰名商标、减损其显著性等，从各国的实践看尚无充足的司法裁决，从理论上看也没有形成共

---

❶ 相关案例简介参见 WIPO 文件：SCT/24/4，August 31，2010，第 18 – 36 段内容。

❷ 具体问题参见 WIPO 文件：SCT/24/4，August 31，2010，附件一。

识。另外，即使发生诉讼，如果双方达成和解，具体内容也通常会保密因而对他人缺乏示范性，无助于减少上述争议在各国普遍存在的法律后果之不确定性。

不过，SCT 梳理的关于社交媒体中介平台在商标侵权中的角色判断疑难问题，不独为社交媒体所面临，也不仅仅出现在商标领域。实际上，整个互联网中介平台在知识产权侵权中的角色定位具有普遍性，甚至在全部民事侵权领域都面临类似的问题。这一问题的实质特性是法律如何理解执行，而执法则事关成员国司法主权和国情。在国际知识产权制度协调的职责分工上，执法更多由 WTO 主导；WIPO 作为立法规范的协调组织，除了已有的《巴黎公约》《伯尔尼公约》等成型且历经长期磨合基本已无分歧的国际知识产权保护机制外，在各国知识产权执法规范的协调简化方面虽然可以有所作为，但在互联网第三方责任等新领域内，其要推动实体执法规范的统一则比较困难。

正因为如此，2012 年 9 月 18—21 日的第 27 届会议结束后，SCT 在报告中指出，关于互联网中介机构在商标侵权领域中的角色和职责的讨论虽然非常令人感兴趣，但如俄罗斯、欧盟等代表团建议所说，应尽可能多地集中于外观设计保护法律与实践方面的条文及其实施细则草案，着眼于尽快就此问题达成协议，故 SCT 对商标领域互联网中介机构的作用和职责再进行更多的讨论既不合适也无必要，因此，SCT 不再就该主题继续开展工作。[1] 这样，在 2013 年之后，互联网与商标关系的议题在 SCT 不再专门讨论；除了域名问题不定期更新外，SCT 这一论坛上的主题转向了地理标志、工业品外观设计保护问题。需要指出的是，尽管在 SCT 不作为专门议题，互联网中介机构在知识产权侵权中的角色地位，仍是 WIPO 框架下各成员国关注的议题；例如，在 2022 年 WIPO 的"执法咨询委员会"提出讨论的最新问题清单中，就包括了利用社交媒体侵权如何应对的问题。[2]

---

[1] 参见 WIPO 文件：SCT/27/11，2012 年 10 月 19 日；另外关于此议题讨论的相关具体材料参见 WIPO – SCT 电子论坛网站：https://www.wipo.int/sct/en/comments，2023 年 2 月 1 日访问。

[2] 参见 WIPO 文件：WIPO/ACE/15/INF/2/PROV.，August 19，2022。

第四节　地理标志的保护问题

一、议题的提出及进展

（一）地理标志作为一种特殊商业标识的国际保护需求

地理标志是一种用于具有特定地理来源的商品的标志，这些商品具有可主要归因于产地的品质、声誉或特征。一个标志要作为地理标志发挥作用，必须能够识别其所使用的产品源自特定原产地；此外，该产品的品质、特征或声誉在本质上也要归因于该原产地，也即产品及其原产地之间存在明显的联系。获得地理标志保护的方式，通常是在构成地理标志的地名标志上取得专有权利，此类专有权利常被用于农产品、食品、酒类和酒精饮料、手工艺品和工业品等与地理范围紧密相关的商品上。

地理标志保护可以让有权使用标志的人阻止产品不符合其适用标准的第三方使用该标志。例如，在"香槟"地理标志受保护的各个法域内，"香槟"葡萄酒的原产地生产者可以制止在其划定的地域范围以外种植的，或未按该地理标志操作标准生产的葡萄酒上使用"香槟"一词。不过，受保护的地理标志并不能让权利人阻止他人用地理标志标准中规定的技术生产同样产品；当然，这在不同法域可能会产生不同的理解，例如"香槟"在法国和欧盟之外的世界其他地方，有可能被视为一种按最早由香槟酒确立的技术标准生产的产品通用名称。事实上，在中国，"香槟"一度被淡化为一类起泡葡萄酒名，后来经法国政府部门出面进行国际协调才被挽回，回归到其法国本地经营者具有专用权的地理标志，并根据《巴黎公约》在我国获得保护。而在美国，法国的"香槟"地理标志则没有从通用名称重返可以获得专用权保护的地理标志。因此，地理标志产品丰富的国家和地区，更迫切需要并推动建立地理标志专用权保护的国际规则，以实现知识产权在国际上的增值效应、减少不确定性。

之所以保护地理标志专用权，是因为地理标志作为一种特殊的商业标记，通常总是代表着特定产品的品质和商誉，会增加产品的附加值，为当地的生产经营者带来更多财富，同时也能使消费者对产品的品质有恒定的信心、建立符合自我喜好和需求的消费习惯。但正是由于地理标志具有很高的经济和商业价值，市场上假冒地理标志的各种侵权行为不时发生，这与驰名商标遇到的问题类似。一般来说，最为典型的侵权行为包括显性的假冒，即冒充地理标志产品所在的原产地而隐瞒产品的真实产地，以及虽然标明产地（常常以不清晰明显的方式）但在产品相关标记中有意指示与原产地地理标志有关系的隐性攀附行为。假冒或仿制地理标志产品的行为构成了对正宗产地专有权利人利益的侵害，同时也构成对消费者知情权的损害，扰乱了正常的市场竞争秩序；因此，对地理标志的有效保护不仅在国内市场环境下迫切需要解决，在国际贸易中也成为需要协调的问题。

（二）国际上地理标志的主要保护方式及其协调问题

从国际上看，地理标志主要有四种保护方式：即专门保护制度（特殊独立于其他知识产权的保护制度）、集体商标或证明商标（商标制度的一种）、商业惯例保护及行政性产品审批机制、反不正当竞争法保护。这些保护方式的不同之处，在于保护条件或保护范围等方面的不同；其中两种保护方式——即专门制度以及集体商标或证明商标制度——拥有某些共同点，即均为符合特定标准的地理标志使用者的集体使用创设了权利。不过，不同国家和地区基于各自法律体系和实施机制的需要，通常会采用上述两种或多种方式的组合来保护地理标志，这与各自国内的法制历史和经济条件差异相关。因此，各国在地理标志保护上可能一开始就存在诸多不同术语，包括基本的概念。广义上讲，"地理标志"一词包括国际条约和国家/地区司法管辖区中使用的若干概念，如地理标志、原产地名称、受保护的原产地名称（PDO）、受保护的地理标志（PGI）、地理标志集体或证明商标等。因 1994 年在 TRIPS 协议中采用了"地理标志"一词，之后的国际讨论基本采用这一术语。

地理标志保护的国际协调问题，早在 WIPO 于 1999 年 3 月召开的 SCT

第 2 届会议上就被纳入讨论议题。❶ 各国需要就地理标志议题发表意见的主要涉及以下一些基本问题：①保护的客体或对象；②保护是否必须基于注册登记，若是，恰当的程序要件如何设定（包括对申请案的审查程度及内容）；③与商标发生冲突时的解决方案。

关于上述讨论研究的结果将呈交 SCT，以便决定下一步如何推进；例如，是否比对 TRIPS 协议的要求、就地理标志保护起草新的示范法，等等。此外，WIPO 还定期在全球召开关于地理标志议题的研讨会以凝聚共识。❷ 自地理标志议题在 SCT 会议上列入讨论议程后，尤其是随着越来越多的发展中国家积极参与，WIPO 对此议题日益关注；近些年来，WIPO 也通过出版物及其更新，全面介绍地理标志及其作为知识产权的基本特征、使用及保护等常识，以普及地理标志保护理念，以引导有兴趣的读者进一步了解该主题。❸ 另外，WIPO 持续至今每两年召开一次的地理标志国际研讨会，也汇集了若干供成员国和研究者参考的资料。

二、议题的主要内容及讨论进展

（一）在域名系统中保护地理标志

在 2014 年 3 月 17—21 日 SCT 第 31 届会议上，捷克共和国、法国、德国、匈牙利、意大利、葡萄牙、摩尔多瓦共和国、西班牙和瑞士代表团提议，应讨论域名系统中的地理标志和国名保护问题，建议把 UDRP 与商标相关的争议解决机制覆盖范围，扩大到与国名和地理标志相关的纠纷。此议题需讨论的主要理由包括以下方面：

（1）UDRP 是一项获得公认的争议解决机制服务，并经过去 15 年被证实非常成功。根据 UDRP（政策）的第 4 条 a 款（i）项，该机制仅针对基

---

❶ 参见 WIPO 文件：SCT/2/4（Summary by the Chair），March 17，1999，第 8 段。

❷ 参见 WIPO 文件：SCT/2/7，May 10，1999，第 14、15 段。

❸ 参见 WIPO 于 2021 年编写的《地理标志概述》（第二版），第 952C/2021 号出版物。

于商品或服务商标的请求提供争议解决程序;❶ 根据这项规定，尽管域名注册中同样可以轻易以欺骗性的方式注册和使用国名和地理标志，但国名、原产地标记或地理标志的相关主体却不能诉诸 UDRP 解决。这一缺陷在 WIPO 域名进程的第一期和第二期推进中已经显现，当时有多条评论意见明确指出，UDRP 的这种范围限制是保障权利人合法利益的障碍。

（2）根据第二期 WIPO 互联网域名进程最后报告的第 238 段,❷ 不可否认的是，有大量证据显示地理标志和其他地理来源标记，被与标记所指地区毫无任何关联的人注册为域名并使用。抛开地理标志保护问题不谈，这样的做法对域名注册制度也有破坏性，即破坏了这些地理标记所在地的域名命名系统的完整性、可信度和可靠性。

（3）互联网在商品和服务的全球流动中发挥着日益重要的作用，例如，传统商业活动转向电子商务进程中越来越重要的必不可少的简化域名，已经成为消费者识别企业最重要的标记。但是，互联网上商业标识使用的显著发展和已注册域名的数量增多，会给国名和地理标志的保护造成何种影响，还未有清晰的认识；同样有必要了解的是，UDRP 机制的范围限制会对国名和地理标志相关权利人的合法利益造成何种影响。

（4）地理标志在经济和文化中的价值需要得到足够关注。由于地理标志保护的正宗产品与其原产地密切相关，并受当地特定因素的影响，因此它们能为当地社区创造价值，并以适当的方式向有兴趣和信任其品质的消费者传递有关产品产地来源信息。这种特殊的作用使其对当地社区的经济发展具有重要意义，特别是受地理标志保护的主要是农产品，有效的地理标志保护可以支持当地农村农业的发展，在农产品生产、加工和其他相关服务业中创造新的就业机会，并以便利有效的方式增强消费者的信任感和忠诚度。可见，地理标志是一种促进农村发展、可以使当地集体性受益的知识产权，它们具有为产品增值的潜能，并能促进当地农村和相关社区的

---

❶ Uniform Domain Name Dispute Resolution Policy（As Approved by ICANN on October 24, 1999）. http：//archive. icann. org/en/udrp/udrp – policy – 24oct99. htm，2023 年 1 月访问。

❷ *Report of the Second WIPO Internet Domain Name Process*，WIPO Publication No. 843，September 3，2001. https：//www. wipo. int/export/sites/www/amc/en/docs/report – final2. pdf，2023 年 1 月 5 日访问。

经济发展。

（5）与此同时，地理标志所具有的这种高商业附加值，使得其极容易被假冒和盗用，从而损害了权利人的利益，或限制了其进入某些市场的机会，并破坏消费者的忠诚度。大多数情况下地理标志的保护与驰名商标需求类似。在域名系统中如果缺乏有效措施制止地理标志或其他相关的重要地理名称被滥用，不利于保护此类知识产权。

基于上述理由，SCT 扩大了关于域名系统的讨论，以期提出修改 UDRP 的建议，使其能够受理有关侵犯地理标志专有权的域名注册和使用的投诉。根据 WIPO 近期召开的研讨会之材料观察，域名系统中的地理标志保护问题仍面临诸多挑战；例如，在 2019 年的地理标志国际研讨会上，针对 2011 年顶级域名开放注册后出现的地理标志被抢注、UDRP 却缺乏对策的问题展开了讨论；有观点认为，尽管有其他仲裁机构的 ADR 机制可以选择，也可诉诸成员国或地区的法院请求救济，但 UDRP 不将地理标志作为知识产权的一种来预防侵害和提供救济是值得关注的。❶ 尽管目前启动争议解决机制的纠纷很少，但在 WIPO 中心已有一例，即"香槟"地理标志所有人对"champagne. co"域名注册提起的争议被驳回。❷

（二）关于地理标志保护立法和程序协调的争议点

1. 美国对基于里斯本协定的地理标志保护规则国际协调的反对态度

在 2013 年的 SCT 第 30 届会议上，美国认为，SCT 关于地理标志的工作将近十年停滞不前，给出的理由是没有代表团希望损害其他论坛、例如 WTO 正在进行的谈判。遗憾的是，正是缺乏知识产权专家的公开讨论，为 WTO 在 TRIPS 协议中纳入地理标志条款带来巨大压力，使得在地理标志保护范围方面造成了一种混淆和误解的氛围，审查各国的实践做法也未解答存在的问题，由此造成各国的地理标志保护制度大相径庭，使怎样在当今全球经济中保护地理标志成为对企业困扰最大、不确定性最强的问题。而

---

❶ Delia Belciu：*Geographical Indications as Intellectual Property Titles in the Operation of DNS and in the Dispute Resolution Policies*，November 6，2019. https：//www. wipo. int/edocs/mdocs/sct/en/sct_is_geo_ge_19/sct_is_geo_ge_19_p3. pdf，2023 年 1 月 5 日访问。

❷ Comité Interprofessionnel du vin de Champagne v. Steven Vickers，WIPO Case No. DCO2011 -0026.

目前 WIPO 的里斯本协定工作组又提议，用修订和扩大《里斯本协定》以增加地理标志保护的办法来协调，对此美国认为，尽管所称的修订理由是扩大包容性，但修订案文草案与地理标志的商标保护制度不兼容；SCT 面临的局面是，明显属于自己的工作主题正在被里斯本工作组的工作取代，而这明显超出了后者的规定任务。最后，美国代表团建议 SCT 审议一项双管齐下的工作计划：

第一，就世界各地的不同地理标志制度开展研究和教育，以尝试创造某种透明度，增进我们对全球市场中各成员地理标志保护制度的相互了解，研究建立一种对所有国家的法律保护机制具有包容性的地理标志申请体系的可行性；

第二，由秘书组织开展一系列研究，就缺少国际谅解的地理标志具体议题考查各国的法律做法，并要求 WIPO 成员提供相关资料，例如，如何评价某个申请保护的地理标志在某领土内是否为通用名称的问题。❶

2. 美国关于包容性地理标志申请体系的提案

在随后的 SCT 第 31 届会议上，美国提出了名为"探索地理标志申请体系可行性工作计划"的提案。提案指出，美国为里斯本联盟"修订"《保护原产地名称及其国际注册里斯本协定》时所采取的做法感到不安，因为其本质上试图将一个成员有限、客体狭窄的协定转变成一个新的全球性知识产权协定；这种转变不仅超越了里斯本联盟的权限，还在一些关键点上偏离了长期以来 WIPO 的进程和确保所有成员的利益均得到尊重的做法。为了遵守这种已经明确建立的 WIPO 机构规则，确保面前的实质性议题得到适当考虑，并避免出现今后可能在其他背景下损害成员国利益的事例，美国提议 WIPO 各机构进行适当参与（即便这种参与已较晚），以纠正这种局面。众所周知，关于适当的地理标志保护体系的辩论，已经进行了几十年；SCT 在地理标志工作方面拥有管辖权，有一个常设议程项目；而且，对于地理标志的保护存在的几种不同、相互矛盾的途径，全世界正在就此展开谈判。尽管存在这些广泛承认的现实，但迄今为止《里斯本协定》"修订"进程唯一的驱动和决定方是该协定的现有成员；虽然其声称

第四章　商标、外观设计和地理标志领域的国际讨论焦点

修订目标是使协定转型，以确保协定有更大的全球覆盖面，但这一进程试图绕过更多的 WIPO 成员针对修订工作资金筹集和拟议的实质性协调标准的反对意见。本质上，这一修订进程使得里斯本联盟将其在地理标志保护上所采取的途径推进到 2015 年召开外交会议，却并没有认真接受其他利益非常相关的 WIPO 代表团的意见。里斯本协定修订进程的进行，不仅明显无视里斯本联盟自身的任务授权，还无视 WIPO 这一服务于全体而非少数成员利益的国际组织重要的程序规则和财务利益。特别是，修订进程中表现出了一种明显的努力，试图将广大 WIPO 成员历史上对该协定的辅助作用永久化，强迫 WIPO 为修订这部协定召开外交会议，并承担费用，而这些广大的成员既不是这部协定的成员，此前也被拒绝给予机会在适当的 WIPO 论坛上发表有意义的反对意见。[1]

3. 以法国为代表的欧盟关于地理标志扩大保护的意见

在 2015 年 11 月 16—18 日的 SCT 第 34 届会议上，法国代表团提议考察各国法律制度中对地理标志的保护状况，更具体而言，除研究与使用地名的商标有关的立法和案例以外，还应该研究用集体商标和证明商标保护地理标志的条件和局限，以及互联网中对地理标志的保护问题。[2] 同时，美国也提出议案并列出了一系列其认为应讨论的具体议题；例如草拟保护地理标志新条约的必要性及其可能的内容，商标和地理标志冲突以及同名地理标志冲突解决的可能办法（文件 SCT/5/3），关于地理标志的历史背景、权利性质、现有保护制度以及在其他国家获得的保护（文件 SCT/6/3 Rev. 及其增编的文件 SCT/8/5），关于地理标志的定义（文件 SCT/9/4），地理标志和地域性原则（文件 SCT/9/5），以及修订《里斯本协定》或缔结一部新条约、修订巴黎公约外交会议第三次会议成果的第二部分等。[3]

从以上议案及其讨论情况看，SCT 会议就地理标志立法和程序进行国际协调的议题推进不易，主要原因是美国、法国（背后是欧盟）对相关问题的观点分歧较大。因此，这一议题之后又被搁置，SCT 主要讨论外观设

---

[1] 参见 WIPO 文件：SCT/31/7，February 18，2014。

[2] 参见 WIPO 文件：SCT/34/6，November 9，2015。

[3] 参见 WIPO 文件：SCT/34/5，October 26，2015。

计体系的协调问题，而地理标志国际协调议题转由 WIPO 组织以国际研讨会方式开展交流，更加注重不同国家的地理标志管理规范等细节问题。例如，在 2017 年 6 月 29 日—7 月 1 日在扬州召开的地理标志全球研讨会上，法国代表提出管理和保护原产地名称或地理标志的最佳方案应具有的几个关键要素：❶

（1）专业的集体治理。包括：①与产品质量和典型性有关的活动；②产品控制及生产条件；③集体研发；④集体促销。

（2）有效的主管当局参与。包括：①在公共政策中分配给相关原产地名称或地理标志大量资源，例如以一个国有机构来执行有关的立法；②根据法国和欧洲的自成体系的具体立法和保护，授予原产地名称或地理标志的权利相当于其他知识产权，如专利和商标；③密切监测国际保护水平；④保护生产原产地或地理标志产品的土地和环境。

（三）地理标志保护制度国际协调需要研究的问题清单

在 2018 年 4 月 23—26 日的第 39 届会议上，SCT 汇编了地理标志工作计划，拟向成员国代表团和具有观察员地位的政府间组织提出问题，所列的问题清单多达近 200 项，涵盖了地理标志制度各个方面，包括可以向地理标志提供某种保护的国家和区域制度、保护依据（受保护的标识/标志、涵盖的商品/服务等）、合格的客体、申请和注册（申请资格、申请内容、驳回理由、审查和异议、所有权/使用权、其他国家的保护请求等）、维护和授权使用、在互联网和包括 TLD、gTLD 和 ccTLD 在内的域名系统中的使用/误用（视情况提供实例、案例、处理误用问题的机制，保护的依据材料），等等。❷

从已有讨论看，地理标志保护制度在国际层面之所以难以协调，主要由于"新大陆"和"旧大陆"两大法域对此议题有不同的诉求，其核心争议点在于"旧"的地理标志向通用名称的转化可在"新"的国家和不同时

❶ Anne Laumonier：*Some key points on how to ensure optimal management and protection of geographical indications*，参见文件：WIPO/GEO/YTY/17/10，June 29 – July 1，2017。
❷ 参见 WIPO 文件：SCT/39/6 REV.，March 13，2018。

期发生，这可能造成某一具体标志在某些国家被认为构成了地理标志，但相同的标志在其他国家却可能被当作通用名称的局面。在地理标志范畴内，通用名称化是指尽管某一名称的原始含义是指产品的来源地，但历经长久使用该地理标志已经淡化地理来源成为该类产品的惯用名称。例如，用于奶酪的"卡门贝尔"一词就是成为通用名称的地理标志，该名称现在可用于指称任何卡门贝尔"型"的奶酪。另外，地理标志保护的不同诉求也有因在不同国家或地区"同形异义（或同音异义）"产生的问题；也即，某地理标志的拼写或发音虽然相似，但如果可以识别产自不同地区特别是不同国家的产品，原则上讲这类标志可以共存（当然这种共存可能要取决于某种条件）。例如，"新旧大陆"显然有不同地域采用同一地名的情况，那么当地生产同样的产品理论上有权使用该相同的地名；不过，应要求这类标志只能与产品来源相关的附加信息同时使用，以避免误导消费者。如果地理标志在使用时，由于另一个"同形（同音）异义"地理标志的存在，而被视为可能在产品真正来源上误导相关消费者，则该地理标志可能会在相应地域被拒绝保护。

鉴于地理标志保护议题又成为新一轮国际经贸条约谈判中的核心争议问题，WIPO 在此领域的实质性进展工作再次搁置。

第五节　工业品外观设计的保护问题

在科学技术高速发展、市场竞争日趋激烈、产业分工精细化发展的今天，产品的更新换代除了体现在核心新技术的应用和新功能的开发外，还越来越多地体现在产品的新式外观设计应用。工业品外观设计，简称外观设计，也有的国家或地区称为（工业品）新式样，是指通过图案、线条或色彩及其组合等体现的产品外观的装饰性的、有美感的新设计。作为产业创新活动的一种特殊智力成果，早在《巴黎公约》中，外观设计已经被纳入国际知识产权保护框架。随着工业经济的发展和新兴产业的兴起，外观设计所赖以依托的产品越来越多，保护的范围也越来越宽，从传统的纺织、机械制造等扩展到新兴的电子、信息等各个行业。不过，外观设计具有一定的特殊性，在不同国家的理论和实务中，外观设计保护的依据和路径也不尽相同。本节将专门就此进行讨论。

一、议题的提出及进展

（一）外观设计相关的国际法律规范

1. 外观设计及其保护概述

外观设计是指物品的装饰性特征，该特征可以是立体的，如物品的形状轮廓或外表；也可以是平面的，如图案、线条或颜色。外观设计广泛应用于工业机械制造和手工艺等各个领域的产品，如汽车及配件、灯具、仪器、手表、珠宝、家居用品、电器、交通工具、建筑结构、纺织品、休闲品，等等。新式外观设计能使物品富有吸引力并能很快引起消费者的注意，从而增加产品的商业价值，拓展其销售市场。新式外观设计的开发，需要对市场需求进行调研、预测、评估，需要技术人员有结合消费者喜好和产品技术性能的创意即能力技巧，这些均需较大投入，而设计这种智力成果也像其他知识产权客体一样极易被复制或模仿。因此，法律保护外观设计有助于确保上述投资得到公平回报，有效的保护制度也通过促进公平竞争和诚信交易而有利于消费者和社会公众。在多数国家，外观设计必须经过注册才能受法律上的专有权保护。当然，根据具体的国内法，外观设计也可能作为未注册外观设计受到禁止模仿的不正当竞争保护，或因其具有艺术表达独创性构成作品而得到版权法的保护。

概言之，在全球范围内，外观设计的保护制度因不同国情而存在差异。❶ 在一些国家和地区，外观设计和版权保护可以并存，但在另一些国家和地区则只能二选一；在一些国家和地区，外观设计被纳入专利法立法模式，而在另一些国家和地区，外观设计保护则作为独立于专利法的一种

---

❶　各国的外观设计保护制度概况，参见 WIPO 文件：WIPO/STrad/INF/2 Rev. 2，June 19，2009。

专门知识产权法律制度存在。在某些情况下，尽管保护的条件以及所保证的权利和救济有很大的不同，但外观设计也可能得到反不正当竞争法的保护，例如成为某特定市场中具有一定影响的、可识别来源的商品外观。总的来说，保护外观设计可以鼓励产业创新创造，促进商业活动扩大，提高本国产品的出口，从而有助于经济发展。

2. 外观设计国际保护制度概述

在国际层面，1883 年通过的《巴黎公约》适用于最广义的工业产权，包括专利、商标、工业品外观设计、实用新型、服务商标、厂商名称、地理标志以及制止不正当竞争；同时，WIPO 赖以成立的 1967 年《WIPO 公约》（WIPO 于 1974 年成为联合国的一个专门机构），也将外观设计列为一类单独的知识产权保护客体；因此，基本上 WIPO 的各成员国均对外观设计提供了某种形式的工业产权法律保护。

在保护方式上，1981 年 11 月 23 日通过的《建立工业品外观设计国际分类洛迦诺协定》建立了外观设计的分类（"洛迦诺分类"）。根据此协定，缔约国的主管局必须在记载外观设计登记或注册的官方文件中，按分类标明采用外观设计的商品所属的大类和小类号；在各主管局发行的有关外观设计登记或注册的任何公开出版物中，也必须标明这种分类号，以便于查询归类及后续相关程序的进行。

3. 外观设计国际注册海牙体系基本内容

在程序方面，1925 年通过的《海牙协定》对外观设计的国际注册作出了规定，其目的是有效地建立一个使外观设计以最少的手续、在多个国家或地区取得保护的国际注册体系（以下简称海牙体系）。海牙协定允许申请人向 WIPO 国际局递交一份申请注册一项外观设计，使外观设计所有人能够经济便捷地在多个国家或地区获得保护；同时，该协定允许只办理一次登记程序即可变更和续展国际注册，从而简化了外观设计的注册和管理。外观设计国际申请可以直接提交 WIPO 国际局，或者在缔约方法律允许或有此要求的情况下，通过该缔约方的主管局提交 WIPO 国际局。在实践中，多数申请都是直接通过 WIPO 网站上的电子申请界面提交的。国际申请可以包含最多 100 项外观设计，只要它们均属于洛迦诺分类的同一类别；申请人可以选择用英文、法文或西班牙文提交，其中必须包括一份或多份外观设计的复制件，必须指定至少一个缔约方。国际注册在 WIPO 每周在线发行的《国际外观设计公报》上公布，申请人可以视被指定的缔约方情况请求延期公布，延长期限自国际注册日起，或者在要求优先权的情况下自优先权日起，不超过 30 个月。申请人指定的缔约方可以在国际注册公布之日起 6 个月之内（或根据海牙协定 1999 年文本在 12 个月之内），拒绝给予保护；如果某一被指定缔约方在规定的时限内未发出驳回通知（或者这种驳回随后被撤回），国际注册即拥有根据该缔约方的法律在该缔约方被授予专用权保护的效力。外观设计保护期为 5 年，根据海牙协定 1999 年文本可以续展两次；如果缔约方的立法规定了更长的保护期，则该缔约方应对被提交国际注册的外观设计给予同样长的保护期。海牙体系还为了便于最不发达国家的外观设计创作者使用，减免了其国际申请费的 90%。❶ 海牙协定于 2022 年 5 月 5 日在我国正式生效，国家知识产权局拟订了一整套衔接方案，包括培训审查人员、开展模拟审查等，以确保做好相关审查业务衔接。

（二）SCT 关于外观设计国际保护制度协调的讨论

1. 关于外观设计保护国际协调议题的动议

外观设计保护制度的国际协调问题，很早就被 SCT 纳入工作范围。该议题在 1999 年 WIPO 外交会议上形成了积极的结果，即采用关于提交外观设计国际注册的海牙协定新版本议案。不过，因海牙协定尚需协调国际上外观设计的保护需求，需要由 SCT 组织研究讨论以灵活地协调各国家和地区外观设计法律实体和程序规范。为此，SCT 在 2000 年底的第 6 届会议上明确，可以启动相关议题的工作。❷ 不过，SCT 之后先后将主要精力集中在驰名商标、商标许可、商标异议、域名争议、互联网中介的商标保护责任、国名、地理标志等议题，因此，外观设计注册国际体系协调议题在一段时间内没有实质性启动。在 2007 年 5 月的第 17 届会议上，SCT 要求秘书处征集和拟定关于外观设计国际保护的问题清单，随后自第 18 届会议起

---

❶ 《海牙协定》详情参见 WIPO 网站：https：//www.wipo.int/hague/zh/，2023 年 1 月 5 日访问。
❷ 参见 WIPO 文件：SCT/6/4，December 22，2000，第 23 段。

开始讨论修订后的问题清单。❶

2. 关于外观设计保护的问题清单

上述 SCT 征集的关于外观设计保护问题的清单草案的主要内容包括：（1）外观设计保护客体。（2）外观设计注册申请，包括：①多件成套外观设计申请；②不丧失新颖性的申请前披露；③申请后外观设计的修改。（3）外观设计的审查，包括：①实质性审查；②优先权。（4）保护期和保护范围，包括：①保护期起算时间；②保护范围。（5）驳回申请的上诉。（6）替代性争议解决机制（调解、仲裁）。（7）无效程序，包括：①无效理由；②有权处理机关。（8）与商标的关系，包括：①客体交叉并存；②客体的非技术或功能性考量；③权利重叠保护问题。（9）与版权的关系。（10）与反不正当竞争法的关系。（11）问题清单的回复系统。（12）问题清单的公布。

根据成员国对以上问题清单的回复，SCT 在第 19 届会议上形成了《外观设计法律及其实施：基于问题清单回复的分析》文件，并以附件表格形式呈现研究结果。❷

3. 外观设计注册涉及的需要协调的问题

SCP 基于对上述清单问题的汇总分析，提出了外观设计注册涉及的下列问题。

（1）申请时提交的复制件。从调查反馈看，各法域的具体要求不尽相同，但这并非不可调和。例如，图片、照片（黑白、彩色）等大多数被接受，但 CAD 等计算机制图仅极少数法域接受；复制件通常需要提交 1—3 份，应足够显示设计的全貌（有的有六面体等要求、有的不限制具体呈现面）；剖面图、详情图（如放大特写）、虚实线表示也为多数成员国所接受。其他常见的申请文件内容还包括对外观设计适用产品的简要说明、可允许的权利人和设计人身份标记等。样品可以作为外观设计复制件提交，这在有些法域可以加快注册进程；不过，返回的问题清单中有三分之一不允许提交样品而仅接受平面或三维设计图。

---

❶ 参见 WIPO 文件：SCT/18/7，July 31，2007，SCT/18/8 Rev.，December 14，2007。

❷ 参见 WIPO 文件：SCT/19/6，May 13，2008。

（2）关于申请日。外观设计申请当然是越早越好，这关系到新颖性判定，也是在其他法域请求优先权的依据。据此，需要采取与 PCT 和《新加坡商标法条约》一致的做法，协调各国对申请日的确定。绝大多数国家和地区对此有四个要求：①外观设计注册申请；②申请人身份等信息；③清晰的外观设计复制件；④申请人或其代表的联系方式。半数以上的国家或地区对于外观设计申请还有其他要求，例如对外观设计适用产品或被使用关系的清晰描述、申请费等。

（3）关于成套申请和分案申请。成套申请指一份申请可能包含的多件外观设计。大多数（76%）管辖区认为这是一种便利优势；当然多数国家对申请可包含的具体外观设计数量有限制（1/2 以上限量 100，另有 1/4 限量 50）。另外，成套申请的外观设计必须具有某种共性特征，对此特征不同国家的判定标准有所不同；最常见的标准是：①所有产品均属于洛迦诺国际分类的同一类别；②所有产品均成套或作为组件同时生产销售；③所有外观设计符合同一性。多数国家认为，成套申请如果不满足单一申请的标准，申请人一般可以分案申请；不过，大多数国家对分案申请的提交时间有限制（多为 2 个月）。

（4）不丧失新颖性的规定。依据 TRIPS 协议第 25 条第 1 款，成员国应为独立创作的新颖或原创的外观设计提供保护。在收到的成员国答复中，有 95% 声明缺乏新颖性的外观设计将被无效。同时，很多管辖区认为，在创作者决定注册申请保护是否值当之前，给予其就外观设计适用的产品进行市场检测的机会很重要。因此，应允许申请前一段时期内披露外观设计而不丧失其新颖性。不同国家和地区对这段"宽限期"的时间规定有所不同，大多数设定为 12 个月（60%）或 6 个月（33%）。多数国家（88%）规定在宽限期内披露外观设计的人为设计者本身或其许可的人，才不会破坏新颖性；也有一些国家（60%）认为，未经许可的恶意或无意披露不破坏新颖性。

（5）关于外观设计申请的审查。主管局仅进行形式审查有 42%，同时审查形式和实质要件的占 56%。①绝大多数主管局对申请都仅进行形式审查，内容包括：是否包含申请人的身份信息，以及申请人或其代表的详细联系方式；外观设计的复制件；费用收据；外观设计保护请求书。②多数主管局（88%）也审查申请是否指明、包含或附有送达地址，外观设计适用产品的准确说明（86%），成套设计申请的请求说明（79%），设计人（73%），按数量提交的外观设计复制件（69%），充分披露外观设计的多面视图（61%），等。③多数国家主管局进行一定的实质审查，内容包括：外观设计保护请求书是否与多数人利益或公共秩序相冲突（83%），是否符合相关法律所称的"外观设计"概念（81%）。一半以上主管局表示，也审查请求保护的外观设计是否与《巴黎公约》第 6 条之 3 所称的官方标记或徽章符号等冲突、是否具有新颖性、是否与已有设计明显不同。关于实质审查的时间，有 74% 主管局依职权主动审查。另外，有 68% 主管局的实质审查在注册核准之前进行。

（6）关于异议。至少有 58% 主管局对外观设计审查设立有事中或事后异议程序，但也有 35% 主管局没有相关规定。超过 1/4 主管局实行注册前的异议，大约 1/3 主管局采用注册后异议程序。异议期一般是 2 个月（1/3）或 3 个月（27%），也有少数是 1 个月（14%）或 6 个月（11%）。提出异议的理由一般包括：缺乏新颖性（76%）、缺乏创作性（70%）、不符合法律上关于外观设计的定义（67%）、与《巴黎公约》第 6 条之 3 所称官方标记或徽章等冲突（65%）。提出异议的人通常也会主张外观设计与在先设计相冲突（75%）、与在先商标相冲突（69%）、与在先有版权的作品相冲突（68%）。

（7）公告及延期。①有 61% 的主管局对核准注册的外观设计进行公告，这就造成事实上的延迟公布。大约 1/3 主管局在审查通过后即公布，而 20% 主管局则在审查前公布。②公布方式多数是通过官方出版物（69%），有 31% 仅以纸质公布，而 67% 同时以互联网公布，有 23% 仅在网上公布。另外，有 38% 的主管局同时以光盘或 DVD 发行，而有 3% 的主管局仅以此方式公布。③有约一半的主管局允许延迟公布、不允许的主管局是 42%。依据允许延迟的成员国法律，有一半允许延迟超过 12 个月，有 38% 的主管局规定了 12 个月内、14% 规定在 6 个月以内。有意思的是，允许延迟的国家和地区集中在斯堪的纳维亚。

（8）保护期及其延长。一半以下的主管局回复表示，注册外观设计的最长保护期是 25 年，1/3 主管局表示是 15 年，少数主管局（12%）表示是 10 年。多数主管局（69%）提供 5 年的初始保护期，同时允许以 5 年为期申请延长；延期的费用高度依赖于是否首次申请。有 41% 主管局回复表示，申请一次延期保护的注册外观设计约占 30%～60%，有 1/3 管辖区占比则超过 60%。

（9）关于与主管局的交流。①书面交流。所有局都接受书面申请提交，大部分接受传真等电子形式，有 40% 主管局接受通过网络申请；不过，仅有 1/3 主管局接收电子表格。②签名要求。94% 主管局要求书面文件必须由申请人或其利害关系人签字，少数情况下主管局（13%）要求提交公证认证。对放弃申请，则有超过 1/3 主管局要求提交证明。③电子交流。有近一半管辖区接受电子申请，电子交流可通过电子认证系统保真。至于电子表格，有 44% 管辖区接受，且不限制申请总数，但有 28% 管辖区限制。关于外观设计的电子复制件，有 72% 管辖区接受 jpeg 格式，28% 管辖区接受 pdf 格式、22% 管辖区接受 tiff 格式。④关于救济措施。有 84% 管辖区声明至少有一种救济方式，供未按时限向主管局提交文件的申请人选择：如延长时限、继续提交和恢复申请。有 81% 管辖区允许延长时限，60% 管辖区同样允许继续提交或恢复申请。

总之，从问题清单的回复看，各管辖区的外观设计制度和运行程序状况是今后国际注册程序融合的基础，而各国外观设计立法和实践在某些方面的明显差异，则需要讨论如何汇聚共识。例如，各国在申请文件中的复制件、申请日、成套申请、宽限期等方面的趋同比较明显，但在样品提交、延迟公布等方面则有明显差异，这些回复给今后 SCT 关于外观设计的讨论带来提示。另外，未注册外观设计的保护，也是可能引起各方关注的问题。❶

二、议题的主要内容及讨论进展

（一）对外观设计法律与实践问题清单回复的主要内容梳理

据上述提到的各国家和地区对 SCT 问题清单的回复，秘书处准备了外

---

❶ 根据 2008 年的 WIPO 文件 SCT/19/6 整理。

观设计国际注册制度融合可能涉及方面的文件，涵盖了外观设计摘要、申请、申请日、保密申请的延迟公布、宽限期及未注册外观设计、保护期及其延长、与主管局的交流、救济、外观设计与其他保护客体的关系、优先权等其他问题、结论等内容，并在 2009 年 6 月的第 21 届会议上供成员国讨论。❶ 该文件在第 22 届会议上进行了修改，❷ 同时 SCT 主席在总结中要求秘书处在吸收第 22 届会议讨论评议结果的基础上，准备一份提交给第 23 届会议讨论的关于外观设计议题的文件；除了已经确定的可融合的方面外，该文件应突出描述使用者和外观设计主管机构能从各国法律制度及实践的国际融合中获得的潜在益处，并指明 SCT 成员法律及实践的发展趋势、需要建立融合机制的方面等。❸

据此，文件内容包括四个部分：一是使用者和外观设计主管机构能从各国法律制度及实践机制的国际融合中获得的潜在益处，二是 SCT 之前几届会议已经明确的可以融合的方面，三是 SCT 成员法律及实践中可能融合的"共同趋势"，四是当前尚无融合可能、即缺乏具体融合内容或共同趋势的领域。❹ 在 SCT 第 23 届会议上，主席在总结时称，所有代表团都认为，SCT 关于外观设计法律及实践机制融合可能性研究的工作非常重要，且该工作取得进展；因此，秘书处应考虑文件 SCT/23/5 中的结论及代表团的评议，准备一份修订后的工作文件，供 SCT 的第 24 届会议进一步讨论。

（二）关于外观设计法律及实践的条款草案及外观设计法条约进展

1. 拟制定的外观设计国际文件草案基本内容

为协调外观设计申请注册和保护的各国法律和实践，2010 年第 24 届会议上 SCP 秘书处准备了《关于外观设计的法律及实践的条款草案》，包含了以下内容：①申请书；②外观设计本身；③申请人；④分案申请；

---

❶ 参见 WIPO 文件：SCT/21/4，May 15，2009。
❷ 参见 WIPO 文件：SCT/22/6，October 9，2009。
❸ 参见 WIPO 文件：SCT/22/8，November 26，2009，第 7 段。
❹ 参见 WIPO 文件：SCT/23/5，February 12，2010。

⑤申请日；⑥宽限期；⑦延迟公布；⑧信息交流；⑨初始保护期及续展；⑩时限及救济；⑪已尽注意义务或无意拖延时的程序恢复；⑫许可登记要求或担保；⑬转让登记要求。草案还包含了实施细则作为附件。

这份条款草案的最后两项，即关于许可和转让的登记要求，反映了《新加坡商标法条约》相关条款要求，草案吸收该规定是为了对 SCT 尚未涉及的这一议题发起讨论。鉴于之前 SCT 已有文件都集中在成员国制度和融合趋势的比较分析，这份条款草案的提出试图回应进一步推动相关工作的呼吁，考虑了已有的成员国制度中可融合或有共同趋势的方面，也包括了有些成员国制度未涉及的方面。对此，草案指明，讨论并非为了推动这些方面的实际融合，而是为了简化外观设计注册程序，为使用者和主管机关带来便利，为此需要平衡设计者及其代表、主管局和第三方的利益。之后，SCT 成员被邀请就该草案条款进行评议和修订，或增加删减相关内容、表明希望如何进行外观设计法律及实践工作。❶

2. 草案修订情况

SCT 秘书处为第 25 届会议编拟了《关于外观设计的法律及实践的条款草案》修订稿，含有一般性条款、草案的实施细则，对之前的若干条文作了进一步细化。新的文件采用两层结构，以便于分析所审议的各项问题，并为外观设计法的今后发展建立一个动态、灵活的框架，以便跟上未来的技术、社会经济和文化变化。该文件的附件包括：（a）缩略语；（b）条款草案适用的申请和外观设计；（c）代理、送达地址或通信地址；（d）信息交流。

为方便 SCT 就这些条款草案开展工作，该文件全文用"有关方"一词来指称可能适用条款草案的任何国家、地区或政府间组织，但该词并不一定是任何未来讨论成果可采用的表述方式。该文件考虑了与会代表团在 SCT 第 24 届会议上的评论和建议，但显然不可能反映所有 SCT 成员的法律与实践。该文件以条款草案符合简化和统一外观设计程序为目标，同时为进一步兼顾各国的不同需求与关切增加了一些灵活性；例如，草案第 3 条第（3）款（"多项申请"的条件）、第 6 条（以设计人名义提出的申请

---

❶ 参见 WIPO 文件：SCT/24/3，August 31，2010。

的要求)、第 8 条第 (1) 款 (不公开外观设计的最长期间)、第 9 条第 (1) 款 (a) 项 (对在主管局办理业务的代理的要求)、第 (3) 款 (对送达地址或通信地址的要求),以及第 10 条第 (1) 款 (信息的传送方式和形式) 等。最后,该文件还适当考虑了在设计人及其代理人的权益和一般公众的利益之间取得平衡的必要性。❶

3. 制定《外观设计法条约》(DLT) 动议的提出

SCT 第 26 届会议继续讨论《关于外观设计的法律及实践的条款草案》条文,并将其实施细则分离出来 (文件 SCT/26/3) 以便于讨论。2012 年的第 27 届会议上继续讨论该草案,为了在不影响案文可读性的同时突出显示各代表团提出的不同提案,相关提案在脚注中显示;新案文用下划线表示,删除的案文用删除线表示,方括号则用以表示提出供审议的两种或两种以上备选方案。❷ 此外,2012 年 10 月 1—9 日的 WIPO 大会第 41 届会议第 21 次特别会议指出,"大会注意到 SCT 第 27 届会议的主席总结,以及 SCT 在外观设计法律与实践条文和实施细则草案方面取得的进展。大会承认拟定一部外观设计法条约对所有成员国的重要性,敦促 SCT 以专注的方式加速工作,争取实质性推进这部外观设计法条约的各项基础提案。SCT 在工作中将考虑在未来《外观设计法条约》(DLT) 的执行中,如何为发展中国家和最不发达国家开展技术援助和能力建设写入适当的条款。大会将在 2013 年对案文和取得的进展进行盘点和审议,并就是否召开一次外交会议的问题作出决定。"❸

据此,SCT 秘书处编拟了《关于外观设计的法律及实践的条款草案》及其实施细则的修订稿;❹ 该草案在第 29、第 30、第 31、第 33 届会议上继续讨论修订,之后,WIPO 大会在 2015 年 10 月 5—14 日的第 47 届会议上商定:①DLT基础提案的案文应由 SCT 在其第 34、第 35 届会议上拟定;②若完成技术援助和公开问题的讨论,则在 2017 年上半年结束时召开通过 DLT 的外交会议;③如果在 2017 年上半年结束时召开外交会议,会期和地

---

❶ 参见 WIPO 文件:SCT/25/2,February 4,2011。
❷ 参见 WIPO 文件:SCT/27/2,July 18,2012。
❸ 参见 WIPO 文件:WO/GA/41/18 Prov.,第 229 段。
❹ 参见 WIPO 文件:SCT/28/2,November 2,2012。

点将在与 SCT 第 35 届会议前后召开的筹备会议上决定。❶

2015 年后，DLT 的讨论没有实质性推进，内容与之前版本相比也没有改变，很多代表团对 2016 年 WIPO 大会未能就召开有关通过 DLT 的外交会议问题达成一致表示遗憾。❷ 2019 年之后，因新冠病毒感染疫情关于 DLT 的讨论又有所延迟。不过，经多年讨论关于 DLT 的条款已接近达成妥协，在 2021 年 10 月 4—8 日举行的第 54 届会议第 25 次例会上，WIPO 大会重新讨论了正在审议的事项，之后有若干国家表示如果 WIPO 要召开关于 DLT 的外交会议他们将愿意承办。2022 年 7 月 14—22 日的 WIPO 大会第 55 届会议第 30 次特别会议，在审议 SCT 的报告后，大会决定批准其"关于召开通过外观设计法条约（DLT）外交会议的事项"的提议；❸ 也即，将继续审议召开关于 DLT 的外交会议，时间不早于 2023 年。❹

（三）图形用户界面（GUI）等新类型外观设计的保护问题

1. GUI 及其保护概述

图形用户界面（Graphical user interface，以下简称 GUI），是指电子信息（IT）产品的显示屏设计（Screen Image Design）或电脑成像设计。现今 IT 产品更新换代十分快，因此新的界面设计已成为增加产品竞争力的重要成分，IT 领域里不断产生结合了高科技与人性化因素的新设计。新设计能满足消费者日益增长的需求，而为这些新设计付出心血的投资者和设计者理所当然需要得到权利的保护和利益的回报。因此，进入信息社会以来，在 IT 业发达的国家和地区，加强 GUI 法律保护力度的呼声相当强烈。例如，在美国，随着 GUI 设计产业的迅速发展，以保护软件为主的版权法开始不足以适应产业的需求。1996 年，美国专利商标局颁布了《电脑成像设计专利申请审查指南》，开始授予电脑成像设计（Computer – Generated

---

❶ 参见 WIPO 文件：A/55/INF/11，October 22，2015。
❷ 参见 WIPO 文件：SCT/36/6，March 30，2017。
❸ 参见 WIPO 文件：WO/GA/55/3、WO/GA/55/4，2022 年 5 月 13 日。
❹ 参见 WIPO 文件：WO/GA/55/12，2022 年 9 月 30 日，第 89 – 91 段。

Icons）专利❶，同时，美国商标法（《拉纳姆法》）也可适用保护这类电脑成像设计❷。日本特许厅于 1993 年、2002 年、2004 年陆续颁布了相关审查指南开始对包含"液晶显示等"表示的产品外观设计进行保护，随后日本于 2006 年修改了《意匠法》中的相关条款，日本特许厅于 2007 年修改了适用该法的《意匠审查基准》，其中包括"画面设计"（画面デザイン）的具体适用规则。韩国特许厅于 2003 年 7 月 1 日修改了工业外观设计审查标准，开始受理关于包含"画像设计"（화상디자인，如 GUI 等电脑显像的设计）的产品外观设计申请。❸ 这些国家的保护都有一个前提，即 GUI 是适用在其他有形产品之上的，也即它必须指定所适用的物品，而其本身则不是物品。而在欧洲，在原有的版权和反不正当竞争法保护之外，欧盟 1998 年颁布了《关于外观设计保护的指令》，直接将"图像符号"（Graphic Symbols）视为"产品"，❹ 即欧盟外观设计的保护对象包括了"电脑图像设计及其他图形用户界面"（Computer Icons and other GUI Elements）❺。在我国，国家知识产权局于 2014 年对《专利审查指南》作出修改，明确了专利法对 GUI 设计的保护；但至今 GUI 设计在实践中如何保护存在很多疑惑，除了如何界定保护范围外，与国内尚未对载体无形的产品外观设计之独立保护价值形成共识有关。因此，尽管《指南》明确可以接受此类申请，但什么样的 GUI 可以申请外观设计专利、什么是 GUI 所适用的产品、GUI 局部设计与整体有形产品外观的关系等相关审查标准并不明晰，在实践中发生争议时各界认识难以统一，GUI 的保护在司法实践中的保护仍具

---

❶ "Guidelines for Examination of Design Patent Applications For Computer – Generated Icons", Department of Commerce, Patent and Trademark Office, [Docket No. 950921236 – 6049 – 03], RIN 0651 – XX04. http：//www. uspto. gov/go/og/con/files/cons094. htm, 2023 年 1 月 7 日访问。

❷ Takeyuki Iwai：*Foreign Situations of Design Protections*, IIP Bulletin 2005, Institute of Intellectual Property, Tokyo, Japan, p. 61.

❸ KIPO："Examination Guideline in KIPO", https：//www. wipo. int/edocs/mdocs/geoind/en/sct_is_id_ge_17/sct_is_id_ge_17_inf_4. pdf, 2023 年 2 月 3 日访问。

❹ COUNCIL REGULATION（EC）No. 6/2002 of 12 December 2001 on Community designs, Article 3 Definitions：（b）"product" means……graphic symbols and typographic typefaces, but excluding computer programs.

❺ Annette Kur.：*Industrial Design Protection in Europe—Directive and Community Design*, Max Plank Institute, Munich, document s 05 – Kur_art, 2003.

有不确定性。❶

2. WIPO 框架下对 GUI 保护的讨论

在决定将 DLT 继续保留在 WIPO 大会议程上的同时，SCT 遵照大会的决定，自 2016 年 10 月 17—19 日的 SCT 第 36 届会议开始，关注外观设计制度国际协调中更具体的问题，例如 GUI 等新型外观设计的保护问题。为此，秘书处准备了《图形用户界面（GUI）、图标和创作字体/工具字体外观设计调查问卷答复汇编》（后又有补充修订）和名为"关于优先权文件数字查询服务的信息"的文件，作为各个代表团讨论的基础。❷

关于 GUI、图标和创作字体/工具字体外观设计调查问卷收到非常积极的反馈，内容包括保护体系、外观设计专利申请/工业品外观设计注册申请、对申请的审查、保护范围和期限等。美国代表团认为，调查问卷答复汇编包含的信息量极其丰富且很有帮助，这些都是外观设计领域内新兴的、越来越重要的专题；注意到这些类型的外观设计正在变得越来越普遍，且在美国境内甚至成为最普遍的外观设计类型，文件中所载信息有助于了解全球各地的现有框架以及各种外观设计体系，对工业品外观设计体系的用户也非常有帮助。日本代表团认为，调查问卷答复汇编使 SCT 成员了解每个作出答复的国家实施外观设计法时确定保护类型及相关法律、方法和提出申请的要求，以及 GUI、图标和创作字体/工具字体外观设计的保护范围，因此这是一份对成员国的知识产权局和用户真正有用的参考材料。欧盟代表团指出，大多数管辖区域不仅将 GUI、图标和创作字体/工具字体作为外观设计，而且在版权法和商标法中予以保护；在欧洲单一市场适用的外观设计法律制度对可能的外观设计客体作出了广义定义，并且允许对图形符号和徽标给予外观设计保护，该制度包括对动态 GUI 和图标给予保护，参加欧盟商标和外观设计网络的各国知识产权局也在近期的外观设计图样趋同计划中作出了这样的规定；关于创作字体，如果满足《共同体外观设计实施细则》第 4 条规定的要求，则可以对产品标志（印刷创作字体）进行注册。巴西代表团希望 SCT 内部辩论能够继续为成员国考虑这

---

❶ 管育鹰：《局部外观设计保护中的几个问题》，《知识产权》2018 年第 4 期，第 11 - 25 页。

❷ 参见 WIPO 文件：SCT/36/2，August 31，2016；SCT/36/3，August 17，2016。

一问题提供启发，同时为成员国解决这些问题提供充分指导和政策空间及现有国际框架；在其管辖区域内，GUI 可作为二维装饰性专利进行注册，不过图样不应该包含案文、徽标和商标，动画图标不可以作为工业品外观设计予以保护。中国代表团认为 GUI、图标和创作字体/工具字体外观设计是一个重要问题，事实上新兴保护需求表明外观设计是一个动态活动领域；中国已经通过修订《专利审查指南》对这些新兴领域给予保护，受到用户的欢迎，当然为创作字体/工具字体外观设计需要进一步研究，SCT 文件对各国了解其他国家的做法以及改进其本国的做法非常有帮助。

3. GUI 外观设计保护中的焦点问题

在接下来的几届 SCT 会议中，各代表团继续就该问题发表各自的意见，❶ 之后秘书处对 GUI、图标和创作字体/工具字体外观设计议题会议上出现的新要点进行了梳理，并提出了进一步工作方面的建议。❷ 首先，须认识到，更迭快速的技术创新带来新外观设计类型（"新技术外观设计"）的迅速发展，可能导致在几年后出现超越今天想象范畴的外观设计；特别是 GUI 和图标的申请，在某些司法管辖区已有显著增长，在有些国家，这类外观设计属于最经常寻求保护的外观设计类型之列。新技术外观设计因其直观的特性，使用户能够轻松快捷地与设备进行互动，无须进行解释或培训，其价值和保护的必要性毋庸置疑。但新技术外观设计快速兴起的步伐及其应用于虚拟产品中的具体特点，也给我们提出了一个问题，即现行外观设计体系（包括法律框架和技术基础设施）是否足以满足用户对这些外观设计的保护需求；尤其是：①是否仍要求其必须适用于某一物品或产品；②如何表现新技术外观设计。

关于第一个问题，GUI 和图标等设计，其实可以适用于许多不同产品，或者在虚拟世界中（如视频游戏中）使用。按现有法律体系，新技术外观设计与物品或产品之间的关联可以有几种不同方式：一是要求在外观设计申请中指明物品或产品，即一个 GUI 或图标必须与某一特定物品或产品相

---

❶ 参见 WIPO 文件：SCT/36/2 Rev.，January 27，2017；SCT/37/2，January 31，2017；SCT/37/2 REV.，August 4，2017；各方意见全文见 SCT 电子论坛，http：//www. wipo. int/sct/zh/，2023 年 1 月 5 日访问。

❷ 参见 WIPO 文件：SCT/39/2，February 5，2018；SCT/39/3，February 22，2018。

关联，即只承认实物或有形物；二是允许在外观设计申请中注明"显示GUI的面板"，这样就有可能为一个GUI提交单独申请，而在其注册后能够应用于照相机、移动电话等不同产品；三是允许为一个GUI或图标本身提交外观设计申请，无须提及任何产品或与其相关。不过，将外观设计与物品或产品脱钩在某些司法管辖区可能会成为问题，因为外观设计的保护范围是与外观设计相关的特定产品决定的。

关于第二个问题，则涉及新技术外观设计的最佳表现途径，例如包含动作和特效的外观设计属于动态GUI，应允许通过不同格式来表现。目前在表现动态外观设计时常通过一系列显示变化或动态的静态图像、序列照片或绘图来进行，以使公众或主管局能够理解寻求保护的客体。另外，连续变化的图像之间必须具有相似性，视频文件应该也可以用于表现动态GUI，但这种新的表现方式将要求主管局在技术和基础设施方面作出重要改变和探索，以便进行审查和检索以及采取具有明确性和易于访问的适当公布和注册/授权模式。

在上述文件的基础上，2018年11月12—16日的SCT第40届会议审议了一份关于GUI、图标和创作字体/工具字体外观设计的新调查问卷草案（文件SCT/40/2和SCT/40/2 Rev.）；在2019年4月8—11日的SCT第41届会议上，主席要求秘书处请各成员和具有观察员地位的政府间知识产权组织提交对新问卷的补充答复或经修订的答复，并对第二轮答复汇总形成定稿以供SCT第42届会议审议。❶ 不过，2019年SCT第42届会议对GUI等新技术外观设计的议题更多的是围绕美国和日本的提案❷进行讨论；同时对根据之前西班牙代表团关于研究在成员国贸易展销会上保护外观设计的提案（文件SCT/40/8）进行调查形成的答复汇编进行了讨论。❸ 近几年因疫情关系，SCT对此议题没有积极推进。

---

❶ 参见WIPO文件：SCT/41/2 REV. 2, March 16, 2021。

❷ 参见WIPO文件：SCT /42/6, September 26, 2019。

❸ 参见WIPO文件：SCT/42/2, January 23, 2020。

（四）关于外观设计优先权文件的数字查询服务（DAS）

1. 专利领域的 DAS 系统及其应用简况

数字查询服务（Data Admin Service，以下简称 DAS）涉及的是《巴黎公约》第 4 条第 3 款规定的"优先权文件"，即成员国可以要求作出优先权声明的任何人提交以前提出的、据以提出优先权要求的申请经证明的副本。DAS 是一个电子系统，允许参加该系统的知识产权主管局之间进行优先权文件和类似文件的安全交换。相对于向多个局提交经证明的优先权文件纸件副本，这是一个安全的数字替代办法，申请人不必向一个局索取首次申请的、经证明的纸件副本，以发给向其提出后续申请的其他局，而是可以要求前一个局（"交存局"或"首次受理局"）将优先权文件上传到电子系统里，并要求其他局（"查询局"或"二次受理局"）用申请人提供的查询码在系统中检索这些文件。使用申请人提供的查询码，还可确保尚未公开提供的优先权文件的保密性。DAS 于 2009 年 9 月 1 日开始运行，目前仅用于专利申请的优先权文件，申请人在参加了 DAS 系统的澳大利亚、中国、丹麦、芬兰、日本、新西兰、韩国、西班牙、瑞典、英国和美国，以及 PCT 方面的 WIPO 国际局可以自愿使用。

2. 关于 DAS 应用于外观设计申请的讨论

在 2009 年 6 月 22—26 日的 SCT 第 21 届会议上，秘书处介绍了 DAS，之后编拟了一份工作文件供以后的会议讨论是否将 DAS 扩展到外观设计和商标申请的优先权文件。❶ SCT 第 22、第 23、第 24 届会议都对"优先权文件数字查询服务"进行了讨论，秘书处也持续推进关于为外观设计和商标优先权文件建立 DAS 的工作，争取让感兴趣的主管局尽可能多地参加这项服务，并鼓励各主管局将系统扩展到数字注册证。

根据"优先权文件数字查询服务工作组"的研究，专利以外的知识产权有关的优先权文件，技术上都可以通过 DAS 系统进行交换，但需要参与的主管局在其各种系统中进行必要的业务和技术修改，这取决于它们管理

---

❶ 参见 WIPO 文件：SCT/21/8，November 26，2009，第 141 – 145 段。

的权利种类、需求和优先事项以及任何可能必要的法律和技术准备情况。❶
关于外观设计国际注册海牙体系的法律发展工作组（以下简称海牙工作
组），在 2013 年 10 月 28—30 日举行的第 3 届会议上讨论了优先权文件数
字查询服务和传输《共同实施细则》第 7 条第（5）款（f）项和（g）项
所述的某些类型文件的其他方式；指出在海牙体系中，DAS 可以用于两种
情况：其一，国际申请含有在先申请的优先权要求，并且首次受理局以及
被指定缔约方的主管局，均为 DAS 参与局；其二，国际申请可能是首次申
请，以此作为海牙体系范围以外后续国家或地区申请要求优先权的依据。
在这两种情况下，外观设计国际申请本身都可以上传至 DAS 数据库。❷

在 SCT 第 35 届会议上，美国提出，WIPO 的 DAS 服务可随时用于外观
设计，海牙工作组也在《细则和行政规程》中插入相关措辞，为利用该制
度铺平了道路，建议秘书处下届会议专门讨论关于 DAS 的信息。❸ 秘书处
在 SCT 第 36 届会议上对《关于优先权文件数字查询服务的信息》做了介
绍，指出虽然截至目前 DAS 仅用于专利优先权文件，但 WIPO 今后将随时
准备把它用于外观设计和商标优先权文件。❹ 在 SCT 第 37 届会议上，美
国、韩国、日本、澳大利亚等代表团强调了 DAS 给工业产权体系用户带来
的益处，分享了它们这方面采取的措施以及力争将 DAS 用于外观设计优先
权文件的努力。在 SCT 第 38 届会议上，关于在海牙体系内使用 DAS 的问
题，美国代表团称，海牙工作组预计成员国会使用 DAS 并修正了其《行政
规程》，以便预见到在根据海牙协定提交的申请中提供查询码的情况；海
牙体系的优点之一是使中小型实体能够在多个不同管辖区域进行国际申
请，而无需支付昂贵的代理费或通过烦琐的程序提交优先权文件，DAS 可
以减轻负担并提高海牙体系的效率。秘书处指出，由于海牙体系已经具备
法律框架，国际局正在采取必要措施做好技术准备，以便海牙体系的申请
人在 2018 年第一季度就能用上 DAS。❺

---

❶ 参见文件：WIPO/DAS/PD/WG/3/7，July 14，2011，第 5、6 段。
❷ 参见 WIPO 文件：H/LD/WG/3/4，April 16，2014，第 14 段。
❸ 参见 WIPO 文件：SCT/35/8，October 19，2016，第 120、121 段。
❹ 参见 WIPO 文件：SCT/36/3，August 17，2016。
❺ 参见 WIPO 文件：SCT/38/6，April 23，2018。

　　值得关注的是，SCT 近几年来持续关注和评估在外观设计申请方面使用优先权文件 DAS 取得的进展，各代表团也陆续向委员会通报了各自国内的最新情况。在 SCT 第 43 届会议上，秘书处通报，WIPO 的 DAS 已于 2020 年 1 月 15 日起对外观设计国际注册海牙体系下的申请免费实施；❶ 不过，近两年由于新冠病毒感染疫情的关系，2022 年 3 月 SCT 的第 45 届会议宣布对于此议题的最新情况讨论后延。

---

❶ 参见 WIPO 文件：SCT/43/12, May 28, 2021, 第 51 段。

第五章 其他知识产权相关议题的 国际讨论焦点

第一节 知识产权与其他宏观政策主题

除了专为传统资源（包括 GR/TK/TCE，详见本章第二节）与知识产权议题设立"知识产权与遗传资源、传统知识和民间文学艺术政府间委员会"（Intergovernmental Committee on Intellectual Property and Genetic Resources, Traditional Knowledge and Folklore，以下简称 IGC）进行讨论以致力于形成国际法律文件外，WIPO 还不定期就其他一些政策性问题开展研究，并为成员国提供背景材料和作出指导。这些议题虽然都与知识产权相关，但因涉及不同国家的宏观社会经济政策环境和产业发展情况，具体制度差异很大，难以形成统一的国际保护制度，而只能作为一种知识产权保护制度的背景参考，本节选择其中三个议题简单作出评介。

一、知识产权与前沿技术

（一）知识产权与前沿技术发展的关系

21 世纪以来，信息网络技术飞速发展，使人们日益处于一个万物互联的数字世界中，工作和生活方式包括创新和创造的方式，正在被新技术革命极速改变。前沿技术是用以解决全球问题的先进技术，既包括物联网、区块链、人工智能、大数据和云计算等数字技术，也包括自动驾驶、3D 打印和硬件创新等物理技术，以及基因工程、人体增强、脑机接口等生物技术，其本质在于信息和网络技术与前述各领域技术的融合，这也是"第四次工业革命"或"工业4.0"的核心所在。前沿技术为经济增长提供了机遇，为此应确保知识产权保护制度继续促进技术的创新创造，并不断完善知识产权管理制度以保障创新发展。

知识产权制度对于前沿技术而言十分重要，其保护的数据和信息等无形资产是未来世界的基石；在今后的发展与竞争格局中，知识财产正在迅速获得比实物资产更重要的地位。知识产权制度在创设之初就以激励和保护人类的创新为己任，以经济回报保障和鼓励有利于更新产品、方法或模式的技术开发；当下人们面临的重要任务之一，就是确保知识产权制度在前沿技术时代能够继续促进和保护创新。由此，WIPO 成立了"知识产权和前沿技术"部门，主要采取"知识产权和前沿技术 WIPO 对话会"方式，促进成员国和其他利益攸关方就前沿技术对知识产权的影响展开讨论、积累知识，以支持成员国作出明智的政策选择。同时，该部门还开发与前沿技术和知识产权有关的实用指南和工具，帮助大家在新的数字世界中处理知识产权问题，如协助进行知识产权管理、建立知识及技术转让平台。

WIPO 通常每年举行两届对话会，让尽可能多的全球受众参与，以协助知识产权主管局和相关权利人；对话会的主题包括前沿技术的使用和采用，以及基于概念的政策讨论，目前已重点讨论了人工智能、数据和知识产权行政管理中的前沿技术等议题。

（二）知识产权与人工智能对话会

1. 人工智能带来的知识产权制度应对思考

WIPO 的知识产权与人工智能对话会作为一个讨论人工智能对知识产权影响的论坛，于 2019 年创建。它通过处理和知识产权有交叉的人工智能问题，旨在就人工智能对所有知识产权的影响向成员国提供总体观点。对话会前三届会议重点讨论了人工智能和知识产权政策。2019 年 9 月举行了第一届会议，讨论了人工智能对知识产权政策的影响，以期共同拟定政策制定者需要提出的问题。❶ 2019 年 12 月 WIPO 制定并发布了一份关于人工智能对知识产权政策的影响，可能给知识产权政策制定者带来的最紧迫问题的汇编（以下简称草案），并启动了公众评议进程。该草案收到了全球广泛受众发来的 250 多份书面评论意见。2020 年 5 月，考虑所收到的意见，WIPO 发布了"经修订的关于知识产权政策和人工智能问题的议题文件"，❷ 作为 7 月举行的第二次对话会的讨论基础。来自 130 个国家的 2000 多人，包括成员国、学术界、科学界和私营组织的代表，以在线形式参加了第二次对话会；2020 年 11 月 4 日，WIPO 同样以虚拟在线形式举行了知识产权与人工智能对话会第三届会议，来自 133 个国家的 1500 多名注册与会者参加了会议。第二、第三届对话会均讨论了"经修订的关于知识产权政策和人工智能问题的议题文件"（以下简称文件），主要议题介绍如下。

2. 知识产权政策和人工智能议题涉及的主要问题

WIPO 关于知识产权政策和人工智能问题的议题文件包括以下主要内容：

（1）定义。许多利益相关者注意到，草案缺乏对"人工智能""人工智能生成""人工智能辅助"等术语的明确定义。为此，文件尝试给出这些定义以促进对话，例如，"人工智能"是计算机科学中的一门学科，旨在开发各种机器和系统，这些机器和系统能够在有限或完全没有人类干预的情况下执行被认为需要人类智能完成的任务。为本书之目的，人工智能一般等同于"狭义人工智能"，即为执行各个单项任务而编写的技术和应用程序。机器学习和深度学习是人工智能的两个子集。另外，WIPO 认为，目前面临的最大挑战在于数据，因为海量的数字化信息是人工智能取得进步的前提条件，但数据方面的政策有很多交叉重叠，例如"存在于版权作品中的数据"，就不同于不受版权保护的思想和受保护的思想表达。数据是一种表达方式，代表原创文学和艺术作品的数据受版权保护。

（2）关于专利制度的政策考虑。近年来，因人工智能用于发明，专利

---

❶ 该届会议的总结参见文件：WIPO/IP/AI/GE/19/INF 4，October 31，2019。

❷ 参见文件：WIPO/IP/AI/2/GE/20/1 REV.，May 21，2020。

制度中的发明权归属问题一直备受争议。美国知识产权局、英国知识产权局和欧洲专利局都拒绝将人工智能命名为发明者的专利申请。修订后的文件为政策制定者提供了进一步的考虑，例如，对于人工智能产生的发明，是否有可作为替代的保护机制（如商业秘密）、缺乏专利保护是否会减少和削弱信息流动和技术进步等。WIPO 文件还就可专利性问题进行了进一步的讨论，特别指出了欧洲和美国计算机程序和软件专利适格性之间的差异，并提出是否有进行协调的必要性。

（3）关于版权和数据集。修订文件指出了目前版权领域面临的新问题：即如何激励人类创造和技术进步。例如，目前对人工智能生成作品的投资欲望有下降趋势，这是否意味着这些作品应该归属于公共领域？另外，对于包含版权作品和公共领域作品的"混合训练数据集"，是否需要特别考虑？这些都是各国决策者需要考虑的问题。

（4）关于商标。最初的草案并不包含商标问题。在修订文件中，WIPO 指出人工智能并不像影响专利、外观设计和版权那样会对商标产生重大冲击，因为商标不存在所谓的作者或发明者。但不可否认的是，人工智能相关问题仍有可能存在对商标法的影响，如在权利归属、市场营销、品牌识别和不公平竞争等方面。

（5）关于商业秘密。一般认为，采取保密措施的数据和软件可以构成受法律保护的商业秘密。修订文件探讨了如何在保护人工智能创新和保护第三方获取某些数据、算法的合法利益之间取得合理的平衡。

除了对话会，WIPO 还发布了与此议题相关的公开出版物，例如，《WIPO 技术趋势 2019：人工智能》；该报告提供了基于证据的预测，就人工智能的未来向全球政策制定者提供信息；同时对专利申请和科学出版物中的数据进行分析，以更好地了解该领域的最新趋势。❶《WIPO 技术趋势 2021：辅助技术》则探讨了辅助技术创新中的专利申请情况和技术趋势，具有开创性；报告查明了移动、认知、通信、听觉、建筑环境、自我护理和视觉七个领域中的突出技术、领先参与者和专利保护市场，并采用技术

---

❶ Artificial Intelligence. https：//www.wipo.int/edocs/pubdocs/en/wipo_pub_1055.pdf，2023 年 1 月 5 日访问。

就绪程度，揭示了在已查明的申请专利保护的辅助产品中哪些最接近商业化，具有参考价值。❶

（三）数据与知识产权

在知识和信息大爆炸的数字时代，仅由人脑对知识和数据信息进行搜寻、整理、学习、记忆、统计、分析、处理和应用越来越困难，同时知识和信息也无时无刻不以数据形式产生和存储，数据的生产、分析、细化和应用往往需要巨大的投资。同时，不仅产业升级转型离不开人工智能技术和大数据资源的利用，传统社会中的很多学习、研究、管理和组织活动也需要技术辅助判断、预测和决策。数字技术的开发和运用成为人们适应时代巨变的必然选择，数据也成为"工业 4.0"的核心变革动力，被称为新石油、未来经济的燃料。

WIPO 的知识产权和前沿技术对话会第四届会议主题为"数据——在完全互联的世界里超越人工智能"，讨论了知识产权与数据保护之间的互动。这届会议探讨了当前数据辩论的一些背景，包括什么是数据，为什么这种无形资产日益重要，它如何正在改变我们的经营方、创新和创造方式，以及传统的知识产权制度能为数据领域创新提供的保护及其方式等。此届对话会形成的文件指出，当代社会和经济的整体结构中普遍使用或开展生产数据的各种设备和活动，例如计算系统、数字通信设备、生产和制造工厂、运输车辆和系统、监控和安全系统、销售和流通系统、研究实验和活动，等等；数据量日益增加，用途广泛多样，因此针对数据构想一个面面俱到的单一政策框架十分困难。目前已有多个可适用于数据的框架，例如，保护隐私、避免公布诽谤材料、避免滥用市场力量或监管竞争、维护特定类别敏感数据的安全性、抑制虚假数据和对消费者形成误导的数据等。同时，数据是人工智能的关键组成部分，因为人工智能应用依靠的是使用数据进行训练和验证的机器学习技术，数据潜在的经济价值是人工智能创造新价值的基本要素。现有知识产权制度是否需要从知识产权所依据的政策角度审视数据问题值得考虑，特别是作者或发明人的身份确认，人

---

❶ 参见 WIPO 出版物，第 1055E 号，2021 年。

工智能模型训练所用数据版权保护的适当开放，以及相关的促进创新创造、确保公平竞争等议题。❶

应该说，现行知识产权制度已经为数据提供了某些类型的保护。例如，以具有非显而易见性的有用新发明为形式的数据，以独立创造的原创或新型外观设计和文学、艺术、科学作品为形式的数据，具有某种商业或技术价值并被其所有人予以保密的数据等，都可能受到保护。此外，对数据的选择或编排也可以构成智力创造并受到版权、数据库特别权利的保护，当然，这种保护并不扩展至所汇编的数据本身。不过，知识产权政策是否应超越传统制度，针对数据设立新的权利，以回应数据作为人工智能关键组成部分所承载的新的重要意义，是需要考虑并采取进一步行动的议题。加强数据财产保护的理由包括：鼓励开发有用的新数据类型，在数据价值链中的数据主体、数据生产者和数据用户等各行为体之间进行适当的价值分配，保证数据市场的公平竞争、禁止不利于竞争的各类行为，等等。

（四）知识产权行政管理中的前沿技术

当今世界，技术创新和创造的速度越来越快，商业模式也在不断变化。知识产权的组合正在变得更加复杂，相应地知识产权申请的数量在不断增加，同时也受到更大的不稳定性的影响。人工智能、大数据分析和区块链等前沿技术，是用来解决知识产权主管局在行政程序和管理流程中面临的越来越多挑战的关键之一。WIPO 关于知识产权与前沿技术的对话会在 2022 年 4 月 5—6 日召开的第五届会议上，探讨、评估了新技术在知识产权行政管理和注册方面的可能用途，包括其可能对知识产权制度造成的干扰。对话会鼓励各知识产权主管局、企业等利益攸关方和知识产权专业人士、创新者、创造者、个人等分享信息并提供不同观点。就 WIPO 自身而言，也在积极探寻在行政管理事务中利用人工智能等技术的辅助，其对人工智能的研究由先进技术应用中心（ATAC）主导，致力于加强本组织各项职能，改善各种流程。目前，WIPO 主要在三个领域使用人工智能：

---

❶ 参见文件：WIPO/IP/CONV/GE/21/INF/4，December 20，2021。

1. 机器翻译

WIPO Translate 是针对特定文本的全球领先的即时翻译工具，最初为翻译专利文献而开发，后来也可经调整和定制化用于其他技术领域。一旦经过专门主题领域的培训，WIPO Translate 就显示出优于其他付费和免费翻译工具的性能。专利文献有时非常复杂，而专利文献的翻译更是如此。WIPO Translate 已无缝集成到 WIPO 建立的可免费访问 7700 多万份国内国际专利文献的 PATENTSCOPE 数据库中，以前所未有的准确度生成约 18 种语言的专利文献对应译文。WIPO Translate 也可以应要求纳入相关知识产权主管局的系统，其网站提供了快速介绍如何使用 WIPO Translate 的用户指南。❶

2. 图形检索

WIPO 于 2014 年 5 月 10 日在其"全球品牌数据库"❷ 中推出了独有的商标和其他品牌信息的图形检索功能，让商标所有人等用户可以通过上载图像，从 15 个国家和国际数据库 1300 万条记录、400 多万个图像中筛选出视觉上相似的商标和其他品牌信息记录。这一新颖易用的图形检索技术提升了 WIPO 免费公共知识产权数据库的功能，是数据库的维也纳分类码、品牌持有人名称、原属国等其他查询标准的一个补充。

3. 专利自动分类

WIPO 建立了一个专利自动分类系统（IPCCAT），帮助专利申请人和专利审查员依照国际专利分类（IPC）大类、小类、大组或小组，把专利申请自动分类，归入相应技术部门。WIPO 还牵头并促成各知识产权主管局之间开展合作，以实现整体一致的通信技术策略和知识产权大数据管理，并利用人工智能加强知识产权行政管理。

---

❶　WIPO Translate: Terms and Conditios for the Usage and User Guide. https://patentscope.wipo.int/translate/wtapta-user-manual-en.pdf，2023 年 1 月 5 日访问。

❷　Global Brand Database. https://branddb.wipo.int/branddb/en/，2023 年 1 月 5 日访问。

二、知识产权与可持续发展

（一）知识产权与可持续发展议题的提出

联合国经济和社会事务部（UNDESA）长期以来注重可持续发展议题，其可持续发展目标主管部通过发布和实施 1992 年《21 世纪议程》、2000 年《千禧年发展目标》、2015 年《2030 年可持续发展议程》（2030 议程）等计划，推进可持续发展目标及相关专题（包括水、能源、气候、海洋、城市化、交通、科学和技术、全球可持续发展报告、伙伴关系和小岛屿发展中国家等）的讨论，并为成员国提供实质性支持和能力建设。

2030 议程包括 17 个可持续发展目标（SDG），其中很多与知识产权紧密相关。知识产权是科技文化领域创新和创造的重要激励因素，而创新和创造又是可持续发展目标成功的关键所在，尤其是为应对社会、经济、健康和环境方面的挑战提供解决方案。作为联合国专门机构，WIPO 为可持续发展目标做出的贡献是向成员国提供具体服务，帮助它们利用知识产权制度推动实现这些目标，获得所需的创新能力、竞争力和创造力。一直以来，人类的独创性和创意开发了新的解决方案，用以消除贫困、确保粮食安全、对抗疾病、改善教育、保护环境、加快经济转型、提高生产力、加强企业竞争力等；今后，WIPO 工作的核心内容，也是落实 2030 议程、为实现系列可持续发展目标做出贡献。

（二）知识产权服务于可持续发展的可能性

WIPO 的各类服务可以为创新、竞争力和创意的蓬勃发展创造条件，受益于这些服务的个人和群体案例，在相关网页上和出版物中可以查阅。对于国家而言，创新、引资、发展有价值的企业、提供高质量产品和服务、提升全球竞争力，这些能力建设与知识产权制度对其创新生态系统的支撑具有内在联系；其中，合理的知识产权政策、有效的法律框架和实施机制、有力的运营基础设施和良好的教育培训是创新生态系统完善的关键因素。

WIPO 还提供一系列服务，帮助国家建设创新的知识产权生态系统，例如制定和实施国家知识产权战略，鼓励并促进知识产权的有效创造、运用、管理和保护。WIPO 管理 26 项国际知识产权条约，在国际知识产权法律框架的形成中起到重要作用；为此可以提供关于知识产权法律完善的建议，确保在这个由技术推动、迅速发展变化的世界中，知识产权法律与时俱进，紧跟最佳法治实践，这些都对实现可持续发展目标起到关键作用。除了立法工作外，WIPO 也支持在创新中起着重要作用的司法系统。因为技术创新的速度总是快于法律和政策的应对，司法系统往往站在前沿，其对法律新问题的阐释及对相关矛盾冲突的解决，会对本国乃至境外的创新利益攸关方产生重大影响。WIPO 的司法研究所提供一个全球平台，让司法系统的同僚们交流信息，并开展司法能力建设活动；这有利于经验和最佳实践的共享，有助于知识产权争议以平衡和有效的方式得到司法判决。

总之，可持续发展目标为人类进步绘制了雄心勃勃的路线图。除了大量网络资源对此议题的介绍和普及，近期 WIPO 还发布了相关手册，解释了该组织的工作如何通过创新，促进所有国家的经济、社会和文化发展，来支持可持续发展目标。❶

与创新和可持续发展议题相关，WIPO 的工作还包括发布两年一期的《世界知识产权报告》，每期均侧重于知识产权领域的一个特定趋势，就创新在市场经济中的作用提供新颖的洞见，并由此促进循证决策。另外，WIPO 还与相关机构联合研究并发布《全球创新指数》（GII），该指数由大约 80 个指标组成，包括对每个经济体的政治环境、教育、基础设施和知识创造的衡量，用于监测反映创新情况并与同一地区或收入组分类中各经济体的发展进行比较。《全球创新指数》每年对全球各主要经济体的创新生态系统表现进行排名，同时指出其创新方面的强弱以及创新指标上的具体差距，为最新的全球创新趋势把脉。近些年来，我国在《全球创新指数》上的排名逐渐前移，反映我国创新能力的稳步提高。❷

---

❶ 参见《世界知识产权组织与可持续发展目标》，WIPO 出版物第 1061C 号，2021 年。

❷ 全球创新指数排名 10 年间上升 22 位，https://baijiahao.baidu.com/s?id=17427250018824
31747&wfr = spider&for = pc，2023 年 1 月 5 日访问。

三、知识产权与竞争政策

（一）知识产权的制度功能

知识产权是国家为激励和保护创新而设立的合法垄断权。就确保差异化无形商业资产得到保护而言，知识产权在本质上是有利于竞争的：没有知识产权，低效低质商品和服务经营者可能会试图模仿竞争对手的高质量商品和服务来吸引客户；这样，为高质量商品和服务投入智力和资金的竞争对手将失去继续创新的动力，而消费者也可能因混淆误认而遭受损失。知识产权可能不利于竞争的情形也需要关注。其一是知识产权过多：如果知识产权被过度扩展，对不符合创新实质要件的特征赋予独占权（例如对缺乏"三性"的发明创造授予专利、对通用或缺乏显著性的图文符号核准为注册商标、对没有独创性的信息给予版权保护等），以及允许持有此类客体的"权利人"任意行使其独占权，这种知识产权及其运用行为就是反竞争的，保护知识产权很可能造成对其他善意合法经营者的干扰和损害，反而破坏了公平竞争的市场秩序。其二是知识产权过少：缺乏创新成果的知识产权保护甚至缺乏权利的产生本身，对降低市场主体竞争力的影响是不言而喻的；而如果缺少有效的执法手段，也会使得有真正差异化的创新成果不能受到有效保护，导致出现模仿、搭便车、混淆，同样会损害竞争。因此，适当的知识产权政策才是有利于竞争的。另外，即使是数量和质量都适当的知识产权，也有可能被滥用或其使用方式有违法律目标；更复杂的情况是，这些知识产权可能被与某些情况相联系而产生竞争政策方面的争议，例如标准必要专利情形下的许可条件可能不当，或为取得数据而重复实验从而可能给人和动物的健康与福祉带来不必要的风险。

（二）知识产权与竞争的复杂关系

WIPO 为组织探讨知识产权与竞争政策之间的关系，开展了相关研究和调查，也取得了相关成果并作为参考资料在 WIPO 网站公开，例如，智能手机行业的专利和小型参与者（2015 年 1 月），巴西经济防卫委员会近期有关知识产权的判决录（2014 年 12 月），专利池和反垄断比较分析和研究（2014 年 3 月），版权、竞争与发展研究（2013 年 12 月），技术转让协议及反垄断调查（2013 年 12 月），关于拒绝许可使用知识产权的研究（2013 年 8 月），关于智能手机行业专利运用和收购影响的研究（2013 年 6 月），关于以不正当竞争手段行使知识产权：虚假诉讼研究（2012 年 4 月），关于 WIPO 成员授予强制许可以应对反竞争性使用知识产权的调查（2011 年 10 月），关于为处理反垄断与特许经营协议之间关系所采取的措施的调查（2011 年 6 月），关于知识产权进入贸易壁垒之结果的经济/法律文献分析（2012 年 1 月），知识产权代理机构与竞争法之间的相互关系：成员国答复摘要（2011 年 6 月），关于知识产权用尽与竞争法之间的关系研究（2012 年 4 月），知识产权与竞争作为互补政策：一种利用有序概率选择模型的测试（2007 年），等等。

此外，WIPO 还就此议题举行了一系列活动，例如举办国际研讨会以加深各国对知识产权与竞争法之间关系的认识、促进政府机构间的对话；召开国际圆桌会议，在同一地区或同一国家集团的各国知识产权主管局与竞争机构之间开展对话；举办亚洲部分国家知识产权与竞争问题讲习班；就反竞争性使用知识产权的新兴挑战、促进数字时代的文化普及——版权许可新模式问题召开全球会议等。❶

简言之，知识产权与竞争的关系复杂，这一问题在任何国家都存在，而在经济社会发展转型中的我国尤为如此。总的来说，知识产权与竞争在创新保护和规范市场方面殊途同归，但具体的规则和尺度在实践中比较难以掌握，在国际上的协调统一难度更大。

---

❶ 知识产权与竞争政策，https：//www. wipo. int/ip – competition/zh/index. html，2023 年 1 月 6 日访问。

第二节　知识产权与传统资源保护议题的国际讨论

一、传统资源保护议题的缘起及发展概述

（一）传统资源保护是广大发展中和欠发达国家的需求

1. 传统资源的概念及其在信息时代的利用

本书采用"传统资源"一词，作为对遗传资源（Genetic Resources，以下简称 GR）、传统知识（Traditional Knowledge，以下简称 TK）和传统文化表达（Traditional Culture Expression，以下简称 TCE）的统称。知识产权与传统资源保护问题，在国际上特别是国际知识产权框架下的讨论可谓由来已久。早在 20 世纪 60 年代，发展中国家就越来越强烈地感觉到，民间文学艺术（EoF，后期以 TCE 一词取代）体现了其创造力，是原住民和当地社区文化认同的一部分，应当对其予以知识产权保护，特别是新技术让民间文学艺术越来越容易被外人利用和滥用，因此，越来越多的原住民和当地社区的人们和政府，都在寻求对作为无形资产的传统知识和传统文化表现形式的知识产权保护，包括传统医学和环境知识、艺术、符号和音乐，等等。

在全球化与现代化的浪潮中，对信息的掌握和控制日益成为决定一个国家经济发展实力和潜力的指标，人们越来越认识到传统资源所包含的似乎无穷尽的信息里蕴藏着巨大的商机；发展中国家为保护自己的利益，一直在争取使国际社会承认其传统资源的价值。传统资源的保护在超越知识产权的更广阔的国际论坛中都存在讨论，例如，在联合国经济及社会理事会的国际论坛上，成员国从人权的角度探讨原住民的基本权利，并于 2008

年通过了《联合国原住民权利宣言》❶，其中第31条即对原住民传统资源的知识产权保护作出了原则性规定。由于传统资源涉及的知识体系非常庞杂，本书不欲过多从人权或原住民基本权利方面讨论，而仅介绍国际上对传统资源保护与知识产权关系的相关讨论。

2. 传统资源利用带来的利益冲突及协调困难

传统资源保护议题在国际论坛上成为热点的现象，一方面体现了全球化背景下各国政府和公众基于人权的考虑对原住民或社区传统族群问题的普遍关注，另一方面也反映了传统族群基于自决权要求发展和振兴的自我意识在不断增长；但还有一个更重要、更直接且现实的因素是：传统资源蕴含的有价值信息日益成为科技文化创新的基本要素。因此，如何保护这一宝贵资源的认识已由过去以技术性"保存"为主的方式，转化为"开采与利用"及"可持续发展"并重的方式，传统资源的法律保护问题已凸显出来并亟待研究解决。

遗憾的是，按照现代知识产权法律体系及其国际框架制度的设计，这些传统资源的内容已经处于公有领域。以 GR 为例，现代知识产权制度与传统资源持有人的利益明显存在冲突，即 GR 本身不能获得专利，但基于 GR 的发明可以为创新者带来极大的经济利益，可能与持有人之间产生利益冲突和失衡，因此需要一种独特的、跨领域的方法来处理知识产权和 GR 之间的关系。所幸的是，相对几乎完全以无形信息形式存在的 TK/TCE 而言，GR 的初始载体无论是植物还是动物、人体及微生物，均具有物权特性，因此传统资源保护议题首先在 GR 领域取得突破。1992 年的《生物多样性公约》（Convention on Biological Diversity，以下简称 CBD）基于国家主权原则，确立了 GR 利用的"知情获取、惠益分享"（Access and Benefit - sharing，以下简称 ABS）原则。

CBD 的这些原则如何融入知识产权制度框架，并延伸到 TK/TCE，不独是成员国内部法律的问题，也成为作为国际知识产权制度协调机构的 WIPO 的任务。2000 年专门成立的 IGC，至今已经召开过 40 多届会议，分

❶ 联合国："United Nations Declaration on the Rights of Indigenous Peoples"，http：//www. un. org/esa/socdev/unpfii/documents/DRIPS_en. pdf，2023 年 1 月 6 日访问。

别就知识产权与 GR/TK/TCE 形成了案文，作为各成员国谈判的基础，目标是最终商定关于保护 TK、TCE 和 GR 的国际法律文书。不过，鉴于对此议题的核心问题，尤其是完全无形的 TK/TCE 的保护议题，要像 CBD 倡导的 GR 的国家主权原则那样对待，即在获取传统资源的事先许可和传统资源创新成果的事后利益分配等实质性条款方面形成共识，难度非常大；不同国家、利益团体对此议题的观点分歧明显，因此 IGC 在制定一个国际层面行之有效的适当、可预见的规则之法律文书的推进工作十分缓慢。目前，IGC 关于 GR 议题的讨论进展相对较快，制定国际文件的动议开始提上议程。

（二）传统资源保护议题的复杂性及国际讨论的缓慢进展

21 世纪以来，与科技、文化创新和多样性发展有关的联合国下属的国际组织，如环境规划署（UNEP）下的 CBD、贸发会议（UNCTAD）和 WTO，以及教科文组织（UNESCO）和 WIPO，都在思考有关传统资源与知识产权的关系问题。

1. 环境规划署/CBD 的签署及其 ABS 原则的形成和发展

1992 年，在巴西里约热内卢召开了由各国首脑参加的最大规模的联合国环境与发展大会；在此次"地球峰会"上 150 多个国家签署了有历史意义的协议《生物多样性公约》，此后有超过 183 个国家批准了该协议。❶ CBD 承认各国对其生物遗传资源享有主权，并确定了利用生物遗传资源的知情同意和惠益分享原则，这主要体现在其中第 8 条（j）的规定："依照国家立法，尊重、保存和维持原住民和地方社区体现传统生活方式而与生物多样性的保护和持续利用相关的知识、创新和实践并促进其广泛应用，由此等知识、创新和实践的拥有者认可和参与下并鼓励公平地分享因利用此等知识、创新和做法而获得的惠益。"事实上，正是这一条款的通过，引发了国际上对传统资源与知识产权保护议题的探讨。目前 CBD 对 GR 的

---

❶ 关于《生物多样性公约》签订的详情，参见唐广良：《遗传资源、传统知识及民间文学艺术表达国际保护综述》，郑成思、唐广良主编《知识产权文丛》第 8 卷，中国方正出版社，2002，第 3－72 页。

保护并不仅限于有形物本身，而是欲增强持有人对蕴含其中的基因等无形信息的商业开发利用控制力，这在 CBD 近期对数字序列信息（DSI）的讨论中已经明确。❶

2010 年 10 月 30 日，CBD 第 10 届缔约国会议通过了《名古屋议定书》，发展中国家和发达国家就未来十年生态系统保护世界目标和 GR 利用及其利益分配规则达成一致，即获取 GR 应当获得供给国同意，并与 GR 拥有者分享利用该资源产生的利益；为加强监管，防止不正当取得和使用，议定书规定 GR 的利用国须设立至少一处以上监管机构。CBD 关于 GR 利用的 ABS 模式，无疑为整个传统资源的保护带来了启示。不过，2011 年 CBD 组织开展的《生物多样性战略计划》拟定目标几乎没有实质性推进，在国际知识产权领域具有话语权的发达国家也尚未接受 CBD 的 ABS 原则。近几年的新冠病毒感染疫情，更凸显了人类与自然界和谐相处的重大意义，如何切实推进 CBD 相关议题，需要全球共同面对。

2. 世界卫生组织（WHO）

世界卫生组织致力于努力增进世界各地每个人的健康，其工作领域包括卫生系统、生命全程促进健康、非传染性疾病、传染病、全组织范围服务、防范、监测和应对。根据 WHO 的解释，"传统医药"是"基于不同文化背景的本土理论、信仰和经验形成的，不论阐明与否，均用于维系健康和防治、诊断、改善或治疗生理及心理疾病的知识、技能与做法的总和。"❷ 对于历史久远的传统医药知识，国际上对其保护机制及其与现代知识产权制度的关系尚无成熟的研究或经验；其地位在不同的国家和地区十分不同：在一些发展中国家，传统医学的保健具有优先地位，而在其他地区，传统医学被当作补充或替代医学来看待。WHO 指出，因为传统医药的运用日益频繁，须关注原住民对其卫生健康等遗产的知识产权保护与促进研究、创新和发展之间的平衡，通过传统的知识产权类型或特别权利来防止未经许可的使用或滥用，确保第三方不能在非法、未知情况下就传统

---

❶ 从原住民角度看遗传资源数字序列信息给获取和惠益分享带来的问题，https://www.chinaxiaokang.com/news/keji/hxjlsht/lsfzh/2022/0921/1358678.html，2022 年 9 月 26 日访问。

❷ WHO Traditional Medicine Strategy：2014 – 2023. www.who.int, p. 13, ［2023 – 01 – 03］.

医药获得知识产权；同时，特别权利制度还可包括事先知情同意和惠益分享，以及医药传统知识的广泛可获得性，以便促进研究开发，提高药物安全性、有效性，改进治疗方法和发展新产品。❶

3. 联合国粮食及农业组织（FAO）

联合国粮食及农业组织曾于 1983 年 11 月通过了《植物遗传资源国际协定》；1994 年，在该协定修订期间讨论"农民权"的概念时传统知识的定义与实施问题被提了出来。经过多年的谈判与讨论，2001 年 11 月在罗马召开的世界粮农会议上通过了修订的最终文本，即《粮食和农业植物遗传资源国际条约》（以下简称 FAO – ITPGR）。总的来说，农业粮食遗传资源领域内对知识产权保护问题的讨论是以 CBD 为蓝本进行的；不过 FAO – ITPGR 只涉及与粮食和农业植物遗传资源有关的传统知识（如特定的传统选种、耕种培育方法等），因此其涵盖范围比 CBD 要窄。由于农业传统知识通常掌握在当地农民群体手中，关于"农民权"的讨论成果❷也对讨论传统资源持有人的权利带来有益经验。2018 年以来爆发的中美贸易摩擦中，粮食的进出口问题也是关注点之一；一般认为，与芯片是我国信息技术应用领域被"卡脖子"的弱项类似，粮食种质资源保护和创新也是国内农业领域亟须强化的问题，新修改《种子法》的实施和《植物新品种保护条例》的修改如何应对这一问题、兼顾各方利益，也值得关注。

4. 联合国经济及社会理事会（ECOSOC）

联合国经济及社会理事会的"原住民工作组"于 1994 年制定了《原住民权利宣言草案》。在这个框架下，传统资源的保护被作为实现和振兴原住民文化传统和风俗习惯这一更广义权利的一个组成部分，对传统资源拥有的权利被视为原住民的基本权利❸。此外，在由联合国经济及社会理事会所属的"联合国人权事务委员会"高级专员作出的一份有关人权的报

---

❶ WHO Traditional Medicine Strategy：2014 – 2023. www. who. int，p. 47，［2023 – 01 – 03］.

❷ "农民权"指从事农业生产的原住民因其长期以来及将来对保存和发展遗传资源做出的贡献所享有的参与国家决策、惠益分享等权利。S. von Lewinski：*Indigenous Heritage and Intellectual Property*：*Genetic Resources、Traditional Knowledge and Folklore*，Edited，Kluwer Law International，2004，pp. 35 – 36.

❸ Draft Declaration on the Rights of Indigenous Peoples，1994，Articles 29 – 30. https：// www. un. org/esa/socdev/unpfii/documents/DRIPS_en. pdf，2022 年 12 月 3 日访问.

告中指出，在知识产权保护与原住民或本土社区传统知识的保护之间已产生了冲突，如社区之外的人未经传统知识保有人（WIPO 文件中的相关称谓包括"受益人""持有人"等）同意而使用其知识，而且没有公平补偿；因此应对现存的知识产权制度进行修改、改变和补充。❶

可见，这一国际论坛主要是从知识产权与人权关系的角度来考察传统资源保护问题。2007 年 9 月，正式通过了《联合国原住民权利宣言》，其中第 31 条规定：原住民有权保持、掌管、保护和发展其文化遗产、传统知识和传统文化表现形式，以及其科学、技术和文化表现形式，包括人类和遗传资源、种子、医药、关于动植物群特性的知识、口述传统、文学作品、设计、体育和传统游戏、视觉和表演艺术等。他们还有权保持、掌管、保护和发展自己对这些文化遗产、传统知识和传统文化表现形式的知识产权。各国应与原住民共同采取有效措施，确认和保护这些权利的行使。

5. 联合国贸发会议（UNCTAD）

联合国贸发会议在 21 世纪里开始重视传统资源的保护问题，它关注的原因是传统资源可能带来经济发展新机遇。除了考察和研究各相关的国际组织为传统资源的保护所做的工作外，UNCTAD 也注意到知识产权制度在其中可能扮演的重要角色，例如，在与国际贸易与可持续发展中心联合推出的"知识产权保护与可持续发展项目"的政策研究指南中，UNCTAD 指出传统知识与民俗的保护是各国（尤其是发展中国家）制定各自知识产权政策时应当考虑的问题❷。

6. 世界贸易组织（WTO）

对于世界贸易组织于 1994 年制定实施的 TRIPS 协议的第 27.3 条第 b 款❸，一些发展中国家认为必须结合国家在 CBD 中的义务进行审议，即与

CBD 协调一致，以保护原住民和农耕社区的权利以及维护和促进生物多样性。另外，WTO 与 FAO – ITPGR 相协作，防止通过授予种子、植物、基因和生物材料以专利权，导致对原住民及传统社区知识与资源的占有。发达国家对各国保护传统资源的可能性和权利没有争议，认为可以制定国家或地方的法律、法规，为传统资源的提供者和接受者提供解决问题的"合同基础"；但是，发达国家反对在 TRIPS 协议框架内以强制性的规范来处理传统资源保护问题。2001 年 11 月 9—14 日，在卡塔尔首都多哈举行的 WTO 第四次部长会议决定启动新一轮多边贸易谈判，会议发布的《多哈部长宣言》中列举了一系列谈判的议题和应当优先考虑的问题，其中就包括 TRIPS 协议与 CBD、传统知识和民间文艺保护的关系❶。但是，在 21 世纪以来，由发展中国家唱主角的多哈回合谈判陷于停滞，即使是就最无争议的、因公共健康而采取强制许可限制药品专利权的问题，虽然于 2005 年就达成了修改 TRIPS 协议的议定书，但也直到 2017 年才生效。

7. 联合国教科文组织（UNESCO）与 WIPO 的合作与分工

联合国教科文组织和世界知识产权组织自 20 世纪 70 年代起，就应发展中国家的要求开始致力于民间文学艺术保护的研究。1976 年它们为发展中国家修订版权法提供了标准，即《突尼斯版权示范法》，其中规定了对民间文学艺术的保护；1982 年 6 月又联合通过了《关于保护民间文学艺术表达形式以防止非法利用和其他有害行为的国家法律示范法》。1989 年 UNESCO 第 25 次大会通过了《保护民间创作建议书》，建议各会员国采取法律手段和一切必要措施，并对那些容易受到世界全球化影响的文学艺术遗产进行必要的鉴别、维护、传播、保护和宣传；该建议书在关于"民间创作的维护"一节中提到：民间创作属于精神创作活动，因此为其提供与精神产品的维护相类似的保护是十分必要的，"知识产权"是维护民间创作的措施之一❷。

进入 21 世纪以来，WIPO 和 UNESCO 在这一领域的工作做了分工：前

---

❶ 李顺德：《TRIPS 协议新一轮谈判及知识产权国际保护的新发展》，《知识产权》2003 年第 3 期，第 12 – 15 页。

❷ UNESCO：*Recommendation on the Safeguarding of Traditional Culture and Folklore*，adopted by the General Conference at its twenty – fifth session，Paris，15 November 1989，F.

者关注与知识产权有关的问题，而后者则着重在一个更广泛的范围内探讨各国对保护人类非物质文化遗产应采取的措施。UNESCO 于 2003 年 10 月 17 日第 32 届大会闭幕前通过了《保护非物质文化遗产公约》，对口头传统、表演艺术、社会实践、仪式礼仪、节日庆典、民间知识、手工技艺等无形文化遗产的保护作出了必要规定。与此同时，WIPO 于 2000 年成立了 IGC，定期召开成员国大会讨论传统知识和传统文化表达（TK/TCE）的法律保护问题。与 UNESCO 关于文化多样性保护的国际条约和各国立法顺利通过和实施不同，20 余年来，WIPO 的 IGC 虽然形成了大量官方讨论文件，对 TK/TCE 保护涉及的主要问题也达成了基本共识；但由于国际上存在不同观点，与知识产权相关的 TK/TCE 议题几乎没有实质进展。

从以上国际组织的讨论和相关实践看，就广义的传统资源而言，其成为知识产权制度的关注点，主要原因是蕴含着无形并可无限复制的信息、具有丰富的可创新和可利用的商业化价值，但掌握这些传统资源的发展中国家从未就此获得过现代知识产权制度给予的红利。换句话说，当前对这些传统资源的利用有个主要的共同点，就是挖掘利用其中蕴含的无形信息，但形成的创新成果往往不属于传统资源持有人，而是掌握现代高新技术的发达国家市场主体。知识产权法的本质是一项调整人们之间就某一特定的无形信息之复制利用而产生的利益关系的制度；因此，如何设计传统知识的保护制度，包括赋权性的积极保护、阻止不当利用的防御性保护，以及相配套的管理措施等，不仅是国际上发展中和欠发达国家关心的问题，也是知识产权研究者必须面对的问题。但是，由于发达国家普遍认为传统资源处于公有领域而反对给予知识产权保护，❶ 这一主张与发展中及欠发达国家有根本性分歧，因此尽管有上述国际组织和论坛上的讨论和推动，但实际上至今很难达成共识。

---

❶ Paul Kuruk：*Goading a Reluctant Dinosaur：Mutual Recognition Agreements as a Policy Response to the Misappropriation of Foreign Traditional Knowledge in the United States*，Pepp. L. Rev.，2007 (34)，p. 269.

（三）WIPO - IGC 关于传统资源保护议题的讨论

1. WIPO - IGC 的工作领域简述

WIPO - IGC 的工作领域在 20 年来逐渐拓展，包括推动国际谈判，为 IGC 的工作提供便利；向希望制定政策、战略、行动计划和立法的地区和国家主管部门提供政策信息和技术援助；提供帮助原住民和当地社区参与 WIPO 活动的信息、服务和项目；支持原住民和当地社区的创业计划，使当地企业家利用知识产权使其自身及社区受益；提供关于 TK/TCE 文献记录、登记和数字化所涉及知识产权问题的信息、实用工具和培训；提供与 GR 及其数据库的知识产权管理有关的信息、实用工具和培训等。因此，尽管在推动传统资源国际谈判以形成可实施的国际法律文书的目标一时不能实现，但在长期的讨论和协调过程中，除了历届会议讨论的提案、条款草案、研究报告、重要术语汇编等文件外，IGC 还汇集了与此议题相关的一系列资料，作为公开出版物❶提供给各界参考。

IGC 也成为国际上关于传统资源保护议题的大型交流和知识培训平台，提供关于知识产权与 GR/TK/TCE 保护相关的各种信息资源；例如，建立了关于知识产权与 GR/TK/TCE 的地区、国家、地方和社区经验的资源库——形式包括调查、案例研究报告，演示文稿等；汇编了与 GR/TK/TCE 有关的法律、条例等立法措施以及相关国际条约和协定等，具体包括不断更新的国家和区域专门制度信息汇编、❷ 各国对公开的要求列表，❸ 以及与 TCE 的记录、数字化和传播有关的守则、指南和做法等。❹ 此外，WIPO 还组织设立了关于知识产权与 TK/TCE 问题和关于生命科学中的知识产权问题的远程学习高级课程。❺ WIPO 组织编写的《知识产权与遗传资源、

---

❶ 关于传统知识与知识产权的系列议题出版物，例如 WIPO - IGC 的背景简介等，参见 WIPO 网站：https：//www. wipo. int/publications/en/details. jsp？id = 3861&plang = EN，2023 年 1 月 8 日访问。

❷ compilation_sui_generis_regimes. pdf（wipo. int），2023 年 1 月 8 日访问。

❸ genetic_resources_disclosure. pdf（wipo. int），2023 年 1 月 8 日访问。

❹ 这是一个可检索的文件数据库：Codes, guidelines and practices relating to the recording, digitization and dissemination of TCEs（wipo. int），2023 年 1 月 8 日访问。

❺ 参见 WIPO 网站的远程课程目录：Academy Course Catalog（wipo. int），2023 年 1 月 8 日访问。

传统知识和传统文化表现形式》小册子，对此议题的来龙去脉和涉及的主要问题做了简单介绍，并附上了若干供进一步阅读和研究的信息来源链接。❶

2. WIPO – IGC 可提供的信息和技术援助简述

具体而言，WIPO – IGC 组织编写的系列资料，可以在以下几个方面为对此议题感兴趣用户提供信息和技术性援助：

（1）关于知识产权管理。1）发布《保护并弘扬您的文化：原住民和当地社区知识产权实用指南》，指出知识产权可以成为原住民和当地社区的有力工具，使用得当可以帮助宣传产品和服务，防止传统知识和文化被盗用；该简明指南通过大量已对知识产权进行最充分利用的原住民和当地社区的实例，阐释了如何实现前述目的。❷ 2）发布《知识产权与传统文化保护：博物馆、图书馆和档案馆法律问题与实践选择》，指出博物馆等机构在以照片、录音、电影和手稿等保存、保护和宣传 TCE 收藏品方面的重大作用，原住民和传统社区越来越希望拥有、控制和查阅这些机构掌握的本族文化资料。❸ 3）编制《传统知识文献编制工具包》，指出在大多数情况下，传统知识文献化能够带来的好处似乎一目了然，但也可能存在风险，因此对每个传统知识文献编制项目的潜在利弊需要逐案进行充分考虑；该工具包提供了关于传统知识文献化的基本信息，尤其是知识产权方面的影响，对在传统知识文献化之前、期间和之后需要深思熟虑的关键问题给予实用指导，尤其最重要的是，它明确了秘密或保密传统知识需要谨慎管理。❹ 4）编制《知识产权与民俗、艺术和文化节操作指南》。"文化节"或"庆典"通过舞蹈、音乐、戏剧、仪式、习俗、礼仪、电影、摄影、视觉艺术、工艺、食品制备等多种形式，将悠久传统和现代创意结合起来，展现了丰富多样的世界文化，在带来社会经济价值的同时，具有潜在的知识产权挑战；该指南的目的不是列出庆典中所有可能出现的知识产权问题，而是选择了一些典型案例，说明庆典组织者可能需要克服的问

---

❶ 参见 WIPO 第 933C 号出版物，2015 年第一版，2020 年修订重印。

❷ 参见 WIPO 第 1048C 号出版物，2017 年。

❸ 参见 WIPO 第 1023E 号出版物，2010 年。

❹ 参见 WIPO 第 1049 号出版物，2017 年。

题。❶ 5）与联合国国际贸易中心（ITC，由 UNCTAD/WTO 共同设立）于 2003 编制了公开出版物《手工艺品和视觉艺术营销：知识产权的作用——实用指南》；通过提供咨询意见和借鉴成功事例，证明知识产权和营销与手工艺者和视觉艺术者的商业活动息息相关，因此结合知识产权制度中的各种手段制定出一个有计划、系统的营销战略，可以让手工艺者和视觉艺术者在市场中对自己的创造性和创新产品拥有和保持专有权，同供需环节和终端消费者建立联系，遏制不正当竞争行为的发生，使自己的创造力得到公平的回报。❷ 6）编制《传统医学知识文献》，介绍对传统医学知识进行知识产权保护的不同方案。❸

（2）关于获取、惠益分享和公开。1）发布《遗传资源和传统知识专利公开要求关键问题》（第二版），指出政策制定者和其他利益攸关方应经常就 GR 和 TK 相关的专利公开要求提出一些操作方面的问题，希望就此获得实用的经验性信息；该研究围绕这种背景下出现的关键法律规则和操作问题，进行了全面、翔实、中立的综述。❹ 2）发布《获取和惠益分享协议知识产权问题指南》，作为获取和惠益分享协议数据库的重要补充，该指南为遗传资源的用户和提供方概要地介绍了获取和惠益分享协议中的知识产权问题。❺ 3）与环境规划署联合发布《关于知识产权在分享因使用生物资源和相关传统知识所得惠益方面的作用研究》，该报告通过从印度的一种具有明显解除疲劳特性的植物中提炼出的一种特效药、把从西非野生水稻中提出的基因用于价值达数十亿美金的生物技术产业等典型事例，说明了怎样订立利益共享协议、尽量消除潜在利益冲突隐患、更好地补偿传统资源持有人等问题的复杂性，提出确保在获取和使用这些资源时公平共享利益的实际做法。❻

（3）有关习惯法的资料。WIPO 先后发布了一些与 TK 和知识产权议

---

❶　参见 WIPO 第 1043 号出版物，2018 年。

❷　参见 ITC 第 159 号出版物，网址：https：//digitallibrary. un. org/record/521216，2023 年 1 月 8 日访问。

❸　参见 WIPO 关于 TK 的系列出版物之第 6 号，2014 年。

❹　参见 WIPO 第 1047C/19 号出版物，2020 年。

❺　参见 WIPO 第 1052C 号出版物，2018 年。

❻　参见 WIPO 第 769 号出版物，2004 年。

题相关的习惯法资料供参考，并公布在其官方网站，但同时表明，这些资料中的内容并不代表 WIPO 的观点或赞同与否。资料包括：①《习惯法、传统知识与知识产权：问题概述》（2013）；❶ ②《传统知识保护方面的习惯法——安第斯国家的区域研究报告》（2006）；❷ ③《获取和惠益分享及传统知识治理中的习惯法：安第斯和太平洋岛屿国家的观点》（2008）。❸

从以上 WIPO - IGC 的这些工作看，最初对制定和颁布关于传统资源保护国际条约的计划，因不同发展阶段成员国的各种主张分歧太大而难以推进，IGC 实际上转型成为一个推动知识和信息共享、帮助提高发展中和欠发达国家知识产权技能的国际平台。

二、知识产权与 TK/TCE 议题的核心争议与分歧

（一）关于 TK/TCE 保护议题国际讨论的简要回顾

如上所述，从 20 世纪 60 年代起，广大的发展中、欠发达国家以及有关国际组织、非政府机构、学者，都在探索和推动解决知识产权与传统资源保护的关系问题。《伯尔尼公约》1971 年修订文本第 15 条第 4 款对"作者身份不明的未出版的作品"的保护，即被视为是对民间文学艺术提供的某种程度的保护。❹ 1976 年 2 月 WIPO 和 UNESCO 通过的《突尼斯版权示范法》、1977 年的《班吉协定》，都将民间文学艺术作为受保护的客体纳入版权法律制度中。1982 年，UNESCO 通过了《关于保护 EoF、防止不正

---

❶ Customary Law, Traditional Knowledge andIntellectual Property：an outline of the issues. https：//www. wipo. int/export/sites/www/tk/en/resources/pdf/overview_customary_law. pdf, 2023 年 1 月 8 日访问。

❷ Regional Study in The Andean Countries：Customary Law in the Protection of Traditional Knowledge. https：//www. wipo. int/export/sites/www/tk/en/resources/pdf/study_cruz. pdf, 2023 年 1 月 8 日访问。

❸ The Role of Customary Law in Access and Benefit - Sharing and Traditional Knowledge Governance：perspectives from Andean and Pacific Island Countries. https：//www. wipo. int/export/sites/www/tk/en/resources/pdf/customary_law_abs_tk. pdf, 2023 年 1 月 8 日访问。

❹ 刘波林译：《保护文学和艺术作品伯尔尼公约指南》，中国人民大学出版社，2002，第 75 页。

当利用等损害的示范法》，1989 年制定了《保护传统文化表现形式条约》，开始探索以独立于版权制度的特别法形式来保护民间文学艺术。

1992 年之后，受 CBD 对 GR 设立的 ABS 制度的影响，WIPO – IGC 开始将民间文学艺术（TCE）与 TK、GR 合并为传统资源与知识产权议题进行讨论。其中，关于 TK/TCE 的讨论因不像 GR 那样可以直接与 CBD 比照，因此相关国际文件条款内容的谈判尤其艰难。特别是 TK，也不像 TCE 一样有之前国际上关于民间文学艺术保护的个别经验和国际文件基础，以及从版权保护理论向特别权利理论保护过渡的相关研究成果，在讨论就 TK 保护形成国际共识的保护文件时更是难以推动。不过，从 IGC 历年的讨论来看，TK/TCE 的保护议题具有诸多类似之处，因此本书仍将传统资源分解为 TK/TCE 和 GR 两个议题，在本部分先讨论 TK/TCE 议题相关问题，在下一部分讨论 GR 保护的相关问题。

（二）关于 TK/TCE 保护讨论国际文书的主要内容

1. WIPO – IGC 关于 TK/TCE 议题的基础工作文件

IGC 在 2008 年 2 月 25—29 日的第 12 届会议上决定，由秘书处考虑以往的工作编拟一份文件，作为 IGC 第 13 届会议的文件讨论，该文件将：①说明国际上在提供传统知识保护方面现有哪些义务、规定和可能性；②说明国际上在这方面存在哪些差距，并尽量以具体例子予以说明；③提出与确定是否需要弥合这些差距相关的考虑因素；④说明弥合任何所指明的差距现有哪些选项或可能需要制定哪些选项，包括法律及其他选项，以及应在国际、区域还是国家层面加以处理；⑤在附件中按上文①至④项提及的内容列出矩阵表。

根据要求，秘书处编拟了 TK/TCE 保护的差距分析文件草案，并散发征集意见，然后编拟了修订文件提交给 IGC 第 13 届会议审议。❶ 但 IGC 第 13 届会议最终未对这两份文件进行讨论，该届会议决定仅反映出 IGC "注意到" 了有这两份文件；直到 2017 年的 IGC 第 37 届会议上，秘书处才又

---

❶ 参见 IGC 文件：WIPO/GRTKF/IC/13/5（b）Rev. 和 WIPO/GRTKF/IC/13/4（b）Rev.，October 11, 2008。

按 WIPO 大会的要求更新了 2008 年关于 TK/TCE 现有保护制度的差距分析文件，并为第 38、第 39 届会议的讨论而印发。❶

2. WIPO - IGC 关于 TK/TCE 保护国际文件的主要内容

与之前的文件相比，IGC 更新文件的结构、格式和内容基本没有变化，只是反映了国际文书、立法或政策的发展动向。不过，正如乌干达代表非洲集团指出的，IGC 进程启动以来每两年延长一次 IGC 任务授权，反映出 WIPO 认识到在协调知识产权与传统知识体系之间的关系方面存在困难；关于 TK/TCE 差距分析的更新稿以及 WIPO 秘书处编拟的众多 TK/TCE 议题的核心材料，更以无可争辩的证据进一步证明了这些困难。❷

（1）关于条约宗旨。

IGC 关于 TK 保护的条款草案（第二次修订稿，2019 年 3 月 22 日），❸在序言中阐明了多达 14 项的宗旨，且几乎每项的措辞都有以方括号❹标出来的备选方案，这说明了拟定国际条约在立法目标上的多元需求。这些目标具体包括：①承认《联合国原住民权利宣言》，以及［宣言中］原住民［人民］和当地社区的愿望；②［承认原住民［人民］和当地社区有权］承认原住民［人民］的权利和当地社区的利益］来保持、掌管、保护和发展其对包括其传统知识在内的文化遗产的知识产权］；③承认原住民［人民］和当地社区的情况因地而异、因国而异，国家、地区的差异以及各种历史和文化背景的重要性应予考虑；④承认原住民［人民］和当地社区的传统知识具有［内在］价值，包括社会、文化、精神、经济、科学、思想、商业和教育价值；⑤肯定传统知识体系是进行不断创新及鲜明的智力和创造性生活的框架，对于原住民［人民］和当地社区具有［内在的］重要意义；⑥尊重社区自身和相互之间继续以其习惯的方式使用、发展、交流和传播传统知识；⑦增进人们对传统知识体系的尊重，对保存和维持这些体系的传统知识持有人的尊严、文化认同以及智力价值的尊重；⑧肯定保护传统知识应当有助于促进创造创新和知识的转移与传播，使持有人和

❶　参见 IGC 文件：WIPO/GRTKF/IC/40/7，WIPO/GRTKF/IC/40/8，April 9，2019。
❷　参见 IGC 文件：WIPO/GRTKF/IC/39/18，June 17，2019，第 14 段。
❸　参见 WIPO/GRTKF/IC/40/4，2019 年 4 月 9 日。
❹　方括号及其中内容为草案原文，本书予以保留。

使用者共同受益，而且在方式上有利于社会和经济福利，并应有助于权利和义务的平衡；⑨［按照共同商定的条件，包括公平平等地进行惠益分享，遵从原住民［人民］、［当地社区和民族/受益人］自由事先知情同意、批准和参与的条件，］［促进］思想和艺术自由、研究或其他公平的实践和文化交流］；⑩［确保与保护和保障传统知识有关的国际协定，以及与知识产权有关的国际协定的相互支持作用］；⑪承认并重申知识产权制度在促进创新创造、知识转移与传播、经济发展，使传统知识的利益攸关方、提供方和使用者共同受益中发挥的作用；⑫承认活跃的公有领域和适用于所有人使用、［并］对创造力和创新至关重要的知识体系的价值，［并承认有必要保护和保存公有领域］；⑬［承认有必要制定新的规则和准则，为实施与传统知识相关的权利提供有效和适当的手段，同时兼顾各国法律制度的差异］；⑭［本文书的任何内容均不得解释为削弱或取消原住民［人民］或当地社区现在享有或将来可能获得的权利。］

（2）第1条：关于术语的使用。

1）盗用：［替代项1：在未经自由事先知情同意或批准和参与，并根据适用情况，在没有共同商定的条件下，不管出于何种目的（商业、研究、学术和技术转让）的任何获取或使用［客体］/［传统知识］。［替代项2：使用他人的［受保护］传统知识，而［客体］/［传统知识］是使用者通过不正当手段或破坏信用，以至于违反提供国国内法从持有人处取得的，但承认因持有人未采取合理保护措施而通过［独立发现或创造、］阅读书籍、从未受损害的传统社区之外的来源处取得、反向工程和无意披露等合法手段获得传统知识不属于［盗用/滥用/未经授权使用/不正当和不公平使用。］［替代项3：对受益人传统知识的任何获取和使用，违反有关此种传统知识获取或使用的习惯法和既定做法的。］［替代项4：对［受益人］原住民［人民］或当地社区的传统知识的任何获取和使用，无自由事先知情同意和共同商定的条款，违反有关此种传统知识获取或使用的习惯法和既定做法的。］

2）滥用：可能在属于某一受益人的传统知识被使用者以违反使用国立法机构所批准的国内法或措施的方式使用时出现；在国家层面保护或保障传统知识可以采取不同的形式，如新的知识产权保护形式，这种保护以不公平竞争原则或一种基于措施的方法或两者兼而有之的方法为依据。

3）受保护传统知识：指满足［第］3［条］规定的资格标准和［第］5［条］规定的保护范围和条件的实质性传统知识。替代项：［受保护传统知识是与［第4条定义的受益人、］原住民［人民］和当地社区的文化遗产有显著联系的实质性传统知识，它由集体创造、形成、发展、维持和共享，且在已由每个成员国决定的期间代代相传，但不少于50年或五代人的时间，并且满足第5条的保护范围和条件。］

4）公有领域在本文书：就其性质而言，指不受或可能不受使用这种材料的国家的立法规定的知识产权或相关保护形式保护的无形材料。这可能是，例如所涉客体不符合在国家层面保护知识产权的先决条件的情况，或根据情形，任何先前的保护期已届满的情况。

5）公开可用：指［已经失去了与任何原住民社区显著联系且由此成为］通用或普通知识的［客体］/［传统知识］，尽管其历史起源可能已为公众所知。

6）传统知识：指源自原住民［人民］、当地社区和/或［其他受益人］的知识，可能充满活力、不断发展，是在传统环境下，或来自于传统环境的智力活动、经验、精神手段或洞见的结果，可能与土地和环境有联系，包括诀窍、技能、创新、做法、教导和学问。［替代项1：秘密传统知识是由适用的原住民［人民］和当地社区［受益人］根据其习惯法、规约和做法持有并视为保密的传统知识，谅解使该传统知识的使用或应用受限于保密的框架内。］［替代项2：秘密传统知识是通常不为人所知或不易为公众获取，因其保密性而具有商业价值，并且为保持知识的保密性而受某些措施约束的传统知识。］

7）神圣传统知识：指尽管秘密、传播范围窄或者传播范围大，却构成受益人精神认同的一部分的传统知识。

8）传播范围窄的传统知识：指受益人共享的［非秘密］传统知识，受益人之间不采取保密措施，但非团体成员不易获取。

9）传播范围广的传统知识：指公众可轻易获取，［但文化上仍与受益人的社会认同有联系的］［非秘密］传统知识。

10）非法占用：指使用者通过不正当的手段或破坏信用从［受保护］

传统知识的持有人获得的［受保护］传统知识，并导致违反了［受保护］传统知识的持有人所在国的国内法。使用通过合法手段，如独立发现或创造、阅读出版物、反向工程、因［受保护］传统知识的持有人未采取合理保护措施而无意和故意披露等获得的［受保护］传统知识，不是非法占用。

11）未经授权使用：指在未经权利持有人许可的情况下使用［受保护的］传统知识。

12）［"使用"］/［"利用"］：指（a）［受保护］传统知识被含在某种产品之中［或］某种产品是在［受保护］传统知识的基础上被开发或取得的：(i) 在传统范围以外生产、进口、许诺销售、销售、存储或使用该产品；或（ii）为在传统范围以外许诺销售、销售或使用产品而占有该产品；(b)［受保护］传统知识被含在某种方法之中［或］某种方法是在［受保护］传统知识的基础上被开发或取得的：(i) 在传统范围以外使用该方法；或 WIPO/GRTKF/IC/40/4 附件第 5 页；(ii) 对使用该方法直接产生的产品进行（a）项中所述的行为；(c) 在非商业研发中使用［受保护］传统知识；(d) 在商业性研发中使用［受保护］传统知识。

(3) 第 2 条：关于文书条约的目标。

［替代项 1：本文书的目的是提供知识产权方面的有效、兼顾各方利益和充分的保护，［在支持对传统知识的适当使用的同时］，防止：(a) 传统知识未经授权 1 和/或未获补偿 2 即被使用；和（b）对传统知识错误地授予知识产权。］

［替代项 2：本文书的目的是支持传统知识在知识产权制度内根据国内法得到适当使用和有效、兼顾各方利益、充分的保护，同时承认［原住民［人民］和当地社区］［受益人］的权利。］

［替代项 3：本文书的目的是通过以下方式，支持传统知识在知识产权制度内根据国内法得到适当使用，同时尊重保护传统知识持有人的价值观：(a) 推动对创新的保护和知识的转移与传播，使受保护传统知识的持有人和使用者共同受益，而且在方式上有利于社会和经济福利，并应有助于权利和义务的平衡；(b) 承认活跃的公有领域和适用于所有人使用、对创造力和创新至关重要的知识体系的价值，承认有必要保护、维护和加强

公有领域；（c）防止对非秘密传统知识错误地授予专利权。]

（4）第3条：关于［保护标准/资格标准］。

［替代项1：3.1 除第3.2条另有规定外，保护应根据本文书延伸至以下传统知识：（a）由原住民［人民］、当地社区和/或［其他受益人］创造、形成、接收或揭示，并由他们［根据其习惯法和规约］集体发展、持有、使用和维持；（b）与原住民、当地社区和/或［其他受益人］的文化和社会认同以及传统遗产有关联，或者是其组成部分；（c）代代相传，无论是否连续。3.2 成员国/缔约方可以根据其国内法，将传统知识在由成员国/缔约方确定的合理期限内的事先存在作为保护的条件。]

［替代项2：保护应根据本文书延伸至以下传统知识：（a）由原住民［人民］、当地社区和/或［其他受益人］创造、形成、接收或揭示，并由他们［根据其习惯法和规约］集体发展、持有、使用和维持；（b）与原住民、当地社区和/或［其他受益人］的文化认同和传统遗产有关联，或者是其组成部分，并且与其有显著联系；（c）代代相传，无论是否连续，或者不少于50年或五代的期间。]

［第3条替代方案［文书的客体］：本文书适用于以下专利和传统知识：（a）与第4条定义的受益人的文化遗产有显著联系；（b）由集体创造/形成、发展、维持和共享，在由每个成员国决定的期间代代相传，但不少于50年或五代的时间。]

（5）第4条：关于受益人。

［替代项1：本文书的受益人是可以依据国内法确定的原住民、当地社区和其他受益人。]

［替代项2：本文书［所保护］的受益人是持有［受保护］传统知识的原住民［人民］和当地社区。]

［替代项3：本文书的受益人是可以依据国内法确定的原住民［人民］、当地社区和其他受益人，如国家［和/或民族]]。

（6）第5条：关于保护范围［和条件］。

［替代项1：按本文书的定义，成员国［应当］/［应］［考虑第9条所定义的例外与限制，以符合第14条的方式］，对［受保护］传统知识的受益人的经济和精神［利益］［权利]，［以合理、兼顾各方利益的方式，]

酌情并按照国内法［予以保障］［保护］］。

　　［替代项2：按本文书的定义，成员国［应当］/［应］对传统知识受益人的经济及精神权益，以合理、兼顾各方利益的方式，以及符合第14条的方式，酌情并按照国内法予以［保障］［保护］，特别是：（a）凡参照原住民［人民］和当地社区/受益人的习惯法及做法，获取传统知识受到限制，包括传统知识属秘密或神圣的情况，成员国［应当］/［应］酌情采取立法、行政和/或政策措施，以确保：i 受益人拥有维持、控制、使用、发展、授权或禁止获取和使用/利用其传统知识，以及从因其使用而产生的利益中收取公平公正份额的专有、集体的权利 ii 受益人拥有署名的精神权利和以尊重此种传统知识完整性的方式使用其传统知识的精神权利。（b）凡参照原住民［人民］和当地社区/受益人的习惯法及做法，传统知识的传播面窄，成员国［应当］/［应］酌情采取立法、行政和/或政策措施，以确保：i 受益人从因其使用而产生的利益中收取公平公正份额；并且 ii 受益人拥有署名的精神权利和以尊重此种传统知识完整性的方式使用其传统知识的权利。（a）［凡参照原住民［人民］和当地社区/受益人的习惯法及做法，传统知识的传播面广，成员国［应当］/［应］酌情与受益人协商，尽最大努力保护传统知识的完整性。］（b）［对于传播面或窄或广，并且传播时未遵照原住民［人民］和当地社区的习惯法及做法或未遵守原住民［人民］及当地社区的事先知情同意，原住民［人民］和当地社区或其他受益人（适用时）考虑到所有相关情况，例如历史事实、原住民法和习惯法、国内法和国际法，以及此种未经授权的传播可能造成文化损害的证据，可以向相关国家机构要求（a）款规定的保护。］

　　［替代项3：5.1 凡［受保护］传统知识是秘密的，则不论是否是神圣的，成员国［应当］/［应］［确保］［鼓励］：（a）［将传统知识直接传达给用户的］受益人［根据国内法有可能］拥有维持、控制、使用、发展、授权或禁止获取和使用/利用其［受保护］传统知识，以及从因其使用而产生的利益中收取公平公正份额［的专有、集体的权利］。（b）使用者［在使用所述传统知识时，］［注明］［指明］所述［受保护］传统知识［可清楚识别的持有人］［受益人］，并以尊重受益人的文化准则和做法［以及传统知识相关精神权利不可剥夺、不可分割、没有时效的性质］的

方式使用知识。5.2 凡［受保护］传统知识的传播面窄，则不论是否是神圣的，成员国［应当］/［应］［确保］［鼓励作为最佳做法］：（a）［将［受保护］传统知识直接传达给用户的］受益人从因［所述用户］对其使用而产生的惠益中收取公平公正份额；并且（b）使用者使用所述［受保护］传统知识时注明传统知识可清楚识别的持有人，并以尊重受益人的文化准则和做法［以及传统知识相关精神权利不可剥夺、不可分割、没有时效的性质］的方式使用知识。5.3 成员国应［与原住民和当地社区协商，］尽最大努力［保护］［归档和保存］传播范围广［且神圣］的［受保护］传统知识［的完整性］。］

　　［替代项4：5.1 按本文书的定义，成员国［应当］/［应］［考虑第9条所定义的例外与限制，以符合第14条的方式］，对［受保护］传统知识受益人的经济和精神［利益］［权利］，［以合理、兼顾各方利益的方式，］酌情并按照国内法［予以保障］［保护］。5.2 本文书提供的保护不延及下列传统知识：［在一段合理时期内，］在本［文书］定义的受益人的社区以外为人广泛所知或使用，属于公有领域，或受一项知识产权的保护。］

　　（7）关于［第5之二［数据库］［补充性］［和］［防御性］保护

　　数据库保护：认识到在决定传统知识的获取方面与原住民和当地社区合作和磋商的重要性，成员国应当根据和按照国家法律和习惯法，努力为开发下列国家传统知识数据库提供便利和鼓励，受益人可以自愿向此种数据库贡献其传统知识：

　　5之二.1：用于透明、确定、保护和跨境合作目的，以及酌情为创造、交换、传播和获取传统知识提供便利和鼓励的公开可用的国家传统知识数据库。

　　5之二.2：仅能由知识产权局访问、用于防止错误授予知识产权的国家传统知识数据库。知识产权局应当寻求确保对这种信息予以保密，但此种信息在知识产权保护申请审查期间被引用的除外。

　　5之二.3：用于在原住民和当地社区内编纂和保护传统知识的非公开国家传统知识数据库。非公开国家传统知识数据库应当仅能由受益人依其各自的习惯法和此种传统知识的获取和使用应遵守的既定做法进行访问。

5之二.4：［补充性］［防御性］保护：［成员国］/［缔约方］应当根据和按照国家法律和习惯法［，努力］，（a）［通过包括防止错误授予专利］为开发［公开可用的］国家传统知识数据库提供便利/鼓励，促进防御性保护传统知识，并/或实现透明、确定和保护的目的和/或跨境合作；（b）［酌情为创建、交换、传播和获取［公开可用的］遗传资源和遗传资源相关传统知识数据库提供便利/鼓励；］（c）［提供异议措施，允许第三方［通过提交现有技术，］对专利的有效性提出争议；］（d）制定并应用自愿行为守则；（e）［防止未经受益人［同意］，受益人合法控制下的信息被他人以违反公平商业做法的方式公开、获取或使用，但条件是这种信息为［秘密的］，为防止未经授权的公开已采取了合理措施，且具有价值；］（f）［考虑建立［公开可用的］各专利局可获取的传统知识数据库，以避免错误授予专利，根据国家法律对这种数据库进行编撰和维护；i. 应当设立最低标准，对这种数据库的结构和内容进行统一；ii. 数据库的内容应当包括：a. 专利审查员可以理解的语言；b. 与传统知识相关的书面和口头信息；c. 与传统知识相关的有关书面和口头现有技术。］（g）［制定适当和充分的指导原则，以便各专利局就有关传统知识的专利申请进行检索和审查；］

5之二.5：［为了记录传统知识的使用方式和地点，以及为了保存和维护这种知识，国家机构［应当］/［应］努力编撰传统知识相关口头信息，并开发［公开可用的］传统知识数据库。］

5之二.6：［成员国］/［缔约方］［应当］/［应］考虑合作创建这种数据库，尤其是传统知识不是由某一个［成员国］/［缔约方］在其边界内独家持有的。［根据第2条［受保护的］传统知识被纳入至某一数据库的，［受保护］传统知识应当仅在传统知识持有人自由事先知情同意或批准和参与情况下提供给其他人。］

5之二.7：还［应当］/［应］努力为知识产权局获取这种数据库提供便利，以便可以作出适当的决定。为了方便获取，［成员国］/［缔约方］［应当］/［应］考虑能够从国际合作获得的效率。提供给知识产权局的信息［应当］/［应］仅包括可被用来拒绝提供合作的信息，因此不［应当］/［应］包括［受保护］传统知识。

5 之二 .8：为加强［公开可用的］传统知识数据库的开发，国家机构［应当］/［应］努力编纂有关传统知识的公开可用信息，以便保存和维护这种知识。

5 之二 .9：知识产权局还［应当］/［应］努力为获取有关传统知识的公开可用信息，包括［公开可用的］数据库提供的信息提供便利。

5 之二 .10：［知识产权局［应当］/［应］确保对这种信息予以保密维护，但此种信息在专利申请审查期间被列为现有技术的除外。

（8）关于第 6 条制裁、救济和行使权利/适用

［替代项 1：成员国应实行适当、有效、劝阻性和适度的法律和/或行政措施，以处理违反本文书中所载权利的行为。］

［替代项 2：6.1［成员国［应当］/［应］确保，其法律中有［可获取的、适当且充分的］［刑事、民事［和］或行政］执法程序［、争议解决机制］［、制裁］［和救济］，制止［故意或疏忽［造成的对经济利益和/或精神利益的损害］］［侵犯依照本文书向传统知识提供的保护］［［盗用/滥用/未经授权使用 /不正当和不公平使用］或滥用传统知识］，以便足以遏制进一步侵犯。］6.2 本条第 1 款所指的程序应当可获取、有效、公正、公平、充分［适当］，而且不对［受保护］传统知识的［持有人］/［拥有人］造成负担。［这些程序还应当为第三方的合法利益以及公共利益提供保障。］6.3［本条第 1 款和第 2 款规定的权利受到侵犯或未被遵守的，受益人［应当］/［应］有权提起法律诉讼。］6.4［适当时，制裁与救济应当反映原住民和当地社区会使用的制裁与救济。］6.5［传统知识受益人之间或者受益人和使用者之间发生争议的，每一方均［可以］/［应有权］将问题提交给一个受国际、地区或［双方属于同一个国家的，］国家法律承认的［和最适合传统知识持有人的］［独立的］法院外争议解决机制。］6.6 ［凡依照适用的国内法，确定［受保护的客体］/［传统知识］在可识别的同业交流圈之外［有意的］大范围传播是由［盗用/滥用/未经授权使用/不正当和不公平使用］或其他违反国家法律的行为造成的，受益人应有权获得公正公平的补偿/特许使用费。］6.7 如果受本文书保护的权利受到侵犯，依第 6.1 条规定的程序得到确认的，制裁措施可以视侵权的性质和后果，考虑包括恢复性正义措施。］

（9）关于第 7 条公开要求

［替代项 1：国家法律有要求的，传统知识的使用者应遵守有关公开传统知识来源和/或起源的要求。］

［替代项 2：7.1：［有关涉及到或使用传统知识的［一项发明］任何程序或产品的知识产权申请应包括［发明人］申请人收集或获取知识的国家（提供国）的信息。提供国不是传统知识的原属国的，还应提供原属国的信息。申请还应指明是否已获得了对获取和使用的自由事先知情同意或批准和参与。］7.2［本条第 1 款中规定的信息不为申请人所知的，申请人应说明［发明人］申请人收集或获取传统知识的直接来源。］7.3［申请人不符合本条第 1 款和第 2 款的规定的，应待其符合要求后再对申请予以处理。知识产权局可以为申请人遵守第 1 款和第 2 款的规定设定一个时限。申请人未在规定时限内提交此类信息的，知识产权局可以驳回申请。］7.4［申请人未遵守强制性要求或提供错误或虚假信息的，应撤销因授权而产生的权利，使该权利无法行使。］］

［替代项 3：7.1［有关［涉及到或］［直接］使用［受保护］传统知识的［一项发明］任何程序或产品的［专利］知识产权申请应包括［发明人］申请人收集或获取受保护传统知识的国家（提供国）的信息。提供国不是［受保护］传统知识的原属国的，还应提供原属国的信息。申请还应指明是否已获得了对获取和使用的自由事先知情同意或批准和参与。］7.2［本条第 1 款中规定的信息不为申请人所知的，申请人应说明［发明人］申请人收集或获取［受保护］传统知识的直接来源。］7.3［申请人不符合本条第 1 款和第 2 款的规定的，应待其符合要求后再对申请予以处理。［专利］知识产权局可为申请人遵守第 1 段和第 2 段中的规定设定一个时限。申请人未在规定时限内递交此类信息的，［专利］知识产权局可驳回申请。］7.4［因专利被授与而产生的权利不应受［稍后发现］申请人未遵守本条第 1 款和第 2 款的规定的影响。但是，可在专利制度之外，施以国家法律规定的其他制裁，包括如罚金等刑事制裁。］7.5［申请人明知情况下提供错误或虚假信息的，应撤销因授权而产生的权利，使该权利无法行使。］］

［替代项 4：［没有公开要求专利公开要求不得包括有关传统知识的强

制公开要求，但这种公开对新颖性、创造性或可据以实施性的可专利性标准具有实质意义的除外。]]

（10）关于第 8 条［权利］/［利益］的管理

［替代项 1：成员国］/［缔约方］［可以］/［应］根据其国家法律，在［受益人］［传统知识持有人］的［直接参与和批准下］［自由事先知情同意］［与其协商的情况下］，［建立］/［指定］一个或多个主管机构，［以管理本文书规定的权利/利益］［，但不损害［受益人］［传统知识持有人］按照其习惯规约、协议、法律和做法管理其权利/利益的权利］。]

［替代项 2：成员国］/［缔约方］可以根据其国家法律，建立或指定一个或多个主管机构，对本［文书］规定的权利/利益进行管理。]

［替代项 3：5.2 成员国可以根据国家法律和习惯法，建立主管机构，负责本［文书］规定的国家传统知识数据库。责任可以包括接收、记录、存储和在线公布与传统知识有关的信息。]

（11）关于第 9 条例外与限制

［替代项 1：在遵守本文书规定的义务时，成员国［可以在特殊情况下］［应当］采用保护公共利益所必需的有理由的例外与限制，条件是这种例外与限制没有不合理地与受益人的利益相抵触，也没有不当影响本文书的实施。]

［替代项 2：一般例外 9.1［成员国］/［缔约方］［经受益人自由事先知情同意或批准和参与，］［经与受益人磋商，］［经受益人参与，］［可以］［应当］在国家法律中采用适当的限制和例外［，条件是对［受保护的］传统知识的使用：（a）［可能时注明受益人；］（b）［对受益人不具有冒犯性或减损性；］（c）［符合公平做法；］（d）［不与受益人对传统知识的正常利用相抵触；（e）［不无理地损害受益人的合法利益，同时兼顾第三方的合法利益。]] 9.2［有合理的担心会对［神圣的］和［秘密的］传统知识造成不可弥补的损害的，［成员国］/［缔约方］［不可］/［不应］/［不应当］规定例外和限制。] 9.3 具体例外：［［除第 1 款规定的限制与例外以外，］［成员国］/［缔约方］［可以］［应当］根据国家法律，为下列目的采用适当的限制或例外：（a）教学、学习，但不包括营利或商业目的的研究；（b）为非商业性文化遗产或其他目的，出于公益，为保存、展览、研

究和展示目的在档案馆、图书馆、博物馆或文化机构使用传统知识，(c) 在国家紧急状况或其他极端紧急状况［或在非商业公共使用情况］下，为保护公共卫生或环境；(d)［创作受传统知识启发的原创作品］；(e) 把治疗人或动物的诊断方法、治疗方法及外科手术方法排除于保护之外。除 (c) 项外，本款不［应当］/［应］适用于第 5 (a)/5.1 条中所述的传统知识。］9.4 以下行为应允许，不论这些行为是否已经为第 1 款所允许：(a) 为非商业性文化遗产或公共利益方面的其他目的，包括为保存、展览、研究和展示目的在由适当的国家法律承认的文化机构、档案馆、图书馆、博物馆使用传统知识应当被允许；以及 (b) 创作受传统知识启发的原创作品。］9.5 ［［不得有［阻止他人］使用下列知识的权利：］/［第 5 条的规定不应适用于知识的下列使用：］(a) 系［在受益人的社区之外］独立创造的；(b) 从受益人以外的来源［合法］取得的；(c) 在受益人的社区以外［通过合法手段］为人所知的。］9.6 ［［受保护］传统知识属于下列情况的，［受保护］传统知识不应被视为已被盗用或滥用：(a) 从印刷出版物中获得；(b) 经自由事先知情同意或批准和参与后，从一个或多个［受保护］传统知识的持有人那里获得；(c) 共同商定的［获取和分享利益］/［公平公正补偿］条件适用于获得的［受保护］传统知识，并已经国家联络人同意。］9.7 ［国家主管机构应把已经公开的、不对一般公众限制的传统知识排除于保护之外。］］

［替代项 3：成员国在履行本文书规定的义务时，可以采用依国家法律和习惯法可以确定的例外与限制。］］

(12) 关于第 10 条保护/权利期

［［成员国］/［缔约方］可以［根据［第 5 条］确定传统知识的适当的保护/权利期］，该期限［可以］［应当］/［应］以传统知识符合/满足第［3］/［5］条规定的［受保护的资格标准］为限。］

此外，条约草案第 11—16 条还分别规定了手续、过渡措施、与国际协定的关系、不减损、国民待遇和跨境合作等内容，不再详述。

从以上条约条款草案看，IGC 关于 TK 保护在经过 20 余年的讨论后形成的共识仍非常有限；几乎每一条都存在争议——即以复杂的方括号和多种冗长的替代方案体现的分歧。事实上这样的草案文本是无法再继续讨论下去的，即使在每年度的例会上，代表团也是坚持己见、各说各话。与此类似，IGC 关于 TCE 的讨论及形成的条款草案的第二次修订稿，也布满了方括号和替代方案，❶ 内容大同小异，不再详细介绍。

3. WIPO – IGC 关于 TK/TCE 议题讨论的最新进展

在 2019 年 IGC 第 40 届会议的报告草案中，主席指出，关于 TK/TCE 的谈判非常复杂，因为涉及对精神权利和经济权利的考虑，对各种知识产权制定都有潜在影响，并有可能引入专门制度，谈判面临着重大挑战。此外，世界各地的原住民和当地社区在环境上差别很大，保护各自权利和利益的法律框架各不相同、软法等不同类型法律在使用上也有所差别，这些都可能产生影响。IGC 还需要认识到一种观念上的分歧，即原住民信仰体系、习惯法和习俗如何与现行的知识产权政策和法律相互作用，这在秘书处更新的差距分析文件中有所体现；还需要思考是否需要平衡知识产权体系在促进和支持创新创造、传播知识以及经济发展方面所发挥的作用，使所有利益攸关方实现互惠互利；在这方面，确保知识产权体系内的法律确定性以及可接受的公有领域界限是关键因素，也是最大的挑战。❷

（三）关于 TK/TCE 保护议题的核心争议点

WIPO 关于 TK/TCE 的国际文件谈判推进困难，是因为存在难以达成妥协的核心争议点。基于 TK/TCE 议题继续谈判的实际困难，IGC 第 41 届会议商定向 WIPO 大会建议，在 2022/2023 两年期的工作以已开展的现有工作为基础，包括基于案文的谈判，主要侧重于缩小现有分歧并就核心议题达成共同谅解；所谓核心议题，包括但不限于：定义、受益人、客体、目标、保护范围，以及何种 TK/TCE 有权在国际层面上得到保护，同时还需审议例外和限制及与公共领域的关系。❸

在 IGC 第 42、第 43 届会议着重讨论 GR 相关问题后，秘书处再次印发了"保护传统知识/传统文化表现形式：差距分析更新稿"两份文件，供 2022 年 9 月 12—16 日召开的 IGC 第 44 届会议讨论，文件内容未变化。❹

---

❶ 参见 IGC 文件：WIPO/GRTKF/IC/40/5，2019 年 4 月 9 日。
❷ 参见 IGC 文件：WIPO/GRTKF/IC/40/20 PROV. 2，September 30, 2019，第 149 段。
❸ 参见 IGC 文件：WIPO/GRTKF/IC/41/4，March 8, 2022，第 52 段（b）及其脚注。
❹ 参见 IGC 文件：WIPO/GRTKF/IC/44/6、WIPO/GRTKF/IC/44/7，July 13, 2022。

从这两份文件梳理的差距看,绝大多数核心条款的内容经过长期讨论几乎没有共识。这是因为,就 TK/TCE(也包括与 GR 有关的广义的传统知识)而言,在科技发展迅速和经济全球化的时代,其蕴含的信息之商业化价值,极有可能被外来者随意挖掘利用。换句话说,对 TK/TCE 这些传统资源的利用有个主要的共同点,就是复制并利用其中蕴含的无形信息。而知识产权法的本质,正是一项调整人们之间就某一特定的无形信息之复制利用而产生的利益关系的制度;因此,如何设计 TK/TCE 等传统资源的保护制度,包括赋权性的积极保护、阻止不当利用的防御性保护,以及相配套的管理措施等,成为国内外知识产权制度必须面对的问题。

总的来说,关于 TK/TCE 保护制度如何建立的讨论和已有的尝试,在 WIPO 的协调下已经持续了相当长的时间;但就国与国间达成一致而言,由于制度或政策有分歧,或者说在不动摇现行知识产权法律对权利人的强保护规则和提供新制度限缩创新者及知识产权人的权利两种价值观之间实际上存在根本冲突,可以预计今后相当长的时期内,IGC 关于 TK/TCE 保护国际文件实质性条款的具体内容和表述不容易达成一致。

三、遗传资源(GR)保护的重要性及相关讨论的进展

(一)来源于《生物多样性公约》的遗传资源保护原则

事实上,GR 保护议题同样属于广义上的 TK,因为 GR 的价值主要在于其蕴含了作为创新基础的 TK 这一特殊的无形信息,因此在国际上讨论 GR 议题时会交替使用"与传统知识相关的遗传资源保护"之类的说法。不过,由于此类关于采集、使用、功效等方面的 TK 明显是针对 GR 这一有形物的,而作为有形物的 GR 往往是保留在特定地域中的原生资源,因此 GR 保护的议题相对而言比狭义的 TK/TCE 更方便讨论,因为其有"主权所有"原则的理论基础。也即,作为 GR 的所有权人,可以合理采取措施禁止未经许可的采集和利用等行为,包括在一定程度上主张就基于 GR 产生的创新发明成果分享收益。

IGC 关于 GR 议题的讨论成果十分丰硕,因为其在国际条约、国际共

识方面有一定的基础。1992 年 CBD 通过后，目前已有超过 196 个国家批准了该协议❶。CBD 承认各国对其生物遗传资源享有主权，并确定了利用生物遗传资源的知情同意和惠益分享原则，这主要体现在其中第 8 条（j）的规定："依照国家立法，尊重、保存和维持原住民和地方社区体现传统生活方式而与生物多样性的保护和持续利用相关的知识、创新和实践并促进其广泛应用，由此等知识、创新和实践的拥有者认可和参与下并鼓励公平地分享因利用此等知识、创新和做法而获得的惠益。"这一条款的通过启发了国际上对传统资源与知识产权保护议题的热烈探讨。2010 年 10 月 30 日的 CBD 第 10 届缔约国会议通过了《名古屋议定书》，就未来十年生态系统保护的世界目标和生物遗传资源利用及其利益分配规则达成一致，即获取遗传资源应当获得供给国同意，并与遗传资源的拥有者分享利用该资源产生的利益；为加强监管，防止不正当取得和使用，议定书规定遗传资源的利用国须设立至少一处以上监管机构，我国为此将 CBD 相关的生物遗传资源工作交由生态环境部负责执行。

（二）CBD 关于遗传资源数字序列信息保护的讨论

CBD 关于 GR 的"获取 + 惠益分享"保护模式无疑为整个传统资源的保护带来了启示。但是，当年看似已经凝聚初步共识的 ABS 模式，近期也遭遇瓶颈。在 2016 年 12 月举办的 CBD 第 13 届缔约方大会（CBD CoP13）协商环节中，各方争论焦点包括"遗传资源数字序列信息"（DSI）的公布问题，❷ 这一争论持续至今，成为《2020 年后全球生物多样性框架》不限成员名额工作组的议题。争议点在于，一些国家认为，如果不顾 GR 使用者需求与资源提供国或社区分享惠益的要求，将具有商业价值的 DSI 公布在网络上，可能会出现"数字生物盗版"行为、导致任何人都能轻而易举获取资料并加以利用，无须获得有形物的 GR；换言之，全球生物技术发展很快，DSI 可能导致一些漏洞，无法实现公平的 GR 利用惠

---

❶ 关于《生物多样性公约》的详情参见唐广良：《遗传资源、传统知识及民间文学艺术表达国际保护综述》，郑成思、唐广良主编《知识产权文丛》第 8 卷，中国方正出版社，2002，第 3 - 72 页。

❷ 参见文件：CBD/NP/MOP/DEC/2/14，2016 年 12 月 16 日发布。

益互享，因此应建立可追溯的机制，以保证 GR 不被盗窃。另一方面，有成员国认为，在 CBD 及其《名古屋议定书》中都找不到 DSI 的标准定义；DSI 只是个占位符，而数据公开和收集平台的建设同等重要，不应把"遗传资源"概念扩大到囊括 DSI。一些与科学研究相关的国内国际组织，例如中国生物多样性保护与绿色发展基金会、数字序列信息网络（DSI）、地球基因组计划（EBP）等，因担心基于 GR 信息的科技研发和创新受到影响，也向 CBD 方提交公开信，呼吁 DSI 的公开获取和惠益分享。

（三）国际上应对遗传资源保护与知识产权议题的经验

在国际知识产权制度框架中讨论 GR 保护的意义，并不在于保护 GR 有形物本身，而是在于防止"生物海盗"，即未经许可利用生物遗传资源蕴含的有价值信息（该信息不仅仅是技术意义上的 DSI 遗传信息，而同时也与关于该 GR 的 TK 信息紧密相关）获得受知识产权保护的创新成果，但并不与 GR 资源持有人分享利益，从而引起后者不满的不当行为。换言之，国际上讨论 GR 保护，离不开与 GR 相关的 TK 保护问题；只不过因有价值的信息需要获取 GR 有形物提取，而国家基于主权原则可以对 GR 有形物采集和利用制定相关法律法规，从而可以间接地以违法违规获取为由阻止未经许可的采集使用等行为。

但是，这种主动性的要求事先许可的强制性规范即使在某一国境内可能得以通过实施，在国际层面也是难以达成一致的，主要原因来自可能会对中立的科学研究造成人为的阻碍，不利于整个人类福祉。因此，国际上更广为接受的 GR 保护模式是防御性的，即默认各国可以建立 GR 及其相关 TK 的数据库，将相关信息公开以阻止外来者不当利用其获得知识产权的专有保护。在此领域，印度作为发展中大国，具有比较多的经验，即大力推行仿制药生产销售、弱化药品专利保护的政策。印度在 21 世纪之初即启动了一个创立传统知识数据库的项目，即将大约 35000 种印度草药为对象的配方以数字化格式记录相关信息并存入数据库，以利其他国家的专利审批部门，特别是美国和日本参考❶。这类数据库既可以便利专利审查，也可以避免生物盗窃。不过，目前这种建立传统知识数据库的尝试还主要限于传统医药及遗传资源的有关知识，而对传统文化表达、传统特色产品及其制作方式等知识还未及涉猎。在政府和民间组织的推动下，印度村一级社区生物多样性记录的准备工作已经在一些省内进行，还有一些传统部落对生物多样性知识进行收集归档的工作已取得成果，还有的地方对建立当地部落对于他们的生物资源的确定主权的模式进行了尝试……所有的做法都是为建立 CBD 倡导的知情获取、惠益分享制度打基础❷。

　　同样是发展中大国的巴西，也十分重视传统资源的保存和维护。除了支持各种国家图书馆、档案馆、博物馆等公共文化机构均有对民间文艺表达有形载体的收藏和保护外，还允许这些机构以各种数字化方式将传统知识文献化保存并传播；同时，还有许多半官方和民间的协会、研究机构等社会组织都开展巴西传统知识的文献化和传播项目❸。在生物遗传资源方面，巴西主要是通过立法明确事先获取和惠益分享的主动性保护方式；巴西 2001 年 8 月 23 日的《临时法案》（Provisional Act），对为科学研究、技术发展或生物遗产勘测之目的而获取巴西境内的基因遗产、为保持生物多样性和保持巴西生物遗产的完整和使用而获取与生物遗产相关的传统知识、公平且合理地分享使用基因资源和传统知识所产生的利益，以及保护和使用生物多样性的技术之获得和转移等问题予以了详细规定。根据该法案巴西环境部成立了"生物遗产管理理事会"，负责相关事项并制定配套的实施细则。我国《专利法》2008 年增加了关于遗传资源获取合法性的规定（第 5 条、第 26 条），以防止不当利用遗传资源获得专利，但无详细的配套措施，也未对传统知识保护加以明确。

---

❶　孙雷心：《印度启动数字化数据库项目保护传统知识》，《生物技术通报》，2000 年第 1 期，第 53－54 页。

❷　蓝寿荣、谢英姿：《若干国家传统医药知识保护的实践及其启示》，《中国软科学》2005 年第 7 期，第 90－99 页。

❸　Documenting and Disseminating Traditional Knowledge and Cultural Expressions in Brazil. http：//www. wipo. int/export/sites/www/tk/en/resources/pdf/arantes_report_vol1. pdf，2023 年 1 月 5 日访问。

（四）IGC 关于遗传资源保护与知识产权议题的谈判进展

从专利制度的原理出发，缺乏新颖性、实用性和创造性实质要件的发明是不能够获得授权的，或者说如果事后发现冲突证据，已经授权的专利将会被无效。对此，即使是主张专利强保护政策的国家也认同应排除不当利用已有 TK 获得专利保护的情形，但问题的关键在于，如何发现和确认与专利实质性要件相冲突的 TK 证据。利用主张 TK 保护防止不当利用的国家建立的 TK 信息数据库，成为较为普遍接受的进行专利检索保证专利质量的路径。

关于使用数据库对 GR 及其相关 TK 进行防御性保护的问题，IGC 在2018 年 3 月 19—23 日的第 35 届会议上，发布了基于长期以来的讨论形成的《关于使用数据库对遗传资源和遗传资源相关传统知识进行防御性保护的联合建议》；对此，加拿大、日本、韩国和美国等代表团提出如下建议（争议点）：❶

1. 建立"一键式数据库检索系统"

该系统可以帮助审查员更有效率地进行涉及 GR 和 GR 相关非秘密 TK的现有技术检索或提供参考资料，同时防止第三方不当查询其内容；系统由 WIPO 的门户网站及其成员国可检索的数据库组成，数据库应当由每个参与的成员国掌握和维护，并与门户网站建立连接。每个参与的成员国应在其认为必要时，对其领土内 GR 和 GR 相关非秘密 TK 信息进行汇总，并把这些信息存储于一个或多个数据库中。成员国开发数据库时可充分考虑各种敏感问题，例如习惯法、确定有关利害关系方和他们提供信息的意愿与条件，以及在声称对共同 GR 享有权利的多个利害关系方之间进行协调等。成员国在将 TK 和来自部落领地的 GR 放入数据库之前，应当与领土内的有关原住民利益有关方协商。关于数据库格式，考虑现有技术或参考资料可允许的格式（如书面/口头形式），可能依各国的专利法和实践不同而不同，如数据库中的条目应包括 GR 的名称和简述及标识代码，应由 WIPO开发一种向数据库输入数据的基本格式。图书或期刊等出版物中提到 GR

---

❶ 参见 IGC 文件：WIPO/GRTKF/IC/35/8，February 23，2018。

的，其著录数据也应当收入数据库。

2. 防止第三方访问的措施

WIPO 的门户网站可设置为只能通过已注册的 IP（互联网协议）地址访问。具体而言，设置一个"IP 地址认证系统"（IPAAS），只允许已注册的 IP 地址访问。一般而言，进行审查的主管局有其具体的 IP 地址；可以把 WIPO 门户网站的访问权限定为相应的具体 IP 地址，即可把网站的用户限定为已在 WIPO 注册其 IP 的那些知识产权主管局。利益有关方也可以为自己或有关的专利申请进行现有技术或参考资料检索，为防止错误授予专利做出贡献；鉴于此，WIPO 门户网站也需要考虑允许有限的公共访问的可能性。

3. 引证/参考信息的登记

审查员在访问 WIPO 门户网站时，可能发现一条涉及 GR 和/或 GR 相关非秘密的 TK 信息，可以作为待审专利申请的现有技术或参考信息；在这种情况下，如果 WIPO 门户网站有一项功能，使审查员能够在相关 GR 和/或 GR 相关非秘密 TK 的代码下写入与该申请有关的任何数据（如申请号）将非常有用。这样，就可以在 GR 和/或 GR 相关非秘密 TK 的代码和相关专利申请号之间建立关联。GR 和/或 GR 相关非秘密 TK 与专利申请之间的这种关联数据，可以让利害关系方查询已在哪些具体知识产权局提出了涉及有关资源的专利申请。提供有关 GR 和/或 GR 相关非秘密 TK 信息的利害关系方（如原住民），可以被审查部门或其他有关部门允许访问相关专利申请的这种数据。但是，应当指出，一项专利申请的数据与一个数据库中某些 GR 和/或 GR 相关非秘密 TK 之间建立相互参照关系，与申请中的发明是否遵守了 CBD 无关。

4. GR 与 GR 相关 TK 的关系

此外，前述几个成员国在 IGC 第 35 届会议上还提出了一项《关于遗传资源及相关传统知识的联合建议》，❶ 重申 GR 和 GR 相关 TK 对范围广泛的利益关系人有重要的经济、科学和商业价值；知识产权制度旨在促进创新及技术转让与推广，以有利于社会和经济福祉的形式使 GR 和 GR 相关

---

❶ 参见 IGC 文件：WIPO/GRTKF/IC/35/7，February 23，2018。

TK 的持有人和使用者共同受益；有必要防止在 GR 和 GR 相关 TK 方面不具有新颖性或创造性的发明创造被错误授予专利，并承认专利制度已有实现这一目标的固有能力；各专利局应该能够获得在专利授权上作出适当和知情决定所需的、关于 GR 和 GR 相关 TK 的适当现有技术并予以考虑；建议每个成员国考虑将 IGC 通过的本项建议用作保护 GR 和相关 TK 的指导方针。具体说，对 GR 和 GR 相关 TK 进行保护应力求：①防止在 GR 和 GR 相关 TK 方面不具有新颖性或创造性的发明被错误授予专利；②保护原住民和当地社区免受因错误授予专利而可能对 GR 和他们的 GR 相关 TK 传统使用造成的限制；③确保专利局拥有在专利授权中作出知情决定所需的关于 GR 和 GR 相关 TK 的适当可用信息；④保持专利制度提供的创新激励机制。

关于如何防止错误授予专利，该联合建议指出，成员国应当酌情并根据国内法提供法律、政策或行政措施，防止在 GR 和 GR 相关 TK 依据国内法具有下列属性时，对包含这种 GR 和 GR 相关 TK 的提出权利要求的发明错误授予专利：①先于提出权利要求的发明（不具有新颖性）；②使提出权利要求的发明不必要（不具有显而易见性或创造性）。

关于异议措施，成员国应当酌情并根据国内法提供法律、政策或行政措施，允许第三方提交现有技术，对包含 GR 和 GR 相关 TK 发明专利的有效性提出争议。另外，成员国应当酌情鼓励制定并应用有关保护 GR 和 GR 相关 TK 使用的自愿行为守则和指导原则；酌情为建立、交流和传播以及查询 GR 和 GR 相关 TK 数据库以及/或与其有关的数据库提供便利；数据库中含有的信息，应当被成员国用于确定包含 GR 和 GR 相关 TK 的专利申请的新颖性和非显而易见性。最后，成员国应当酌情并根据国内法，提供适当且有效的法律、政策或行政措施，为本建议的适用提供便利。

5. IGC 关于遗传资源保护议题谈判的今后发展趋势

在 2022 年 5 月召开的 IGC 第 43 届会议上，日本、挪威、韩国和美国代表团再次提交了之前提交过的《关于遗传资源和遗传资源相关传统知识的联合建议》和《关于使用数据库对遗传资源和遗传资源相关传统知识进行防御性保护的联合建议》。❶ IGC 前主席伊恩·戈斯（Ian Goss）先生则编拟了《知识产权、遗传资源和遗传资源相关传统知识国际法律文书经修正的草案》，此草案是其在 2019 年 4 月提出的主席案文的修正版，作为第 43 届 IGC 的非正式文件供其在执行两年期（2022/2023）的任务中邀请委员会成员进行评议；新的 IGC 主席莉莉克莱尔·贝拉米（Lilyclaire Bellamy）女士将负责记录相关评议，并考虑下一步计划。❷ 该草案开门见山指出，时至今日，IGC 就知识产权与有效、平衡保护 GR 和 GR 相关 TK 开展的谈判仍无法得出结论，IGC 至今无法找到一致的立场，这点反映在当前 IGC 关于 GR 和 GR 相关 TK 的案文草案❸的目标替代项中所包含的不同政策利益上。伊恩·戈斯先生认为，这些不同政策目标存在弥合的余地以及平衡使用者权益与提供方、知识持有人权益的空间，此外，更清楚地了解专利申请国际公开要求的模式，将使政策制定者就公开要求的成本、风险和惠益作出知情决定；为此，其以个人名义编拟了这份草案，供 IGC 审议，以对 IGC 开展谈判做点贡献。草案指出，其目标是在知识产权制度内推动 GR 和 GR 相关 TK 的保护，具体方式是：①加强专利制度在 GR 和 GR 相关 TK 方面的有效性、透明度和质量；②防止对在 GR 和 GR 相关 TK 方面不具有新颖性或创造性的发明错误地授予专利。草案还对相关定义、公开要求、例外与限制、不溯及既往、制裁与救济、信息系统、与其他国际协定的关系、审查、关于实施的一般原则、成员国大会、国际局、成员国资格、修订、签署、生效、退出、保留、权威文本、保存人等事项作出了规定。

关于 GR 议题，IGC 在文件 WIPO/GRTKF/IC/43/4 的基础上形成了新文本"关于知识产权与 GR 的合并文件第二次修订稿"，但成员国未能对是否在 2022—2023 两年期授权结束时印发此修订稿供第 47 届会议讨论达成一致。IGC 决定将 WIPO/GRTKF/IC/43/4、WIPO/GRTKF/IC/43/5 两份文件提交给 2022 年的 WIPO 大会，同时指示秘书处在第 47 届会议之前组织

❶　参见文件：WIPO/GRTKF/IC/43/9、WIPO/GRTKF/IC/43/10，May 19，2022。
❷　参见文件：WIPO/GRTKF/IC/43/5，May 14，2022。
❸　指关于知识产权与遗传资源的合并文件，WIPO/GRTKF/IC/40/6，April 9，2019。

线上专家讨论公开要求、信息系统、GR/TK/TCE 登记及数据库等议题。参与的专家应具有平衡不同利益的代表性，其讨论不拖延也不取代委员会的文本谈判。委员会还指出，应将意见有分歧的"合并文件"（WIPO/GRTKF/IC/43/4 及其修订版）和"主席案文"（WIPO/GRTKF/IC/43/5 及其修订版）作为 GR 议题谈判的基础文件，同时邀请主席案文的继续修改，以便提交给第 47 届会议。关于信息系统和 GR/TK/TCE 登记及其数据库问题，IGC 请秘书处组织由成员国和观察员自愿参加网上调研，并将调研结果在网上和以文件 WIPO/GRTKF/IC/43/6 更新版的方式公布，另外，第 43 届会议的文件均可继续讨论。❶

应该说，IGC 对于 GR 议题的推进相对于 TK/TCE 而言有明显进展，其主要原因是 WIPO 对与之相关的专利质量提高议题的重视，即避免利用已有 GR 及其相关 TK 改头换面的发明被不当授权，是绝大多数国家专利制度承认的共同价值。尽管如此，此议题在国际层面上，发源于 CBD 的"知情同意""惠益分享"两大关键问题仍需要协调。

首先，"知情同意"指向利用 GR 的发明需要公开相关信息，但这一公开要求的具体内容和标准，成员国的理解并不一致。对此，WIPO 在其出版的《遗传资源和传统知识专利公开要求关键问题》（第二版）中指出，每个国家的政策制定者都需要为与 GR 和 GR 相关 TK 有关的专利公开要求找到正确的方式，关键挑战在于为这些要求建立协调一致的法律和政策框架，以确保在国家创新体系下，兼顾各方、相互协同地实施这些要求；但同时，该出版物也强调其内容仅是纯技术性的政策、研究和案例经验等文献汇编，并不代表 WIPO 的任何倾向性意见，也不能替代法律建议。❷ 事实上，IGC 自 2001 年召开以来，WIPO 成员一直在讨论是否可能引入国际统一的 GR 和 GR 相关 TK 相关的专利公开要求标准，但至今为止虽然有 30 多个国家通过国内或地区法律实施了此类要求（公开的要求详略不一），也有另外一些国家表达了对开展此类做法的兴趣，但其他多数国家均表示无意设置此类要求。特别值得注意的是，在 2019 年 6 月 1—21 日的 IGC 第

---

❶ IGC 第 43 届会议的决定，参见文件 WIPO/GRTKF/IC/43/DECISIONS，June 3，2022。

❷ 参见 WIPO 第 1047C/19 号出版物，前言，2020 年。

40 届会议上，美国提交了一份题为"专利延迟和不确定性的经济影响：美国对于新专利公开要求提案的关切"的文件，表示了对继续推进此议题的担忧；指出若将专利申请与知情同意和惠益分享要求的合规性进行关联，可能会给专利制度带来法律上的不确定性，并造成严重的专利延迟和经济影响。❶

其次，关于"惠益分享"，涉及通过什么样的机制就 GR 及其相关 TK 利用所获得的利益、在 GR/TK 持有人与利用人之间进行分享的问题。事实上，"知情同意"规则之所以要向专利申请中的遗传资源披露或公开要求转化，最终目的就在于"惠益分享"。如果说前者还可以在一些成员国转化为专利制度中的一个缺乏强制力的原则性规则，后者则在大多数管辖区被视为属于合同范畴而更不可能通过法律作出规范。当然，在国际层面通过指南或示范条款等方式作出引导也是一种选择。对此，自 2002 年以来，WIPO 网站上就提供一个在线数据库，❷ 载有与 CBD 的 ABS 制度相关的实际协议和样本，包括这些协议中知识产权问题的相关信息。IGC 将这些合同中的做法作为"指导方针草案"的内容连续十年编拟，并于 2013 年 2 月 4 日公布了《关于获取遗传资源与公平分享通过其利用所产生利益的知识产权指导方针草案》（征求意见稿），❸ 以更方便的形式提供给成员国讨论和参考。在 2016 年 2 月 15—19 日召开的 IGC 第 29 届会议上，IGC 报告称该草案仍在审议以更新版本，但指出该草案不带有任何规定性，仅作为中立的实用性信息来源，供订立 GR 获取和惠益分享协议的各有关方面参考，❹ 且此后至今未发布更新版本。

---

❶ 参见文件：WIPO/GRTKF/IC/40/11，May 24，2019。

❷ Biodiversity – related Access and Benefit – sharing Agreements. https：//www. wipo. int/tk/en/databases/contracts/list. html，2023 年 1 月 6 日访问。

❸ 关于获取遗传资源与公平分享通过其利用所产生利益的知识产权指导方针草案，https：//www. wipo. int/export/sites/www/tk/en/resources/pdf/redrafted_guidelines_zh. pdf，2023 年 1 月 6 日访问。

❹ 参见 WIPO 文件：WIPO/GRTKF/IC/29/INF/8，January 14，2016，第 4 段。

第三节　植物新品种保护制度的国际协调议题

一、WIPO 与 UPOV 在国际协调中的关系

（一）植物新品种国际保护的政策背景

1. 植物新品种保护概述

植物新品种，是指经过人工培育的或者对发现的野生植物加以开发，具备新颖性、特异性、一致性和稳定性并有适当命名的植物品种。植物新品种（以下简称新品种）通常是从包括 GR 在内的传统种质资源中通过杂交培育、生物技术创新等方式获得，同时产生的新品种又成为种质资源库的一部分。因此，法律对新品种的保护不仅与保护科技创新的知识产权制度相关，也与传统资源保护中的 GR 保护问题相关，具有一定的特殊性。

新品种的育种成功需要诸多技巧和知识，向市场推出一个新品种的过程可能需要长期的智力投入和投资。而且在现实中，并非所有的新品种育种都能获得成功，即使在育种过程中从成千上万的品种中挑选出最有前景的也是如此。因此，与科技创新其他领域的应用成果一样，通过法律保护育种者权（即植物新品种权或品种权），是国家加强知识产权保护，也是农业产业现代化发展和乡村振兴的公共政策中的一项内容。从知识产权政策角度看，只有当投资有机会得到足够回报时，持续和长期的新品种研发培育的努力才物有所值，因此国家要鼓励和保障这种创新活动，就需要以法律的强制力保障创新投入取得回报。可以说，知识产权制度的基本理论，同样适用于农业领域的技术创新成果保护，这就是为什么植物新品种保护是一项重要的为国际承认的知识产权制度。

2. 植物新品种国际保护中 WIPO 的角色

植物新品种作为农业领域的技术创新成果，其享有的专有权保护类似专利，因此也属于广义的工业产权；但是，依据 1883 年通过的《巴黎公

约》，最广义的工业产权保护对象传统上包括专利、商标、外观设计、实用新型、服务商标、厂商名称、地理标志以及制止不正当竞争，并不包括植物新品种。同时，关于育种者权益保护的重要国际协定《保护植物新品种国际公约》，并不在 WIPO 管理的 26 项知识产权国际条约之中。

不过，植物育种产生了改良新品种，是面对人口增长和气候变化，实现粮食安全的重要且可持续的手段。通过新品种保护实现可持续性，是 WIPO 关注的可持续发展议题中的内容。适应环境的植物新品种不但为市场消费者增加了健康、美味和营养食品的选择，也为农民创造了可行的收入来源；新品种除了支持粮油产业的发展，其中观赏植物、灌木和树木、药物等新品种的开发和种植，也有助于改善不断扩大的城市中人们的生活环境质量和健康。基于此，WIPO 虽然不全面组织关于新品种的国际保护制度相关议题的研究、讨论和谈判，但也通过信息交流建立了与 UPOV 的关系；例如，联合举办研讨会，提供关于 UPOV 保护体系的远程培训课程，❶ 通过出版物介绍 UPOV 的制度及其效果等❷。

（二）UPOV 的主要内容和作用简介

1. UPOV 对育种者提供类专利权的品种权保护

UPOV 旨在通过协调各成员国之间在植物新品种保护方面的政策、法律和技术，确保各成员国以一整套清晰、明确的原则为基础，对符合新颖性、特异性、一致性和稳定性要求的植物新品种的育种者授予品种权，保护其合法权益。

UPOV 要求成员国保护育种者权（品种权），即对受保护的品种繁殖材料依法享有的生产或繁殖、为繁殖而进行种子处理、许诺销售、销售、进出口，以及为前述目的制作原种的专有权利。当然，与任何知识产权一样，育种者权也有限制与例外，如私人的非商业性、试验性、为培育其他品种的科学研究等活动。同时，育种者权也适用权利用尽规则，即已由育

---

❶ UPOV Training -［UPOV］Distance learningCourse. https：//welc. wipo. int/acc/index. jsf？page = upovCatalog. xhtml&lang = en，2023 年 1 月 6 日访问。

❷ The Impact of Plant Variety Protection，WIPO Magazine，2006（4），P10 - 12。

种者权人自己或经其同意，在有关缔约方领土内出售受保护品种的繁殖材料的，育种者权利不再适用，除非这类活动涉及该品种的进一步繁殖，或能使该品种繁殖的材料出口到一个不保护该品种所属植物属或种的国家（出口材料用于最终消费的情况不在此例）。

同样，作为知识产权，品种权也有保护期。通常而言，育种者权的保护期限是自权利授予之日起不少于 20 年，对于树木和藤本植物应不少于 25 年。

2. UPOV 的育种者权保护制度效应

根据 WIPO 的评价，UPOV 是专门针对植物育种者的特殊需求而建立的，为植物育种产业的发展带来了极大多样性；无论是从寻求保护的植物新品种数量（超过 4000 个），还是从植物育种者背景来看，绝大多数受益的都是初创或中小企业，包括个人、农民、研究人员、公共机构和私营公司等。具体来说，UPOV 在以下方面有利于中小企业：

（1）进入育种行业。

"育种者权例外"通过允许所有的育种者使用受保护品种进行进一步育种，为那些希望进入植物育种行业的初创企业和中小企业降低了"入行门槛"，因此这一制度对初创企业和中小企业有着重要的作用。

（2）简单和统一的申请系统。

UPOV 制定了规范格式的申请表，这意味着所有 UPOV 成员的主管机关在植物品种保护（PVP）申请中所要求填写的信息都非常相似。初创企业和中小企业可以在一个地方找到所有 PVP 办公室的程序，能够看到自己所选语言的申请表，以及以这些语言提供的预设回复的翻译，这对初创企业和中小企业来说尤为有利。

（3）具有成本效益的品种审查制度。

UPOV 在审查 PVP 申请方面实现了高度统一。这促进了合作，减少了申请人的时间和成本。例如，一旦 UPOV 某个成员主管机关已经对某个品种进行了审查，其结果可供另外一个成员的主管机关使用。

（4）使用许可机会。

获得 PVP 意味着植物育种者可以开展一种使用许可战略，以促进其品种在国内和世界各地的生产和营销，并据此获得合法合理回报。

（5）发展伙伴关系。

PVP 还使植物育种者能够发展伙伴关系，以实现共同目标。例如，植物育种者可能拥有研究的知识和专长，但可能没有成功生产和营销所需的基础设施或经验。在这种情况下，农民和种植者协会、种子生产者和/或粮食加工业的加工商可以联合起来，协助资助育种计划，并促成产出品种的繁殖和销售；每个合作伙伴根据其贡献，可通过不同方式共享所有权。

二、植物新品种保护中关于农民留种特权的讨论

农民留种特权，是在植物新品种保护法律制度中为农民设立的一种特权，而并非由法律明确赋予农民的某种专有性权利。农民留种特权的实质是将农民对受保护品种的繁殖材料留种自用的行为，界定为侵害新品种权或育种者权的例外，以在加强育种者技术创新成果保护与维护农业传统习惯两项重要的公共政策上建立起恰当的平衡机制。这一制度对农业产业化和现代化仍在起步阶段的发展中国家尤其重要。

UPOV 国际条约的 1978 文本虽然并没有明确规定育种者权限制与例外制度，但规定了品种权的保护内容，也即，必须经育种者许可的行为是：以商业销售为目的之生产、许诺销售和销售受保护品种的有性或无性繁殖材料。❶ 这意味着，对受保护的品种权而言，如果不是商业性目的的生产和销售，就不属于需要获得品种权人许可的行为。从解释论上说，这一规定为非商业性利用新品种的活动提供了无须许可而使用的正当性，包括农民留种、育种者利用、科研使用、试验性使用等行为，都可以不视为侵权。同时，UPOV 的 1978 文本还包括了类似专利强制许可的"受保护权利行使的限制"；其第 9 条规定，出于公共利益考虑，育种者独占性权利的行使可受到一定限制，例如为了广泛推广品种而使育种者权利受到限制；这时，国家应采取一切必要措施给予育种者相应之报酬。❷

UPOV 的 1991 文本以专章规定的形式，全面强化了育种者权保护，将育种者权对受保护品种及相关材料、连同对这些材料的控制权都一并扩张；也即，从 1978 年文本中的"繁殖材料"扩大到除了繁殖材料之外，

包括了收获材料、直接用收获材料制造的产品和依赖性派生品种，并从使得权利人可以控制新品种生产流通和利用的各个阶段，更有效地扩张并加强了对育种者权的保护。❶ 尽管 UPOV 没有被纳入统一由 WIPO 管理的知识产权国际保护体系内，但其同样是国际贸易中不可忽视的需要得到协调保护的重要内容。在 WTO 框架下，TRIPS 协议第 27 条第 3 款（b）规定，各成员可拒绝对除微生物外的植物和动物，以及除非生物和微生物外的生产植物和动物的主要生物方法授予专利权；各成员应规定通过专利或一种有效的特殊制度或通过这两者的组合来保护植物品种。可见，根据 TRIPS 协议，植物新品种的保护尽管可以不用专利授权的方式，但也应以有效的法律制度进行保护；而 UPOV 所构架的，正是这样的独立于专利制度，但权利的实质内容和保护方式与之类似的一种知识产权制度，因此我国的《种子法》和《植物新品种保护条例》也符合 TRIPS 协议要求。

作为非商业性利用的农民留种特权，则由 UPOV1978 文本下的强制性例外转变为 UPOV1991 文本下的选择性例外，即交由 UPOV 成员自行决定是否实行，❷ 这主要是因为各成员农业发展状况差异甚大，不宜实行统一的国际规则。与科研者、育种者使用免责一样，对育种者权进行适当限制有利于国家和社会公共利益；无论是在 UPOV 体系本身，还是在 WIPO 组织的与可持续发展的国际论坛上，在立法或其实施中确认和允许这些限制与例外，都是广大发展中和欠发达国家的诉求。我国学界也提出，在参照 UPOV1991 加强育种者权保护的同时，也应正视我国与发达国家在育种研发、商业化利用等方面的客观差距，在制度构建中强化对农业安全、农民权利、生物多样性的保护，推动实现我国农业科研能力的提高，保护丰富的植物育种资源，最终促进农业现代化和可持续发展。❸

---

❶ 王志本：《从 UPOV 1991 文本与 1978 文本比较看国际植物新品种保护的发展趋向》，《中国种业》2003 年第 2 期，第 1–4 页，第 7 页；另参见 UPOV1991 第五章"育种者的权利"。

❷ 李菊丹：《生物技术背景下我国植物新品种保护对策研究》，法律出版社，2022，第 25 页。

❸ 张玉敏、牟萍：《发达国家植物新品种保护制度的现状、特点及对我国的启示》，农业农村部植物新品种保护办公室、农业农村部科技教育司编：《农业知识产权论丛 2007》，中国农业出版社，2008，第 105–120 页。

第六章　知识产权国际保护趋势的中国应对

第一节　建设知识产权强国的法治国情意识与国际视野

一、我国知识产权制度的构建和国家政策的发展

（一）我国知识产权法律制度的构建及特点

1. 我国知识产权法律制度构建与完善的阶段历程

改革开放之初，由于商品经济观念与机制的引入，知识产权法律制度作为规范无形知识财产归属和交换关系的基本制度提上了我国的立法日程。同时，国务院组建了商标局、专利局作为专门的知识产权主管机构，负责推动包括起草知识产权法律规范、审查核准知识产权保护申请在内的相关事务，各级人民法院也开始依法受理知识产权纠纷案件，开启了中国知识产权法律制度体系的构建和融入知识产权国际保护体系的进程。

因其乃根据国家改革开放政策和履行国际条约义务的承诺而被直接引入，我国的知识产权制度的构建过程，与发达国家因内部产业和经济发展需求而自发形成并推动完善的知识产权制度进程有较大区别。我国 40 余年来知识产权制度体系的发展和完善，总的来说可以划分为知识产权法律制度形成阶段（1978—2008 年）、实施国家知识产权战略的发展阶段（2008—2020 年），以及开启知识产权强国建设征程的完善阶段（2020—2035 年）。

（1）第一阶段（1978—2008 年），主要工作是为了适应改革开放需要，履行参加的相关国际公约的义务，制定和修改了知识产权相关法律，促使国内市场主体认识并学习运用知识产权的制度功能，提高公众的知识产权意识。简单说来，我国的知识产权保护制度的筹备、酝酿，起始于 20 世纪 70 年代末期，伴随着改革开放而起步，❶ 并逐步成为改革开放政策和社会主义法治建设的重要组成部分。

由于在初始阶段就显示了面向世界水平的高起点，在改革开放的推动下比照知识产权国际保护制度标准构建，我国知识产权制度构建的速度之快是史无前例的。在 1979 年的《中美贸易关系协定》中，双方均承认在贸易关系中有效保护专利、商标和版权的重要性，中方表示将尽快出台知识产权法律法规。1980 年 3 月 3 日，我国政府向 WIPO 递交了加入书，同年 6 月 3 日起成为 WIPO 的成员国；1982 年 8 月 23 日通过了《商标法》、于 1983 年 3 月 1 日起施行。1984 年 3 月 12 日通过了《专利法》、于 1985 年 4 月 1 日起施行，当天原中国专利局收到来自国内外的专利申请 3455 件，被 WIPO 誉为创造了世界专利历史的新纪录。❷ 商标和专利制度建立后的 1985 年 3 月 19 日，我国成为《巴黎公约》成员国。同时，在党的十一届三中全会即将召开之际的 1978 年 9 月 24 日，国务院下发了《关于成立工商行政管理总局的通知》，据此下设商标局，于 1979 年恢复了全国商标统一注册制度并由工商行政管理机关负责执法；1980 年 1 月 14 日国务院批准了《关于我国建立专利制度的请示报告（草案）》，据此设立专利局。根据以上法律和配套规定，国务院有关主管部门和地方人民政府都设立了专门的商标专利管理和执法机关，可见我国的知识产权法律制度在建立之初，就从当时的现实国情出发，在专利法、商标法等法律中都规定了知识产权保护的行政途径。随后我国 1986 年的《民法通则》，明确了"公民、法人享有著作权（版权），依法有署名、发表、出版、获得报酬等权利"，1990 年颁布了《著作权法》，1991 年 6 月 4 日颁布了《计算机软件保护条例》。同阶段，1989 年 7 月 4 日，我国政府向 WIPO 递交了《商标

---

❶　李顺德：《知识产权法律基础》，知识产权出版社，2005，第 69 页。
❷　熊志云：《浅谈专利档案及其管理》，《档案学研究》1998 年第 1 期，第 58 – 60 页。

国际注册马德里协定》的加入书，从 1989 年 10 月 4 日起我国成为《马德里协定》成员国。

进入 20 世纪 90 年代后，国际经济关系和环境发生了很大的变化。我国积极参与了 1990 年 11 月开始的"关税及贸易总协定"（WTO 的前身）乌拉圭回合的多边贸易谈判，并为推动 WTO 的建立和 TRIPS 协议的达成作出了极大的努力。出于扩大改革开放和切实保护知识产权的需要，我国积极履行保护知识产权的国际义务，努力使知识产权保护水平向 TRIPS 协议的新标准靠拢，采取了许多重大措施，进一步提高我国现行的知识产权保护水平。例如，在 1992 年 1 月 17 日中美两国政府第一次签订关于保护知识产权的谅解备忘录之后，我国于 1992 加入《伯尔尼公约》和《世界版权公约》，并于 1992 年 9 月 4 日对我国《专利法》进行了第一次修改。在确立我国经济体制改革的目标是建立社会主义市场经济体制后，我国加快了加入"经济联合国"WTO 的步伐。其间，1993 年 2 月 22 日修订了《商标法》，1993 年 9 月 2 日通过了包含字号、商业外观及商业秘密等重要的知识产权相关利益保护条款的我国《反不正当竞争法》，弥补了已有知识产权法律保护的主要缺漏之处。1993 年 1 月 4 日，我国向 WIPO 递交了《保护录音制品制作者防止未经许可复制其录音制品公约》的加入书，从 1993 年 4 月 30 日起成为该公约的成员国。1993 年 9 月 15 日，我国向 WIPO 递交了《专利合作条约》的加入书，从 1994 年 1 月 1 日起成为 PCT 成员，中国专利局也成为 PCT 的受理局、国际检索单位和国际初步审查单位。这一系列知识产权立法及其实施和管理机制上的重大举措，标志着我国的知识产权法律制度建设取得了长足发展。

然而，要成为 WTO 的一员，除了立法上的跟进，我国还要承担执法方面的义务。1994 年开始，美方认为我国没有认真实施知识产权法律，在根据其国内立法的"特别 301 条款"年度审查报告中，将中国再次确定为知识产权保护不力的"重点外国"；同年 6 月 16 日，国务院新闻办公室首次发表《中国知识产权保护状况》白皮书，详细阐述了中国保护知识产权的基本立场和态度。1995 年 2 月 26 日，双方达成协议，并以《有效保护及实施知识产权行动计划》作为附件，这是中美之间关于知识产权保护的第二个协议，随后国务院于 1995 年 7 月发布了《知识产权海关保护条例》，增加了进出口货物的知识产权边境执法措施。1996 年 4 月美国再次确定中国为"重点外国"，随后 6 月中美签署了第三个保护知识产权的双边协议。在此之后，我国继续加强知识产权执法工作，全面执行 1995 年和 1996 年的两个协议，于 1996 年 10 月由最高人民法院成立知识产权审判庭，显示出我国加强知识产权司法保护的决心。在立法方面，我国进一步修改国内法律以符合国际公约的要求。1997 年 3 月通过了《植物新品种保护条例》；2000 年 8 月第二次修改了《专利法》；2001 年 4 月通过了《集成电路布图设计保护条例》；同年 10 月《商标法》和《著作权法》也进行了修改。这样，我国已经建立起符合相关国际公约要求的知识产权法律规则。

经过 10 多年的艰苦努力，2001 年 11 月 10 日，在卡塔尔多哈举行的 WTO 第四届部长级会议通过了中国加入 WTO 的法律文件，它标志着我国开始全面履行 TRIPS 协议的义务。随后，在具体的操作方面，《计算机软件保护条例》和《知识产权条例海关保护》分别于 2001 年底和 2003 年底作了修订；2005 年 4 月国家版权局和信息产业部联合发布了针对网络侵权的《互联网著作权行政保护办法》；2006 年 4 月国务院颁布了《加强知识产权执法行动的新指南》，明确要求政府机构为知识产权执法承担更多的责任，如设立特别知识产权投诉中心等。此外，司法保护的作用也日益增强，如 2004 年底和 2007 年 4 月最高人民法院、最高人民检察院先后通过了具体划定罪与非罪、大大降低侵害知识产权犯罪门槛、详细阐述相关法律术语的《关于办理侵犯知识产权刑事案件具体应用法律若干问题的解释》，这一刑事法律保护方面的举措使得我国的知识产权保护明显加强。

加入 WTO 后，我国的知识产权制度建设从相对机械、被动的规则制定走向灵活、主动的规则运用以及对国际知识产权规则制定的积极参与。在应对入世后知识产权保护引起的国际贸易纠纷的过程中，卷入纷争的我国企业积累了深刻的经验和教训；而我国政府也日益认识到知识产权制度在建设社会主义市场经济国家中的重要作用，执法问题逐渐成为我国知识产权保护的主要议题。依法有效保护知识产权不仅是我国履行所承诺的国际义务的需要，更是我国促进自身经济社会发展，实现建设创新型国家目标的内在需要。我国已经认识到知识产权在未来世界的竞争中举足轻重的地位，高度重视知识产权保护工作。2004 年 8 月，由时任副总理吴仪任组长的国家保护知识产权工作组成立，大力加强保护知识产权的统筹协调，全面提升中国知识产权保护水平。2005 年 1 月成立了由吴仪为组长的国家知识产权战略领导小组并正式启动国家知识产权战略制定工作。2006 年以来，国家提出了建设创新型国家的目标；与此相应，对于智力创新成果给予保护的知识产权制度，必定在发展知识经济和建设创新型国家的过程中起着至关重要的作用。与前期我国知识产权法治建设在某种程度上必须承受外来压力的情形不同，如今我们认为，知识产权保护制度对于促进科学技术进步、文化繁荣和经济发展具有重要意义和作用，它既是保证社会主义市场经济正常运行的重要制度，又是开展国际间科学技术、经济、文化交流与合作的基本环境和条件之一。2008 年 4 月 9 日，国务院常务会议审议并原则通过了《国家知识产权战略纲要》，并于 2008 年 6 月 5 日发布。国家知识产权战略由"制定"转入"实施"，标志着我国知识产权工作进入了一个崭新的历史发展阶段，产生了深远的影响。《国家知识产权战略纲要》明确了到 2020 年的发展目标，即把我国建设成为知识产权创造、运用、保护和管理水平较高的国家，知识产权法治环境进一步完善，市场主体创造、运用、保护和管理知识产权的能力显著增强，知识产权意识深入人心，自主知识产权的水平和拥有量能够有效支撑创新型国家建设，知识产权制度对经济发展、文化繁荣和社会建设的促进作用充分显现。

（2）第二阶段（2008—2020 年），主要成就是为了服务于创新型国家建设的需要，进一步修改完善知识产权法律制度体系，大力推动和培育企业创新能力建设、营造有利于创新驱动发展战略实施的制度环境，提升社会各界对知识产权制度及其作用的认识。由于我国的社会经济发展迅速、对外经贸活动频繁活跃，在很长一段时间里，知识产权法律制度的建设是以应对性为主的，因此不可避免地造成法律体系内部缺乏相互协调，并影响知识产权制度体系的整合作用。另外，也存在一些立法上的规则过于原则化，存在着法律行为规范和法律责任后果不明晰或不统一的情况，以至于法律适用需要依赖于大量的司法解释，减少了公众对各类行为法律后果预期的准确性，增加了法律实施效果的不确定因素。以对知识产权保护意义最为重大的民事责任为例，商标、专利、著作权三大支柱领域和反不正当竞争的立法规定都不一致；在权利主体认定、救济方式与程序、责任承担方式等方面，主要依据《民法通则》和《民事诉讼法》，但由于知识产权的特殊性，各单行法又增加了临时禁令等特有的救济措施，且具体规定又不尽相同。因此，实施国家知识产权战略的首要任务是继续完善知识产权法律法规。为提高知识产权立法的质量，《国家知识产权战略纲要》提出要建立适应知识产权特点的立法机制，提高立法质量，加快立法进程。加强知识产权立法前瞻性研究，做好立法后评估工作。增强立法透明度，拓宽企业、行业协会和社会公众参与立法的渠道。加强知识产权法律修改和立法解释，及时有效回应知识产权新问题。

党的十八大以来，我国在知识产权法治建设方面有了显著进展，表现在两个方面：其一，知识产权相关法律及适用规则进一步完善：从 2013 年修改《商标法》开始，增加惩罚性损害赔偿制度、提高法定赔偿的数额、设立举证妨碍制度等，成为后来《种子法》《反不正当竞争法》《专利法》《著作权法》的样板，且惩罚性赔偿写进了 2020 年的《民法典》；与此同时，2019 年再次修改《商标法》和《反不正当竞争法》，有针对性地加大了对恶意注册、囤积商标行为的打击力度，完善和加强了商业秘密保护，《促进科技成果转化法》《科技进步法》也先后修改。这一轮修改虽然在中美贸易冲突的大背景下发生，但修改的内容也是针对我国知识产权领域长期以来存在的广为学界和业界批评的乱象，因此也顺应了新时代我国知识产权制度法治建设的需要。其二，党的十八大以来，我国司法部门通过针对知识产权司法保护中的疑难问题制定司法解释以弥补立法的模糊性，尽量追求法院裁判标准的统一，提高法律适用的可预期性。最高人民法院先后发布了一系列重要的司法解释，如《关于审理侵害信息网络传播权民事纠纷案件适用法律若干问题的规定》《关于审理专利纠纷案件适用法律问题的若干规定》《关于审理侵犯专利权纠纷案件应用法律若干问题的解释（二）》《关于审理商标授权确权行政案件若干问题的规定》《关于审查知识产权纠纷行为保全案件适用法律若干问题的规定》等，❶ 涉及知识产权审判实践中的重点难点问题，回应了社会各界的关注，在加大专利权司法保护力度，依法保护专利权人利益、激励科技创新、文化繁荣、强化诚信和公平竞争等方面将发挥重要积极的作用。

此外，借由《民法典》制定的重大法治实践，我国理论和实务界还有一种知识产权"入典"或"成典"（即"知识产权法典化"）的建议也在讨论中。有观点认为知识产权法应当纳入《民法典》，或者可以，有必要从民法中分离出来，总结共性规则、消除相互矛盾或不一致的规则，形成统一的知识产权法典。❷ 当然，目前这种主张仅是理论上的，《国家知识产权战略纲要》只是提出，要"研究制定知识产权基础性法律的必要性和可行性"；《知识产权强国建设纲要（2021—2035 年)》也仅指出要开展知识产权基础性法律研究，做好专门法律法规之间的衔接，增强法律法规的适用性和统一性。

要从知识产权法律制度建设过渡到知识产权法治环境建设，知识产权法律规范本身的完善当然是首要的，但更重要的是积极营造良好的知识产权法治环境、市场环境、文化环境，大幅度提升我国知识产权创造、运用、保护和管理能力，为建设创新型国家和全面建成小康社会提供强有力的支撑。要达到这一目标，需要以更为广阔的视野和更为综合的方式，全面深入地建构知识产权法律体系和实施机制。因此，在这一阶段，依据《国家知识产权战略纲要》的部署，健全知识产权执法和管理体制，加强司法保护体系和行政执法体系建设，尤其是，加大司法惩处力度，提高权利人自我维权的意识和能力，降低维权成本，提高侵权代价，以期有效遏制侵权行为，发挥司法保护知识产权的主导作用。此外，提高行政执法效

❶ 2020 年底到 2021 年初，为配合《民法典》和修订后的各知识产权单行法的实施，最高人民法院更新了 18 部知识产权领域的司法解释，并颁布了关于惩罚性赔偿、反不正当竞争法等法律适用的司法解释，参见中华人民共和国最高人民法院网站：司法解释 – 中华人民共和国最高人民法院（court. gov. cn)，2023 年 1 月 5 日访问。

❷ 吴汉东：《知识产权"入典"与民法典"财产权总则"》，《法制与社会发展》2015 年第 4 期，第 58 – 66 页；管育鹰：《试论知识产权与民法典的关系——以知识产权审判专业化趋势为视角》，《法律适用》2016 年第 12 期，第 2 – 11 页；刘春田主编：《〈中华人民共和国民法典〉"知识产权编"专家建议稿》，知识产权出版社，2018，第 191 – 318 页。

率和水平，强化公共服务等各方面的工作需同步开展。

　　总的来说，自 2008 年 6 月以来，为落实《国家知识产权战略纲要》，我国各相关部门都制定了配套措施，包括阶段性任务和年度计划设定，同时，很多省、自治区、直辖市的政府围绕《国家知识产权战略纲要》的实施，出台了一系列地方性法规和指导性文件，对专利的促进和保护、科技成果的转化、打击侵权假冒等工作进行了部署。多年来，我国商标专利的申请和授权量持续攀升，特别是商标注册申请量，常年处于世界第一位，在一定程度上反映了国内市场主体的活跃性和各界对知识产权的重视。当然，《国家知识产权战略纲要》的颁布实施在取得巨大成就的同时，也出现了一些值得关注和需要解决的问题。例如，各级政府部门在注重创新和专利的过程中，出现了追逐专利数量而忽视专利质量的现象；在推动商标战略的过程中，出现了追逐商标注册申请量和注册商标拥有量的倾向，而未对恶意抢注和囤积以及不当维权等不利于营商环境的行为予以规范和惩处；版权领域因《著作权法》修改过程中诸多利益诉求争执不下，在法律规则的设立和解释方面缺乏权威统一的声音，产生了不利于原创激励和版权产业发展的影响。除此之外，"互联网＋"商业模式下竞争行为呈现多样化，而《反不正当竞争法》一般条款的模糊性及其宽泛适用，也造成了市场主体对于某些竞争行为的不可预期性。另外，虽然为了实现知识产权保护的适当性，《国家知识产权战略纲要》也要求制定相关法律法规，合理界定知识产权的界限，防止知识产权滥用，维护公平竞争的市场秩序和公众合法权益；但是，这一制度目标如何通过具体的法律规范和实施制度实现，仍未给出明确的方案。

　　（3）第三个阶段（2021—2035 年），党的十九大以来我国进入新发展阶段后，知识产权领域面向 2035 的主要工作任务，是建立起全方位适应社会主义现代化建设的知识产权制度体系，以期在科技竞争加剧、国际贸易冲突加深和国内外局势变革加速等复杂因素和环境的挑战下，将知识产权领域的法治化作为国家治理体系和治理能力的一部分，回应时代的需求。

　　党的十八大以来，我国经济进入新常态后，在转变经济增长方式、产业结构升级、可持续发展等新发展理念下，知识产权保护工作开启了历史新征程。创新是人类发展的动力、社会进步的灵魂；当前，世界正处于新一轮产业革命的前夜，这场以信息（网络、通信、人工智能）、能源、材料、生物等新技术和智能环保等关键词来描述的变革，将改变人们的生产、生活方式与社会经济发展模式。"实施创新驱动发展战略决定着中华民族前途命运"。❶ 2016 年 5 月，中共中央、国务院印发了《国家创新驱动发展战略纲要》，指出科技创新是提高社会生产力和综合国力的战略支撑，必须摆在国家发展全局的核心位置。2017 年 10 月，党的十九大报告再次强调，创新是引领发展的第一动力，是建设现代化经济体系的战略支撑；为贯彻新发展理念、建设现代化经济体系，须加快建设创新型国家。2020 年 11 月，习近平主席主持中央政治局集体学习，指出保护知识产权就是保护创新，知识产权保护工作关系国家治理体系和治理能力现代化，关系高质量发展，关系人民生活幸福，关系国家对外开放大局，关系国家安全❷。2021 年 9 月中共中央、国务院发布了《知识产权强国建设纲要（2021—2035 年）》；2022 年 10 月党的二十大报告指出，必须坚持科技是第一生产力、人才是第一资源、创新是第一动力，深入实施科教兴国战略、人才强国战略、创新驱动发展战略，开辟发展新领域和新赛道，不断塑造发展新动能新优势；报告要求"加强知识产权法治保障，形成支持全面创新的基础制度"。

进入新的发展阶段后，我国知识产权制度也启动了又一轮全面更新。目前，2020 年底修改的《专利法》《著作权法》《种子法》已正式实施，《刑法》修正案则加大了商业秘密保护力度，《植物新品种保护条例》即将修改，《反不正当竞争法》修改草案增加了对商业数据的保护，《商标法》也开始了修改完善的调研论证。另外，最高人民法院也配合这些立法动向，陆续颁布了多个司法解释和指导文件，例如配合《民法典》实施的《关于审理侵害知识产权民事案件适用惩罚性赔偿的解释》，《关于涉网络知识产权侵权纠纷几个法律适用问题的批复》《关于知识产权民事诉讼证据的若干规定》《关于审理专利授权确权行政案件适用法律若干问题的规

---

❶ 中共中国科学院党组：《决定中华民族前途命运的重大战略——学习习近平总书记关于创新驱动发展战略的重要论述》，《求是》2014 年第 3 期，第 5 - 7 页。

❷ 新华网学习网评：《保护知识产权就是保护创新》，http://www.xinhuanet.com/politics/xxjxs/2020 - 12/02/c_1126813262.htm，2023 年 3 月 16 日访问。

定（一）》《关于审理申请注册的药品相关的专利权纠纷民事案件适用法律若干问题的规定》《关于审理侵犯商业秘密民事案件适用法律若干问题的规定》《关于适用〈中华人民共和国反不正当竞争法〉若干问题的解释》《关于审理侵害植物新品种权纠纷案件具体应用法律问题的若干规定（二）》，以及与最高人民检察院联合发布的《关于办理侵犯知识产权刑事案件具体应用法律若干问题的解释（三）》；等等。

2. 我国知识产权制度构建的基本特点

基于上述历程，我国现行知识产权法律制度的构建呈现以下主要特点：

一是以国际条约的要求为立法的基础和导向。为了适应改革开放后国际贸易的需要，我国在知识产权法律制度构建之初就自觉向知识产权国际保护制度设立的基准靠拢，并对加入相关公约始终持积极态度。我国在1980 年就加入了《建立世界知识产权组织公约》，成为 WIPO 成员国，此后的国内立法及修改也在很大程度上以 WIPO 管理的知识产权相关国际公约中的要求作为启动的契机和文本的重要内容。例如，在加入 WTO 的过程中，我国政府严格遵循 WTO 的 TRIPS 协议有关规定，对国内知识产权立法进行了全面的修改和完善，例如扩大了权利保护的范围，增加临时禁令等救济措施增强对权利人的保护力度、明确对权利效力判定和执法的司法审查等有关内容，从而完善了我国保护知识产权的法律制度；至 2001 年末加入 WTO 时，我国的知识产权法律制度已经同 TRIPS 协议保持一致。

二是借鉴其他国家在知识产权保护立法方面的先进经验。我国缺乏知识产权发展的历史根基，相应的制度是根据改革开放的要求建立，这就必然要大量借鉴引入国外的法律制度和实践经验。例如，在《专利法》制定之初，专利法起草小组不仅参照国际条约文本，还曾收集了几十个国家或地区的专利法、研究考察了十几个不同类型国家的执法情况，然后结合中国改革开放初期的基本国情，反复讨论和修改，才形成了供立法机构审核、批准的中国专利法文本。❶ 又如，鉴于国际社会通过 20 世纪 60—80 年代的探索，已经形成了采用版权法保护计算机软件的潮流，我国政府在

---

❶ 赵元果：《中国专利法的孕育与诞生》，知识产权出版社，2003，第 47 – 48 页。

1989 年也决定把计算机软件列为受当时正在制定中的《著作权法》保护的对象，且在 1990 年 9 月颁布《著作权法》后紧接着于 1991 年 6 月颁布了采用著作权制度保护计算机软件的《计算机软件保护条例》。❶

　　三是知识产权立法和完善积极回应我国经济、科技、文化发展的需求。一般来说，作为一种明确普遍的行为规范，法律应当具有稳定性，在一定的社会关系内容和性质发生变化之前，法律尽可能保持不变；但知识产权的权利内容和侵权行为样态，很容易随着新技术的发展而发生变化，立法的滞后和制度的疏漏在所难免。为此，我国的知识产权法律制度一直处于不断修订完善的进程中以便回应现实需求。例如，加入 WTO 后，特别是国家知识产权战略实施十年来，我国科技、经济和文化发展迅速，产业日益重视自主创新和诚信经营，在知识产权的创造和运用方面取得令人瞩目的成果，对严格的知识产权保护需求更加明显；针对法律实施过程中的赔偿低、举证难问题，立法机关在 2013 年的《商标法》修订中大幅提高了法定赔偿额的上限，引入了惩罚性赔偿制度，建立了关于侵权获利的举证妨碍制度。其后，2019 年的《反不正当竞争法》修改时对于商业秘密的保护和 2020 年《专利法》《著作权法》先后在修订中引入了类似的制度；2020 年 5 月颁布的《民法典》也明确规定了针对故意且情节严重的侵权行为应承担惩罚性赔偿责任。

　　总的来说，我国知识产权法律制度体系的建设，在初始阶段就直接置于国际条约的基本框架下，显示了面向世界、面向国际保护水平的高起点。在改革开放的推动下，我国不断提升立法水平，提高立法质量，根据实际需要制定和修改知识产权相关法律法规，经过长期的努力，已经逐步形成了比较完善的知识产权法律制度体系。

（二）我国知识产权制度运行的基本特点

1. 中国特色的知识产权执法"双轨制"

我国知识产权法律制度在建立之初，从现实的国情出发，在专利、商标和版权及其他知识产权相关法律中都规定了知识产权保护的行政途径，

---

　　❶ 应明、孙彦：《计算机软件的知识产权保护》，知识产权出版社，2009，第 32 页。

即对于既侵害权利人合法权益，又损害社会经济和文化秩序等公共利益的侵权盗版等行为，各主管行政机关有权查处并追究侵权行为人的行政责任，如罚款、没收主要用于侵权活动的材料、工具、设备等，从而防止侵权行为的再次发生，保证知识产权法律在实际生活中得到贯彻和执行。这一知识产权保护的"双轨制"是我国知识产权法律制度体系区别于其他国家和地区的特殊之处。

2. 知识产权行政执法机制现状

2018 年，在我国政府进行的新一轮机构改革中，明确规定了将由市场监管管理部门负责我国专利和商标领域的行政执法工作。这次改革实现了专利和商标的综合执法，有效提高了知识产权行政保护的效能。而知识产权管理部门，也将通过进一步发挥其专业上的特长，制定并指导实施专利权和商标权的确权和侵权的判断标准，制定二者在执法过程中的检验、鉴定及其他的相关标准，并进一步做好专利和商标的执法指导工作，从而提升知识产权领域行政执法的权威性、规范性、和实效性。除了传统的专利和商标，反不正当竞争和反垄断的市场公平竞争领域的执法职能，特别是反不正当竞争法的执法在广义上也属于知识产权行政执法的内容，或可以认为与知识产权的保护紧密相关。对这些职能的整合，在 21 世纪以来国内学界已经提出了建设性建议❶，并写进了 2008 年颁布实施的《国家知识产权战略纲要》中，在知识产权强国建设纲要已经提上日程的新发展阶段，这一行政执法力量将进一步在我国知识产权保护领域发挥更多的作用。特别是，近年来，国家知识产权局会同有关部门，积极构建了"严保护、大保护、快保护、同保护"的知识产权保护工作格局；力图在这一大格局下，通过不断完善网络平台治理和电子商务领域行政执法的相关规范，加大商标专利侵权的查处力度，努力打造适应数字经济发展的营商环境。

在版权执法方面，我国同样实行司法和行政保护的双轨制，但行政执法主体则相对于专利商标来说更为复杂。我国著作权行政管理的机构是国

---

❶ 承担战略研究任务的课题组后来出版了相关研究成果，参见中国社会科学院知识产权中心编：《我国知识产权保护体系改革研究》，知识产权出版社，2008；中国社会科学院知识产权中心、中国知识产权培训中心编：《完善知识产权执法体制问题研究》，知识产权出版社，2009。

家版权局，但其主要职能包括了查处在全国有重大影响的著作权侵权案件；同时，我国各级政府的相关部门也承担相应辖区内的版权执法职能，例如文化旅游部门在履行文化旅游市场管理的职能中，也负责发行渠道的版权执法、海关负责进出口货物的版权执法，另外，广电、工业和信息产业等部门的相关职能也涉及一定的版权事务。可见，目前我国的版权执法职能比较分散，相关部门与市场、公安、检察、海关等部门相互之间的联系和协作还需进一步增强。应该说，与2018年后我国在加强知识产权保护的大格局下由国家市场监督管理总局整合了原先商标、专利、地理标志领域的行政执法职能、加强了队伍建设的有利形势相比较，我国的版权行政执法还存在各地版权执法机构不统一和不健全、执法队伍观念和素质能力有待提高、执法手段有待强化等问题，以及一些地方存在的某种程度的"以罚代刑"现象。

考虑到长期存在的版权保护不力问题，特别是网络环境下执法的复杂与困难等现状，我国政府高度重视并有针对性地在版权执法领域成立了全国打击网络侵权盗版专项治理工作领导小组办公室，由国家版权局、公安部、工信部（原信息产业部）从2005年开始连续开展打击网络侵权盗版专项治理行动，查处了一大批网络侵权盗版案件；2010年开始全面开展以"剑网行动"为名的针对不同重点领域进行的年度性专项治理。在联合性的行政执法中，版权、文化、电信、网络管理等相关政府部门可以相互配合，对严重侵权的网站采取停止接入、关闭、没收服务器等立竿见影的措施，有效解决了之前长期以来存在的版权部门执法手段不够有力的问题。同时，版权管理部门建立了黑名单、重点作品清单预警和约谈等监管制度，有效规范了网络版权秩序，成效显著。可见，版权执法取得成效的根本原因是建立和完善了版权执法合作机制，国家相关部门深化了版权执法合作内容、拓宽了合作渠道，能够有效地组织跨地区的版权执法协作。为建立和完善版权执法体系，还有必要加强部门监督与群众、媒体、行业等机构监督的有机结合，建立统一的执法监督体系。同时，结合网络环境下版权保护无国界和权利人对信息公开的强烈诉求，可建立涉外版权执法信息专栏，并对外公示相关版权侵权重要案件的处理部门、程序及结果。

3. 知识产权司法保护体系现状

（1）1993 年以来的知识产权审判组织专门化趋势。

鉴于知识产权法律保护规则随技术发展需要及时调整和立法不可避免具有滞后性的矛盾，我国的司法机关在知识产权保护领域始终处于核心角色，这主要体现在我国知识产权法律制度体系从广义上说还应包括大量的司法解释、司法政策等。其中，由于知识产权案件的复杂性和专业性，知识产权保护审判机制的专门化趋势相对明显。我国知识产权审判专业化和专门法院的建设，按照时间顺序可以分成三个阶段。一是 1993 年之前的情况；二是 1993 年到 2014 年的变化；三是 2014 年到现在的情况。

在 1993 年之前，知识产权案件是由各级法院中的民事审判庭和经济审判庭审理的。前者主要受理著作权归属和侵权纠纷案件；后者主要受理商标权和专利权归属和侵权纠纷案件审理的。当时并未成立专门的知识产权审判庭。由于在当时的专利法和商标法中就专利与商标有效性与否的问题并未采取司法最终原则，专利行政机关的行政决定为专利权或商标权是否可以获得授权的终审裁定，因此当时并不存在权利有效性判断上的行政诉讼案件。1993 年，在北京市中级人民法院和北京市高级人民法院内部率先成立了专门的知识产权审判庭。随后，上海、广东等地的中级人民法院和高级人民法院，纷纷成立了专门的知识产权审判庭。在这样的背景之下，最高人民法院也在 1996 年成立了知识产权审判庭。

（2）2014 年之前我国在知识产权审判专业化方面的主要问题。

第一是案件裁判标准不统一。因地域管辖分立导致裁判标准不一致的问题。散布在接近 400 个法院的数千名知识产权法官来审理知识产权问题。由于知识产权新问题层出不穷，而在审判体系过于松散的情况下，法律适用标准难以一致，在实践中，当事人就相同行为主张权利，但在不同地区得到不同处理结果；由于知识产权审判民事、行政、刑事案件审理法院的分立，存在针对同一事实不同法院在不同类型案件中审判结果相冲突的情形；知识产权案件由属地法院审结，受司法"地方化"影响，导致在知识产权保护中偏向于当地企业而扭曲市场机制，甚至导致某些知识产权案件中出现地方保护主义现象。

第二是地域发展不平衡问题。知识产权纠纷与当地经济发展水平密切相关，在过去主要依行政区划建立起来的知识产权司法保护体系由于经济发展水平不平衡进一步导致司法资源配置和知识产权保护水平不平衡问题。目前，我国的知识产权案件主要集中于广东、北京、上海、江苏、浙江等地区，中西部经济欠发达地区则数量较少。由于知识产权审判具有专业性，受理案件数量少的法院，法官审判经验相应欠缺，知识产权保护水平则相对滞后。

第三是高级别法院的司法判决难以形成权威意见，不能产生示范效果。2008 年以后知识产权案件增长非常快，这背后体现了法院片面追求知识产权案件数量的思维，以彰显我国知识产权司法保护的成效。但是知识产权案件并非越多越好，在改革前，很多知识产权案件的当事人总是要把官司打到底。如果一审败诉就会提起上诉，如果二审仍然败诉又会提起再审。出现这种现象的主要原因在于，各地法院和各级法院在适用相关法律规则的时候，不但标准不一，而且判决不一，从而造成了当事人对于二审或者再审改判的期望。

（3）知识产权专门法院（庭）的建设。

2014 年 8 月 31 日，全国人民代表大会常务委员会通过了《关于在北京、上海、广州设立知识产权法院的决定》，2014 年 10 月最高人民法院发布了《关于北京、上海、广州知识产权法院案件管辖的规定》。依据这两个文件，三个知识产权法院管辖本区域内专利、植物新品种、集成电路布图设计、技术秘密和计算机软件等技术类知识产权的第一审民事案件和行政案件，北京知识产权法院专属管辖知识产权授权确权一审行政案件。

随着北京、上海、广州知识产权专门法院的设立和成功运行，全国各地兴起了一轮争取在本省区域设立知识产权专门法庭的热潮。自 2017 年 1 月以来，最高法院在全国各地设立了近 30 个知识产权法庭，可以在省、市域范围内跨区域管辖专利、植物新品种、集成电路布图设计、技术秘密和计算机软件等技术类知识产权的第一审民事案件和行政案件；例如，西安知识产权法庭可以管辖全陕西省内的技术类案件的一审，在江苏等经济发达的省市内也会设置多个知识产权法庭；2020 年底，在海南设立了第四个知识产权专门法院。作为技术类案件审理的操作规范，最高人民法院发布了《关于知识产权法庭若干问题的规定》《关于知识产权法院技术调查官参与诉讼活动若干问题的暂行规定》等文件予以指导。

（4）将技术类案件二审收归统一的"飞跃上诉"审理机制。

为了进一步统一和协调专利等技术类案件的裁判尺度，全国人民代表大会常务委员会于 2018 年 10 月作出《关于专利等知识产权案件诉讼程序若干问题的决定》，明确规定专利等技术类侵权案件的二审、技术类成果的授权确权和行政处罚行政案件二审均由最高人民法院审理。需要注意的是，外观设计专利权的民事侵权诉讼不适用"飞跃上诉"程序，而是按照原有的程序由各省高级人民法院行使二审的管辖权，而"垄断"案件的二审则由最高人民法院专属管辖。为了落实这个决定，最高人民法院设立了"知识产权法庭"于 2019 年 1 月开始受理案件。最高人民法院知识产权法庭的设立，无疑是我国激励和保护创新、加强知识产权保护的又一里程碑。这是落实 2008 年通过的《国家知识产权战略纲要》提出的"探索建立知识产权上诉法院"这一目标的重要举措。十年来，我国各界围绕如何完善知识产权专业化审判体制以更好地促进和保护科技创新做了充分的探讨，尤其是如何优化和简化专利授权确权程序、解决周期长问题，如何化解专利等案件举证难和赔偿低问题等。这一上诉机制回应的正是长期以来困扰我国科技创新领域各方当事人的需求：一是减少发明专利等授权确权行政案件的一个审级、大大缩短确权周期，同时将此类案件的上诉管辖与全国专利等技术类侵权民事案件的上诉管辖集中在一起，能实现权利效力和侵权判断两大诉讼程序的对接和裁判标准的统一，例如，权利要求的解释和创造性标准的把握；二是将分散在全国各个省高级人民法院的技术类民事案件上诉审理权集中，有利于解决制约科技创新的各地裁判尺度不统一及其可能带来的择地诉讼问题，例如，侵权判定和赔偿范围及额度标准的差异。在实际操作方面，置于最高人民法院的架构下，新设立的知识产权法庭能够平息将此审判权交由任何一个省级高级人民法院可能引起的争议，对提高我国疑难知识产权案件的审判质效，加大知识产权司法保护力度，切实提升司法公信力大有裨益。三年来，该法庭成效显著，充分实现了改革方案为其设定的进一步统一知识产权案件裁判标准、提高审判质量效率、提升司法公信力和国际影响力、加强对国家战略的司法保障四大职能目标，发挥了知识产权司法保护在服务保障国家创新驱动发展中的重要

作用。❶

（5）版权争议在线处理的互联网法院建设趋势。

在我国知识产权案件中，版权纠纷占了60%以上，且每年的增长幅度极大；其中，涉及网络的争议（主要是侵犯信息网络传播权）案件又占有极高的比率。为了应对这种情况，在网络纠纷较多（往往是作为被告的互联网平台公司所在地）的杭州市（2017年）、北京市（2018年）、广州市（2018年）成立了"互联网法院"，三家法院集中管辖本辖区内的包括著作权权属、侵权纠纷的互联网纠纷案件的一审裁判。互联网法院的一大特点就是全程网络化（即起诉、调解、立案、举证、质证、庭审、宣判、送达、执行等诉讼流程），从最高人民法院推行的力度看，这种便捷高效的审理机制今后还有扩张的趋势。

另外，随着社会主义市场经济制度的发展和法治环境的逐渐完善，目前在知识产权执法方面我国更加强调司法保护的主导性，知识产权保护力度也随着专业化审判机构制度的建构和完善得到加强。可以预见，围绕知识产权专门审判机构的法院组织立法，围绕知识产权诉讼制度及具体程序规则的立法和司法解释工作还将进一步加强。

综上所述，目前中国知识产权执法体系体现出自身的特色：

一是行政机关在执法机制法制化中的作用较大。如上所述，我国长期实行知识产权保护的司法与行政"双轨制"，因此行政执法一直是行政机关十分重视的职能。而且，与其他国家相比，我国知识产权法律制度体系的一个重要特点是，立法制定和修改是由行政机关启动和主导的，这使得立法进程中行政机关难免偏重在某些具体条款中强化行政管理和执法色彩，不时引发关于行政执法权扩张的争议而导致后续立法程序推进艰涩。知识产权主管行政机关出于规范性需求，力主在法律法规的制定中明确和加强行政执法工作的依据，这种"部门立法"因素在今后一段时间内也不可能立刻消除。

二是司法解释地位突出、司法政策和案例指导制度作用明显。由于法

---

❶ 关于该法庭的试运行三周年效果评述，参见管育鹰、郭禾、李杨、易继明：《进一步完善国家层面知识产权案件上诉审理机制》专题，《民主与法制》2022年第8期，第37－42页。

律的概括性、滞后性和知识产权保护实践的飞速发展，尽管立法机关适时修订法律，但远远不能满足实践中对法律适用的需求。知识产权领域的司法解释在我国知识产权法律制度体系中的地位凸显，成为司法机关作出裁判的重要法律依据。此外，知识产权领域新法律问题层出不穷，统一裁判尺度的呼声越来越高，亟须及时出台比司法解释更为灵活的指导性标准。司法政策多见于最高人民法院在重大会议上发布的文件❶，案例指导制度在知识产权领域适用较为广泛，这些制度成为我国知识产权法律制度体系的有益补充。但同时，知识产权领域的立法往往一旦通过即告过时，具体规则，甚至是属于立法范畴的新规则，又有赖于司法裁量权的阐释，这也导致一定的不确定性，从而导致司法权僭越立法权的批评。

（三）我国知识产权工作的成就

我国知识产权事业成就的简要概括：我国知识产权制度从无到有，已经走过 40 余年。2021 年 9 月中共中央、国务院印发的《知识产权强国建设纲要（2021—2035 年)》，对我国知识产权领域的成就作出了概述，即我国知识产权事业发展取得显著成效，知识产权法规制度体系逐步完善，核心专利、知名品牌、精品版权、优良植物新品种、优质地理标志、高水平集成电路布图设计等高价值知识产权拥有量大幅增加，商业秘密保护不断加强，遗传资源、传统知识和民间文艺的利用水平稳步提升，知识产权保护效果、运用效益和国际影响力显著提升，全社会知识产权意识大幅提高，涌现出一批知识产权竞争力较强的市场主体，走出一条中国特色知识产权发展之路，有力保障创新型国家建设和全面建成小康社会目标的实现。

用通俗的话说，在知识产权制度建设方面，我们是用 40 余年走过了欧美等发达国家 100 多年的道路。❷ 尽管这么短的时间赶路难免出现一堆问

---

❶ 典型的如 2011 年 12 月 16 日发布的《最高人民法院关于充分发挥审判职能作用推动社会主义文化大发展大繁荣和促进经济自主协调发展若干问题的意见》、2016 年 11 月 28 日发布的《最高人民法院关于充分发挥审判职能作用切实加强产权司法保护的意见》等。

❷ 韩维正：《知识产权保护：中国 40 年走过欧美 100 年》，《人民日报》（海外版）2018 年 4 月 30 日。

题，但总的来说，大的方向是正确的，知识产权制度的建立与完善，在过去为我国科技创新和经济、文化、社会发展做出了贡献，在将来也必将发挥重要的引领和保障作用。对于改革开放以来我国知识产权工作的成就，习近平总书记指出，"总的看，我国知识产权事业不断发展，走出了一条中国特色知识产权发展之路，知识产权保护工作取得了历史性成就，知识产权法规制度体系和保护体系不断健全、保护力度不断加强，全社会尊重和保护知识产权意识明显提升，对激励创新、打造品牌、规范市场秩序、扩大对外开放发挥了重要作用"。❶

二、统筹兼顾国内外法治的中国知识产权制度新需求

（一）直面我国知识产权保护面临的主要问题

1. 知识产权工作的法治化水平需要提高

当我们谈到中国知识产权制度时，究竟是指什么？从前面部分对我国知识产权事业的历史回顾看，特别是将知识产权保护上升到国家战略的意义上来说，知识产权涉及国家和大众产业发展、生产生活的方方面面；《国家知识产权战略纲要》将知识产权事业概括为创造、运用、管理和保护四个领域，这是从国家治理的层面来界定知识产权的概念的。置于国际背景下，我们会发现，知识产权的概念，无论其哲学、经济学的本源理论依据如何，从已经建构的知识产权国际保护制度的本质来看，知识产权是一个法治概念。这套规则体系，在国际层面体现为一系列国际条约，包括双边、区域性和多边协议，其核心要义是每一个进入国际社会进行经贸和文化交易往来的国家，都要共同承认和保证以其国内法来实施遵循的法律规则。因此，即使对某一国家来说，知识产权制度的本质也是法律制度，是国内和国际法治兼备的法律规则体系。在此意义上，知识产权工作的每个层面，都需要纳入法治的理念范畴，尤其是在因规则不明或理解有分歧

---

❶ 习近平：《全面加强知识产权保护工作激发创新活力推动构建新发展格局》，《求是》2021年第3期，第4-8页。

产生争议时，需要回归到立法本意上去解决；而且，知识产权因为保护客体是无形信息和数据，可以在全球同步复制和无损原质地传播利用，因此无论在哪一地域产生都需要在其他地域获得同样的保护，这就使得知识产权成为最典型的国内外法治趋同的领域。本书前面对若干知识产权国际保护制度发展中主要争议点的梳理，以及对我国知识产权制度建构进程的回顾，都印证了知识产权国内外法治交融的必然性。

毋庸讳言，法治意义上的知识产权制度及其运行在我国是个舶来品，是改革开放的附随品。尽管我国自新中国成立之初即有了商标、专利、版权等知识产权意识，但知识产权法律制度是随着市场经济建设在我国逐步建立和完善的。在 20 世纪 90 年代初，商标、专利、著作权三大支柱，再加上反不正当竞争法对非注册商标的商业标识和商业秘密的保护，使我国整个知识产权法制随着改革开放的进程而完成了基本框架建构。但彼时，中国的经济建设尚处于兴起阶段；肇始于工业革命、兴盛于科技革命的"知识产权"制度，不仅民众在生活中不知其为何物，其在法学、经济学、科技管理学等领域的学科专业塑造也尚处于萌芽阶段。可以说，在加入 WTO 之前，我国整体的科技、文化、经济领域的发展水平远远落后于发达国家，相应地市场主体的创新和竞争能力，也不足以产生对作为无形财产的智力和经营成果法治保障的知识产权制度的强烈需求。因此，我国知识产权法律制度的历次修改，无论是保护范围的扩张还是执法力度的加强，基本上都是为因应当时以中美贸易谈判为代表的外来经济和政治压力、首先加入知识产权国际保护公约承诺履行相关国际义务后，将国际法转化为国内法以便实施的结果。不难想象和推论，当时知识产权法律框架的搭建，缺乏足够充分的社会公众自发需求和主动遵循意识，其执法效果只能保证基本满足知识产权国际保护的门槛——主要是 TRIPS 协议的规定，而难以对标发达国家极力推动的更高标准。根源于国内外社会经济环境和法治进程不统一，产生知识产权保护效果的差异。事实上，尽管我国在加入 WTO 后经济发展增速腾飞，但在 GDP 总值跃居世界第二的同时也显示出地区和产业领域发展不平衡的问题，与人均 GDP 还处于发展中国家行列的现状一样，国家创新能力和竞争实力，以及整体的社会环境和法治建设未达到世界前列的水平。因此，与国际贸易紧密相关的知识产权保护议题，一直是我国与以美国为代表的发达国家之间的利益博弈手段，且持续至今。

正如党的十九届六中全会通过的《中共中央关于党的百年奋斗重大成就和历史经验的决议》指出的，习近平新时代中国特色社会主义思想核心内容之一是"明确新时代我国社会主要矛盾是人民日益增长的美好生活需要和不平衡不充分的发展之间的矛盾"；这一基本国情的研判也同样映射到我国知识产权领域。2020 年 11 月 30 日，习近平总书记在中央政治局第二十五次集体学习时指出，创新是引领发展的第一动力，保护知识产权就是保护创新。习近平总书记同时指出，我国知识产权保护工作要坚持以我为主、人民利益至上、公正合理保护，既严格保护知识产权，又确保公共利益和激励创新兼得。要加强关键领域自主知识产权创造和储备。习近平还强调，要提高知识产权保护工作法治化水平❶。与此同时，在 2020 年 11 月 16—17 日举行的党的历史上首次召开的中央全面依法治国工作会议上，习近平法治思想被明确为全面依法治国的指导思想。习近平法治思想深刻回答了法治与国家治理、法律制度与国家制度的关系问题，强调在法治轨道上推进国家治理体系和治理能力现代化，科学指明了推进国家治理现代化的正确路径，也为以法治理念引领和保障知识产权事业发展、建设知识产权强国指明了方向。

2. 明确服务于社会主义现代化建设的知识产权强国建设目标

《知识产权强国建设纲要（2021—2035 年）》对我国今后的知识产权事业发展作出了规划，并描绘了基本蓝图，即"到 2025 年，知识产权强国建设取得明显成效，知识产权保护更加严格，社会满意度达到并保持较高水平，知识产权市场价值进一步凸显，品牌竞争力大幅提升……到 2035 年，我国知识产权综合竞争力跻身世界前列，知识产权制度系统完备，知识产权促进创新创业蓬勃发展，全社会知识产权文化自觉基本形成，全方位、多层次参与知识产权全球治理的国际合作格局基本形成，中国特色、世界水平的知识产权强国基本建成"。

从国家治理角度说，知识产权事业涉及各个层面，尤其是科技创新、文化建设和商业竞争秩序建设；因此知识产权工作的核心是真正唤起各行各业、各领域的创新活力，这也是国家政策层面不断强化管理、措施、制度建设等各种手段的理由。但是，仅有国家力量的推动，甚至是举国体制的投入，仍然不能取代市场主体自发的创新行为，法治是最好的营商环境。当前，在百年变局的历史节点上，身处国际国内形势巨变的洪流中，知识产权保护"双刃剑"特性及其反映在每个具体制度规则的设立和适用上的利益平衡考量问题，仍需我们直面。为此，在实施知识产权强国建设的进程中，要实现"中国特色、世界水平的知识产权强国"，全面服务于社会主义现代化建设，仍然要秉持法治思维。

知识产权制度的本质是市场经济法律规则，而这一本质特征尤为体现在知识产权国际保护规则的磋商和确定是国际经贸体系建立的重要内容。表现为对技术创新成果、文化艺术科学创作成果和商业竞争经营成果提供法律保护的知识产权制度，尽管在哲学上有着其作为无形财产专有之自然权利的正当性阐释，但越来越体现出工具主义特征。质言之，在国际范围内，从制度萌芽到制度兴盛，知识产权制度的正当性阐释实际上基于两种主要学说：在权利来源上更多适用劳动财产或自然权利说，在保护范围和力度上更多适用实用主义或工具主义说。在很多场合下，两种学说并无截然分野，相反不时交错贯穿于对知识产权保护客体之创造、权利形成和确立、权利内容及归属、权利限制于例外、侵权判定与救济等各个方面。实践经验表明，无论国内外理论上对知识产权制度的法哲学、政治经济学、民法学等不同角度的研究基础多么薄弱，甚至至今尚未形成一致的"知识产权"一词的定义；但这并不妨碍知识产权成为国家治理和国际经贸往来的重要公共政策工具。即使在近些年来逆全球化思潮和民族主义、单边主义不时泛起和新冠病毒感染疫情肆虐的情形下，依托高新科技发展的工业4.0仍被主要发达和发展中国家纳入国家发展战略；这其中，起源于西方发达国家且被融入国际经济法治秩序、持续至今为其带来优势国际竞争地位和国际垄断利润的知识产权制度，在今后各国的国家发展和国际经贸体系中的作用将被进一步提升是不难预测的。

3. 认识和把握我国知识产权法治建设中的主要问题

我国知识产权制度经过 40 余年发展，目前呈现一种两极化的复杂情形：一方面某些主体的知识产权意识和制度运用能力高度增强，力图将尽量多的无形信息资源纳入自己的专有权范围，甚至向精于钻制度漏洞占有公有领域或他人有在先权利的信息，或向权利滥用和限制竞争、垄断发展；另一方面，"互联网＋"和"数字化生存"的生产生活方式，使得广大产业界人士和大众在尚未提升知识产权法律意识的情况下，先行领受互联网带来的便利，有意和无意的侵权规模都因网络效应而前所未有地扩大，给权利人的维权和行政司法部门的执法带来难题。考察我国知识产权制度的现状与未来，还有一个不可忽视的因素是，由于知识产权与国际贸易密不可分，我国知识产权制度建立和发展的进程，始终受到美国等发达国家主导的知识产权国际保护规则的影响；直至今日，尽管我国基于发展内需确立了创新驱动发展战略、高度重视知识产权保护工作，但相关双边、多边国际经贸协议中知识产权条款带来的高标准、严保护要求，始终给国内知识产权制度运行带来一种压力。究其根本原因，是我国总体经济实力跃升第二，但人均 GDP 仍处于发展中国家水平，科技、文化和经济的竞争力总体上还未能与发达国家比肩，尤其是美国。因此，我们在将国家知识产权战略推向新的阶段时，需要格外关注国际知识产权发展动向，积极参与相关谈判、加强知识产权国际保护话语权建设；对内则需要统筹考虑不同发展程度的地区之间的国情差异，灵活运用各种平衡机制，避免在信息时代因知识获取的障碍加剧地区发展的失衡。

具体而言，在步入新发展阶段后，除了加强管理、促进制度运行这些由国家主管部门力推的工作之外，我国知识产权事业尤其需要重视的，是要在完善法律制度、加强执法、提高知识产权法律意识几个方面同步推进。

（1）知识产权是现代产权制度中最重要的财产类型之一，知识产权保护首先要有法可依。知识产权法治的基本要求就是依法保障公民和法人就其智力创新成果所享有的知识产权，制止不劳而获窃取他人劳动成果和利用知识产权优势地位进行的不正当竞争行为，加大对侵权假冒行为的惩处，有效保护知识产权。为此，知识产权法律规则需要进一步修改完善以适应新时代科技文化发展的需求，以便执法者准确理解和适用。首先要明确，现阶段我国知识产权立法的宗旨是激励创新、加强保护；因此，我国知识产权法律近期修订中，加大对侵犯知识产权行为的惩处、提高知识产权保护力度的导向应当肯定，例如提高法定赔偿额度、引入惩罚性赔偿、减轻被侵权人的举证负担等。立法上注重加大保护力度，降低维权成本，提高侵权代价，有助于以严格执法有效遏制侵权行为。其次，新规则的设立或改变，需要准确把握科技文化和社会发展方向、寻求相关利益的平衡点。例如，从保护知识产权就是保护创新、知识产权制度是市场经济法律制度一部分的基本认识出发，将网络环境下著作权授权机制的建立交给市场解决。互联网企业作为商业使用者，在版权产业链中是传播者，而创作者和权利人是做出智力创新贡献的源头，对著作权人的一种限制若非为了公共利益所必需，不宜作普适性扩张。同时，公众的浏览等个别使用，可以通过现有著作权合理使用制度解决，也可考虑增设公共图书馆等文化机构线上提供作品的法定许可制度。我国文化产业处于新兴阶段，加强版权保护能促进原创者创作激情、增加投资者回报期望，促生更多的既能体现中华文化又适应时代和市场需求的优秀作品，提高我国的文化软实力。另外，我国需要继续完善与知识产权相关的法律制度，包括：在农业产业化进程中树立商标品牌意识，梳理、细化现有的地理标志法律保护机制，探索整合形成专门保护制度的可行性；制定和完善《反不正当竞争法》《反垄断法》适用中与数据财产等无形信息相关的不正当竞争和垄断行为的认定标准和程序；推进民间文艺、传统中医药保护、遗传资源惠益分享机制等方面的立法工作，特别是文化遗产的数字化典藏及开发利用制度，开拓并保护我国丰富的创新之源。

（2）关于行政执法，自我国建立知识产权法律制度以来，实行的是行政执法与司法保护的"双轨制"。根据我国经济发展现状，对比较严重的侵犯知识产权并影响消费者利益和市场竞争正当秩序的行为，以政府机关的行政执法来弥补民事和刑事救济的不足，有利于打击侵权、假冒、扰乱市场的行为和加强知识产权保护，因此便捷的知识产权行政执法在一定时期内仍有必要。根据党的十八大以来我国关于政府职能转化、合理配置执法资源，提高执法效率的改革方向，知识产权主管行政机关应逐渐强化其公共服务职能，而将其知识产权行政执法职能逐渐整合到各地的市场监管综合执法体系中，以提高行政执法的效率和水平；例如，可以在地方市场综合执法队伍中建立一支专门的知识产权执法小组，打击盗版、假冒等侵犯知识产权和扰乱市场竞争秩序的活动。此外，关于知识产权行政执法的内容，各知识产权单行法的修改中是否需要明确增加和强化主管部门行政执法权能的规定，是需要结合国家治理中的行政执法权配置全盘考虑的问题。长远来说，知识产权海关边境措施是国际通行的独立的行政执法，其他的知识产权行政执法将逐渐过渡到刑事司法保护，当然这也需要刑事司法理念的革新。目前，国家检察机关也十分重视知识产权的刑事辩护问题，一定时期内的"以罚代刑"现象预期逐渐式微，应开始注重行政执法与刑事司法制度的衔接。另外，专利领域的行政执法向来有争议，但外观设计的行政执法除外，可考虑将外观设计单独立法予以保护。

（3）对于知识产权管理部门来说，应准确定位并重视发挥其管理和服务职能，例如，优化申请及授权程序、加强专利商标审查中的国际合作、组织专题研究和培训、建立公共信息集散平台、进行政策宣传和公众教育、配合相关部门的执法和司法活动、对涉及公共秩序和公共利益的知识产权事项进行决策，以及中介机构管理和人才培养，等等。总的来说，知识产权行政主管部门可以通过制定和实施各个层级、地区、行业的知识产权战略推进计划，包括制定面向新时期科技文化发展的知识产权强国战略，引导企业和地方政府在知识产权或创新能力判断中从以量取胜逐渐过渡到注重质量和效益，真正认识到知识产权制度对建设创新型国家的重要作用，从商标、专利的知识产权大国转变为强国，提高文化产业市场竞争力。具体措施包括提高专利审查标准、完善创新评价指标、改进创新激励措施，发布各种产业发展知识产权战略指南、涉外知识产权保护指南等。另外也可联合相关部门制定知识产权资产评估方面的办法，以便使公司入股、资本变现、风险投资、侵权损害赔偿等相关领域中的知识产权价值估算具有可操作性，保障知识产权投资者、拥有者、运用者的合法利益。

（4）在司法方面，知识产权个案争议的终局裁判由司法机关确立和执行是世界通行的制度经验。由于知识产权与变化迅速的新技术密切相关，立法通常具有一定的模糊性和滞后性，司法解释在我国法律适用中具有重要的指导作用。近期，我国知识产权立法进行了一系列修改，在制定和实施相关司法解释时需要与立法思路保持一致、避免过度扩张或限缩、维系恰当平衡。知识产权司法保护的路径包括完善知识产权审判体制，优化审判资源配置，简化救济程序。在新发展阶段，随着我国整体法治环境的完善和法院司法审判能力的提高，知识产权司法保护的作用将得到更充分的发挥。目前，根据各地社会经济发展的具体情况，我国知识产权专业化审判体系正在形成，集中审理技术类案件的上诉机制——最高人民法院知识产权法庭也在有效运行，并继续朝着专门法院的建制发展。今后一段时期，在专业化审判体制建设方面需进一步考虑合理布局、避免短期化因人设事、徒增机构和编制，造成人案比失衡或程序空转，同时需尽快提出我国专利商标确权程序简化的可行性方案。另外，还需尽快加强知识产权民事、行政与刑事程序的协调，结合各地法院知识产权案件"三审合一"经验，进一步统一裁判标准和尺度。当然，在新发展阶段，知识产权司法保护的目标仍在于公正司法，有效遏制侵权，消除长期以来权利人"赢了官司输了钱"、侵权人反复恶意侵权等极不利于保护创新的现象。在知识产权专业化审判配套机制方面，也需要完善适应知识产权案件的证据规则以合理分配举证责任，同时，应建立适合中国国情的技术调查官辅助审判、专家证人、专业鉴定等多元化技术事实查明和审判辅助机制，并考虑研究并尽快推动立法机构制定针对知识产权案件的特别程序法。

（5）知识产权领域法治的实现，还需要有全民创新文化作背景支撑。目前我国正处于经济转型期，市场经济建设过程中相关领域竞争规则尚未明晰、竞争主体还未真正形成自觉的知识产权法律意识，尤其是与知识产权相关的市场竞争中假、冒、仿、靠行为屡禁不止、乱象百出。同时，我国社会总体仍处于发展阶段，尤其是各地区发展极不平衡，欠发达区域和人口比例占多数；人们无论在工作还是日常生活行为中的知识产权法律意识淡薄，再加上传统上民众的从众心理、爱慕虚荣等因素，多数人对知识产权这一建立在无形客体之上的私权受法律保护的意识，相对于有形物的财产权保护意识更加陌生，因此对侵权假冒等行为持有容忍态度、不像对盗窃抢夺有形物之不法行为那么痛恨。为此，要形成尊重知识、积极创新的风气，除了在完善立法、加强执法外，需要坚持不懈地通过各种方式普及全民知识产权法律意识，培养市场主体尊法、学法、守法、护法、用法的意识和依法维权的能力，提高党政机关领导带头守法的意识，形成守法光荣、违法可耻的社会氛围，逐渐引导人们在日常工作和生活中，将买盗版、假货，抄袭、变相剽窃，以及各类打擦边球模仿他人的习惯抛弃。知识产权法律意识的培养，除了加强例行的普法工作，还可以通过一定方式纳入国民教育体系，使人们从小养成尊重创新、保护知识产权的意识。此外还要重视将知识产权法律意识融入知识产权创造、运用和管理各环节专门人才的培养中，全面塑造符合建设创新型国家和法治中国需要的复合型知识产权人才。

总的来看，知识产权制度是市场经济下，保护创新者利益回报、激励再创新、带动经济发展、增加社会整体福利的制度体系。规则明确、执法程序公正透明、法律后果可预期性强，可以使创新者及其相关投入者没有后顾之忧。有效的知识产权保护有助于实现新领域、新业态市场资源的优化配置，最终促进科技文化的发展。为此，在我国新发展阶段，有必要多管齐下，全方位提升知识产权综合竞争力，推进知识产权强国事业的发展。

（二）研判影响知识产权制度走向的国际经贸发展态势

1. 由发达国家建立的知识产权国际保护制度至今仍是主导

回顾知识产权国际保护制度的历史，可以看到 20 世纪 90 年代以来，在科技、经济、文化方面积累了最多知识财产的美国，始终是推动国际知识产权制度法治最积极的角色，这是因其认识到信息时代的知识产权可以带来的无可比拟的价值，亟须向外推行符合其意志的知识产权保护标准，以满足国内的权利人在海外实现利益最大化的诉求。美国推动建立的 1994 年成立的 WTO，通过 TRIPS 协议将 WIPO 框架下的知识产权国际保护范围扩大、标准提高，并注重有效执法和争端解决；当然同时在众多发展中国家的坚持下，也为成员国留下了制定知识产权保护的例外与限制规则以平衡其国内社会公共利益的空间。

正因为 TRIPS 协议为知识产权国际法治理转化为国内法治理时预留了一定的保护力度调节空间，近年来，美国等发达国家认为 TRIPS 协议已经不能维护其在国际贸易中凭借知识产权应当获取的利益，另行发起了"跨太平洋战略经济伙伴关系协定"和"跨大西洋贸易与投资伙伴协议"谈判，拟将更严格的"TRIPS 协议＋"知识产权条款作为多边贸易协议的重要内容。例如，专利方面，要求成员国建立专利链接制度，使原药厂商可获知仿制药厂商是否申请了仿制药的上市许可，并据此采取诉讼或临时禁令等救济措施；对各类药品试验数据给予 3—12 年的专属权保护，延长药品专利权保护期以补偿审查和上市审批期间过长的损失，成员国的专利局应建立合作以促进检索数据库与审查成果的共享与利用，以及成员国应延长外观设计保护期、为局部外观设计提供保护等。在著作权方面，保护期应由作者终身加 50 年延长到 70 年，表演者应就广播或播放录制有其表演的录音制品获得报酬，明知卫星或有线信号来源非法而故意解码接收或进一步散布，或故意协助他人解码接收或散布他人锁码节目的应当承担责任，以及追究影院盗录的刑事责任等。在商标方面要求的注册对象应扩张至包括听觉、嗅觉等信息，对未注册驰名商标应提供跨类别保护，注册机构应将地理标志的细节以网络提供给公众并允许利害关系人查询处理情形等。另外，对未经授权故意获取计算机系统中的商业秘密等盗用或故意泄露商业秘密的行为，应加重惩处力度和追究刑事责任。在执法方面，对著作权和商标侵权可主张法定赔偿或惩罚性赔偿，海关应主动对涉嫌侵权的出口和过境、转口货物进行查处等。由于参加 TPP 谈判的各国社会经济发展阶段差异大，很多议题难以达成共识，2017 年初特朗普就任总统后立刻宣布美国退出 TPP，转而采用双边协议或区域自由贸易区机制，将其高标准的知识产权保护诉求纳入 FTA 或双边谈判中，例如中美贸易谈判经过几年的激烈交锋，上述美国在 TPP 中的多项主张最终纳入了 2020 年初的中美第一阶段经贸协议，同时也带来了新一轮中国知识产权法的修改完善。

美国在知识产权问题上的强保护主张也为欧盟各国和日本所追随。近些年来，欧盟积极推进单一专利制度以简化程序、节省成本和鼓励创新，允许将气味、声音、味道和颜色标记注册为商标，启动建立欧盟非农业产品地理标志保护机制，要求成员国加大执法力度，加强对侵权盗版产品的打击行动，严格查处过境欧盟的假冒商品。日本在"知识产权立国"的战略目标下积极参与 TPP 谈判，以便为其企业参与国际竞争、维护合法权益创造有利条件；为此近些年来相继修改专利、商标、著作权法、不正当竞争防止法，内容包括提高专利质量，将颜色、声音、动态、位置、全息影像等新型商标纳入保护，加重被控侵犯商业秘密方的举证责任、惩罚性赔偿、提高向海外泄露商业秘密的最高刑期、增加没收非法所得和对第三人及离职后窃取商业秘密行为进行处罚等。此外，日本还通过了地理标志法，开始实施地理标志专门法保护制度。在美国退出 TPP 后日本接棒主持并最后通过了 CPTPP，继续推动高标准的知识产权国际保护规则。

2. 今后知识产权国际保护制度的发展仍与国际贸易走向不可分割

近期以来，在国内外局势日益复杂化的态势下，知识产权制度运行的国际政治经济背景和所服务的科技、文化和经济领域也在发生着重大变化。在美国等西方发达国家的重压下，国外将我国视为主要竞争对手的单边主义者和国内比较激进的反制对策主张中的一种声音，都是强调科技、文化和经济的全面脱钩。从人类社会发展的规律、历史经验，科技、文化和经济本身的发展方向来说，全面脱钩的论调是值得谨慎思考的。

事实上，面对国内外政治和经济发展的不均衡性和环境的不确定性，对于今后全球的发展方向，习近平总书记有着高屋建瓴的研判。习近平指出，当前，世界百年变局叠加世纪疫情，经济全球化遭遇逆流，落实联合国 2030 年可持续发展议程面临前所未有的挑战，为此，要践行真正的多边主义，要提振发展伙伴关系，要推动经济全球化进程，要坚持创新驱动；应加强发展政策、国际规则和标准的软联通，摒弃脱钩、断供、单边制裁、极限施压，消除贸易壁垒，维护全球产业链供应链稳定，携手应对日趋严峻的粮食、能源危机，实现世界经济复苏，应挖掘创新增长潜力，完善创新规则和制度环境，打破创新要素流动壁垒，深化创新交流合作，推动科技同经济深度融合，共享创新成果。❶

可见，尽管知识产权制度自诞生以来就一直有研究者从各种角度质疑其合理性，特别是 21 世纪以来在信息共享观念冲击下不时出现反知识产权的声音；但这些质疑者本身也承认，对抗知识产权保护扩张趋势的力量是有限的。反之，在实践中凡科技、文化和经济领先的国家，均先后采取了将知识产权强保护与国际贸易谈判相捆绑，从而实现其经济利益最大化的

---

❶ 新华社：《习近平出席第二十五届圣彼得堡国际经济论坛全会并致辞》，http：//www.gov. cn/xinwen/2022－06/17/content_5696376. htm？jump＝true，2023 年 3 月 15 日访问。

决策。在今后可预见的一段时期内，只要美日欧等发达国家和地区仍在继续领跑世界核心科技和文化创新，由其主导的知识产权国际保护的强化趋势就是不可逆转的。

当然，任何权利都不是绝对的，即使在强化知识产权保护的国家，其知识产权制度中也存在着权利限制、保护期、权利用尽等调节和平衡机制；针对可能出现的知识产权滥用现象，也可通过反垄断、禁止限制竞争等法律制度进行规制。而且，尽管包括我国在内的几个加入了 WTO 的主要发展中国家在知识产权执法方面不时受到美国等发达国家的指责；但印度、巴西均注重在战略上充分利用 WIPO 等平台提出在国际知识产权架构中融入对自己发展有利的传统知识、遗传资源、民间文艺保护制度，并抵制发达国家的药品专利强保护政策，鼓励国内仿制药业的发展以满足公共健康的需要。另外，正如前面章节所述，保护数字信息财产的知识产权本身，在客体、权利内容、保护范围等各方面与有形财产权相比都具有不确定性，因此在确认保护的前提下，法律适用中地域性原则可用作调节阀。

总的来说，在当今时代，科技、文化领域的创新成果和有价值商业数据信息的跨境流动，已经成为全球经贸往来的常态，就这些无形财产的权属、运转与利润分配以及侵权责任等利益攸关的问题，建立和达成具有共识的国际法治规则是必然的趋势。知识产权制度的本质是法律制度，是国内和国际法治兼备的法律规则和运用体系。因此，面对未来的知识产权强国建设，需要有足够前瞻的国际视野，不能关起门来拒绝吸收世界法治文明的先进成果，而是应全面了解并仔细研判知识产权国际保护趋势，积极参与全球知识产权治理，在必要的场合发出中国的声音，求同存异，为国际知识产权新规则的建立和完善贡献中国智慧。

（三）注重涉外法治建设积极参与全球知识产权治理

1. 知识产权保护成为数字时代占领全球经济发展制高点的核心内容

知识产权制度虽然依托西方传统的财产权理论产生，但其强调对科技文化创新成果和品牌商誉的保护，对激励、促进和保障创新具有实效。从发达国家经验看，强化知识产权保护与其知识创新成果对经济增长的贡献呈正向关系。由于知识产权的客体是易被复制、传播和利用的无形信息，物理载体和地理边界无法控制其产业价值被他人非法窃取和侵害，各国的制度和实施机制差异需要通过多边或双边国际条约协调。

在数字经济时代，信息财产的在线和跨境交易日益频繁，知识产权保护成为直接影响全球经济发展模式和走向的重要方面；例如，即使在国内外面临新冠病毒感染疫情、人员物资流动艰难的局势下，2020 粤港澳大湾区知识产权交易博览会达成的意向交易也有 128.5 亿元、实现的知识产权交易金额达 18.67 亿元。❶ 经济和科技实力强大的美国等发达国家，借助在国际贸易中的主导权，牢牢把握着知识产权国际保护规则的全球话语权。WTO 框架下缔结的 TRIPS 协议及新近相关双边、区域知识产权国际公约，实质上是一种通过与贸易报复措施捆绑、保障知识经济富国向穷国征收 "知识产权使用费" 以实现其全球利益最大化的国际法治安排。在 WTO 成员不断增加的过程中，作为知识产权输出国的发达国家收获了巨大的跨国经济利益。据美国研究机构的统计，全球知识产权跨境许可收入集中在美、日、欧，其中美国占 45%。❷ 尽管如此，奉行本国利益优先原则的美国，仍认为依据多边主义建立的 WTO 门槛过低且执行效率低下，近期在新一轮国际经贸谈判中开始推行更严更高的知识产权国际保护标准，并力图抛开中国和广大发展中国家另起炉灶建立国际贸易新秩序，其追求技术垄断以此无休止摄取高额利润的动向值得警惕。

2. 我国在国际规则制定和阐释话语权方面的特点

近代以来我国社会经济相对落后，再加上中国人固有的中庸和隐忍特性，使得我们在国际论坛上一直不善于争夺规则制定和阐释的话语权，在知识产权方面尤为突出。知识产权制度是我国在国际经贸谈判压力下短时间内按 TRIPS 协议搭建起来的；尽管改革开放以来我国知识产权事业取得很大成就，在个别领域的技术创新有所突破，但尚未改变发达国家在知识产权领域的总体强势地位。在融入全球经贸体系过程中，我国未能充分认

---

❶ 2020 粤港澳大湾区知识产权交易博览会圆满收官，https：//baijiahao.baidu.com/s? id = 1684119598069909622&wfr = spider&for = pc，2023 年 1 月 6 日访问。

❷ 依据美国国家科学理事会于 2018 年 1 月发布的《2018 年科学工程技术指标》数据，转引自杨云霞：《资本主义知识产权垄断的新表现及其实质》，《马克思主义研究》2019 年第 3 期，第 57－66 页。

识知识产权"规则先行"的重要性,"走出去"的企业因不熟悉、不擅长运用知识产权规则而屡屡遭受打压,严重时甚至导致整个产业消失,代价可谓高昂。即使在不直接与国际贸易挂钩的知识产权国际论坛上,我国对具体规则应当如何构建和阐释也较被动,例如对传统资源等优势领域的保护,或在 TRIPS 协议框架下为公共健康等利益平衡争取更多的权利限制规则等,不如印度等其他发展中大国和非洲等不发达地区愿意积极公开发声。

3. 共建"一带一路"大部分国家和地区已被纳入西方知识产权制度体系

在我国发出"一带一路"倡议之前,沿线大多数国家已迫于西方压力与 TRIPS 协议接轨,建立了各自国内的知识产权制度,有些还与发达国家先后签订了与知识产权相关的经贸协议,而在此过程中,我国为应对国内经济社会高速发展中的问题而自顾不暇,几乎没有参与这些国家的知识产权制度建设。另外,由于沿线各国在科技、文化、基础法治环境等方面发展不平衡,在知识产权具体规则及其实施效果等方面情况复杂、差异明显。目前东盟的新加坡和中东欧一些新兴国家的知识产权保护力度与美欧日趋同,而大部分发展阶段不如我国的共建"一带一路"国家和地区的知识产权保护实际水平则较低。不论哪种情况,我国企业在共建"一带一路"国家开展经贸活动均需警惕知识产权风险和陷阱,包括陷入发达国家事先做好的知识产权布局引起贸易纠纷、不了解当地法治环境、不掌握规则阐释话语权而增加纠纷解决结果的不确定性,以及找不到在当地有效维护我国企业知识产权利益的突破口等。

4. 我国明确输出参与知识产权国际治理指导思想的必要性

习近平总书记指出,"当前中国处于近代以来最好的发展时期,世界处于百年未有之大变局"。我国要抓住人类从工业文明向信息文明转型的重大历史机遇,大力推动创新驱动发展战略,增强国家综合实力。近年来,我国在 WIPO 等国际组织的评价指标中创新指数持续攀升,❶ 在新冠病毒感染疫情的严峻情势下,我国经济仍能保持发展,科技创新领域呈现

---

❶ 根据 WIPO 发布的 2022 年 GII 指数,我国全球排名为第 11 位:Global Innovation Index 2022:What is the future of innovation – driven growth?(wipo. int),2023 年 1 月 6 日访问。

出蓄势待发态势。同时，我国在探索自己的知识产权发展道路的进程中，创设了一系列适用于现阶段我国社会经济和科技文化发展与今后人类命运共同体构建的法律规则和制度阐释，其核心要义就是"既严格保护知识产权，又确保公共利益和激励创新兼得。"

我国知识产权领域的成就和经验，不仅有利于促进和规范今后国内的科技文化创新，也对参与共建"一带一路"国家的知识产权环境建设、制定适当的既保障我国企业在当地的合法利益、又能为当地带来知识共享福利的合作方案提供了参考。作为"一带一路"倡议发起者，我们应积极主动参与国际、区域层面的知识产权及国际贸易相关规则的制定，统筹深化我国同共建"一带一路"国家的知识产权合作，讲好中国知识产权故事，做好相关规则的输出与布局，推动知识产权国际保护制度朝着更公平合理、普惠包容的方向发展。

5. 推动区域性知识产权法律规则完善与配套机制协调

（1）深入研究与不同国家和地区的产业合作前景，因地制宜、分类施策地制定知识产权规划布局。通过外交、智库、民间等途径，签订或促成双边、区域性经贸协议（类似 RCEP 和 CPTPP）或框架性合作协议、备忘录等，明确具体的知识产权保护和执法规则，有针对性地为当地建立或完善相关制度提出建议，为我国企业"走出去"消除潜在的知识产权风险。

（2）探索建立以我国为主导的工业产权注册体系、跨境纠纷执法和司法合作协助体系，推进区域性知识产权制度一体化建设。可考虑建立专门的专利商标审查业务合作方式，包括直接承包，推动可影响带动的国家和地区对接我国的相关技术标准和数据库。

（3）建立完备的重点合作国家和地区知识产权法律数据库，建立包括专利商标注册情况、知识产权及相关法律纠纷统计分析及预警等信息的数据共享平台。协助当地建设快速维权平台并与我国的相关数据信息平台对接。促进双方仲裁、调解的诉讼外纠纷解决机制建设和合作。将在海外恶意侵权、严重破坏公平竞争等信息纳入国内企业的诚信体系信息记录。

（4）组织专门力量对重点合作国家和地区知识产权制度的具体文本和实际发生的典型案例进行深入研究，关注发达国家和发展中国家在当地处理知识产权相关事务的做法和效果并反思其利弊，找到知识产权领域能体现中国发展理念的与当地互惠互利的最优方案。

6. 为在重点合作国家开展经贸活动的企业提供政策和服务指导

（1）建立海外知识产权维权援助机制，鼓励专业法律机构为在重点合作国家开展业务的国内企业提供服务，指导其熟练运用当地知识产权制度保护自身利益，减少侵权盗版、商标恶意抢注、专利流氓、不正当竞争、恶意诉讼等纠纷以及陷入知识产权瑕疵陷阱或违反当地民俗等困扰。此机制可通过设立国家专项资金购买相关服务，同时采用企业保险等方式实施。

（2）结合产业发展布局考虑在相关重点国家或地区建立附属于外交使领馆的知识产权专员制度，或设立常驻性企业协会等民间知识产权协调机构开展工作。积极与当地政府、机构、国际组织合作开展各种知识产权交流活动，增进了解、促进合作，积极为当地提供技术援助、人员培训等，帮助其提高知识产权保护能力，提高国民的知识产权意识。

（3）现阶段在电子商务中的品牌保证服务、专利疫苗的开发供给、传统文化产品传播和保护等我国有经济、技术和文化优势的领域，引导和鼓励我国企业准确把握权利保护与知识共享的关系，对欠发达的共建"一带一路"国家适当让渡知识产权相关利益。

（4）在对外宣传中，进一步树立我国依法严格保护知识产权与基于人类命运共同体理念倡导公共利益平衡并重的良好形象，为我国全面参与构建知识产权国际保护新模式提供舆论支撑。细心收集并研究既符合我国知识产权理念，又体现国际知识产权基本规则的执法和司法典型案例，总结提炼经验并对外宣传推广。

第二节　适应全球科技创新与竞争的专利制度完善

一、认识把握专利制度的作用和发展方向

（一）维系专利制度促进科技创新和经济发展的基本理论

现代专利制度起源于英国 1624 年颁布的《垄断法规》。随着第一次产

业革命的到来，能确保技术创新者市场占有和维持其竞争优势的专利制度传播开来，美国、法国、德国、日本等主要资本主义国家先后颁布了专利法，并于 1883 年通过《巴黎公约》建立了专利国际保护制度。专利制度的初衷，是以授予发明创造者独占性专利权保护的方式来鼓励技术创新、促进发明创造成果的推广应用，从而推动整个社会的技术进步和经济发展。专利权是典型的无形财产权，西方国家对专利制度合理性的阐释主要基于两种理论：来源于洛克的自然权利说认为，"法律须承认和保护（智力劳动成果）以确保创作人的自律与独立"；[1] 功利主义说，也称经济分析论或激励论，认为专利权的设计是提供一种法律制度以鼓励技术创新，以一段时间的私人独占权换来长期的国家公共知识积累，实现社会利益最大化。[2] 美国宪法中关于知识产权的表述即采用了功利主义的论调。

从经济分析的角度看，没有专利制度，发明一旦公开将处于共享状态，产生类似于没有土地所有权制度的"公地悲剧"，导致人们看不到创新的收益而使技术进步放缓或停滞。尽管西方国家学者基于对专利布局、专利战争、专利（池）联盟等竞争手段导致的专利丛林、专利蟑螂等不利于创新的反常现象进行反思，一直以来也有从经济学角度论证和质疑专利制度正当性和必要性的研究，但难以从实证角度给出明确的否定答案，结论只能是"维持现状"；也即，如果不知道制度作为整体是好是坏，最无可非议的政策性结论就是"持续下去"，也就是说，如果没有专利制度，根据有关经济效果的现有知识建议引入是不负责任的，但如果已有专利制度，则根据现有知识建议废除则是不负责任的。[3]

（二）总结主要发达国家在专利制度建设方面的经验

发达国家的实践经验表明，积极建立专利制度和倡导专利制度国际化

---

[1] 罗伯特·P. 莫杰思：《知识产权正当性解释》，金海军、史兆欢、寇海侠译，商务印书馆，2019，第 33 页。

[2] Lemley, M. A.: *Faith - Based Intellectual Property*, UCLA Law Review, 2015；62（5），pp. 1328 - 1346.

[3] Fritz Machlup：*An Economic Review of the Patent System*, Study of the Subcommittee on Patents, Trademarks, and Copyrights of the Committee on the Judiciary, United States Senate；study no. 15, Washington：U. S. Govt. Print. Off. , 1958, p. 80.

的国家，其国内高技术含量创新成果的增长与经济发展的增速明显相关；应该说，专利制度助推了这些国家科技和经济发展，因此这些发达国家也无一例外地对专利制度的作用日益重视。

美国在20世纪80年代后，减少国家干预经济的思潮占了上风，专利权保护得到强化。1982年在华盛顿设立了专门的联邦巡回上诉法院，统一专利纠纷的裁判尺度、对专利权人采取更宽松的司法政策、加大了侵权赔偿力度，大大激发了国内的技术创新积极性，使得美国的科技竞争力和经济实力远超世界其他国家。2011年，美国修改了专利法，将专利权取得模式由"先发明"改为"先申请"，再次提高了创新者申请保护和维权的效率。值得关注的是，作为判例法国家，美国法院通过判例和告示适时调整专利政策以在保护专利权激励创新和维护自由竞争之间取得平衡，例如，创设等同原则以加大对变相侵权行为的打击、确认禁止反悔原则限制专利权人的行为、降低获得惩罚性赔偿的难度、警告专利蟑螂等。

日本在"二战"后更加认识到地域限制和物资匮乏对经济发展的制约，积极推行"科技立国"政策，鼓励企业引进技术并改良创新从而提高国际竞争力。为此，日本在专利制度上进行了制度创新，建立了后来被我国等许多国家借鉴的"小发明"制度，对创造性不如发明的实用新型改良技术方案提供专利权保护，从而使得日本企业可以通过围绕国外核心技术开发新产品并获得交叉许可的方式获取优势。这一制度创新及其实施效果无疑是成功的，日本在"二战"后一跃成为经济实力仅次于美国的世界先进国家。2002年日本率先颁布实施《知识产权基本法》，将全面推行知识产权战略作为其今后的国家发展方向；随后修改民事诉讼法和专利法，成立了东京知识产权高等法院，统一审理发明专利等技术性案件的民事和行政案件。日本2015年以来多次修改专利法以提高专利质量，JPO制定了商业模式创新成果的专利审查标准、发布标准必要专利相关的谈判指南并建立专利许可费确定的调解仲裁机制，以促进其人工智能和物联网技术发展，增强前沿科技产业的国际竞争力。当前，作为美国推行的CPTPP的代言人，日本对高新技术的保护措施更加严格，其在国内国际专利对策方面也日益激进，表明了在新一轮科技革命中抢占优势的决心。

欧洲各国发展阶段不尽相同，总体而言西欧地区各国发达、中东欧诸国处于发展中。西欧是专利制度的发源地，各国对专利制度的重要作用之认识不言而喻。除了在专利权的实体保护规则积极与美国保持一致外，欧洲因历史和地缘关系，十分注重各成员国间专利制度的协调统一。近期以来，欧盟力图整合各成员国的专利制度，积极推进欧洲单一专利制度以消除贸易障碍、鼓励创新，具体措施包括简化发明专利的效力认定及相关司法救济程序，以期解决现行欧盟各国创新者遇到的专利申请成本费用过高、各国法院体系不同可能导致多重诉讼和判决的不确定性等问题。当前，尽管英国退出，但德国等仍大力推进欧洲统一专利制度，拟设立的专门审理专利等技术案件的欧洲统一专利法院已见雏形。❶

（三）跟踪关注研究专利制度的国际化进展

专利制度的国际化进程呈现几个方面的特点，一是强化专利权保护的实体法条款趋同，二是专利国际申请程序的简化、便利化，三是专利保护国际司法管辖权的博弈。

20 世纪中后期，以信息、生物、纳米等高新技术为动力的知识经济兴起。随着经济全球化的深入发展，以专利为代表的知识产权成为国际贸易的竞争焦点：以美国为代表的科技发达国家亟须向外推行其专利制度和实施规则，以满足国内创新者在海外也同样能获得垄断利益回报的诉求；而对于科技水平处于初创和追赶阶段的众多发展中和不发达国家来说，基于发达国家企业在高新技术领域相关产业的专利布局，过高过严的专利保护标准只能加大本国企业与高新技术的鸿沟、扼杀可能通过模仿超越获得的竞争力。作为专利制度国际化的协调产物，TRIPS 协议虽然大幅提高了专利国际保护的标准，例如，将侵权行为扩大到包括许诺销售和出口、增加方法专利举证责任倒置规则、明确临时禁令救济等有效执法措施和建立成员国间的争端解决机制等，但同时也为发展中国家的成员国留下了采取权利限制、保护期等适当措施，以平衡其国内社会公共利益需求的空间。为此，包括我国在内的绝大多数发展中国家，都是根据自己的社会经济发展

---

❶ 徐飞、姜琳浩：《域外知识产权法院近期进展及其启示》，《人民法院报》2022 年 7 月 8 日第 8 版。

现状，在专利法及其配套制度方面以满足 TRIPS 协议的门槛为限，并不急于追随美国等发达国家进一步强化专利保护的步伐，而这并不违反 WTO 义务。也正因为此，美日欧等一些发达国家和地区才急于推动 WTO 改革，力图另行通过新的贸易协议取代 TRIPS 协议，对知识产权保护提出更高的标准和要求。例如，尽管 CPTTP 相关条款暂缓，但中美协议仍明确了应延长药品专利保护期以补偿审查和上市审批期间过长的损失，建立专利链接制度使原研药厂商可获知仿制药厂商是否申请了仿制药的上市许可，并据此及时采取诉讼或临时禁令等救济措施，以及对各类药品试验数据给予不同年限的专属权；等等。

此外，CPTPP 和若干 FTA 等新的国际经贸协议也强调，成员国的专利局应建立合作机制以促进检索与审查成果的共享与利用，这在一定程度上也淡化了专利的地域性特征。从理论上说，一国专利审查部门颁发的专利权证书仅在该国地域内有效；为此，全球领先的技术创新者若期望在不同地域获得专利保护，须及时分别到相关国家申请。减少申请人和受理机关重复劳动和花费的程序简化基础是 1978 年正式生效的 PCT；通过 PCT，申请人只需提交一份国际专利申请即可请求在为数众多的国家中同时对其发明进行专利保护，而不需要分别提交多个不同国家或地区的专利申请。PCT 途径便捷、经济，但其申请的最终结果仍具有地域性，即因国际检索单位的不同、请求保护的国家或地区专利制度具体规则不同，有可能在一国获得专利权而在另一国则无法获得批准。为尽量协调专利国际保护制度，近年来，PCT 国际局和各主管局积极开拓国际合作业务，例如，承认受理局工作结果加快审查后续申请的专利审查高速路（PCT－PPH）、各局审查员共同进行协作式检索和审查、采用电子申请及检索本传送机制等。严格来说，PCT 是专利国际申请便利化制度，不是统一的国际专利制度，其申请的最终结果仍是有地域性的国家专利而非真正意义上的全球国际专利。在外观设计领域，我国修改《专利法》加强外观设计保护后拟加入的海牙体系，实际上就是 PCT 模式的翻版。当然，长期以来，尽管科技发达国家因专利优势，积极推动国际专利制度建设，但由于与发展中国家利益有巨大冲突，至今未能有全球国际专利制度的雏形产生。不过，整体上各国专利制度在朝着减少规则差异、降低专利申请成本、提高审查和授权效率以激励技术创新和贸易自由的方向发展，从长远来看仍存在专利制度国际一体化加强的趋势。

二、完善我国的专利法及配套实施制度

（一）建立完善符合我国科技创新实践需求的专利制度

我国是发展中国家，将长期处于社会主义初级阶段；同时，我国在某些高新技术领域已经开始赶超发达国家。科技和经济发展水平的不平衡现状决定了我们应在积极配合 PCT 开展有利于我国申请人的专利审查合作的同时，谨慎对待发达国家极力推动的高标准国际专利制度建设，以免在国家转型的关键时期加大与发达国家之间的科技鸿沟。

同时，须看到科技发展的全球化竞争态势是不可逆转的，我国应抓住机遇，充分运用专利制度在信息、人工智能、新能源、新材料、生物等新技术领域大力推动创新。在法律完善方面，2020 年《专利法》修改已经确立了举证妨碍制度、大幅提高法定赔偿额，明确了惩罚性赔偿责任、药品专利保护期延长和专利链接制度，增加局部外观设计保护和延长保护期；当然，在法律实施过程中，仍需研究制定与我国制药产业发展现状相适应的具体规则，不宜全盘无差别接纳执行发达国家的高标准，为此法律的实施条例、操作性的配套办法、司法解释以及个案判决，均需要对相关规则作出适当的说明和阐释。例如，我国《专利法》第 15 条规定了职务发明奖励制度，即被授予专利权的单位应当对职务发明创造的发明人或者设计人给予奖励；发明创造专利实施后，根据其推广应用的范围和取得的经济效益，对发明人或者设计人给予合理的报酬。但是，如果完成职务发明创造的发明人设计人离开了原单位（科技创新领域技术人员跳槽现象并不鲜见），且原单位将专利申请权转让给了第三人，则可能被授权的是与发明人设计人无关的主体，那么如何保障职务发明人获得报酬奖励，需要专利法实施细则加以落实。另外，集中审理发明专利等技术类案件的最高人民法院知识产权法庭今后的改革走向，也是值得期待的结合国际经验与中国国情的制度创新。

（二）优化专利审查和案件审理机制提高专利质量

在《专利法》第四次修改进程中，国内国际形势不断发生变化，例如，以 WTO 为代表的多边贸易体系正受到区域性或双边自由贸易协定等方式更替的趋势、2018 年以来中美经贸关系等，诸多因素对我国知识产权法律制度体系完善的节奏和规划带来一定影响，促使新的《专利法》尽快出台。因此，此次 2020 年的修改定位仍是应对国际贸易形势的微调；对于专利法律制度的全面完善，尤其是关系到专利制度有效运转的更深层次的问题，则成为今后的立法和司法改革任务。例如，专利侵权民事诉讼与无效行政诉讼并行的"二元制"程序架构，仍是制约专利纠纷审判效率的重要原因，但《专利法》此次修改未提及这一问题；为从根本上解决专利维权周期长的问题，需要通过对专利复审的法律定性、宣告专利无效案件的诉讼模式等问题进行研究，提出相应的制度优化简化解决方案。在今后的制度完善中，明确专利复审部门在驳回和无效复审程序中依职权审查的权限有利于提高专利质量，但该权限须在规定的范围内依法行使；考虑到无效宣告程序中专利复审部门的居间裁决角色，后续行政诉讼以对无效宣告程序决定有争议的对方为被告更为科学合理。此外，专利授权确权诉讼以专门的上诉法院直接作为复审裁决的审理机构更有利于简化、优化程序。还有，结合我国司法改革进程，可在建立跨区域知识产权专门法院进一步集中专利侵权案件管辖的基础上，引入专利权无效抗辩制度，减少因侵权与确权诉讼程序纠缠造成的不必要拖沓。❶

另外，我国目前的专利存在数量过多、质量有待提高的问题，修改《专利审查指南》进一步明确授权标准以提高专利审查质量也有必要。配合知识产权专门法院体系的建设，应尽快研究制定针对专利等技术类案件审理的特别程序法，完善相关证据规则和审判辅助制度，建立多元化的技术事实查明机制和多渠道的法律问题判定辅助机制，统一疑难专利案件的裁判尺度，为科技创新产业的发展壮大提供有力的司法保护。

---

❶ 管育鹰：《专利无效抗辩引入与知识产权法院建设》，《法律适用》2016 年第 6 期，第 50－55 页。

(三) 对专利制度下一步完善做好前瞻性研判

就国内法治而言,我国专利制度应对国家体制下的科技创新活动是相对从容的,需要解决的是科研体制管理、科技成果转化、价值评估和责任利益分配等复杂问题,而这些并非《专利法》本身的规则问题,而是发达国家不容易对我国施加外来压力的国内主权治理内容。目前,我国《专利法》的大多数规定已符合 CPTPP 要求,遗留的问题是如何在新法的实施中明确和准确把握具体的标准和规则。例如,"新药"的概念及范围界定、可获期限补偿的专利类型、落入药品专利权保护范围的判定标准、专利权期限补偿请求的提出程序、补偿期的具体计算依据等。不过,专利领域立法和配套实施的以下方面还需要提前部署应对方案:

1. 关于宽限期

《全面与进步跨太平洋伙伴关系协定》第 18.38 条对新颖性和创造性判定规定的宽限期为 12 个月,且关于公开披露"由专利申请人或自专利申请人处直接或间接获得信息的人所为"的这一表述,没有限定公开披露的具体行为类型方式,这对发明专利申请人而言,在实践中可适用的情形较为宽松,即可以解释为不论以何种方式公开披露,在 12 个月内均不会影响发明的新颖性和创造性判定;而我国《专利法》第 24 条规定的宽限期仅 6 个月,且仅针对不丧失新颖性、并限定了四种公开披露的方式,需要进一步修改或解释法律规范以实现对接。

2. 关于专利审查程序和数据库

《全面与进步跨太平洋伙伴关系协定》第 18.16 条第 3 项对高质量专利审查的要求,包括在确定现有技术时能公开获得与遗传资源相关的传统知识的文献信息、允许第三方提交披露相关信息的书面文件、使用相关的数据库或数字图书馆以及对审查员进行相关知识的培训等。对此,我国《专利法》已包含了遗传资源披露原则,需要将如何细化解释相关要求的工作尽快提上日程。同时,《全面与进步跨太平洋伙伴关系协定》序言还指出,成员国应通过各自负责知识产权的机构或其他相关机构努力开展合作,以增进对与遗传资源相关的传统知识问题和遗传资源的理解;尽管此为倡导性规则,但我国也需要研究考虑这一将来可能会面对的现实问题,例如，中医药管理部门和生态环境部门正在建设的传统知识和遗传资源数据库，今后如何与专利审查对接，才能既落实《专利法》条款，又符合国际条约的倡导、共同提升专利质量，且不违背我国的根本利益。

3. 关于标准必要专利纠纷及其国际平行诉讼的应对

近年来，标准必要专利纠纷不断出现，裁判规则的不清晰极容易引发各界争议。结合我国的法律制度传统和国内外相关司法经验，需要将FRAND 声明的性质确立为诚信谈判义务的要约邀请，以此为基础解释双方的行为及其产生的法律效果，以提高 SEP 纠纷解决的可预期性。同时，移动通信领域 SEP 案件的专利禁令制度，在国际平行诉讼中的杀手锏作用备受关注。围绕同一 SEP 的专利纠纷在全球几乎同步爆发，而各国法院不再保守地遵循国际礼让原则或适用不方便诉讼理论拒绝管辖，相反地均频频通过适用民事诉讼法中的保全制度，致力于将 SEP 全球费率的裁判这一重要的、涉及复杂专业知识技能的事项纳入自己的司法管辖权范围。在国际经贸关系日趋紧张的今天，一方面，对国际知识产权规则话语权和科技领域纠纷司法管辖权的争抢，集中体现在通信技术领域的 SEP 纠纷中；另一方面，我国法院近期先后颁发的几个涉外禁诉令，其中有的在法律基础和理论依据方面与专利国际保护的通行做法有一定差异，容易酿成国际舆情风险，并最终导致国外法院采取反制措施以及引发了 WTO 争端。因此，涉外知识产权纠纷中禁诉令的颁发，实际上是整个涉外法治建设的重要且敏感的内容，需格外严谨和慎重；在适用时需要充分论证和考虑公共利益、国际礼让等因素。作为对策，可考虑在裁判时借助第三方的意见，化解司法直接面对科技竞争对手博弈的困境；例如，尽快建立公认的移动通信领域技术专家和法律专家共同组成的 SEP 争议裁决机构，对出现国际平行诉讼的 SEP 之争议焦点快速作出评判，供法院裁判参考。另外，在诉讼策略上，避免简单采用"确认费率之诉"，更多引导当事人采用反垄断或违反诚信和先合同义务等案由。

4. 关于软件相关发明的可专利性审查

传统的产业已经在从"互联网 +"的转型，向着智能化的工业物联网发展，从国家的全面治理到人们的生产和日常生活，也都开始步入数字和虚拟现实技术支撑的元宇宙场景。在这样的时代背景下，计算机软件技术及其算法创新成果的应用，已成为整个社会运行和发展的基础，软件相关发明的不断涌现成为数字经济时代的必然现象。正是由于软件应用随处可见，这类科技创新产生的发明技术方案哪些具有创新性应给予专利保护、哪些则可能造成不必要的专利丛林阻碍进一步创新，无疑需要结合国内外科技发展速度、强弱领域等因素，仔细进行利弊分析以准确研判并决定保护与否及力度大小。因此，国家专利审查部门及对专利授权确权有终局管辖权的司法机关，均需要就此类发明是否可以成为保护客体以及其实用性、新颖性、创造性等可专利性判定标准达成基本共识，以免过高标准压制创新及应用的积极性，而过低标准又无助于国际竞争，甚至招致各界对国家专利质量的质疑。

5. 关于专利保护与公共健康的平衡

在这一议题上，我国应积极参与国际上关于新冠病毒感染疫情等公共卫生健康专利豁免的谈判，基于习近平主席"人类命运共同体"的理念，在国际谈判中有理有据地提出中国的立场。同时，我国在举国体制的优势下，也会产出更多的可以与发达国家抗衡的药品等专利，应尽快探索建立有效的产学研科技成果转化途径，并善于利用国际承认的交叉许可谈判机制，支持相关企业依法依规获取国家科研机构和院校的技术后，按照通行的国际规则与发达国家交换专利技术，并基于合作等协议给予其他发展中国家、不发达国家提供专利药品和其他医疗材料。从近几年新冠病毒感染疫情全球轮番多点暴发的情况看，人员和物资的流动是不可能也不能够完全物理隔离的；我国必须高度重视药品、疫苗和相关医疗用品的开发，在获得专利保护以争取和保持竞争优势、掌握国际谈判筹码的同时，兼顾国内国际公共健康维系问题。

6. 关于专利审查相关的特殊程序

面对发达国家近期通过国内立法及配套的司法长臂管辖等措施，对我国科技创新领域实施的防备和压制，我国有必要采取相应的对等措施。依据我国《专利法》及其实施细则，❶ 目前对涉及国家安全或者重大利益、

---

❶ 国家知识产权局条法司：《关于保密专利制度的修改》，《电子知识产权》2010 年第 4 期，第 20 – 22 页，第 29 页。

需要保密的专利申请采取的是双线审查模式：涉及国防利益需要保密的，由国防专利机构按照《国防专利条例》执行，涉及国防利益以外的国家安全或重大利益需要保密的，由国务院专利行政部门具体按照《专利审查指南》执行。同时，根据法律规定，任何单位或个人将技术方案的实质性内容在中国境内完成的发明或实用新型向外国申请专利的，应当事先报经国务院专利行政部门进行保密审查。这种截然区分国防与民用两类申请并由两条线分头审查的机制，一方面可能因审查资源不统一、信息沟通不畅等因素遗漏需要保密的关键技术、造成外泄流失，另一方面可能因创造性等授权标准不统一，难以准确衡量评估军民两类技术的科技含量，不利于研发适应国家安全需要和全球领先的高精尖技术，并可能造成资源浪费。据此，建议将国防、军事之外的事关公共安全、公共健康、经济、网络等其他重大利益的关键敏感技术纳入保密专利审查范围，例如 AI、5G 等军民两用技术，并建立涉密技术领域和定密、解密动态机制；建立统一的保密专利制度，整合目前双线审查的内容，依据《专利法》第 4 条另行制定保密专利审查和管理办法，消除国防专利仅限于军事技术的局限和保密专利可能定密不准确的潜在风险。

7. 关于 SEP 和技术转让争议中的禁止限制竞争

SEP 引起的相关争议，除了国际平行诉讼中禁诉令的颁发和全球许可费裁决外，还需要应对由此可能引发的反垄断诉讼问题。FRAND 原则的本质是诚信，其在实践中的阐释是非常灵活的，因此许可谈判这种私密的双方商业活动中的孰是孰非问题，在侵权或合同纠纷中要判定是否有违诚信往往十分复杂。当违反诚信的 SEP 一方可以较为容易地界定为具有市场支配地位时，请求判定是否构成"专利劫持"、滥用市场支配地位的反垄断诉讼，可能更有利于作为被许可实施人的我国诸多企业主张救济。

8. 关于药品补充试验数据的提交问题

在前面部分介绍 WIPO 下设的 SCP 讨论议题中，提升专利质量是其中的一项；而针对药品专利保护问题，试验数据的披露不足是导致其授权后因被指公开充分要件未满足而面临权利状态不稳定甚至被无效的主要原因。因此，国际社会需要协商的新议题是，如何通过国际条约明确要求成员国允许事后补足试验数据而不轻易宣告专利权无效。但是，国际协调的进度十分缓慢，而 2020 年《中华人民共和国政府和美利坚合众国政府经济贸易协议》（以下简称《中美第一阶段经贸协议》）则已经明确规定：中国应允许药品专利申请人在专利审查程序、专利复审程序和司法程序中，依靠补充数据来满足可专利性的相关要求，包括对公开充分和创造性的要求；美国之所以提出这样的要求，是因为在实践中我国对于采信药品补充试验数据以满足说明书公开充分的审查，或者说对药品发明创造性的审查持非常严格的态度。有统计表明，缺乏试验数据，会导致在专利复审阶段几乎 75% 以上的原研药专利被无效，其中化合物专利被无效的可能性大于 50%；❶ 而如果药品专利可以很容易被无效的话，专利缺乏稳定性和可预期性，那么 2020 年我国《专利法》修改后引入的专利链接、专利期延长等建立在专利有效性基础上的配套强化保护的制度福利很可能会沦为空谈。因此，我国在将进一步修改的《专利审查指南》以及今后相应的审查、司法实践中，需要合理解释和处理药品专利试验数据的补充问题。但同时，考虑到专利制度的"先申请"原则的利害关系和"以公开换保护"的基本要求，最后认定专利权人提交的补充试验数据不能被用于证明相关技术效果，从而导致专利无效，此类争议在今后的实践中也不可避免。

在专利等技术领域相关制度协调方面需要补充说明的是，在中美贸易谈判中，被美国横加指责的强制技术转让问题，已经由我国新施行的《外商投资法》化解。在此领域，反过来我们需要关注的是，在国际技术转让的合同中，因合同的非对世性，难以审查是否存在强制性或限制竞争条款的问题。从美日欧等发达国家和地区近期的国内立法动向看，不排除其要求国内企业与我国企业交易时采用一系列不公平限制竞争条款，例如我国企业不得做出改进发明获得专利等。因此，需要为我国涉外企业制定相应的谈判指南，合理提出对价以应对限制竞争问题，包括发生纠纷时是否可以以及如何依法适用反垄断法救济。

---

❶ 鲁周煌：《专利无效率达 75% 以上？新药研发恐陷中国式创新悖论》，《中国知识产权》2018 年第 7 期，https：//www.fx361.com/bk/zgzscq/20187.html，2023 年 3 月 15 日访问。

第三节　多维视角下的新时代版权制度完善

一、认识把握数字时代版权制度的作用和发展方向

（一）版权保护与文化发展的关系

1. 文化产业的概念及其在数字时代的发展

文化产业一词在世界各国并无统一的概念或定义，在实践中通常与创意产业、内容产业、版权产业等概念混用。综合 UNESCO、UNCTAD 等国际机构的相关定义，文化产业是将具有无形文化特性的创意内容转化为产品或服务的产业。文化产业涵盖了文化领域中几乎所有可以进行商业化运作的经济活动，包括文化和自然遗产展示、博物馆和美术馆艺术品展览、图书馆收藏、文学艺术创作、视听表演、印刷和电子出版、音像和多媒体制作、电子游戏创作、广播、录音、摄影、影视拍摄、手工艺品制作、时尚设计、广告、建筑设计，以及与文化娱乐相关的体育、电竞、旅游、节日休闲等产业。

20 世纪 80 年代以来，整个世界经济发展方式从工业经济时代向知识经济时代转型。随着人们精神消费的需求不断增加，国际竞争重点逐渐向文化和科技领域的无形产品和服务倾斜，国际文化贸易显露出超过传统货物贸易的增长势头。我国也认识到，抓住国内经济快速发展和国际经贸体系一体化这一难得的机遇，通过国际文化贸易增强国际话语权，使中华文化走向世界，对彰显国家和民族的文化自信和道路自信具有重要意义。21 世纪以来，我国文化产业产值规模逐渐扩大，占 GDP 比重日益提高，文化产品和服务"走出去"的步伐也不断加快；但从统计数据看，至今为止我国对各类文化产品和服务的进口仍远高于出口，且这一明显的贸易逆差还未得到有效逆转。总的来说，我国目前的文化产品和服务出口数量少、质量低、增长慢，文化产业创新水平不高、国际竞争力较低，这些都是对外文

化贸易中不可忽视的"短板"。党的二十大报告指出，要积极发展社会主义先进文化，繁荣发展文化事业和文化产业，增强中华文明传播力和影响力；要坚守中华文化立场，提炼展示中华文明的精神标识和文化精髓，加快构建中国话语和中国叙事体系，讲好中国故事、传播好中国声音，展现可信、可爱、可敬的中国形象。加强国际传播能力建设，全面提升国际传播效能，形成同我国综合国力和国际地位相匹配的国际话语权。

2. 版权制度设计的基本原理

版权制度设置的初衷就是为了适应技术发展、社会分工和文化科学领域产品和服务产业化的需求。文化产业要成为经济增长点，需要带动尽量多的社会成员成为产业链上的参与者；而要激励和推动全民创新，原创者和合法传播者的利益就需要得到明确的法律保障，也即，权利人、使用人、公众之间的权利义务关系需要国家有明晰的法律规则指引。历史经验表明，版权制度能保障权利人从其作品的复制和向公众传播中获得充足的经济利益回报，从而促进文化产品的创作生产和流通。如果说知识的传播和交流是一种基本文化权利，那么这种权利是通过作品的创作和交换来实现的；换言之，激励作品创作和传播的版权制度本身就是公共文化政策的一部分，不是妨碍而是促进社会成员对文化产品的生产、增进了相互之间的文化交流。可以说，在市场经济环境下，如果没有制度激励和保障，当今支撑文化产业发展的绝大多数重要的作品，例如，作者呕心沥血精心创作的文学艺术作品、影视巨作，以及运用广泛的计算机程序、电子和网络游戏、卫星地图等，都有可能难以面世。另外，为平衡私权保护与文化传播公共利益，版权制度本身也设置了相应的机制，例如，不保护思想而只保护作者的独创性内容表达、权利均有保护期，以及为教育、新闻、评论、公共文化机构典藏、国家机关执法等公共目的而设置例外情形下的权利限制，等等；这些世界通行的版权规则，为整个社会的文化保持开放性、交融性、创新性留下了空间。

文化产业的核心任务是"讲故事"，无论是文化领域的从业者，还是政策法律的制定和引导者，都需要深入思考如何向世界讲好中国故事，以实现经济效益和文化传播效果的统一。好的中国故事，需要深入挖掘中华优秀传统文化蕴含的思想观念、人文精神、道德规范，同时也需要结合时代的要求创新和发展，创作出符合国内外当代受众需求和欣赏习惯的好作品；而能够把握时代特征，以国内外当代读者、听众、观众和广大消费者喜闻乐见的方式讲好中国故事，同时又能润物无声地弘扬中华文化的优质文化产品，必然需要汇集各方的智慧和资源精心打造，这些投入巨大的文化精品更需要强有力的版权法律制度催生和保障。

（二）版权是促进和保障文化产业发展的动力

1. 版权制度对文化产业发展的作用

可以说，能够畅销国内外市场的优质文化产品和服务，包括新闻娱乐和体育资讯，其核心价值和竞争力，无不体现在其复制传播的信息所蕴含的有独特创意或独家呈现的精彩内容，而这些创意或稀缺的内容通常都是版权保护对象。版权是典型的知识产权，通常被视为无形财产专有权的一种；随着版权保护对象的不断扩张和保护力度的不断加强，社会各界难免产生版权的专有性与文化的开放包容性相抵触、版权制度不利于信息传播从而限制和影响文化交流甚至基本信息知情权的疑虑。这种担心并非新近才出现，只不过是因为数字新媒体等传播技术的快速发展和世界文化交流的日益频繁而反复提出，这也在一定程度上反映了我们的文化发展理念需要更新、版权法律意识和运用能力有待提高。

文化传承和发展的道路并非一成不变，相反应该是与时俱进的。虽然自古以来就有一批天才的创作者，如才华横溢的作家、音乐家、美术家、艺术家等，其创作往往是表达思想感情的精神需求，署名和禁止歪曲篡改是主要利益，作品的经济回馈仅是一种附属回报；但在当今义务教育全面普及、传播技术日新月异、文化科技深度融合的背景下，创作和传播不再像古代和近代一样单纯或主要依靠创作天才和精英阶层完成，而越来越多地走向由大众参与和多方专业人员共同打造的文化产品生产、经营和消费的运行模式。从域外经验看，版权制度恰恰是这一模式良性运作必不可少的法治保障；换句话说，借由国际通行的版权制度，文化创作成果、娱乐资讯乃至产业化运作的体育和旅游等活动信息，均被转化为可以全球流通的产品和服务，在通过版权贸易实现经济效益的同时，充当了文化传播和交流的媒介。

2. 注重版权国际贸易中的文化软实力建设

版权保护的可交易的文化产品和服务当然具有商业属性，但更特殊和重要的是具有文化属性，其创作、流通和经济利益的实现过程，与国家的文化传播和意识形态构建密不可分。作品的创作必然带有个人的思想感情和观点见解，这也是 AI 在法律上应仅视为辅助创作工具，而不应将其视为生成物的作者的原因，否则"文责自负"的一般原理没法适用，其对人类精神文化的贡献也难以释明。而且，在国际文化交流中，能代表一个国家和地区的产品和服务，也不仅是版权保护对象和私有财产，而且是带有传统和地域印记、具有时代和社会属性的文化表达；作者不是私有财产的专有权人，而是文化对话与交流的参与者。历史上，欧美日韩无不是在经济高速发展时期、对外贸易兴盛之际，通过版权贸易向外输出自己有代表性的文化产品和服务，实现经济和文化利益的双赢。

中华文化源远流长，其爱好和平、重视家庭价值、道德文明，以及儒家思想中仁义礼智信、有教无类的平等观念，还有道家天人合一向往自然生活方式的思想精髓和理念，至今仍对全球华人社会和整个东亚地区都有广泛影响力。随着我国改革开放事业的深入和"一带一路"倡议的推行，中华文化中的天人合一、世界大同等理想，将在未来的全球现代化和可持续发展进程中发挥引领作用，并与各种文化中的先进发展理念互动，有序推进人类命运共同体建设。在当前美国不断强化"美国优先"的霸权思想而引发"逆全球化"思潮、带动相关发达国家改弦易辙之际，我国适时推动中华文化发展的全盘战略，大力培育和健全文化业态、推进文化产业的国际传播能力建设，不但有利于寻找新的国家经济增长点、有益于国计民生，也将传播中华优秀文化，对世界和平发展做出伟大贡献。

在全球化背景下，"走出去"的我国文化产业，需要秉承创新和发展的理念，了解交易方的版权和相关法治环境，熟练掌握和运用服务于国际文化交流的版权制度。在国家层面，除了关注和整肃泛娱乐化网络现象外，也需要进一步健全和完善文化版权法律规范，严格执法和加强版权保护，充分发挥版权制度对文化产业的激励和引导作用，同时为"走出去"

的文化企业提供版权法律信息咨询和维权指引服务。随着我国经济和文化影响力的不断增强，我国文化产品和服务"走出去"的将持续增多。文化领域的从业者，在将具有深厚人文底蕴的中国历代经典故事转化为具有时代风采的、面向广阔海外市场的文化产品和服务，从而吸引国外消费者和大幅度提高其商业经济价值的同时，应提高眼界，自觉避免仅仅关注眼球经济收割流量利益而制作"泛娱乐化"快餐甚至是信息垃圾。只有通过有独创性的优质作品，才能在产生经济利益的同时，实现提升产品和服务的文化价值、宣扬中华优秀文化、促进与世界的文化交流，最终显著提高综合国力和中华文化软实力的理想目标。

二、完善我国的著作权法及配套实施制度

（一）版权保护制度持续完善的需求

1. 版权制度完善是综合庞大的系统工程

我国《著作权法》第三次修改工作于 2020 年 11 月完成，目前正处于相关配套法规的修改完善进程。此次修改尽管被称为"十年磨一剑"，耗时不短，但仍未涉及体例和规范整合问题。我国现行的著作权法律规范体系，主要由一部《著作权法》及其实施条例，以及对信息网络传播权、计算机软件、著作权集体管理、民间文学艺术作品（拟制定）等问题进行专门规定的配套行政法规组成。从立法模式看，我国 2010 年的《著作权法》仅有 61 条，这与大多数国家的著作权立法将具体的制度规范尽量纳入法律中，条文规定比较详细，多则上千条（如美国）、少则上百条（如日本、巴西），多为 200 条左右（如欧洲各国、澳大利亚、新加坡、埃及等）的做法显然不同。在《著作权法》第三次修改过程中，在体例方面有三种选择：一是将与《著作权法》相关的几个条例都纳入《著作权法》中，以统一《著作权法》的渊源；二是只修改《著作权法》条文，而完全保留各相关条例的完整性；三是将上述条例中具有相对成熟性的条款且为一般性问题的规定上升到《著作权法》，待《著作权法》修正案通过后，再逐步修

订各相关条例。❶ 从最终修法结果看，2020 年 11 月 11 日修改的《著作权法》仅有 67 条，条文篇幅明显简短、精练，而我国现行的著作权立法"1 + 5"架构体系没有改变，仍采取"基本法律 + 配套法规"的组合模式，在《著作权法》中以条款指示"法律、行政法规规定的其他情形""由国务院另行规定"的方式表述，涉及的更详细具体的规则、措施由配套法规和规章来构建。这就使得我国版权制度的这一轮完善任务实际上还没有完成，目前来看很多在立法中搁置或遗留的问题，在配套法规的修改中又启动了新的讨论，再次造成规则确立的进程缓慢，增加了法律适用中的困惑和不确定性。

另外，我国著作权立法体系中还有一个配套法规，即《实施国际著作权条约的规定》，至今未失效，但因其涉及的是国外权利人的保护问题，即使有个别条款的规定实质上保护标准超过国内水平，但因历次修法过程中没有引起外来压力而被忽略。不过，在我国版权制度今后进一步完善的进程中，也需要考虑这一配套法规的何去何从问题。

2. 配套法规中面临的具体规则确立困难

《著作权法》第三次修改涉及的内容十分繁杂，对于很多修法中争议不休的问题，最终法律采取了模糊的措辞或不作出规定的选择。例如，客体问题上，关于"独创性"要件的理解、视听作品的分类、"其他作品"类型的判定等，都没有共识和答案；关于视听作品的分类概念和权属问题，目前立法条款的语义如何释明也存在争议；关于著作权集体管理，延伸管理职责因引起较大争议而暂缓，但若事后通过配套法规中的具体操作进行延伸管理的实质性设计，可能又会再次引发关注；关于著作权限制，主要涉及合理使用制度的完善，例如远程教育的使用及范围、图书馆数字化建设中的复制和传播问题、创作中的偶然使用和适当引用、群众性自发娱乐活动中的使用，以及数字文本挖掘技术应用等。另外，网络环境下的著作权保护规则、技术措施和广播组织权的理解适用等问题，也是《著作权法》第三次修改涉及的重要问题，事实上目前看来仅依据立法条文表述

---

❶　吴汉东：《〈著作权法〉第三次修改的背景、体例和重点》，《法商研究》2012 年第 4 期，第 3 – 7 页。

一次性解决的可能性有限，法律的修改远不是终点，很多问题只能留待今后逐步明确和解决。

（二）我国版权制度进一步完善的重点

1. 对著作权客体等相关定义和概念用语进一步界定

关于作品的定义和类型，是 2020 年《著作权法》修改的重要内容。修法进程中，围绕作品、作品类型概念的内涵与外延存在诸多争议，最终立法条款的表述调和了各方意见，在将著作权法实施条例的作品概念引入的同时，对作品类型也设置了开放性兜底条款。这一修改在回应技术发展带来的新创作方式所产生的智力成果之保护需求、扩张客体范围和类型的同时，也可能带来理解适用的不确定性。为尽量减少歧义，需要进一步在配套法规或司法解释中，对"以一定形式表现"进行补充说明或解释；针对"独创性"的疑惑，可考虑以列举方式明确创作者的自然人定位；另外，关于人工智能辅助创作、音乐作品、视听作品等概念，以及单纯事实消息、录像制品、表演者等相关用语也需要进一步界定。

例如，对于体育、游戏赛事的直播连续画面是否构成作品，理论和实务界争论不下；将直播技术中的机位设置和镜头切换解释为有独创性的选择、编排，[1] 或者将体育赛事进行细致分类以解释表演性的竞技比赛活动具有独创性和可复制性，[2] 这些论证和推论是否有必要性、合理性，值得商榷。展现人类力量、速度、精准度、意志力和对抗性的竞技体育活动，尽管与物化的大众艺术审美意识有关，但却不是国际公认的"文学艺术和科学"领域的创作成果这一版权保护对象。体育赛事本身是一种客观存在的事实，直播过程难以达到独创性智力成果的要求，竞技体育即使具有一定观赏性，但仍需完成规定动作、难度系数等指标，缺乏自由创作的空间，难以构成版权意义上的作品。当然，这不意味着《著作权法》不能提供保护，相反立法对于广播者、录音录像制作者的保护可以达到现实目

---

[1]　北京市高级人民法院（2020）京民再 128 号民事裁定书。

[2]　凌宗亮：《体育赛事转播权法律保护的类型化及其路径》，《法治研究》2016 年第 3 期，第 27－35 页。

的。而且，近期我国《体育法》进行了修改，其第 52 条明确提出，"未经体育赛事活动组织者等相关权利人许可，不得以营利为目的采集或传播体育赛事活动现场图片、音视频等信息。"这实际上也参照一些国家的经验，在版权体系外再以其他法律直接明确赛事组织者的转播权。❶

版权体系外的其他法律，最为紧密的当属《反不正当竞争法》。在客体问题难以定论的情况下，转而寻求《反不正当竞争法》支持不失为权利人和执法者的有效对策。以网游产业为例，网络游戏和电子竞技直播无疑是近些年来互联网领域典型的文化产业新业态，而与其有关的版权纠纷也日渐增多。关于网络游戏这一客体究竟如何界定、运营者遭受侵权时如何获得救济，以及具体的法律适用规则等问题，在实践中仍存在困扰。例如，在涉及复制、改编问题的天域诉游戏天堂案中❷，法院将网络游戏认定为计算机软件，而在壮游诉硕星案中❸，法院将网络游戏整体画面认定为类似电影作品，在涉及游戏直播问题的斗鱼诉耀宇案中❹，法院则认为网络游戏画面不属于著作权法规定的作品，但被告传播网络游戏画面的行为构成不正当竞争。可见，与赛事直播一样，在实践中包括法院在内的各界对网络游戏的版权保护相关问题之认识及解决方案尚未达成共识；这些不确定性不仅影响司法保护的可预期性，也影响网络环境下加强版权行政执法的效果。由于网络游戏、综艺节目、赛事直播等新业态从业者有格外强烈的知识产权保护需求，各界需要深度考察研究作品与其他信息资讯的保护规则异同，同时不排除以超越版权，甚至是知识产权的视野加以应对。

2. 关于视听作品权属的理解和"三网融合"背景下的侵权责任分担

新修改的《著作权法》第 17 条第 1、第 2 款分别规定了不同类型视听作品的权利归属；其中影视作品的著作权由制作者享有，但编剧、导演、摄影、作词、作曲等作者享有署名权，并有权按照与制作者签订的合同获得报酬；而其他视听作品的著作权归属则由当事人约定，没有约定或者约

---

❶ 管育鹰：《体育赛事直播相关法律问题探讨》，《法学论坛》2019 年第 6 期，第 71 – 76 页。

❷ 参见（2013）东中法知民终字第 35 号民事判决书。

❸ 参见（2015）浦民三（知）初字第 529 号、（2016）沪 73 民终 190 号民事判决书。

❹ 参见（2015）沪知民终字第 641 号民事判决书。

定不明确的，由制作者享有，但作者享有署名权和获得报酬的权利。这一条规定在实践中可能出现诸多问题。首先影视剧作品和其他类型视听作品怎么区分？立法的原意可能指向短视频，但短视频同样可能有编剧、导演、摄影、作词、作曲等作者；而影视作品的权利归属即使法律明确为制作人，利害关系人也完全可以通过合同另行约定。因此，刻意区分视听作品类型没有必要，且可能使原本在实践中已经因缺乏规范显得混乱的视听作品署名及权利归属不符的现象更为复杂化。对此，需要在释法中进一步阐明。或在典型的、指导性的案例中给出司法建议，要求相关主管部门或行业组织通过管理或自律规范，对视听作品的署名乱象予以纠正，对如何确认权利主体、避免合同或侵权风险作出指导。

视听作品的保护尚不明确的规则还有，《著作权法》修改后，因广播组织权内容的扩张而可能产生的权利的权能行使范围划分问题。《著作权法》第47条第1款第（3）项增加了广播组织禁止他人"将其播放的广播、电视通过信息网络向公众传播"的权利，同时增加了第2款"广播电台、电视台行使前款规定的权利，不得影响、限制或者侵害他人行使著作权或者与著作权有关的权利"的规定；这一修改扩展了广播组织权的内容，但同时仍保留了广播组织权行使的消极"禁止权"特性，并强调权利行使的界限以平衡与其他相关权利人的关系。这种妥协方案实际上仍缺乏明确的规则，在新法实施后，如何理解网络环境下广播组织权的概念及其权利行使的方式，仍需要各界达成共识。例如，在实践中，各类互联网电视（IPTV）虽然利用了传统有线电视网络的基础设施且以家用电视机作为主要终端设备，但仍属于通过互联网络协议来提供包括电视节目在内的多种互联网媒体服务；因此，以点播、回看等方式提供"选择播放"的已经播出的广播电视节目，实际上也只有将录制下来的广播电视节目内容存储在互联网中才可能实现，这一行为的交互式传播法律性质，并不因广播电视节目在网络上存续的时长有限、点播和接收客户端为家用电视机而改变。对此，如果广播者从作品权利人处获得的仅是传统的单向实时广播权，则其擅自提供回看点播服务就缺乏合法授权；同样，对于网上实时盗播影视剧的行为广播者当然可禁止，而盗录者事后在网上提供点播服务，广播者是否可以主张权利，则还要看其是否获得了视听作品权利人的合法

授权。❶

3. 关于合理使用规则的制定与适用

版权保护的限制与例外，学理上也称"合理使用"❷，是各国版权法上十分重要的利益平衡机制，也是我国《著作权法》2020 年修订的主要关注点之一；最终的立法文本在引入《伯尔尼公约》"三步检验法"一般条款表述❸的同时，在旧法列举的 12 项具体情形之外，增加了"法律、行政法规规定的其他情形"的链接式规定。这意味着，若有应当视为合理使用的新情形出现，需要经以法律、法规形式予以明确，而不是交由司法者个案判定。学界对此多有批评，因为此次修法在权利客体、权利内容、技术保护措施、侵权责任等都做了诸多应对数字时代发展的修改，强化了对权利人的保护，但在作为权利人和公众之间利益平衡机制的合理使用制度上，却没有建立起同样可以宽松灵活适用的弹性规则。这样，对于在实践中已有一定共识、国外也有相关立法或司法经验可借鉴的应视为合理使用情形，在中国须尽快通过法律、法规作出规定，以维系权利人与公共利益的平衡。例如，视听作品、录音录像制品制作中的偶然或附带性使用，自发性群众娱乐活动中的免费表演等。又如，以计算机软件和大数据技术为支撑的文本数据挖掘（TDM）已成为数字时代各行各业智能化发展的基础工具。文本数据挖掘首先需要收集、复制海量数据或作品等受版权保护的信息建立数据库；为学术研究目的而复制他人作品进行文本数据挖掘，在越来越多的法域被视为合理使用，我国著作权立法体系中，也即在著作权法配套法规中应尽快确立文本数据挖掘合理使用规则，以消除学术领域新技术应用的侵权风险。❶ 另外，依据我国实施《马拉喀什条约》的办法，无障碍格式适用的作品类别、跨境交换等方面，与条约讨论中发展中国家的

---

❶ 管育鹰：《我国著作权法中广播组织权内容的综合解读》，《知识产权》2021 年第 9 期，第 3 – 16 页。

❷ 吴汉东：《著作权合理使用制度研究》（第三版），中国人民大学出版社，2013，第 5 页。

❸ 《著作权法》第 24 条规定："在下列情况下使用作品，可以不经著作权人许可，不向其支付报酬，但应当指明作者姓名或者名称、作品名称，并且不得影响该作品的正常使用，也不得不合理地损害著作权人的合法权益……（十三）法律、行政法规规定的其他情形"。

❶ 管育鹰：《我国著作权立法体系中文本数据挖掘侵权例外规则的构建》，《中国版权》2022 年第 6 期，第 7 – 12 页。

观点一样宽松，而与欧美等国家和地区所持有的严格限定条件做法不同，因此在这项例外的具体适用中，需要考虑国民待遇和国际交流中的对等原则。

4. 与集体管理制度相关的延伸管理及垄断争议

著作权集体管理的延伸制度在修法进程中是十分引人关注的争议问题，尤其是权利人对此多有反对（认为自己"被代表"）、学界也多有诟病，因此最终并未纳入 2020 年的《著作权法》中。但是，由于配套法规尚未修改，相关争议仍可能继续。例如，对于立法中确立的几项法定许可制度，是否明确使用人在规定时间内必须通过著作权集体管理组织向权利人支付使用费？基于法定许可无须事先找到权利人而直接使用的特点，若规定使用费均必须通过集体管理组织向权利人支付，则在很多权利人并非集体管理组织会员、使用人完全可以直接向权利人支付的情况下，要求必须由集体管理组织收转所有的使用费、使用人违反规定则承担行政责任的做法，相当于权利人被迫加入了集体管理组织，这与建立起延伸集体管理制度无异。因此，已经被《著作权法》搁置的议题，在下位法中作出明确规定，可能又一次引起争议，且涉及使用人缴费义务的行政处罚也可能因缺乏法律依据而引起行政诉讼。另外，近期法律适用中也产生了音乐作品、音乐电视作品的使用和许可模式相关的垄断争议；[1] 尽管法院已对此议题作出了一定回应，[2] 但著作权集体管理制度，特别是网络环境下音乐作品的集中使用规则等问题，仍亟须结合《反垄断法》的适用作出进一步阐释。

5. 关于版权执法及侵权责任承担

在眼球经济时代，版权纠纷大部分发生在互联网环境中。鉴于在浩瀚的网络信息海洋中认定直接侵权人极为困难，如何划定互联网平台在侵权中的责任以恰当平衡各方利益，在全球都成为网络空间治理的重点。自 2005 年开始，国家版权局会同国家网信、通信、公安等有关部门，连续十多年开展打击网络侵权盗版专项治理"剑网行动"，先后针对网络文学、音乐、影视、游戏、动漫、软件、图片等重点领域和 App、网盘、电商平

---

[1] 秦楚乔、范晓玉：广东 9 家 KTV 诉音集协垄断案开庭！称三次签约请求被不合理拒绝. https://www.sohu.com/a/302887206_161795，2023 年 1 月 6 日访问。

[2] 参见北京知识产权法院（2018）京 73 民初 780 号民事判决书。

台、广告联盟、在线影院、短视频、自媒体等新型网络应用开展分类治理，严厉打击各类网络侵权盗版行为，在网络空间版权治理方面取得了良好成效。尽管如此，版权领域传统的"避风港"规则及其配套的"通知—移除"机制仍在运行；深度链接、算法推荐等各类作品分享和传播技术，技术措施和反技术措施以及商业模式花样翻新，都使得明知、应知等帮助侵权判定中的疑难法律问题更加复杂。网络下版权侵权认定的难点，表面上看在于新技术施行过程中网络服务商主观状态的认定，但实质上却关系到更为宏观的、影响整个版权产业链发展的政策选择问题。关于什么是明知或应知，并非网络技术带来的新问题，原先在认定出版者、销售者在版权侵权中的责任时即有过讨论。应该说，尽管争议仍持续存在，但现阶段从全局和趋势看，关于网络环境下的版权保护问题，须认识到新技术固然对法律规则的实行带来了前所未有的挑战，但并未实质性改变权利人、使用人与社会公众之间就作品等内容的利用产生的法律关系，因此版权保护不应因数字网络技术的发展而减弱或消失；但是，鉴于数字网络环境造成的权利人难以控制作品等内容的复制传播的事实，我国的"避风港"规则需要作出更加详细、科学的适用方案，例如，"通知—移除"规则的具体设计及网络平台责任的适当强化。

另外，未来的版权执法还面临与 CPTPP 规定的刑事责任条款衔接的问题。《全面与进步跨太平洋伙伴关系协定》第 18.77 条规定的刑事处罚规定强调商业规模的蓄意商标侵权和盗版不必以营利为目的，所谓具有商业规模的蓄意侵权包括：（1）为商业利益或经济收入目的而从事的行为；（2）并非为商业利益或经济收入目的、但对权利人的市场利益产生重大不利影响的行为。显然，第（2）项实际上扩展了传统的盗版行为刑事责任范围，降低了盗版行为的刑事责任门槛，加大了保护力度。我国《刑法》上的"侵犯著作权罪"的定罪规则至今为止前提仍是"以营利为目的"，且对违法所得数额和情节的严重性均有限定。另《全面与进步跨太平洋伙伴关系协定》第 18.77 条第 2、第 3 款还将刑事责任扩展到包括进出口在内的贸易过程中的侵权行为，同样涉及我国《刑法》对"销售侵权复制品罪"的认定和解释，即需要将"销售"行为扩展到包括进出口、取消"以营利为目的"前提以及对违法数额和情节严重的限定。《全面与进步跨太平洋伙伴关系协定》第 18.77 条第 4 款规定，有必要处理在影院放映过程中对一部电影作品进行未经授权的录制行为，因为此种非法复制对权利人作品的市场利益造成重大损害，成员国应采取或维持必要措施以制止此种损害，包括但不限于适当的刑事程序和处罚。对于我国来说，这一要求同样涉及将《刑法》第 217 条"侵犯著作权罪"的定罪理念从结果犯变更为行为犯的问题。此外，《全面与进步跨太平洋伙伴关系协定》第 18.77 条第 5 款要求成员国对于该条前几款所规定的违法行为，在国内法中保证对其协助或教唆行为也追究刑事责任。我国《著作权法》《刑法》中均没有关于帮助侵权的规定；因此，对于网络环境中的盗版行为，可能需要适用《刑法》第 287 条之二"帮助信息网络犯罪活动罪"予以追究。总的来说，加重刑责是新型国际经贸协议 CPTPP 对版权保护强调的内容，我国需对此予以关注，并结合我国知识产权保护和刑事领域的政策加以应对。

6. 以反不正当竞争法弥补内容产业新业态版权保护的不足

在数字网络环境下，版权保护仅针对数字化内容而并不针对网络新业态或商业模式本身。事实上，某一新商业模式属于一种思路或方法，一旦公开使用，很难制止他人越过成本障碍实施反向工程，另行独立开发出不侵害原开发者版权、但具有相同或近似功能的文案或计算机软件。例如，网络视频点播、直播、演播室等，一种成功的文化产品或服务新业态出现后，在极短时间即可传播开，原创者很难控制他人不得模仿采用。这种跟风模仿容易造成内容的同质化和低质量，甚至是无用信息的堆积，长远来说并不利于国家优质原创内容的产出和文化竞争力的提高。但是，根据 TRIPS 协议第 9 条第 2 款的规定，版权保护应仅延及表达，而不延及思想、工艺、操作方法或数学概念本身；因此，网络内容产业的经营新模式及实现该模式的技术构思，难以受到与传统作品一样的版权保护。而在现实中，能实现新功能的计算机程序中的构思技巧和技术方案，恰恰是网络新业态最具有经济价值的部分，是凝聚技术人员智力和开发者财力投入的计算机程序作品的精华。专业人士只要掌握这种构思，即可开发出功能大同小异的软件，版权保护不能解决采用不同表达方式抄袭同一程序控制的技术方案的问题。另外，专业人士也可以利用其他计算机程序和服务器系统，干扰、破坏竞争对手的正常经营；例如，"3Q 大战""猎豹浏览器"

等案件，❶ 均反映了新型不正当竞争形式，为此 2017 年在《反不正当竞争法》修改时引入了"互联网条款"（第 12 条）。再如，网络游戏产业屡见不鲜的抄袭争议，关键原因在于针对一些著名的大型网络游戏软件，可通过"改写"方式将其构思技巧、技术方案和流程等核心内容重新编译代码，从而得出一个具体表达形式完全不同的新作品而规避版权侵权责任。

因此，在司法实践中，网络游戏的规则、技巧、玩法无法被认定为作品的，权利人通常会求助于、司法者也可以考虑通过《反不正当竞争法》予以保护。不过，虽然《反不正当竞争法》引入了"互联网条款"，但问题在于该条所列举的诸多不正当竞争行为，往往随着技术的更新而变化，因此在执法活动中这些已经列明的具体行为能作为新型不正当竞争行为判定参照的余地不大；这样，该条列举的第（四）项，即"其他妨碍、破坏其他经营者合法提供的网络产品或者服务正常运行的行为"的兜底条款，即本质上与《反不正当竞争法》第二条的"一般条款"基本相同的原则性条款，又成为兜底适用规范，需要尽量慎重适用和解释以免弹性过大引起争议；尤其在行政执法中若简单化据此施以处罚，可能带来更多的行政诉讼。目前《反不正当竞争法》新一轮修改草案已经公布，相关规则的细化，以及对不构成作品等版权内容的商业数据的保护等规则，有望成为版权产业经营者维护合法权益的新抓手。

第四节　品牌建设中商业标识和外观设计制度的完善

一、认识把握品牌保护相关法律制度的作用和发展方向

（一）品牌建设中商业标识和产品外观设计保护的需求

1. 品牌的概念

"品牌"并非一个法律概念，而是商业领域关于营销、管理的一个概

---

❶ 参见最高人民法院（2013）民三终字第 5 号民事判决书，北京市第一中级人民法院（2014）一中民终字第 3283 号民事判决书。

念。根据 20 世纪 60 年代美国营销协会（AMA）的定义，品牌是一种名称、术语、标记、符号或设计，或是它们的组合运用，其目的是借以辨认某一个或某一群销售者的产品或服务，并使之同竞争对手的产品或服务区别开来；美国营销学者菲利普·科特勒认为，品牌是一个从多方面向消费者提供可识别出售者的信息的更为复杂的符号标志。❶ 可见，品牌是个可识别商品或服务来源的商业符号系统，其构成要素包含了多种可指向市场主体的信息。

2. 品牌涵盖的内容在知识产权法律体系中的定位

商业领域的品牌这一概念所指的，是所有能代表市场主体形象的符号及信息系统，是该主体的重要无形资产，其中，法律意义上的商标，是组成品牌的符号系统中最核心的要素；正因为此，有很多观点认为，商标俗称即品牌、品牌也就是商标。❷ 将品牌概念等同于商标的理解，在国内外均有深远的影响。例如 SCT，由此可看出，国际社会将这些属于品牌范畴的识别性信息客体归为一类，即广义的商业标识。

在欧盟，可注册为商标的信息范围极广，基本上囊括了除外观设计之外的品牌意义上的任何识别标记，如文字（包括人名）、图案设计、字母、数字、颜色、商品形状或其包装外观、声音，只要这些标记能够把商品或服务与其他主体的区分开来，或在欧盟商标局提交，经主管机构和公众确认的、可为请求人提供保护的具体对象；❸ 而且，欧盟知识产权局（2016 年更名前为"欧共体内部市场协调局"，即 OHIM）的注册和管理职责对象，除了欧盟商标，还包括欧盟外观设计。可见，欧盟将外观设计与商标都归入代表企业形象的品牌信息进行注册和管理，而不是与技术发明一样进行审查并授予专利。美国虽然将外观设计保护纳入专利法，但显然十分注重双重保护，甚至多重保护，通过直接注册或判例法将成功的产品设计

---

❶ 朱红亮：《品牌概念的发展嬗变》，《西北师大学报》（社会科学版）2009 年第 4 期，第 118 – 120 页。

❷ 黄晖：《商标法》，法律出版社，2004，第 1 页；彭学龙：《商标法的符号学分析》，法律出版社，2007，第 1 页。

❸ Art. 4, Regulation（EU）2017/1001 of the European Parliament and of the Council of 14 June 2017 on the European Union Trademark.

转化为版权作品或理论上可不断使用续展的商标，❶ 从而不断延长品牌价值。

地理标志权是一种较为特殊的知识产权，是"以地理标志为依托而设定的一项识别性权利"。❷ 地理标志制度的基础和核心作用是保障商品产地和质量信息传递的真实性和准确性，因此地理标志具有与商标一样的来源指示和识别功能。但是，地理标志在具有商业标识共性的同时，也具有与注册商标、外观设计明显不同的特性，即，有权使用地理标志的是某个地域范围内的适格经营者全体；因此，地理标志权是一种集体财产权，其从注册到使用均需要有专门的能代表集体利益的机构进行筹备和管理。针对地理标志的特殊性，建立知识产权制度的欧美等国家和地区采取了不同的路径；欧洲基于历史上形成的地理文化传统资源，强调以专门法方式进行强保护，不允许其淡化为通用名称，而美国作为新兴移民国家的代表，反对地理标志的特殊保护，主张以商标法的集体或证明商标模式给予和其他商标权一样的平等保护。从地理标志制度发源地欧盟来看，地理标志的注册和管理既不在欧洲专利局、也不在欧盟知识产权局，而是在欧盟委员会的农业局；因此 WIPO 框架下建立的 SCT 将地理标志议题纳入后，由于各成员国对这一问题需求的分歧和注册管理体系的复杂性，经长期协调而无果。目前看，这一议题尚难在国际法层面得到统一解决，因此主要利益方欧美均采取在 FTA 中与贸易伙伴就此谈判的方式，明确如何处理地理标志注册管理和保护的相关问题。

但不可否认，无论是以专门法提供强化的特殊保护，还是嫁接在商标法中提供一定保护，知名度高的地理标志无疑能提升产品的含金量，因此都被认为是品牌建设中的一个重要方面。例如，我国农业农村部《关于加快推进品牌强农的意见》、国家发展改革委等部门《关于新时代推进品牌建设的指导意见》，都强调在农业品牌、区域品牌培育中，要培育发展地理标志农产品、加强地理标志的品牌培育和展示推广，推动地理标志与特色产业发展、生态文明建设、历史文化传承、乡村振兴等有机融合，提升

❶　例如著名的可口可乐瓶立体商标。
❷　吴汉东、胡开忠：《无形财产权制度研究》，法律出版社，2001，第 472 页。

区域品牌影响力和产品附加值。❶ 在近期各个省市发布的若干地方政策和法规中，也可见到对地理标志品牌打造的重视。

（二）商业标识和外观设计制度运行中存在的问题

在品牌创建过程中，经营者需要采用可识别性或具有新颖独特性的信息，将自己的产品或服务与同业竞争者区分开来，并凭借自己经营的产品或服务的质量和声誉获得市场利益的回报。在某种程度上，品牌形象的形成，并不能只靠抢先占据某一标记信息并进行公示（当然不排除某项标记本身也具有创意和知识产权），而更多是要依靠产品或服务本身的质量等特点，以吸引消费者、建立知名度、形成和积累具有经济价值的商誉。随着我国知识产权战略的推进，市场主体对信息占有和公示的意识大幅度提高，但对知识产权本质含义的理解在一定程度上出现了偏差，特别是与品牌建设密切相关的商标、地理标志、外观设计，因为注册与实际使用的脱节以及不进行实质性审查等程序上的设计，使得"先申请"原则被不了解或者甚至是曲解这些知识产权真正含义的、缺乏诚信的行为人，利用来抢占公有领域信息，甚至侵害他人在先合法权益，例如申请注册并获得品牌"权利证书"并据此"维权"，有时候还发生"收加盟费""商业性维权"等不当行为，造成各方困扰。梳理和面对现实中出现的问题，有助于我们找到有针对性的治理方式和法律完善方向。

1. 商标领域的主要问题

商标的财产权价值来自通过实际使用在相关市场形成的商誉。只有在商业活动中使用的标记，才能真正建立起商品或服务与其生产者、提供者的对应关系，也才能使消费者能够认牌购货，成为知识产权意义上的商标。商标注册制度是为了适应国内市场一体化的要求，同时避免相同或者近似商标在国内场上的碰撞而建立的。回顾商标制度产生和发展进程可以得知，商标注册行为本身并不是获得专有性财产权的方式。一个已经在市

---

❶ 参见农业农村部：农市发〔2018〕3号文件，2018年6月26日；国家发展改革委、工业和信息化部、农业农村部、商务部、国务院国资委、市场监管总局、国家知识产权局：发改产业〔2022〕1183号文件，2022年7月29日。

场上使用并具有了一定商誉的商标，不会因为未在行政机关注册而减少该商标所代表的商誉；反之，一个从来没有在市场上真正使用过的标记，也不会因为通过了行政机关的注册核准而奇迹般地产生了商誉或者财产权。从这个意义上说，将商标的注册行为本身视为获得专有性财产权的依据，是一种对商标法律制度的误读。但是，凭借实际使用而获得商标专用权因缺乏公示性，已不适应全球化时代市场经济和国际贸易的发展。毫无疑问，商标注册制度的产生，不仅减少了商标冲突的风险，也为商标所有人节约了投资；因为市场主体在使用或者申请注册某一商标的时候，可以查阅已经公开的商标注册簿，避免采用与竞争者相同或者近似的商标。同时，在充分了解市场上商标注册和商标使用状况的基础之上，市场主体也可以放心大胆地对自己注册和使用的商标进行必要的投资，使得商标权建立在更为坚实的基础之上。正是由于这样的原因，商标注册制度一经产生，就在全球范围迅速普及。

但是，商标注册制度在我国近些年来产生了非正常的囤积、抢注现象。

（1）注而不用的囤积及"僵尸"商标清理困难。

商标注册后不使用现象产生的原因很多，总的来说有三类。其一，某些已经使用的注册商标，因为商标所有人的破产、死亡、转产或者其他原因而不再使用；若无相应程序处理排除，这些不再使用的"注册商标"就有可能在相当长的一段时间里，停留在主管部门的注册体系或者注册簿上成为没有识别作用的"僵尸"商标。其二，由于注册制度允许尚未使用的商标获得注册，一些市场主体为了保障自己在不远的将来可以使用心仪的商标，因而预选申请注册了相应的商标，包括防御性地注册系列相同和近似的标识，以防止他人的抢先注册或者抢先使用。这类"意图使用"或"防御性注册"的商标，如果真的在未来的数年之内予以真实使用，也不会发生太大的问题。但是，如果其所有人因为种种原因而未能予以真实使用的话，也会造成相关的"注册商标"停留在主管部门的注册体系或者注册簿上。如果某一商标获准注册之后一直没有使用，则应当从相关国家的注册系统中排除。如果某一注册商标经过一段时间的使用后，相关的市场主体停止在商业活动中的使用，也应当从相关国家的注册商标系统中排除。其三，恶意囤积，这种是我国近期出现的特殊问题，即大量注册本不该注册的公有领域信息，或批量申请注册囤积人"预判"可能会受到经营者追捧的系列标识而事先进行"投资性"注册，以期事后转手倒卖而获取利益。对此，《商标法》于 2019 年修改时在第四条增加了"不以使用为目的"的恶意注册禁止性规定，国家知识产权局和司法机关近几年来也加大了对不以使用为目的、欺骗性注册、有不良影响、抢注他人有一定影响的商标等各类囤积、抢注等非正常申请注册行为的惩治力度，❶ 但恶意注册现象仍未得到彻底遏制，尤其是与防御性注册如何区分的判定问题，缺少可操作的合理解决方案。

为了将这些注而不用的商标从主管部门的注册体系或者注册簿上清理出来，同时也是为了释放被不当占有的信息、方便其他市场主体选择和使用相应的标记资源，世界各国的注册商标法律都设立了注册商标不使用的撤销制度。按照这种制度，相关的注册商标，如果在一定期限（一般是 3 年或 5 年）之内连续不使用，其他市场主体可以提出请求，要求法院或者商标主管部门撤销该"注册商标"。通常，提出这类要求的都是打算使用相关"商标"的市场主体。法院或者商标主管部门经过审理或者审查，如果认定相关的注册商标确实在法定的期间内没有使用，则会作出撤销注册的决定。随后，申请撤销的市场主体就可以或者申请注册，或者直接使用相关的商标。我国现行《商标法》第 49 条规定，"注册商标成为其核定使用的商品的通用名称或者没有正当理由连续三年不使用的，任何单位或者个人可以向商标局申请撤销该注册商标；"这一制度在我国业界被简称为"撤三"，不过其在解决囤积现象方面存在失灵，目前我国商标的"有效注册保有量"达到一千万以上，超过美国、欧洲、日本的年度商标注册量总和，年申请量也早已超过全球总数一半，❷ 这其中无疑有大量未投入实际使用的"注册商标"，占用了大量品牌信息资源。

---

❶ 如国家市场监督管理总局令第 17 号：《关于规范商标申请注册行为的若干规定》，2019 年 10 月 10 日；最高人民法院《关于审理商标授权确权行政案件若干问题的规定》，法释〔2020〕19 号，2020 年 12 月 23 日，第 24 条。

❷ 据统计，2017 年仅仅在中国递交的商标注册申请数量就占到了全球总量中的 60%，参见世界知识产权组织于 2018 年 12 月 3 日发布的《世界知识产权指标》（WIPI）年度报告。

事实上，在我国现阶段市场营商环境尚未健全完善的情况下，对商标权利的形成和维持如果仅强调商标注册主义，会产生诸多弊端，其中较为突出的就是市场主体试图以注册和倒卖注册证书的方式获利、以虚假或象征性使用维持商标注册专用权效力。盲目大量申请和囤积注册商标不仅妨碍他人正当的经营活动，限制第三人选择商标的范围，还会加重商标行政机关的负担，造成审查延迟，同时还连锁引起司法资源的极大耗费，进而造成商标制度所欲实现的功能不能正常发挥，并损害公众对于商标制度的信赖。应该说，在中国现实语境下，"撤三"制度应该得到更多重视和更有效的运用，以发挥弥补注册主义弊端的作用、清理"僵尸商标"、打击不以使用为目的的囤积式注册。但迄今为止，这一制度的功能尚未得到充分认识和有效执行，原因很多，其中一个是"撤三"具有事后纠错性质且需要有某个单位或个人提出申请，显然除了少数可能"挡路"的有其他人想实际使用同一或近似标识的情形外，对于大量的囤积注册商标尚无更直接有效的清理措施。

（2）恶意抢注他人驰名和有在先权或一定影响的商标的现象屡禁不止。

尽管商标注册制度以成文法和注册的方式将商标权的客体、权利内容和边界范围加以固定和公示，是解决商标所指向的商誉判定不确定性问题的优选模式，但实践中因各种因素仍存在大量未注册而先投入实际使用，且不乏具有广泛知名度或一定影响的商标。为解决此类商标在法律上的地位，特别是与注册相冲突时的争议，各国商标法和反不正当竞争法均设立了相应的规则以便对此类未注册商标提供一定的保护；这种保护与对在先权利的保护类似，一般都设定了 5 年左右的除斥期，但在先使用的驰名商标被恶意抢注的，则可不限于 5 年。

对使用而未注册的驰名商标给予特殊的保护，其来源是《巴黎公约》第 6 条之 2 的规定，即为了防止消费者的混淆，对于他人已经使用并且具有一定声誉的驰名商标，主管机关可以驳回注册和撤销注册并且禁止使用。但是，对于什么情形下构成"驰名"，目前仍是各国理论和实践中存在的疑难问题。依据我国《商标法》第 45 条，已经注册的商标，若属于抢注未注册驰名商标的，自注册之日起五年内，在先权利人或者利害关系人可以请求商标评审委员会宣告该注册商标无效，对恶意注册的，驰名商标所有人的无效请求权不受五年的时间限制；同时，第 32 条规定，申请商标注册不得损害他人现有的在先权利，也不得以不正当手段抢先注册他人已经使用并有一定影响的商标。不过，这两条适用于制止抢注的主要条款，在适用时需要解决的是"驰名""有一定影响"的判定难题，在先权利人是否能经过包括反复的异议、无效、诉讼等耗费精力的多轮程序要回（为避免碰瓷有时宁愿简单"赎回"）自己本应注册获得保护的商标，也存在着不确定性。因此，规制恶意抢注除了强化对驰名商标、在先权利的保护力度和依据已有的驰名相对理由提起驳回复审、异议、无效、诉讼等程序外，也需要考虑更加优化的确权方案，避免当事人诉累和公共资源耗费。

目前，新一轮《商标法》修改草案针对上述顽疾提出了诸多有力措施，值得期待。

2. 地理标志的主要问题

如本书前面部分的梳理，地理标志保护的具体制度在 WIPO 主管的各个国际条约中并无专门的规定，《巴黎公约》仅将"产地标记或原产地名称"列为受保护的对象。地理标志权作为一种集体性权利，其概念在 TRIPS 协议中得到明确；但其中没有采用"权利人"的概念，而是将地理标志保护的主体称为"利益攸关方"或"利害关系人"，❶ 即特定地域内的所有合法的生产经营使用人。可见，TRIPS 协议作为明确地理标志保护规则的国际条约，仅要求成员国为利益攸关方提供法律手段，以阻止各种误导原产地来源的虚假标示和不公平竞争；至于成员国是采取商标权还是特殊权利或其他行政管理等保护模式，由各国自行决定。在国际层面，主要是美国为代表的"新"移民国家与欧洲各"旧"大陆国家之间关于地理标志的保护问题有明显分歧，因为"旧"地理标志在"新"地域可能被视为通用名称而不具有识别性因而不应予以保护，至少不应是绝对保护而允许附加"型""类"的词进行区分。新旧国家为此在 WTO 框架下发生过激烈争端，例如美国和澳大利亚曾质疑欧盟关于地理标志保护的条例，对没有欧盟地理标志、但在他国已经注册为商标的食品不平等保护，违反

---

❶ 参见 TRIPS 协议第 22、23 条的规定。

TRIPS 协议；● 不过，尽管专家组认为欧盟条例违反国民待遇原则、没有歧视在先商标权的使用，但该裁决并未实质性地改变两种同源文化下基于不同国情对传统农产品食品地理标志保护的不同观念。● 对于我国来说，一是需要关注如何应对"新旧"国家在中国这一世界最大食品消费市场上的持续利益博弈，二是需要统筹考虑国内外法治协调，因为我国历史文化的悠久和各地的经济发展不平衡，可能在国内会出现类似的地区间因地理标志使用发生的利益冲突问题。

　　我国《商标法》明确排除县级以上地名、商品通用名称的注册和使用，但地理标志除外，因为"地名 + 商品通用名称"的纯文字表述恰恰是地理标志的本质；之所以承认这一表述作为品牌的无形财产价值，是因为长期以来来源于某地区的某商品所拥有的特定质量、信誉或其他特征已经获得了识别性。由于地理标志指向的产品或服务，发源地所有经营者都可使用，若这种集体性权利长期缺乏有效的运营管理，则极容易随着人员流动和文化传播等因素超出原产地使用，淡化成为一种对产品技艺、品质等特征的通用化描述，则在此情形下地理标志仅文字本身已经无法指示确切来源。目前，我国地理标志在申请注册为集体或证明商标时，因《商标法》的要求可能为增加显著性而附加图形等区分标识，并以添附官方标志的组合方式体现，但这类标识即使获得注册，在实际使用和维权时往往因缺乏唯一识别性而遭遇困难甚至是质疑，引起"潼关肉夹馍"似的争议。● 而在原质检体系下申请原产地产品保护，或在农业系统申请农产品地理标志保护，都没有法律明确规定确权的正当程序，例如《商标法》中的异议、无效、诉讼等实质性审查过滤措施，同样很容易造成以单纯文字注册地理标志后，难以达到商标专用权的保护程度，也难以在侵权时依法请求救济而获得实际保护的问题，只能由主管部门对冒用官方标志的行为进行轻微罚款。

　　● 参见 WTO 文件：WT/DS174R（美欧之间）、WT/DS290R（澳欧之间），2005 年 3 月 15 日专家组报告。

　　● Michael Handler：*The WTO Geographical Indications Dispute*，The Modern Law Review，Vol. 69，No. 1（2006），pp. 70 – 80.

　　● 国家知识产权局：《关于"逍遥镇""潼关肉夹馍"商标纠纷答记者问》，https：//mp. weixin. qq. com/s/IArPB4gLOgatg5w9lQKWmg，2023 年 1 月 6 日访问。

我国地理标志产品真假难辨问题长期存在。在外部造假方面，电子商务的飞速发展使得地理标志假冒现象更为显见；在内部，则因不同系统下分头注册的"一地多标"不时发生冲突纠纷，而农业技术的创新很大程度上使得原产地产品可能突破地域范围而扩大化生产，也使得对消费者而言所谓"正宗"的地理标志产品真假难辨。[1] 总体而言，我国因相关法律和规范不协调统一，多角度治理没有形成合力，相关主体和主管部门重注册而轻管理和运营，目前尚未形成有效且适应地理标志保护需求、打造地方品牌的协同管理机制。

3. 外观设计领域的问题

我国外观设计专利在一段时期内、一定程度上也存在非正常申请的问题，也即直接将公有领域的、没有创新的元素包装申请保护，被称为"问题专利"甚至是"垃圾专利"，国家知识产权局的相关领导也多次专门为此作出澄清，[2] 不过这些说法也反映了该现象的严重性。除此之外，还有一些将他人受版权、商标、肖像等在先权利保护的内容，直接拿过来申请为自己的外观设计专利的不诚信的侵权行为。将公有领域设计申请为自己的外观设计专利并提起知识产权侵权诉讼，且因申请临时禁令给他人合法权益造成损失的最有名案例，也发生在外观设计领域。[3] 2020 年我国《专利法》的修改，延长了外观设计专利权保护期、明确了对局部外观设计的保护、增加了注册人可以主动请求出具专利权评价报告的规定，使得我国的外观设计制度在立法上进一步完善；除在宽限期方面，外观设计同样适用《专利法》第 24 条的规定，与海牙协定有所不同因而可能需要进一步协调外，下一步国内需要关注的问题将集中在外观设计确权和侵权判定的具体标准上。另外，从相关国际讨论看，WIPO 关于外观设计的议题，主要是审查程序衔接、数字化技术运用等问题，因此下一步我国相关配套法规和办法的完善，也需要考虑如何与海牙体系对接。

---

[1] 管育鹰：《我国地理标志保护中的疑难问题探讨》，《知识产权》2022 年第 4 期，第 3 - 17 页。

[2] 田雅婷：《知识产权局局长就我国垃圾专利等问题答记者问》，《光明日报》2005 年 12 月 29 日；叶静：《300 万专利，多少是"垃圾"》，《中国经济周刊》2006 年第 29 期，第 24 - 26 页。

[3] 参见江苏省高级人民法院（2008）苏民三终字第 0071 号民事判决书。

二、完善我国的品牌保护相关法律及配套实施制度

（一）商标法律体系的完善

当前，我国商标法律制度已启动新一轮完善工作。从实践中的情况看，商标使用和注册的矛盾仍然是我国当下最容易引起争议的部分，恶意注册和囤积商标的有效规制事关营商环境建设，也是社会各界密切关注的问题。另外，在商标申请量呈几何级别增长的情况下，如何优化简化授权确权程序提高效率，是我国商标制度未来发展中需要考虑的问题。

1. 打击恶意注册和完善对被抢注人的补救措施

（1）加强驰名商标保护。

我国《商标法》第 13 条第 3 款对抢注驰名商标不予注册并禁止使用的规定，附加了该驰名商标必须是"已经在中国注册"的条件；换言之，复制、摹仿、翻译未注册驰名商标或其主要部分，在不相同或不相类似商品上申请注册或作为商标使用，未在我国注册的驰名商标所有人就无权禁止。同样，在实践中，在涉及《商标法》第 13 条第 2 款已经在中国注册的驰名商标在适用法律解释时，法院对"为中国境内相关公众所熟知"[1]驰名程度的证明要求很高，通常外国驰名商标权人的请求得不到支持。例如，在"金莎"案中，法院认为商标权具有地域性，原告提交的证据大部分是在中国香港和台湾地区以及其他国家和地区的使用和宣传证据，不能当然等同于其在我国大陆的使用宣传证据。[2] 在日本良品计画公司主张北京无印良品涉嫌恶意抢注、应撤销其注册商标时，最高人民法院并没有支持其主张，而是认为"無印良品"商标在日本、中国香港地区等地宣传使用和知名度，并不能证明在中国大陆境内实际使用且在第 24 类毛巾等商品上具有

---

[1] 最高人民法院《关于审理涉及驰名商标保护的民事纠纷案件应用法律若干问题的解释》第 1 条规定：本解释所称驰名商标，是指在中国境内为相关公众所熟知的商标。法释〔2009〕3 号，2020 年 12 月修正。

[2] 北京市第一中级人民法院行政判决书（2012）一中知行初字第 108 号。

一定影响；❶ 基于此，法院认为良品计画、上海无印良品应当立即停止侵犯棉田公司、北京无印良品的注册商标专用权，在天猫"无印良品 MUJI 官方旗舰店"和中国大陆的实体门店发表声明以消除影响，并赔偿经济损失。❷

我国《商标法》第 13 条第 3 款的规定，与《全面与进步跨太平洋伙伴关系协定》第 18.22 条第 2 款对驰名商标跨类保护之"无论是否注册"的要求存在冲突。当然，从立法论角度，增加"无论是否注册"的表述或去除现行立法中的限定条件，可以成为对标《全面与进步跨太平洋伙伴关系协定》第 18.22 条、加强驰名商标保护的解决方案，作为加入 CPTPP 的一种表态；但我们看到，立法表述的修改对于我国商标审查及司法实践，并不一定会起到立竿见影的效果，因为"足以使相关公众认为被诉商标与驰名商标具有相当程度的联系，而减弱驰名商标的显著性、贬损驰名商标的市场声誉，或者不正当利用驰名商标的市场声誉"❸、"为中国境内相关公众所熟知"这些判定标准，以及驰名商标跨类保护范围究竟如何划定，才是在法律适用中疑难而需要进一步明确的问题。在国际论坛上，SCT 关于驰名商标的联合建议和网上使用的讨论结果，并无驰名商标认定和保护的强制性规范，且承认成员国可保留"国内商业影响"的弹性，因此我国目前通过释法解决纠纷较妥当。

（2）允许合理的防御性注册并设立配套机制。

防御商标的概念与驰名商标紧密相连，其本质是为驰名商标提供周延的保护，即把驰名商标事后证明知名度而阻却他人跨类抢注的纠错机制，改设为允许事先就相应幅度的跨类以及近似性标识的防御性注册。"防御性注册"在我国法律上并无具体定义。早年在学理上对此制度有所讨论❶，

---

❶　参见最高人民法院行政判决书（2012）行提字第 2 号。
❷　参见北京市高级人民法院民事判决书（2018）京民终 172 号。
❸　最高人民法院《关于审理涉及驰名商标保护的民事纠纷案件应用法律若干问题的解释》第 9 条、第 1 条，法释〔2009〕3 号。
❶　王小云：《对防御商标和联合商标的思考》，《中华商标》2001 年第 2 期，第 21 – 22 页；任凡：《防御商标禁止权范围的司法平衡——"小天鹅"商标侵权案评析》，《电子知识产权》2011 年第 11 期，第 34 – 38 页；凯蓉：《防御商标利弊谈》，《工商行政管理》1997 年第 18 期，第 22 – 23 页；孙敏洁、魏大海：《论防御商标的权利范围及其司法救济》，《大连理工大学学报（社会科学版）》2012 年第 6 期，第 110 – 113 页。

并提出了防御商标和联合商标的概念，但也并未得到法律上的确认。一般理解，"防御商标是指同一民事权利主体在不同类别的商品或服务上注册的若干相同商标，原主要使用的商标为正商标，其余为防御商标。联合商标是指同一民事权利主体在同一商品或类似商品上注册的若干近似商标。这些商标中首先注册的或者主要使用的为正商标，其余为联合商标"。❶ 在国际上，因驰名商标制度力度的加强立法上明确防御性注册的必要性不大，不过目前日本、澳大利亚等国家和地区在立法中仍有"防御商标"制度。

我国《商标法》及《商标法实施条例》中对是否允许防御性注册并无相关规定。目前在国家知识产权局制定的《商标审查审理指南》（2021）中，对《商标法》第4条第1款后半段"不以使用为目的的恶意商标注册申请，应当予以驳回"的释义之第3点"适用要件"中提到，"以下情形不适用《商标法》第四条：（1）申请人基于防御目的申请与其注册商标标识相同或者近似的商标；（2）申请人为具有现实预期的未来业务，预先适量申请商标。"也即，2021年新指南默认了"防御性注册"不属于恶意。这也是国家主管部门近些年来在治理恶意注册中发现的、市场主体被迫采取的"自我山寨"以防范被抢注的新问题而作出的规定。在实践中出现的"防御性注册"的类型有几个特征：第一，为防御其他人抢注，或有预期未来业务的目的，并非以使用为目的；第二，商标专用权人有一个主要使用的商标，暂称为"基础商标"；第三，基础商标经过使用，在防御性注册的商标面临"撤三"时已经具有一定影响力，甚至达到驰名的程度；第四，防御性注册的商标标识与基础商标相同或基本相同。

就防御性商标注册而言，即使在实践中默许，若"撤三"程序与之不适配其防御性目标也难以实现。也即，尽管国家知识产权局在审查实践中允许基于防御目的申请与其注册商标标识相同或者近似的商标，但是潜在的利害关系人仍然可能以不符合《商标法》第48、第49条之规定为理由请求撤销该注册商标。行政和司法机关在"撤三"程序及相关诉讼中对于商标使用的证据均采取较高的标准，不仅要求必须在核定的商品或服务

---

❶　王小云：《对防御商标和联合商标的思考》，《中华商标》2001年第2期，第21页。

（不包括类似的商品或服务）上进行使用，而且对于未进入商品流通或商业竞争领域，仅仅在广告宣传中使用商标的证据不予认可。显然，防御性注册难以满足这些要求，因此有必要尽快建立与防御性注册相应的制度，使权利人合理采取的自我防范措施不被"撤三"制度误伤。具体而言，可将"防御性注册"增列为《商标法实施条例》第 67 条规定的、属于《商标法》第 49 条规定的正当理由情形之一；同时，在审查和司法实践中把握相同的防御性注册在"撤三"程序中的证据标准，将防御性注册中基础商标或主商标的使用证据视为维持注册证据。另外，商标注册人根据《商标法实施条例》第 66 条的规定，说明不使用的正当理由是防御性注册的，应当同时提交证明该防御性注册的有效基础商标及其知名度的证据材料。

（3）在相关程序中给予被抢注人直接受让注册商标的选择机会。

为规制商标恶意抢注行为，我国《商标法》规定了不得注册为商标的绝对事由和相对事由，被抢注人可相应提起商标异议或无效；❶ 事由成立的，由商标局或复审部作出不予注册或者宣告注册商标无效的决定。然而，这一事后机制解决商标抢注纠纷力有不逮。尤其在相对事由下，一般是被抢注人（包括作为驰名商标权利人、被代理人或代表人、地理标志权利人、在先商标注册申请人、在先权利人或在先使用有一定影响商标的使用人）提出异议或无效宣告请求，按现行法除了第 30、第 31 条相同商标的在先申请人可获得商标注册外，其他情形即使异议或无效成功，法律后果仅仅是该特定申请被驳回或商标被无效、被抢注人也无法直接获得商标专用权。这样，该商标抢注人、被抢注人以及第三方主体都可能在商标异议或无效宣告提出时，另行申请注册与此前抢注商标相同或近似的商标，导致驳回、异议复审及相关行政诉讼多个程序交叉进行和循环往复、其法律后果具有高度不确定性，使得注册商标专用权的获得成为不必要的程序博弈。对于被抢注人来说，重新申请商标需要就一个实体争议具有同一性的问题要轮番启动和参与相关程序，会支出较高时间及经济成本；而驰名

---

❶ 在商标授权确权涉及的申请驳回以及异议、撤销、无效等程序中，绝对事由指依据《商标法》第 10 条、第 11 条、第 12 条的规定作出的决定，相对事由是指依据《商标法》第 13 条、第 15 条、第 16 条、第 30 条、第 31 条、第 32 条作出的决定。

商标往往由于被抢注数量和情景多、权利人均——进行重新申请会造成更大的资源消耗。同时，被抢注商标本身已经过商标行政确权授权审查，由被抢注人再次申请重新审查走一遍程序，对于行政审查机构及司法机关也是一种资源的消耗。因此，给予被抢注人第三种选择，即对被恶意抢注的商标选择在程序中直接受让被抢注的注册商标，或规定"强制转让"，则不仅对被抢注人更为有利，也有助于优化程序避免空转。

从国际上的既有规范和实践来看，《巴黎公约》第 6 条之 7，对代理人/代表人抢注的情形，商标的真正所有人除申请异议或无效之外，还可以请求将该注册转让给自己；欧盟及各成员国商标立法，也有类似规定；此外，从国际经验看，针对域名抢注的情形，权利人也可以申请强制转让措施。❶ 借鉴这些经验，可以考虑在我国《商标法》修改时，引入被抢注商标的强制转让或选择受让制度，即增设一条："对初步审定公告的商标或已经注册的商标，在先权利人、利害关系人认为违反本法第十三条第二款和第三款、第十五条第一款、第十六条第一款、第三十条、第三十一条、第三十二条规定的，除依据本法第三十三条提出异议，或依据本法第四十五条请求国务院商标行政部门宣告该注册商标无效外，还可一并请求将该商标转移至自己其名下。国务院商标行政部门经审查认为情况属实事由成立的，应当作出商标申请或商标权转让的决定，并予以公告和变更登记，转让自公告之日起发生效力。"

2. 提升商标注册质量和优化相关程序提高效率

（1）考虑设置商标注册"预登记"制度。基于现阶段仍有大量囤积的、或主体已经消失的注册商标尚未有效清理，而且"注而不用"并不能全部证实有"恶意"而事先阻止，需要通过法律制度的进一步完善，设立相关程序加速清理此类"僵尸商标"以释放相应的信息资源。最理想的方案是实行"预注册"制度，即一开始申请注册就明确未经使用的标识不能通过先注册获得财产权意义上的商标专用权，同时也不否定所有尚未投入

---

❶ 《欧盟商标条例》第 8 条第 3 款、第 21 条"注册于代理人名下商标的转让"；《欧盟商标指令》第 13 条；《德国商标法》第 17 条；《统一域名争议解决政策》（UDRP）第 4 条第 9 项、1999 年美国《反域名抢注消费者保护法》（15 U. S. C.）第 1125 条（d）（1）（A）规定的将被抢注的域名直接转让给投诉人。

使用、但有"使用意图"并先申请预登记的标识之后获得商标专用权的可能性；这样，一方面可以在法律上明示不使用仅注册的标识不是商标、从而呼应商标财产权来源于诚信商业经营这一基本的劳动理论；另一方面也保持了与现有的商标注册先申请制度的衔接，即为那些将要投入商业性使用的标识提供事先布局性的、类似于"挂号"性质的信息占用优先权。❶

（2）考虑相对缓和的增加定期提交使用证据抽查制度。如果认为"预登记"这种专门针对非正常申请进行根治的改革措施，对现行商标注册制度的冲击幅度过大，也可参考美国的商标申请注册制度的相关经验，增加在申请环节进行诚信宣誓的形式要求，以及满一定期限后对注册商标提交使用证据的要求并进行抽查的制度，这样在不带来商标注册量急剧变化的情况下，也有助于淘汰部分"注而不用"的商标、提高存量注册商标的含金量。具体可以在提交申请的表格上，附加保证申请注册的商标将用于实际商业活动的诚信宣誓条款，要求申请人签字确认；同时，在《商标法》中增加相应条款，要求核准注册满 3～5 年的向主管部门提交实际使用证据，主管部门依法可主动抽查适格的注册商标，对未履行义务的注册商标在给予一定机会后若仍未能补救的，直接清除出登记系统。

（3）考虑简化商标异议制度。我国目前《商标法》对异议制度的功能定位不十分清晰，理论上说，"在先权利人、利害关系人"和"任何人"均可以启动的异议程序，既有防范损害公众利益的纠错功能，也是利害关系人私权保护的一种机制。在这种立法模式下，无论是基于绝对事由还是相对事由，在审查阶段对同一商标申请就可能审查两次，其后还可能有商标复审、无效程序和相应的法院诉讼程序，使整个商标审查周期相当长，但却未必能保证审查质量，有时候多次的审查、异议、无效、诉讼其实都是不必要的重复劳动。例如，根据商标审查机构公布的数据，2017 年商标异议成立案件数量约为 21489 件，全部初步审定并公告的商标为 265.8 万件，异议成立案件占全部初步审定商标的比例不到 1%，❷ 这意味着有

---

❶ 管育鹰：《关于商标注册预登记制度的思考》，国家知识产权局条法司编：《专利法研究》(2019)，知识产权出版社，2020，第 112–124 页。

❷ 国家工商行政管理总局商标局商标评审委员会：《中国商标品牌战略年度发展报告(2017)》，中国工商出版社，2018，第 9 页。

99% 的商标要等待 3 个月的异议期后才能获得注册，这既没有必要性也十分缺乏效率。从现实看，因绝对理由提出的异议少；一方面是在审查阶段就很可能已经被审查员筛出，另一方面一旦有人提出也很容易鉴别、引起复杂争议的很少，真正影响授权确权效率的是以相对理由提出的异议。因此，将因权利冲突而提出的异议留待注册后与无效程序一并解决，对在先权利人或利害关系人的损害不大，也不会造成消费者混淆；这种纯属民事纠纷的判定也超出了商标主管机构的职能，应当通过司法程序解决、无须行政程序前置。❶

基于上述理由，在异议前置程序设计不取消的情况下，可考虑将异议复审程序取消，或者说合并到事后无效程序中。这需要《商标法》规定，对初步审定公告的商标提出异议的，国务院知识产权行政部门应当听取异议人和申请人陈述事实和理由并审查后，自公告期满之日起 12 个月内作出是否准予注册的决定，在特殊情况下可以延长 6 个月；对于作出准予注册决定的可直接颁发商标注册证并公告，异议人不服的可以请求宣告该注册商标无效，若作出不予注册决定被异议人（申请人）不服的，可以自收到通知之日起 30 日内向人民法院起诉，人民法院应当通知对方当事人（异议人）作为第三人参加诉讼。

当然，取消异议复审程序，改为无效或直接起诉程序，是简化优化商标授权确权程序的有效对策，但也是力度相当大的改革，需要在配套措施方面仔细设计。

3. 改变知识产权政绩化思维和完善从业者管理规范

我国知识产权领域出现的数量持续暴增而质量不尽如人意的情况由多种因素造成。其中不可否认的是，各地政府在之前的知识产权战略实施过程中，可能不能完全准确理解和把握创新的真正含义而片面追求数量好看。因此，政府应当首先调整与"创新指数"相关的制度和配套政策，例如取消政府对知识产权注册量的各种财政补贴并将其从政绩考核中去除，不再公布和宣传各省、市、区的专利申请与授权排名，以及万人拥有量等"创新"指数；各地也应取消对驰名商标、著名商标的认定和奖励，取消

---

❶　汪泽：《商标异议制度重构》，《中华商标》2007 年第 8 期，第 7－12 页。

官方评选所谓金奖、银奖等知名品牌并对此过度公开宣传等。简言之，政府部门追求知识产权事业发展的初衷固然可嘉，但与知识产权是民事主体享有的权利的本质不符，过度干预可能起到相反的作用，日益扭曲正常的知识产权相关市场活动和竞争秩序。当然，这并非必须立刻取消行政执法，启动立法完善和强化执法，与知识产权战略中的政府部门过度主动干预不同。

应当规范与整顿知识产权代理服务市场，着重监管那些以抢注商标、外观设计、地理标志等品牌标识为业的专门代理人或机构，加重打击和治理恶意注册行为和骗取政府补贴的非正常申请行为，对不诚信的代理机构与人员加大惩罚力度，将恶意申请行为记入涉事单位与个人的信用记录。从商标法基本理论出发，从源头上治理以扭转非正常申请、阻碍他人正常经营等异化现象的措施是修改立法，特别是从程序上封堵漏洞，例如要求只有提供实际使用证据才允许获得注册；但在现有的经济发展体量、从业规模、虚假注册存量等指标体系下，釜底抽薪似的修法一时难以推进。从某种程度上看，在违法成本不足以遏制恶意申请的情况下，加强诚信体系建设，以人们可接受的方式逐渐治理各种异化现象是较为符合国情的一种应对策略。近些年来，国家知识产权局针对不以使用为目的的商标恶意注册等不诚信行为陆续出台措施，严格规制知识产权领域的不诚信行为；同时，开始加强对商标代理等知识产权机构的管理，建立针对商标、专利恶意或非正常申请的诚信体系。这一系列治理措施对建立适应高质量发展阶段的知识产权从业者行为规范发出了信号。

此外，需要将诚信原则的适用及相关配套规范延伸至与商标紧密相关的领域。例如，目前《电子商务法》虽然规定了恶意投诉的惩罚性赔偿责任，但其事后性和整体损害赔偿金额的复杂性以及涉及无形知识产权侵权判定本身的疑难复杂性，这一条款尚未真正起到有效营造诚信公平的知识产权环境之作用。尽管新的司法解释给被恶意投诉的平台内经营者提供了反担保的机会，❶ 但在法律修改之前，目前对平台内经营者的救济仍是不足的；而对于平台经营者，事实上也因恶意投诉遭到相应损害，但法律尚未明

---

❶ 最高人民法院《关于审理涉电子商务平台知识产权民事案件的指导意见》。

确对此赋予请求救济的权利。因此，对于恶意通知者，除了让其依法事后举证请求赔偿损失，还可将其列入失信主体名单、限制其某些方面的活动自由，以期更好达到预防和遏制恶意通知的目的。目前，法院在司法实践中受理并支持滥用知识产权侵权责任的主张已经无障碍，《商标法》修改草案制定了恶意抢注和维权反赔等民事责任相关条款，有助于遏制商标领域乱象。

最后，还可利用经济杠杆来调节商标的申请量和授权量。本书在前面部分强调，立法修改可以对商标领域的非正常申请现象起到立竿见影的根治作用，例如要求提供使用证据并对"使用"进行严格解释，从而让那些注而不用的僵尸商标归于无效。同样，审查机构和司法程序也应采取相应的措施，对未使用的注册商标不予保护，让那些意图倒卖商标注册证发财的人"竹篮打水一场空"。这些治本之策还可以再进一步采取配套措施强化，例如，世界通行的知识产权行政管理审查收费高于其他民生事业，这是因为对知识产权这一市场化财产权进行确权和管理，需要技术、法律、经济领域专家的投入。商标审查属于一种特殊的知识产权领域的专业技术服务，而不仅仅是最终由国家知识产权局颁发证书这一简单的、类似证照核准印制颁发的行政行为性质的收费，商标审查的总体官费可参考大多数国家的做法作较大幅度的提高。行政收费项目的定价不仅反映了国家的政策，也决定着能否实现公平与效率的价值目标。收费标准在某种程度上反映了国家对私人成本的社会调整和对社会成本的私人分摊，若行政主体对特定受益者提供特定服务所收取的补偿性收费全部或大部分由纳税人支付的公共行政经费来分摊，则可能并不符合社会公平与效率的原则。提高商标注册审查的官费后，因实施预登记制度可能引起的申请数量下滑和相应的各类人员收入降低等问题将得以适当缓解。但目前，我国商标注册官费一降再降，"放管服"以充分调动市场主体积极性的良好意愿却使得恶意注册人对批量抢注囤积有恃无恐，因为微小的投入可能带来极高的回报。提高申请收费，提高权利维持费，将那些没有实用价值的申请自始就被挡在授权程序之外，并迫使拥有者放弃相关的专利或商标注册。事实上，法院也同样应提高商标专利行政诉讼的门槛，加大对滥诉行为的惩罚力度。总之，只有让这些商标领域的非正常利用程序漏洞的行为无利可图、让违反诚信原则的恶意侵权行为受到惩处，才能发挥商标制度应有的作用，规范市场竞争秩序，维护权利人和消费者的合法利益。

（二） 外观设计单独立法的相关建议

在外观设计保护方面，基于其保护客体的特殊性，单独立法更为方便理解相关制度规则，尤其是利于有中国特色的行政执法，❶ 因此一直以来将外观设计剥离《专利法》是我国学界的倡导，2021 年发布的《知识产权强国建设纲要（2021—2035 年)》也对此作出了规划。

不过，目前没有单独的立法，也不影响外观设计保护实效。我国《专利法》2020 年修改后，提高了外观设计的保护水平，例如明确了对局部外观设计的保护；这一规定的落实需要与美国、日本等国一样，在配套规定和实践中采取相应的做法，删除《专利审查指南》中可能产生不利于局部外观设计保护的有歧义的规定、增加审查细则，接受局部外观设计专利申请的国际通行图例及优先权文件等。在实体方面，我国目前尽管对虚拟产品的外观设计之独立保护价值有一定的认识，在审查实务中明确了可以接受 GUI 申请，但对于什么样的 GUI 可以申请外观设计专利、什么是 GUI 所适用的产品、GUI 局部设计与整体有形产品外观的关系等相关审查标准并未作出明确规定，因此在实践中发生争议时各界认识难以统一，GUI 的保护在司法中具有不确定性。目前，SCT 对 GUI、图标和创作字体/工具字体的外观设计保护范围正进行探讨，SCT 积累的会议文件对各国了解其他国家特别是这一领域具有相对丰富实践经验的美日欧韩的做法非常有帮助，我国可充分利用这些参考材料，积极参与相关讨论并提出自己的主张，尽快在国内形成适应当前国情需要的法律适用对策。在程序方面，需要积极参与国际上就《海牙协定》的实施合作讨论取得的新进展，并在国内作出及时回应；目前 WIPO 的优先权文件数字查询服务（DAS）可随时用于外观设计，海牙工作组也在其《细则和行政规程》中插入了相关措辞，为利用该制度铺平了道路，我国应关注主要国家在外观设计申请方面使用优先权文件 DAS 取得的进展，并尽快对我国知识产权主管部门如何利用 DAS

---

❶ 管育鹰：《专利法第四次修订中的两个重要问题》，《社会科学文摘》2016 年第 4 期，第 75 – 76 页。

信息作出部署。

此外，外观设计是许多品牌要素的重要组成部分。本书前面部分梳理了 WIPO 的 SCT 关于外观设计法条约（DLT）议题的讨论及进展。DLT 旨在帮助设计人就其外观设计在国内外市场更便捷地获得保护，减少各国差异多且烦琐的手续、使全球外观设计注册和保护体系得到简化，特别是为中低收入国家的中小企业在海外获得外观设计保护提供极大的便利。目前 WIPO 已经决定近期（2024 年底之前）召开关于讨论通过 DLT 的外交会议；[1] 因此，有必要随时跟踪研究 DLT 相关条款的讨论，并结合我国的外观设计法律制度作出应对。

尽管 DLT 绝大部分是程序性规定，但也有一些可能带来实质性影响的条款。例如，第 6 条关于宽限期（Grace Periods）的规定，设计人可能最为关心，因为该条要求所有成员国为那些申请人自己或经其同意而先期披露的外观设计提供首次注册申请的宽限期。美国、欧盟、英国等多数主要经济体都有相关制度，目的是给予设计人一定的时间筹集资金，使其在产品投放市场之前避免承担申请注册的花销，以此激励其创新。我国目前《专利法》第 24 条对申请专利的发明创造在申请日以前 6 个月内的披露或泄露，规定了四种情形，适用范围比较具体和狭窄；尽管 DLT 规定成员国可以选择的期限为 6~12 个月，但大多数主要经济体采用的是 12 个月，CPTPP 也要求提供 12 个月的宽限期，我国如果仍将外观设计置于《专利法》框架下，则如果为了加入 CPTPP 而将第 24 条规定期限延长到 12 个月，则与 DLT 多数主要经济体一致，但适用情形相对狭窄的问题仍需要解决。

最后，从美国、日本和我国的司法实践经验看，与整体外观设计一样，局部外观设计的相同与近似，也是在确定外观设计保护范围和产品相同或类似后，以一般消费者的眼光为标准来判定的。"一般消费者"这一侵权判定的主体标准，与商标、地理标志的侵权判定无异，因此往往可以理解为外观设计侵权和商标一样也是混淆标准。但是，日本在审

---

[1] WIPO Member States Approve Diplomatic Conferences for Two Proposed Accords, https：//www. wipo. int/pressroom/en/articles/2022/article_0009. html，July 21, 2022；2023 年 3 月 1 日访问。

查和司法实践中很强调针对设计本身的"要部"判断方法，而美国则放弃了"创新点"测试法、采用"现有设计背景下的普通观察者"主体判断标准；对于我国来说，需要进一步总结司法经验，把握保护力度，建立类似"了解现有设计的一般消费者"的判断标准；同时，为了加强对局部设计的保护，在进行整体观察和综合判断时，有条件地承认局部设计相对独立的价值。❶

（三）地理标志专门保护及其与商标制度的衔接

如前所述，我国地理标志领域存在复杂的多体系并存、真假难辨、经营者超地域范围自我扩张、通用化等现象。鉴于目前在实践中比较突出的冲突问题是普通商标在先、地理标志在后注册，应当结合地理标志（包括集体或者证明商标、地理标志产品标志、农产品地理标志）的知名度、显著性、相关公众认知等因素，从是否足以构成相关公众混淆误认的视角，决定是否准予核准或维持相关标志的注册为宜。在实践中不宜以在后注册地理标志这一集体性权利的方式，反过来侵蚀更有名、但具体主体拥有的含地名驰名商标的权利；例如，"茅台""青岛"等善意在先注册的普通地名商标已有极高知名度，消费者已经形成该商标归属于特定主体的认知，再对更多主体核准使用相同或近似的地理标志，反而容易淡化品牌。

需保证地理标志专门保护或其他保护方式的正当程序要求。目前我国存量中的地理标志产品和农产品地理标志，虽然也经过相关主管部门的认定，但该认定程序不像《商标法》对授权确权相关程序的规定一样完备。值得关注的是，CPTPP 格外强调地理标志保护不同模式的协调，在 C 节、E 节作出了详细规定，指出对地理标志的任何保护模式均应规定有正当程序（第 18.31 条）；例如，成员国须保证公布申请或请求以供利害关系人提出异议，并规定对所申请或请求保护的地理标志（包括意译或字译）提出异议的程序，以及对已经注册保护或获得承认的地理标志予以注销（无

---

❶ 管育鹰：《局部外观设计保护中的几个问题》，《知识产权》2018 年第 4 期，第 11 – 25 页。

效）的程序；❶而依据《全面与进步跨太平洋伙伴关系协定》第18.32条，对地理标志注册申请提出异议或无效的理由，包括与已经在成员国先申请或获得注册的商标混淆，或者在成员国的通用语言中已经被作为产品通用名称。《全面与进步跨太平洋伙伴关系协定》第18.33－34条指出，确定某一地理标志是否属于通用语言中惯用的通用名称，可以考虑当地相关消费者的理解；如果地理标志是复合名称，而其中的单独组成部分在相关成员国当地是产品通用名称的，则该组成部分在当地不受保护。以法国著名地理标志"香槟"为例，其在美国加利福尼亚即作为产品通用名称而非法国的地理标志，如果"加利福尼亚香槟"作为美国的地理标志，受保护的是"加利福尼亚"原产地名称而非"香槟"产品通用名称。值得注意的是；正因为此，美国格外关注其他国家之间，尤其是主要经济体之间的贸易协议中关于地理标志的保护约定，并有针对性地在自己可以主导的双边或复边经贸协议中，强调地理名称通用化的不得阻拦在先商标正当使用的问题。例如，在2020年初签订的中美第一阶段贸易协议中，美方对地理标志保护的要求是：中国与第三方签订的地理标志协定、给予第三方地理标志产品在中国享受的强保护，不应该减损美国使用商标或通用名称的利益。❷《全面与进步跨太平洋伙伴关系协定》第18.36条还要求，成员国应提供合理的期限和机会，使得利害关系人能够在该成员国与其他成员国、非成员国签订地理标志保护或承认的国际条约时，对某地理标志是否可以获得保护或承认发表意见；同时，成员国还应保持透明度，使其他成员国能获知其通过国际条约保护或承认的相关地理标志名称（包括其字译、意译等）的信息。此外，如果成员国没有通过专门立法和行政程序注册和承认保护地理标志，而是通过司法程序保护未注册的地理标志，则需要确保司法在符合前述异议和注销条件时对未注册地理标志执行同样的正当程序。这些条款无不体现了美国的意愿。目前，我国已同

---

❶ CPTPP 第 18.31 条之（e）（f）。

❷ 根据《中美第一阶段经贸协议》第 1.15 条，我国有不减损美方利益的义务；即我国与第三方，例如欧盟签订的地理标志协定中给予欧盟地理标志产品在中国享受的强保护，不应该减损美国将该地理标志作为商标或通用名称使用所享有的相关利益。

欧盟签订了《中华人民共和国政府与欧洲联盟地理标志保护与合作协定》，❶ 而该协定首先采取了欧盟对地理标志的绝对保护原则，例如，像美国加利福尼亚产的香槟这类产品，尽管标注的是加利福尼亚香槟这一真正的产地，没有导致消费者产地误认，但这种在同一产品上用"香槟"这一欧盟地理标志名称的情况也要禁止；其次，不可以用类似于"×××风味""种类""品种""风格""仿制"等方式使用欧盟地理标志，即使消费者没有产生产地误认，例如标注"具有波尔多风味的葡萄酒"也是不可以的；另外，即使来自产地但没有达到相应地理标志产品的生产制造规范或质量标准，也不可以使用这个地理标志名称，例如"阳澄湖大闸蟹"如果是从外购回再贴标的"洗澡蟹"，也不能使用"阳澄湖大闸蟹"的地理标志名称。

可见，欧美在地理标志之间的差异，以及我国分别与之签订的双边条约、今后可能参加的大型经贸协议中的条款，需要我们在地理标志制度完善的下一步立法和执法中予以考虑协调。概言之，CPTPP 对地理标志制度着墨甚多，其主要目的是保障在先注册使用的商标权人，或将相关地理标志作为通用名称使用的主体之市场份额不受在后获得保护的地理标志的影响，其根本原因是美国推动的商标法保护模式的潜在影响。为加入 CPT-PP，今后在我国《商标法》进一步完善，或修改原质检部门和农业部门制定的地理标志保护相关规定或考虑制定为专门法时，须关注 CPTPP 这些关于正当程序的要求，仔细研究具体的应对方案。例如，《全面与进步跨太平洋伙伴关系协定》第 18.31 条（a）规定，成员国接受地理标志保护的申请或请求、不应要求其他成员国代表其国民介入；这意味着，我国目前要求国内地理标志申请注册时由相应地方政府部门提出初审意见、批准或证明、建议等文件的规定及做法不符合 CPTPP 规定，那么无论是商标法配套规范还是专门立法，均须考虑另行制定适用于 CPTPP 成员申请人的特殊规则。基于与欧盟的协议，还有我国与欧盟相似的历史地理造就的很多国

---

❶ 参见欧盟网站：https：//www. consilium. europa. eu/en/press/press－releases/2020/07/20/eu－china－council－authorises－signature－of－the－agreement－on－geographical－indications/，2023 年 3 月 6 日访问。

内地理标志品牌的保护需求，也需要科学、精准划定地理标志产品的使用范围，建立严格的产地生产和管理规范，避免消费者的混淆，同时对于已经淡化或通用化的地理标志不再进行同样严格的保护。根据《知识产权强国建设纲要（2021—2035年)》的规划，研究制定我国的地理标志专门立法也将提上日程；我国已提出加入CPTPP的申请，地理标志立法和实践需要仔细研究，在符合CPTPP和中欧协议要求的同时，服务于我国农业现代化建设的实际需要。

第五节 商业秘密和特定数据信息财产保护规则的完善

一、信息在新时代社会经济发展中的基础性作用

（一）数字财产和信息财产概念的已有讨论

1. 数字和信息财产的概念随着计算机技术产生

随着依托计算机软件的信息技术的快速发展和应用，数据、信息所对应的传统法律关系中的客体及其保护规则应如何确立，成为摆在世界各国面前的问题。相对于数字时代、数字经济的提法，"个人数据"保护议题早在20世纪70—80年代就已经提出，且在国际上制定最低保护标准的提议和形成的国际条约已经出现。事实上，在电子计算机应用广泛的发达国家，很早就已注意以法律手段保障个人数据的合理使用；这些规范不仅限于一国企业、政府部门，还需要就跨国境数据存储和使用制定国际保护法律规则。"经发组织准则"对此起到一定的促进作用。也即，1977年联合国经济合作与发展组织（OECD）的数据库专家组（Data Bank Panel），把研究题目集中在计算机数据的跨国使用与保守私人秘密的关系方面；力图研究出一种国际保护制度，以便既能够促进国际上数据处理的服务市场、数据买卖市场的兴隆，又能够通过对数据的保密而保护与个人有关的秘密

不被扩散。❶

可见，"数据财产""数据产权"并非新的概念，而是长期以来各国寻求统一国际规则但尚无共识的一个疑难问题，且这一问题随着 AI 和大数据技术的发展变得日益重要。同样，信息时代、信息社会、信息产业、信息产权的概念也比我国新近在《知识产权强国建设纲要（2021—2035 年)》中采用的"数据知识产权"❷ 出现得更早。事实上，"信息产权"理论早在 20 世纪 80 年代就由郑成思教授提出，其是传统知识产权的交叉与扩展；这一概念突出了知识产权客体的"信息"本质，❸ 该理论随即被欧洲一些国家、美国、日本等国的学术刊物所翻译转载。

应该说，信息是人们可以感知或获知的客观事物、现象、行为等所呈现的状态，而数据是信息的载体，指以计算机可识别的形式记录在任何媒介上，并可以通过软件还原为信息的数字等符号。信息与数据之间虽然不能画等号，但在计算机领域，一切数据无非都是录入并存储在计算机系统中的数据化的信息；在此意义上，信息与数据这两个词经常被交替使用、一般人不去细分也正常。不过，仅从字面上看，信息或数据所涵盖的范围，的确比"知识产权"或"智慧财产权"这两个汉字法律术语中强调人类认知、思考、创造等能力的"知识"和"智慧"要广。但无论是数据还是知识，其本质都是信息，因此如果说数据具有财产价值，也是因为其所蕴含的信息具有财产价值；数据所含的财产中，一部分可以依据知识产权法律规则予以确认和保护，其他部分难以界权的，在形成具体规则之前，合法获得和管理这些数据的主体，可以依据反不正当竞争法理制止他人不劳而获盗用。

2. 信息社会早期寻求数字治理共同规则存在困难

尽管意识到计算机处理的数据信息蕴含着经济利益，但早期不同发展阶段的国家对此问题的看法分歧极大。例如，WIPO 曾在 1991 年召开关于 AI 与知识产权问题的国际研讨会，特别针对"计算机生成作品"提供版权

---

❶ 郑成思：《计算机、软件与数据的法律保护》，法律出版社，1987，第 77 - 78 页。

❷ 中共中央、国务院 2021 年 9 月印发的《知识产权强国建设纲要（2021—2035 年)》，在第三部分"建设面向社会主义现代化的知识产权制度"的第七项，提出了"研究构建数据知识产权保护规则"。

❸ 郑成思：《知识产权与信息产权》，《工业产权》1988 年第 3 期，第 4 - 7 页。

保护的可能性，各国专家对这类作品的性质及是否具有可版权性等问题的观点莫衷一是；美国斯坦福大学的保罗·戈斯汀（Paul Goldstein）教授在最后总报告中，提出了关于这一议题有四个关键问题需要进一步研究，即1）对 AI 问题的研究应当关注哪些方面；2）AI 具有创造性的必要条件是什么；3）提高 AI 创造性条件的法律或其他机制是什么；4）探究影响 AI 创新法律机制的恰当方式是什么。❶ 从相关资料看，该议题在 WIPO 层面的讨论至今未再推进，可见议题的复杂性以及为此建立国际公认的统一法律规则之不可行。

（二）数字经济时代催生的信息财产扩张及其保护新需求

1. 数据信息成为社会经济发展的基础资源

近几年来，世界主要经济体都进入了数字技术和经济的高速发展期。大数据、AI、物联网、元宇宙等场景作为新一代信息和数字通信技术的核心样态，逐渐与社会经济生产和生活各方面各领域深度结合，海量数据随时产生，催生了各种基于数据开发的新业态和新模式。可以说，数据信息已经成为时代不可或缺的基础资源，数字经济成为继农业经济、工业经济后推动社会发展的新动力。在此背景下，对数据的获取、识别、选择、存储、过滤、挖掘、应用，正在成为各国、各方、各市场主体的角力焦点。因此，自大数据技术产生伊始，数据及其应用即成为各国政府所关注的新资源对象，相继制定出台了关于数据经济发展战略的指导文件。习近平总书记在主持实施国家大数据战略的集体学习中曾强调，"大数据发展日新月异，我们应该审时度势、精心谋划、超前布局、力争主动，深入了解大数据发展现状和趋势及其对经济社会发展的影响，分析我国大数据发展取得的成绩和存在的问题，推动实施国家大数据战略，加快完善数字基础设施，推进数据资源整合和开放共享，保障数据安全，加快建设数字中国，更好地服务我国经济社会发展和人民生活改善"。❷

---

❶ WIPO 出版物 No. 698（E），1991，297 页。

❷ 新华社：《习近平主持中共中央政治局第二次集体学习并讲话》，http://www.gov.cn/xin-wen/2017 – 12/09/content_5245520.htm，2023 年 1 月 5 日访问。

2. 欧盟数据库保护指令新的发展动向

基于数据不同于其他受到知识产权保护之信息的特殊性，各国通过不同的方式对其提供不同角度和程度的保护。欧盟是最先通过立法对数据库制作者提供保护的经济体。为协调成员国间的制度、明确数据库保护的基本规则，欧盟于 1998 年通过了数据库指令（DBD），对数据库提供除了传统版权保护以外的特殊权利保护，即对于未达版权保护要求的数据库给予准版权的保护。[1] 不过，欧盟在适用和解释数据库权利时并没有统一标准，而且在实践中，欧盟对数据库保护的态度并不像数据库指令制定当初人们设想的那样激进、相反却比较保守。例如，欧洲法院（EJC）曾通过足球比赛、赛马等赛事信息数据库不受保护的案例对"副产品"理论加以阐明，即数据库权利保护的是收集、查证和以特定框架呈现信息的专门投资，而其中的信息仅是这种商业活动自然产生之副产品，不予以保护。[2] 这些判决并未确立数据库特殊权利保护的具体标准，因此难以产生示范和引导作用。欧盟委员会于 2005 年 12 月发布的《关于数据库指令的评估报告》，称数据库特殊权利的设立旨在促进欧洲数据库产业的发展，但除了可以肯定其对成员国间的立法和实践具有协调作用，没有证据表明其到底对相关产业起到消极还是积极的作用；在 2018 年的最近一次评估中，这一结论仍没有变化。[3] 尽管如此，在大数据技术和 AI 等相关应用进入快轨道后，欧盟对数据库产业落后于美国的现状进行了一定反思，在 2015 年推出数字单一市场战略后，于 2020 年开始讨论数字战略，这两个决策都是为了寻找推动欧盟数字经济发展的适当方案。

目前，欧盟已经采取了一些相应的政策和立法动议，目标是提供必要的法律、技术、经济手段，数据获取、分享、利用能够促进创新和竞争，并保护公共利益。这些立法动议之一就是对已有的 1996 年的数据库指令进

---

[1] Directive 96/9/EC of the European Parliament and of the Council of 11 March 1996 on the legal protection of databases, OJ L 77, 27. 3. 1996.

[2] British Horseracing Bd. Ltd. v. William Hill Org. （Case 203/02, ECJ 2004）; Fixtures Mktg. Ltd. v. Oy Veikkaus Ab （ECJCase444/02）.

[3] Commission Staff Working Document Evaluation of Directive 96/9/EC on the Legal Protection of Databases, ［SWD（2018）147 final］, available at: pdf（europa. eu）, ［2023 - 03 - 03］.

行修改完善，作为欧盟数据法案的一部分。由于数据库指令提供了关于数据库的知识产权保护规则，其修订计划也是欧盟委员会2020年知识产权行动方案的一部分。根据欧盟委员会公布的计划，数据库指令修改有三个目标，一是协调数据库保护的主体认定规则，二是设立一类称为"特殊权利"的新型知识产权，促进数据库建设的投资和提升欧盟数据库产业的全球竞争力，三是通过这一新制度提供的必要手段，实现数据生产者、使用者之间的利益平衡。❶ 不过，欧盟今后的制度实施效果有待于观察。由于其长期以来对信息获取自由持开放的态度，即使是主张数据产权的观点，也与之前关于计算机生成物版权和数据库特殊权利的讨论一样，可能基于信息获取自由的理念，倾向于认为这种财产利益的保护仅限于以电子格式收集、处理、存储和呈现的内容，而非信息本身。❷ 另外，欧盟也更加关注个人信息保护问题，于2018年5月25日实施《通用数据保护条例》（GDPR），对个人数据保护提出了严格的要求，也给以数字经济为商业基础设施的企业带来了一定风险。

　　欧盟的数据库指令特殊权利模式没有在该地区之外引起效仿。信息产业高度发达和数字技术相对领先的美国、日本，均是通过制止不正当竞争的方式，个案处理数据库建设者和竞争者之间的关系。美国长期采用"热点新闻"一案中的"盗用禁止"理论，而日本在2018年通过修改《不正当竞争防止法》，增加了对"限定获取数据"的保护，也即，在该法关于"不正当行为"定义的列举中新设了非法获取、使用和提供受用户账户和密码等系统管理方式保护的、仅向特定使用者提供的数据之情形，并基本全盘复制关于商业秘密的保护规则，对权益受损的权利人提供申请禁令、赔偿等民事救济。❸

---

❶ Revision of Directive 96/9/EC on the Legal protection of databases. https：//www.europarl. europa. eu/RegData/etudes/BRIE/2021/694232/EPRS_BRI（2021）694232_EN. pdf.

❷ Alberto De Franceschi/Michael Lehmann：*Data as tradable commodity and new measures for their protection*，Italian Law Journal，2015（1），pp. 51 – 72.

❸ 管育鹰：《人工智能带来的知识产权法律新问题》，《贵州省党校学报》2018年第5期，第5 – 14页。

二、完善商业秘密和特定数据信息保护规则

（一）明确基于诚信商业道德的禁止信息盗用基本原则

1. 不同于传统知识产权的数据财产客体和权属界定困难

在新近关于数据财产保护的呼声中，争议较大的是"数据产权"的概念和范畴。显然，大数据的本质是动态数据库；根据已有经验，若整体构成独创性汇编作品的，无须另行建立新的法律规则，但大数据保护的难题是其编排、选择上的独创性不容易证成，绝大多数的大数据都是由智能设备收集客观事物和人的行为等信息自动产生并汇集而成，因此很难说这些数据信息是哪个具体的主体创作而产生的，而且，这些数据还可能随时更新、增减发生变化，难以确定其所涵盖的数据范围。正因为此，欧盟数据库指令制度运行效果才一直存在疑问：不得提取数据库中的信息可能造成信息垄断、违反知情权和信息流动自由；而如果随意可以提取，则又会架空数据库经营者的利益，其中的尺度十分难掌握。

2. 积极赋权认定和消极性禁止权利弊分析

对数据收集、处理和控制者积极赋权固然可以明晰产权、有利于交易安全和刺激产业发展，但同时也极易于引发争议和反对，尤其是大数据收集中可能涉及的个人信息或版权作品内容保护、国家安全、商业秘密等，相关权利人或主管部门会随时针对数据库交易提起合法合规性疑问，引起纠纷或管制及处罚。由于数据库保护涉及的法律关系非常复杂，积极赋权在客体、主体等界定上存在困难，采取消极性的禁止权保护模式更为适当，这也是美国、日本等国的实践和立法尝试。在我国也有观点明确指出，"数据不同于其他生产要素，无论是否确权，都只适宜以责任规则保护。我国法律对个人数据与企业数据的保护水平已经比责任规则要高，数据确权因此没有实际意义。"❶ 消极保护模式并不需要公示哪些具体的数据属于某个经营者，但当其他竞争者违反商业惯例或以非法手段抓取自己合

---

❶ 周汉华：《数据确权的误区》，《法学研究》2023年第2期，第3–20页。

法经营的大数据时，经营者可以依照制止不正当竞争的法律规定请求救济，这一模式相较而言更恰当。

事实上，我国司法界也已经不得不面对这一难题了。在新浪与脉脉的争议中，两级法院均认为被告未经新浪微博用户的同意及新浪微博的授权，获取、使用相关用户数据的行为，违反了诚实信用原则及公认的商业道德，损害了互联网行业合理有序公平的市场竞争秩序，损害了原告的竞争优势及商业资源，应根据《反不正当竞争法》第2条加以禁止。[1] 不过，此案最终适用了《反不正当竞争法》原则性一般条款来保护原告的数据利益，除了再次引起学界对原则性条款可能滥用的疑虑，还可能引起涉案的海量用户之个人信息如何得到恰当保护等问题的更广泛争议。因此，在个人信息如何保护、个人与数据采集者的权利义务关系如何确定、信息被盗用时数据收集者和个人如何寻求法律救济等规则不明晰的时候，大数据运营者应尽量通过网络平台协议等追究违约责任的方式来实现其数据权益；侵权责任的追究以限定在收集和管理并采取技术措施限制获取的情况下大数据被批量盗用之不正当竞争情形为妥。

3. 商业秘密保护制度的讨论和实践中的经验

事实上，对大数据相关财产利益采取禁止不正当竞争的方式予以保护，与商业秘密的保护模式类似。或者说，商业秘密的保护经验可作为数据财产保护的参考，而且很多时候数据保护完全可以采取商业秘密的保护方式，例如对自己经营管理的数据库，采取特定的技术措施加以控制以防止抓取，也就相当于采取了合理的保密措施。

在我国，对于商业秘密的保护，很早就有将其从《反不正当竞争法》独立出来，以专门立法赋予商业秘密所有人专有权进行保护的倡议。[2] 但是，由于商业秘密的复杂性，至今为止社会各界对其保护模式无法达成共识，其中最主要的原因是，商业秘密不是典型的专有权。尽管"法律界的

---

[1] 参见北京市海淀区人民法院2015年海民（知）初字第12602号判决和北京知识产权法院（2016）京73民终588号判决。

[2] 例如，宋锡祥、俞敏：《完善我国商业秘密保护的法律思考》，《财经研究》1997年第8期，第23-26，第46页；唐海滨、孙才森、梁彦、王莉萍：《有关商业秘密立法的重点难点问题》，《中国法学》1999年第4期，第20-32页。

共识几乎是，商业秘密是一种知识产权，如果进一步探讨商业秘密权的性质，我们会认为商业秘密是一种财产权。其实商业秘密的保护是从合同法、侵权法、财产权的法律保护发展起来的。至今对于商业秘密进行知识产权法保护，仍然自觉、不自觉地受着财产法、合同法和侵权法的理论影响。"❶ 另外，商业秘密不像其他知识产权一样，具有鼓励公开信息以促进进一步创新的社会功能；在技术层面上，也无法对其进行质押。❷

这些关于商业秘密保护的研究和论述，同样适用于数据，事实上大数据合集必须凭借相当大的投入才得以形成，其无疑也像商业秘密一样蕴含着价值和利益；大数据经营者如果将其汇集和经营的数据视为财产，必定会对其内容的获取和利用采取相应的控制措施，例如通过合同或技术手段，否则相对于商业秘密这种无形信息的经营者，大数据的经营者更难以主张"权利"救济。从某种程度上说，日本《不正当竞争防止法》对数据的保护以限定获取为条件，比较符合大数据保护的需求和现实，具有参考意义。

（二）加强对商业秘密和数据信息财产的保护力度

1. 商业秘密保护力度不断强化

无论是商业秘密还是数据财产，尽管与典型的知识产权保护客体存在一定区别，但无疑都是经营者经过大量投入合法持有的信息资源，而且这些具有商业价值的信息资源对于数字经济时代的企业从事相应的商事活动不可或缺。在此背景下，我国需要及时研究制定与此相关的保护和利用规则。从商业秘密保护的已有实践看，除了"秘密性""合理保密措施"的证明困难，由于保护客体上的重合，竞业禁止纠纷往往与商业秘密侵权纠纷交织在一起，出现竞业禁止违约行为与商业秘密侵权行为的竞合，使侵权判定和救济方式都变得更加复杂，总体而言商业秘密的保护力度相对于专利来说要弱。

---

❶ 郑成思主编：《知识产权——应用法学与基本理论》，人民出版社，2005，第451–464页。

❷ 王进、王坤：《论商业秘密的不可质押性》，《中国发明与专利》2012年第5期，第29–32页。

不过，近些年来，商业秘密是中美贸易关系中的一个核心争议点，在2020 年初的《中美第一阶段经贸协议》知识产权条款中，这也是内容最多的一部分。根据协议，我国近年来大力强化了对商业秘密的保护。首先是协议中列举的侵犯商业秘密行为，如电子入侵、违反或诱导违反保密义务、披露或使用在保密义务下获得的商业秘密等，均已经体现在了2019 年修改的《反不正当竞争法》中；协议规定的在侵犯商业秘密民事程序中，在权利人提供初步证据后、举证责任转移至被告，以及关于提高法定赔偿额、增加惩罚性赔偿等制度，也在2019 年修法时被纳入，体现了加大侵害商业秘密行为法律责任的趋势。2020 年9 月，最高人民法院出台并实施《关于审理侵犯商业秘密民事案件适用法律若干问题的规定》，同时会同最高人民检察院颁布实施《关于办理侵犯知识产权刑事案件具体应用法律若干问题的解释（三）》，细化了侵害商业秘密行为的裁判规则、减轻举证责任，加重刑事惩处，强化了商业秘密保护，近年来司法实践中也产生了影响极大的侵害商业秘密高额赔偿案件。❶ 在2020 年底公布的《刑法修正案（十一）》中，也已将侵犯商业秘密罪由结果犯变更为了行为犯、并提高了徒刑上限，加大了对商业秘密犯罪的惩处力度。

我国目前的商业秘密保护相关立法经修改已比较完善，需要注意的是司法适用中的问题。首先是在司法政策上，需要在相关的法律适用标准和实务操作程序并未及时跟进、完善的情况下，坚持不偏不倚，以事实为依据、以法律为准绳，防止片面理解加强保护的政策。缺少翔实论证而盲目提高商业秘密保护水平将造成新的不公。例如，传统上关于"合理保密措施"的判定，在个案中并不能一概降低举证要求，仅在单位和员工签订劳动合同中存在概括性保密条款的情况下就认定为采取了合理保密措施；这一导向在实践中并不能引导和要求企业真正采取必要的措施、建立针对其商业秘密的具体管理制度。其次，商业秘密依据法律可以获得民事和刑事的双重程序保护，在实践中持有人为增强效率减少举证困难，往往追求

---

❶ 例如，在"香兰素"技术秘密侵权案中判赔1.59 亿元，系我国法院生效判决赔偿额最高的侵害商业秘密案件，在"卡波"技术秘密案中作出最高人民法院首例惩罚性赔偿并顶格5 倍计算判赔3000 余万元；参见最高人民法院知识产权法庭2020 年10 件技术类知识产权典型案例，https：//www. court. gov. cn/zixun－xiangqing－288071. html，2023 年3 月15 日访问。

"先刑后民"或采取"刑事附带民事"的追责模式；但是，技术秘密认定的复杂性和专业性，要求双方通过充分举证质证的民事程序认定相关事实，这与直接以公安部门的主动侦查获取证据的刑事程序并不协调。同时，一些案件在刑事程序中可能办案粗糙、结果存疑，而且很难通过刑事申诉程序获得纠正，不排除对嫌疑人采取强制性措施和判定刑事责任，而若以民事诉讼处理却不能认定构成商业秘密或不侵害商业秘密的情况。因此，可考虑对商业秘密尤其是技术秘密采取分类分级的保护机制，对一些技术含量较低的，例如若申请专利将会不符合创造性要求的内容，不宜给予刑事保护；对商业秘密刑事案件应采取"三合一"审判模式，或"先民后刑"模式，公安机关一般不对侵犯技术秘密事由主动进行刑事立案，而是由审理相关民事案件的法官，根据侵权情节将民事案件中涉及的涉嫌犯罪事实移送给刑事部门进行追责。在惩罚性赔偿适用中，应关注倍数与情节严重程度的对应关系、符合法律适用时的比例原则。最高人民法院在司法解释❶中分别针对严重、比较严重、特别严重、极其严重，规定了可适用两倍、三倍、四倍、五倍惩罚性赔偿，这一分层构建方式具有合理性，只是四种严重程度的判定还需明确更具体的条件以便操作。

另外需要注意的是，我国《反不正当竞争法》第 21 条规定了侵犯商业秘密的行政责任；对此，鉴于是否构成商业秘密以及违法所得的判定属于比较复杂和专业的问题，通常要经过民事、刑事程序充分举证或侦查后才能得出结论，行政执法中的处罚需要谨慎；除非被控侵权人主动全部承认，一般应考虑与民事、刑事程序的衔接问题。商业秘密制度因不实行"公开换保护"，持续强化其保护，尤其是低门槛的行政保护，是否会引起创新者和经营者放弃对重要技术申请专利转而采取商业秘密保护，从而导致技术封锁而不利于竞争秩序和社会公众的再创新，也是需要仔细分析和值得思考的问题。

2. 数据财产保护趋势更加明显

如前所述，目前对于数据库的保护，我国已有的可适用的法律制度是

---

❶ 最高人民法院《关于审理侵犯商业秘密民事案件适用法律若干问题的规定》，法释〔2020〕7 号。

《著作权法》，但其仅能够对在选择、编排上有独创性的汇编作品进行保护，难以对计算机技术自动处理和控制的数据库，尤其无法对动态数据合集本身给予保护。《民法典》第 127 条仅对数据财产保护的可能性作了衔接性规定，并无具体保护规则；《个人信息保护法》则仅强调了个人信息数据处理者的义务，例如应当遵循合法、正当、必要和诚信原则，不得非法收集、使用、加工、传输他人个人信息，不得非法买卖、提供或者公开他人个人信息等，对于处理者和经营者合法收集、加工和处理的数据是否享有这种权利或合法利益未涉及。

尽管尚无专门的法律或明确的具体保护规则条款，我国司法部门近些年来处理的数据财产利用相关纠纷日益增多。例如，在北京知识产权法院判决的新浪微博诉脉脉案❶中，法院基于淘友公司违反协议，通过 Open API 收集、使用新浪微博用户数据的教育信息和职业信息等权限之外的数据加以利用的事实，认定淘友公司违反了诚实信用原则及公认的商业道德，损害了互联网行业合理有序公平的市场竞争秩序，损害了原告的竞争优势及商业资源，应根据《反不正当竞争法》第 2 条加以禁止。在大众点评网诉爱帮网不正当竞争案❷中，对于爱帮网未经大众点评网许可在自家网上发布来源于大众点评网的数百家餐厅点评的行为，大众点评网先以侵犯其著作权为由起诉，后经过二审法院裁定餐厅简介和用户点评文字整体上不构成汇编作品；其后大众点评网以爱帮公司大量复制自己投入大量时间、人力、精力积累的网站内容，并虚假宣传主张其构成不正当竞争起诉，最终法院二审判决被告爱帮公司不正当竞争成立。在腾讯与抖音就多闪的行为请求诉前禁令的纠纷❸中，法院认定申请人经营的微信、QQ 产品兼具社交平台和开放平台等多重属性，具有广泛知名度，已拥有十亿级的月活账户；当下，用户信息已成为互联网经营者特别是社交网络平台的核心财务和重要的竞争资源，如何获取、使用这些用户信息也是经营活动的重要内容。在保证用户隐私权等其他合法权益不被侵害的前提下，对基于

---

❶　参见北京知识产权法院（2016）京 73 民终 588 号民事判决书。
❷　参见上海知识产权法院（2016）沪 73 民终 242 号民事判决书。
❸　参见天津市滨海新区人民法院（2019）津 0116 民初 2091 号民事裁定书。

自身经营活动收集并进行商业性使用的用户数据同样享有合法权益，故申请人具有事实基础和法律依据。在淘宝诉美景案❶中，淘宝公司开发和经营"生意参谋"零售电商数据产品，该数据产品通过记录、采集用户在淘宝、天猫上浏览、搜索、收藏、加购、交易等活动留下的痕迹，进行深度加工处理，最终为商家网店运营提供数据化参考，帮助商家提高经营水平，而美景公司运营的网站通过提供远程登录服务的方式，帮助他人获取"生意参谋"数据产品中的内容并从中获益。法院认为，淘宝对于其数据产品享有竞争性财产权益，美景直接将他人市场成果为己所用获益的行为，明显有悖公认的商业道德，损害了淘宝公司的商业利益和商业模式，削弱了淘宝公司的市场竞争优势与核心竞争力，扰乱了大数据行业的竞争秩序，构成不正当竞争。

值得关注的是，随着大数据技术在各行业各领域的广泛应用，类似以上因数据抓取和利用产生的不正当竞争纠纷将呈现爆发趋势。而目前由于立法条款的原则性——通常法院只能通过对《反不正当竞争法》第2条或第12条中的兜底条款（其本质也是与第2条一样的原则性一般条款）的解释来作出裁判。这种方式在法律效果的可预期方面存在较大问题，特别是在很多情况下产业界对数据财产的公认"商业道德"尚未形成，而且我国不是判例法国家，各地法院很有可能按法官各自的理解作出判决；对于事关相关主体切身利益的数据财产纠纷如果过多倚重诚实信用原则一般条款解决，无助于尽快形成相对明确的法律规则，难以发挥法律应当具有的规范指引作用。例如在两个互联网产业头部企业百度与奇虎之间，在长期的竞争中，因各自采用技术手段开展的新模式新业态而不断引发不正当竞争纠纷，这与各界对正当和非法的认识存在分歧有关；反复由法院适用《反不正当竞争法》一般条款来解决冲突，显然使得结果的不确定性凸显，这种情况是否有利于规范我国互联网领域的竞争秩序值得探讨。

《知识产权强国建设纲要（2021—2035年）》提出："加快大数据、人工智能、基因技术等新领域新业态知识产权立法。"2023年发布的《数据

---

❶ 参见杭州市中级人民法院（2018）浙01民终7312号民事判决书。

二十条》❶采用了"淡化所有权、强调使用权"、把重点放在数据交易流通环节的做法，这种"三权"分置思路是非常中国式的解决方案。不过，目前在推动完善相关法律制度、构建大数据保护制度的路径选择中，理论上还有不同观点。主张采取财产权保护模式、在数据客体上设立新型"数据财产权"的观点主要倾向于为企业数据投资提供全面的保护，但在界权和具体权利内容即行使规范方面欠缺深度研究和具体方案；另外，设立由"权利人"专有的数据财产权是否会妨碍数据共享和自由流动？对此设权主张也未能给出合理对策。因此，本书认为，采用侵权行为法保护模式更为适当，即通过完善反不正当竞争法对数据财产提供保护更具有可行性和可操作性。简言之，尽管很多观点倾向于在数据之上设立"数据财产权"或"数据知识产权"，但现阶段大多数研究停留在概念厘清、正当性分析、制度框架等宏观层面，没有关于"数据财产权"具体制度的设计，也缺乏共识。事实上，在市场主管部门启动并公布的《反不正当竞争法》修改草案中，这一思路已经有所体现；在今后的立法完善中，对"商业数据"❷财产利益的保护明确一定的规则，增强法律适用后果的相对可预期性，是可以考虑的对策。

（三）平衡数字时代信息权益保护与创新和竞争的关系

在网络时代，以专利、版权运用为核心的新业态借助新技术的运营模式极容易引起限制竞争的争议，而对大数据的经营者提供财产利益的保护更是如此，因为此类作品、内容或大数据的专有使用权，通常由技术和资金上具有优势的大型互联网公司拥有。基于此，在强化知识产权保护、承认数据财产价值并提供一定程度保护的同时，也需要关注公平竞争问题，避免权利滥用，以反垄断执法调和创新与竞争两项公共利益的平衡。

通常认为，知识产权是法律赋予的专有权、是合法的垄断，正常行使

---

❶ 2022 年 12 月 19 日《中共中央 国务院关于构建数据基础制度更好发挥数据要素作用的意见》。

❷《市场监管总局关于公开征求反不正当竞争法（修订草案征求意见稿意见）的公告》，https：//www.samr.gov.cn/hd/zjdc/202211/t20221121_351812.html？xxgkhide=1，2023 年 1 月 6 日访问。

权利形成的自然垄断地位不受反垄断法的规制；但是，具有市场支配地位的权利人在行使其权利时不当利用甚至滥用其垄断地位，或行使权利超出法律所允许的范围和界限、损害他人合法权益或公共利益时，法律应当予以制止以免造成阻碍市场竞争的后果。在全球范围内，市场经济发达的各国对二者关系的处理方式，一般都是在反垄断法中对禁止滥用知识产权行为仅作原则性规定，以便执法者结合争议发生时的社会经济形态、国家创新政策、产业发展趋势和公众价值导向等具体情况作出裁决。我国《反垄断法》2022 年的最新修正案中，关于知识产权滥用的条款没做任何改动，即第 68 条："经营者依照有关知识产权的法律、行政法规规定行使知识产权的行为，不适用本法；但是，经营者滥用知识产权，排除、限制竞争的行为，适用本法"。可见，知识产权是否正当行使、权利人的行为是否构成滥用市场支配地位，是留待执法和司法机关解答的难题，数据财产的保护也是如此。

可见，反垄断法与知识产权法的关系极为复杂，如何取得平衡是个疑难问题。在实践中，虽然我国反垄断民事诉讼案件增长明显，但由于原告举证不力，绝大多数的反垄断民事诉讼案件都是原告败诉。❶ 数据财产权益的保护更需要考虑如何平衡竞争与创新的关系。一方面，数据正成为经济创新转型发展的引擎、成为企业市场竞争的重要资源；另一方面，我国现阶段的知识产权事业发展在一定程度上呈现两极分化现象，大众和企业普遍缺乏足够的知识产权法律意识和运用能力，亟须加强保护和引导，同时，个别市场主体利用法律适用中存在的空隙极力扩张权利，甚至利用漏洞滥用权利，程序侵害竞争者合法利益和损害公众利益，这些行为也需要警惕和应对。因此，国家主管、执法部门和司法机关在加强知识产权包括"数据知识产权"保护力度的同时，也须明确态度，对可能产生的数据垄断实施监管，对破坏市场竞争秩序的垄断行为实施打击。大数据产业的整体繁荣发展，在一定程度上依赖于对数据的采集、分享和公开，合理的数据信息共享机制也可在社会整体利益上避免重复投资和资源浪费；但当下

---

❶ 王闯：《会议综述：中国反垄断民事诉讼概况及展望》，《竞争政策研究》2016 年第 2 期，第 6 – 12 页。

大数据持有者在强调数据财产利益保护的同时，往往对所控制的数据采取技术控制措施以维护自身的竞争优势，这使得有效数据难以被充分利用，且容易造成事实上对大数据的垄断，反过来限制或破坏大数据产业的竞争秩序。

另外，在保护数据财产的同时，还需要考虑到整个社会文化繁荣和科技进步的需求，合理设计保护期限以及与其他知识产权领域类似的合理使用、法定许可或强制许可等制度，对大数据财产的保护进行适当限制，防止其被完全控制在少量主体手中，促使大数据以符合社会利益最大化的方式公开，为其他主体合理利用和再创新提供可能性。还需要考虑如何落实"数据二十条"所说的创新政府数据治理机制，打破"数据孤岛"，营造公平竞争、规范有序的市场环境；压实企业的数据治理责任，打破"数据垄断"，促进公平竞争。

第六节　知识产权与传统资源保护制度的协调

一、传统资源保护的重要性及发展方向

（一）传统资源保护事关国际社会认同的可持续发展议题

1. 传统资源保护事关促进人类发展的科技创新和文化建设

传统资源既包括有形的生物遗传资源，也包括广义的无形传统知识，即由某一民族或地域全体人民基于共同的人文地理环境而创造并代代相传的知识体系，具体表现形式涵盖了文学艺术科学领域的作品，以及发明、技巧、设计、标记、名称、符号、未公开信息等所有类型的智力成果。传统资源及相关知识的传承、创新和相关智力成果的利用、传播，是人类文明共同促进协调发展的历史经验；即使到了今天，其在帮助发展中、欠发达国家开辟脱贫致富和环境保护新路径方面也发挥着重要作用，例如，被誉为"中国神草"的菌草，在巴布亚新几内亚的城市近郊，帮助了当地的

人们通过菌草种菇技术在短时间内脱贫致富，❶ 而且，菌草和鲜菇种植不需要化肥和农药，也有利于当地生态环境保护。

即使是植物、动物、微生物等有形的生物遗传资源，目前在国际论坛上讨论的保护客体，也开始超越有形生物遗传材料而扩张至任何具有经济价值的电子化生物遗传信息，而这些信息能够在当代利用于创新，在很大程度上也依赖于从长期传承的传统知识中获得的信息和创意。可见，传统资源保护不仅仅是生物、文化多样性保护以维持人类可持续发展的需要，还关系到今后人类科技和文化的创新发展。科技创新是推动人类文明进步的根本动力。尤其在当前，为应对公共卫生健康的全球性挑战、战胜新冠病毒感染疫情，推进药物、疫苗、检测方式等生物领域的科技创新至关重要，通过对传统资源的利用和创新，找到有效应对公共健康挑战的途径不可忽视。同时，科技是第一生产力，文化创意则可视为一种软实力；尤其是进入新时代后，人们的文化需求越来越多元化，如何充分调动原创力，开发利用我国丰富优秀的传统文化资源，在满足我国人民日益增长的美好生活需要的同时，树立文化自信、参与世界文化交流，是我们面对的新时代最重要的制度建设任务之一。

2. 传统资源至今仍是我国知识产权领域的长项

作为拥有几千年文明的民族，我国保留了丰富的传统资源，这些传统资源已成为当代创新活动组织者取之不尽的知识和信息宝藏。在 WIPO－IGC 建立之初，郑成思教授即已敏锐地发现我国在这一特殊的知识产权相关领域具有优势，指出：“遗传资源与传统知识构成现代科技与文化不可缺少的组成部分，是技术创新、文化创新的源泉，中国在此具有比较优势。然而，在利用上述资源促进社会和经济的发展中，可持续发展的理念不容忽视，只有遵循了这一信条，才能够使源泉源而不断，永不枯竭。”❷我们应当做的，一方面是利用知识产权制度业已形成的高保护，推动国民在高新技术与文化产品领域搞创造与创作这“流”，另一方面要积极促成

---

❶ 国纪平：《让科技创新为人类文明进步提供不竭动力》，《人民周刊》2022 年第 8 期，第 68－72 页。

❷ 郑成思：《遗传资源、传统知识与民间文学艺术在研究什么——创新之"源"与"流"》，《中国知识产权报》2002 年第 628 期，第 3 页。

新的知识产权制度来保护我们目前可能处于优势的传统知识及生物多样化这个"源",这样,才更有利于加快我们向"知识经济"发展的进程❶。

面对传统资源日渐流失和遭到不当利用的双重危机,我国为抢救、保存传统资源,于20世纪90年代就启动了非物质文化遗产(非遗)保护的立法工作,于2011年通过了《非物质文化遗产法》,同年还成立了中国生物多样性保护国家委员会,各级政府都承担了传统资源收集、确认、立档、研究、保存等方面的职责。非遗法实施十余年来,取得了诸多成就,例如全国有31个省(区、市)出台了非遗保护条例,许多有立法权的市、县也出台了本区域的非遗保护地方性法规;全国各地建立了具有中国特色的国家、省、市、县四级非遗代表性项目名录体系,有40多项还列入UNESCO的世界非遗名录,一大批珍贵、濒危和具有重大价值的非遗项目得到了有效保护。非遗法是主要规范政府部门行为的行政法,对于利用产生的利益如何分配等民事问题,相关规则一直没能实质性推进。非遗保护涉及的知识产权问题非常复杂,学术界对此有不同看法,非遗法制定过程中曾经作出衔接性规定,但后来删除,仅在第29条对非遗利用做了"利用非物质文化遗产进行创作、改编、表演、展示、产品开发、旅游等活动,应当尊重其形式和内涵,不得歪曲滥用"的原则性规定,而这一规定,尤其什么叫"歪曲滥用"以及其法律责任如何,在实践中难以操作和适用。例如,电影《千里走单骑》讲述一位日本父亲为消除与病危儿子间的隔阂,只身前往云南丽江拍摄面具戏的感人故事,而影片中标注为"云南面具戏"的《千里走单骑》地方剧目,事实上是贵州省的国家级非物质文化遗产"安顺地戏";安顺市文化局认为三被告侵犯"安顺地戏"署名权,但法院判决认为,安顺地戏是一个剧种而非著作权法上的作品,因此安顺市并无署名权,被告主观上并无侵害非物质文化遗产的故意和过失,客观上也未对"安顺地戏"产生歪曲、贬损或者误导混淆的负面效果,故对原告的诉讼请求不予支持。❷ 可见,非遗利用中的私权保护问题,法律

---

❶ 郑成思:《传统知识与两类知识产权的保护》,《知识产权》2002年第4期,第3-5页。

❷ 参见北京市第一中级人民法院(2011)一中民终字第13010号民事判决书。

没有明确规定，司法中甚至连基本的精神权利都难以保障，❶《著作权法》架构内的《民间文学艺术作品保护条例》也至今未能推出。❷

对于我国极具优势的中医药传统知识的保护问题，国家中医药管理局长期致力于研究制定相关的立法，《国家知识产权战略纲要》实施后即启动了立法研究。经过多年的讨论，《中华人民共和国中医药法》（以下简称《中医药法》）于 2016 年 12 月 25 日通过；作为中医药领域的基本法，该法涵盖了中医药服务、中药保护与发展、中医药人才培养、中医药科学研究、中医药传承与文化保护等关乎中医药事业发展的各个方面。但是，中医药传统知识的保护问题，作为一个讨论中的重点内容，最终未能在《中医药法》中明确具体保护规则；该法第 43 条采取了衔接式的原则性规定，即"国家建立中医药传统知识保护数据库、保护名录和保护制度。中医药传统知识持有人对其持有的中医药传统知识享有传承使用的权利，对他人获取、利用其持有的中医药传统知识享有知情同意和利益分享等权利。国家对经依法认定属于国家秘密的传统中药处方组成和生产工艺实行特殊保护"。据此，我国中医药主管部门 2017 年以来开展了系列研究项目，力图继续跟踪考察国际国外相关经验、研究现行知识产权法律制度对中医药产业的保护、探索中医药传统知识保护专门立法等各种法制化路径。不过，制定《中医药传统知识保护条例》与其他领域的传统知识一样难度极大、推进缓慢，关键在于如何与现行知识产权法衔接。

对于生物遗传资源，我国是 CBD 成员国，也加入了其后的《名古屋议定书》，由生态环境部负责协调履约相关工作，包括与相关主管部门就与生物遗传资源保护相关立法和实践信息进行交流。国务院于 2015 年启动了生物遗传资源获取与惠益分享专门法规的立法工作，拟制定生物遗传资源获取与惠益分享专门法规，设立获取与惠益分享信息交换机制，发布生物遗传资源及相关传统知识监管信息。在立法层面，涉及生物遗传资源的管理部门比较多，分别负责相关法律的制定和修改工作。目前已有一些法律

---

❶ 韦之：《署名权是什么——也谈"安顺地戏"案》，《中国版权》2011 年第 6 期，第 42 页。
❷ 该条例草案曾于 2014 年 9 月 2 日由国家版权局公布征求意见，但后来不了了之；相关内容和评述参见管育鹰：《民间文学艺术作品的保护机制探讨》，《法律科学》2016 年第 4 期，第 101－113 页。

加强了对生物遗传资源利用的管理，例如，《畜牧法》《种子法》规定向境外输出或者在境内与境外机构、个人合作研究利用种质资源或者列入保护名录的畜禽遗传资源的，应当向农业、林业、畜牧兽医等主管部门提出申请；《专利法》要求利用遗传资源获得的发明要披露来源；另外还有《野生动物保护法》《进出境动植物检疫法》《野生植物保护条例》《畜禽遗传资源进出境和对外合作研究利用审批办法》《人类遗传资源管理条例》等一系列生物遗传资源相关法律法规。这些法律法规虽然涉及来源披露的要求和获取、出口的审批等行政措施，但却普遍缺少惠益分享的内容，而且各部门在获取审批、来源披露、出入境查验等方面的信息共享和跨部门协调工作机制亟须建立、完善和加强。

2020 年 10 月 17 日，我国《生物安全法》通过，其第 59 条规定："利用我国生物资源开展国际科学研究合作，应当依法取得批准。利用我国人类遗传资源和生物资源开展国际科学研究合作，应当保证中方单位及其研究人员全过程、实质性地参与研究，依法分享相关权益。"但是，获取遗传资源的审批尚可以通过上述相关法律法规执行，但如何保证中方实质性参与研究、如何分享研究成果相关权益，以及如何与《专利法》对接等，仍是未知数。

总体而言，对于传统资源，仅有政府的抢救性、行政性保护是不够的，国家行政资源属于财政供养的公共权力行使部门，人力、财力难以全面替代传统资源持有人开发利用，或者对应用广泛的传统资源随时主动地监控和制止盗用行为。对传统资源中无形信息的使用，本质上是一种类似知识产权可以控制的财产处置行为，完善的保护制度需要在传统资源之上设立一种类似知识产权的特殊民事权利，以激发和保障传统资源持有人传承、保护和利用的积极性主动性，尤其是使传统资源持有人能够有效地制止不当获取和滥用，合理地分享其传统资源利用带来的利益。在新时代，我们需对地理标志、动植物原生品种、传统知识、民间文艺等我国优势传统资源利用和保护的相关法律规则进行深入研究，推动其与现有知识产权制度框架的协调与衔接，并在条件成熟时建立起适当的专门法保护制度。

（二）传统资源在全球化和信息时代的利用

1. 传统资源是现代科技和文化创新之源

根据 WIPO 于 1999 年在世界各地多个相对不发达的国家和地区的调查结果，传统知识被一致认为是当今创新或创作的来源，也即诸多智力成果财富的来源，它与现有知识产权制度的各个分支都紧密相关。[1] 但是，从国际层面看，各方对这个议题的争论极大，发达国家坚决反对以类似知识产权的特殊权利方式对传统资源进行保护，而发展中和不发达国家则认为应当以 CBD 关于遗传资源的"获取 + 惠益分享"模式为基础，建立关于传统资源保护的国际规则，改变现行知识产权制度只保护当代权利人的创新成果，无视这种成果是基于对传统资源的无偿占有甚至不当利用之事实的失衡状态。

我国学界早有观点指出，"传统知识财产处于现行知识产权体系的保护之外，它实际上归属于国际社会正在讨论的一个更为宽泛的权利系统——传统资源权：按照传统资源权的主张，任何人对于特定群体所拥有的知识、发明和实践及其土地和领土上保存的生物资源的进一步利用开发，应当通过协商达成公平的利益分享。如果说现行知识产权制度是对智力创新的激励，那么传统资源权就是对于创新源泉的涵养。"[2] 在实务界，源于传统资源的创新成果不胜枚举。在科技领域，国际上早有"生物海盗"现象；[3] 西方国家在发展中国家进行生物遗传资源的搜集活动已有超过上百年的历史，大量经筛选培育的生物遗传资源开发出了受专利等知识产权保护的药品、保健食品、化妆品及动植物新品种，获利巨大。例如，猕猴桃原产于我国，后由新西兰人带回国开发出"奇异果"，[4] 不仅卖到世

---

[1] *Intellectual Property Needs and Expectations of Traditional Knowledge Holders*：WIPO Report on Fact – finding Missions on Intellectual Property and Traditional Knowledge （1998 – 1999），WIPO Publication No. 768 （E），2001.

[2] 郑成思主编：《知识产权——应用法学与基本理论》，人民出版社，2005，第 403 页。

[3] Marcia Ellen DeGeer：*Biopiracy*：*The Appropriation of Indigenous Peoples' Cultural Knowledge*，New England Journal of International and Comparative Law，（2003）9 （1），pp. 179 – 208.

[4] 薛达元、张渊媛：《保护生物遗传资源，抑制"生物海盗"》，《光明日报》2020 年 2 月 22 日第 7 版。

界各国，还返销我国成为高端果品；美国孟山都公司，对采自上海附近的一种野生大豆品种进行检测和分析，发现了与控制大豆高产性状密切相关的基因"标记"，后培育杂交出含有该"标记"的大豆，于2000年4月6日据此向全球包括中国在内的101个国家申请国际专利，要求对利用其育种技术获得的所有含有这些"标记"的大豆，以及凡被植入这些"标记"的各种转基因植物进行保护。❶ 在文化领域，作为典型无形信息的文学艺术、科学知识等文化承载要素，随着人员往来流通和交融，"不当挪用"更为便利，时间也同样久远。但是，人文领域的"文化挪用"❷ 相对于生物遗传资源盗用的概念更容易引起争议，因为文化交流、相互借鉴是人类历史中的通行实践，新兴国家尤其会认为传统文化资源所含要素已经处于公有领域而可以自由利用和再创新。但是，音乐、服饰、标识等文化领域传统元素的擅自"挪用"也不时引起纠纷，例如，作为美国亚特兰大奥运会的宣传歌曲，《返璞归真》一曲空灵缥缈、余音缭绕，其中的和声尤其优美动听、令人回味；但后来台湾地区阿美人郭英男夫妇歌手控告国际奥委会等单位，指控被告未经许可而使用了他们创作的歌曲（和声部分），此案后来达成庭外和解。❸ 同样，我国的原生态民间文艺不但面临急剧消逝的困境，也面临着在信息时代被有技术和资金保障的域外人任意复制和利用甚至被随意更改来源，而创造和传承的传统族群却得不到尊重和回报的问题，"乌苏里船歌"和"千里走单骑"纠纷反映了这一冲突，❹ 新近发生的"马面裙"❺ 网络舆情事件也是某种"文化抄袭"的反映。在文化创新不断从传统资源汲取营养的今天，不明确传统资源使用及产生的利益分配规则以解决创造者或保有者与利用和获利者之间的关系问题，不利于

---

❶ 庞瑞锋：《种中国豆侵美国"权"?》，《南方周末》，2001年10月25日，第3-6页。

❷ Arpan Banerjee：*Copyright and Cross - Cultural Borrowing：Indo - Western Musical Encounters*，IP Theory，Vol. 5：Issue 1（2015），pp. 35 -59.

❸ 任秋凌：《亚特兰大奥运主题歌抄袭案庭外和解》，《羊城晚报》1999年7月7日，转自新浪网：http：//dailynews. sina. com. cn，2023年1月8日访问。

❹ 北京市高级人民法院（2003）高民终字第246号民事判决书，北京市第一中级人民法院（2011）一中民终字第13010号民事判决书。

❺ 陈琳等：《迪奥裙装被质疑抄袭马面裙，详解5个焦点问题》，https：//baijiahao. baidu. com/s? id =1739490101537337113&wfr = spider&for = pc，2023年3月4日访问。

传统资源传承和保护事业的健康发展。

2. 我国的发展阶段定位及传统资源保护的国际话语权建设

作为文明古国，我国拥有丰富璀璨的传统资源，但由于缺乏系统完备的法律规定与高效便捷的执法机制，传统知识的保护，尤其是惠益分享往往停留在纸面，在某些领域甚至为空白。也正因为如此，发达国家对我国传统资源以或明或暗的方式无偿或低成本攫取与开发，并获得高额利润的事例并不鲜见。在全球化和商品化的社会里，一切有独特价值并为人所需的文化知识信息都可以成为市场交易标的，我国丰富传统资源的潜在经济价值应当得到充分的认识。这一思路不仅应在国际竞争的层面上得到考虑，在目前的国内社会发展态势下也不失为解决经济发展不平衡、贫富差距的对策之一，因为传统资源的持有人往往是不发达地区的居民。自市场经济借助技术手段不可避免地扩张以来，不发达地区的居民在区域和国际竞争中一直处于劣势，其生活环境根本无法和发达地区的信息资讯、设备、人才等便利条件相比；但正因为此，他们保留了相对独特、丰富的传统资源。就国内统筹协调发展而言，在知识经济时代，一方面要挽救濒临消失的传统资源，另一方面要充分认识和保障持有人分享传统资源的经济和文化价值。

鉴于此，我国需要从不同角度加强传统资源保护。从前面部分梳理的WIPO – IGC 的讨论情况看，传统资源保护议题长期无法在国际上取得实质性进展，主要原因在于对于传统资源的保护不符合发达国家利益；相反，若对此建立某种国际保护制度，可能会妨碍科技和文化领先的国家对全球范围内"公有领域"信息的充分利用。因此，发达国家对保护传统资源的呼声并不关心，甚至在 WIPO 论坛上反对或拖延就此通过有拘束力的国际规则或指导文件。对此，作为传统资源保有量极为丰富的大国，我国需要坚持发展中国家的基本立场，强调传统资源的价值，主张最低限度的精神权利保护和基于知情获取的经济利益惠益分享原则。尽管如此，我国在对策上不必要激进主动地作为发展中和欠发达国家的牵头方，有针对性而强硬地发声公开反击发达国家的态度；而是在国际论坛上有理有据、不偏不倚地提出自己的主张，在合理利用现有制度设计的基础上，既不全然抛弃现有知识产权体系，也要体现出与发展中国家和欠发达国家一致的、对传统资源保护设定特殊规则的立场。

目前，WIPO - IGC 关于建立传统知识和传统文化表达保护国际规则的讨论，由于涉及的是属于完全无形的信息，各国分歧巨大而远未形成可以协调的结果；但在关于遗传资源保护的议题上，因有 CBD 及其相关实施效果经验和相关研究成果的铺垫，通过新的国际法律文书的倡议相对容易被接受。这一很多发展中国家推动制定的关于遗传资源保护的新国际文件，目的在于协调不同的国家制度，推动原住民和当地社区的可持续发展，为企业提供法律的确定性和可预测性，并改进专利质量、有效性和透明度。发达国家之所以勉强接受制定关于遗传资源保护国际条约的提议，主要是因为这一拟定条约的一些基本规则不违背其本身的专利制度理念。例如，拟议的"专利公开"授权条件，要求发明中如果使用遗传资源和相关传统知识，则专利申请人应在其专利申请中公开披露这一事实及相关信息；其他观点包括更广泛地使用关于遗传资源及相关传统知识信息数据库，以帮助专利审查员免于错误授权、提高专利质量等。近年来，在 IGC 论坛上，因遗传资源议题取得一定进展，不同国家关于术语、备选方案等方面的分歧通过一轮轮的磋商已经逐渐减少；WIPO 大会已决定在 2024 年底前召开外交大会，讨论和决定是否通过相关国际文书，确立与专利申请有关的遗传资源保护相关规则❶。对此，我国应尽快作出应对，研究提出参加国际磋商的具体方案，以及如果国际条约通过我国相关的国内法及配套磋商应如何修改完善的对策。

二、探索我国的传统资源保护制度及推动国际治理

（一）建立完善遗传资源及其相关的传统知识保护制度

1. 我国专利申请中履行遗传资源来源信息披露义务存在的问题
（1）"触发点"相对狭窄且没有强制披露措施。
我国 2008 年底修正的《专利法》增加了对遗传资源与专利的关系作

---

❶ WIPO：WIPO Member States Approve Diplomatic Conferences for Two Proposed Accords, https：//www. wipo. int/pressroom/en/articles/2022/article_0009. html，2023 年 3 月 1 日访问。

出了原则性规定，即第 5 条"对违反法律、行政法规的规定获取或者利用遗传资源，并依赖该遗传资源完成的发明创造，不授予专利权"，以及第 26 条，"依赖遗传资源完成的发明创造，申请人应当在专利申请文件中说明该遗传资源的直接来源和原始来源；申请人无法说明原始来源的，应当陈述理由。"这两个条款一是关于获取合法，二是关于披露来源；前者符合了 CBD "知情同意"原则和我国一系列法律法规中获取遗传资源应履行的手续或程序等规定，后者则体现了对 WIPO – IGC 正讨论的国际文件中的"公开披露"要求中"触发点"的理解。所谓"触发点"，是指在何种情况下，专利审查员或其他受理专利申请的机构应要求申请人提供与遗传资源或传统知识有关的信息；换言之，遗传资源公开要求的适用取决于请求保护的发明与相关遗传资源及其传统知识间的联系，即与公开的客体之间的关系。❶

对此，在 IGC 讨论过程中各国观点不一，因为对于发明与遗传资源之间关系的理解可宽可窄；如果狭义地定义触发点，将要求请求保护的发明和作为基础的遗传资源及其传统知识之间须有紧密的联系，而宽泛的定义则将尽可能广泛的情形包括在内。显然，不同的"触发点"对专利申请人义务范围的要求及其审查的辐射程度和难度不同，因此在国际上不易达成一致的标准。从减少争议的角度看，将"基于"（或"实质上基于"）遗传资源及相关传统知识作为"触发点"比较灵活；这样，"实质上基于"到底是指直接来源于遗传资源或传统知识，还是仅包含对其利用即可，可由成员国依据国情由国内法确定。

我国《专利法实施细则》采用了 CBD 的相关定义，在第 26 条规定，"遗传资源"是指取自人体、动物、植物或者微生物等含有遗传功能单位并具有实际或者潜在价值的材料；同时，对于 WIPO – IGC 正讨论的国际文件中"触发点"的概念，考虑到有些发明虽然利用了遗传资源，但并未利用其遗传功能因此不必履行披露义务，该细则将《专利法》第 26 条"依赖遗传资源完成的发明创造"界定为"利用了遗传资源的遗传功能完成的

---

❶ 参见 WIPO 第 1047C/19 号出版物：《遗传资源和传统知识专利公开要求关键问题》（第二版），中文版 2020 年，第 30 页。

发明创造"，同时在此情况下专利申请人应当在请求书中予以说明并填写特定表格。

但是，自 CBD 以来，要求专利申请公开披露遗传资源信息，其初衷是为了防止不当利用，其目的在于确立惠益分享规则；而我国与印度、巴西稍有不同的是，对生物资源利用惠益分享的后续立法尚未跟进，因此《专利法》的这一条在实施中究竟能为遗传资源及相关传统知识的保护发挥多大作用，难以从实证角度加以考证。尽管有很多专利申请都按《专利法实施细则》提交了《遗传资源来源披露登记表》，但至今未发现一件以不符合《专利法》第 5 条或第 26 条为由驳回的专利案件，而《专利法实施细则》第 65 条第 2 款关于可以提出无效的理由中，并不包含违反《专利法》第 5 条或第 26 条的规定。这样看来，我国《专利法》对"公开披露"的要求，一是公开对象没有包含与遗传资源相关的传统知识，二是缺乏核查和执行措施，因此仅仅是宣示性的，起不到切实制止和惩罚不当利用行为的效果。从理论上说，专利制度要求公开披露发明所利用的遗传资源及相关传统知识的信息，目的是防止被不当利用，进一步实现惠益分享；但在实践中，我国目前的专利制度尚不能达到阻却他人直接盗用遗传资源及相关传统知识，或改头换面就相关"创新"成果获得专利保护的目的，更不可能实现"专利权人"与传统资源持有人之间的惠益分享。

（2）中医药领域遗传资源及相关传统知识保护难题。

以中医药传统知识为例，尽管用于中医药的生物遗传资源在理论上是否"地道"药材，在药效或功效上可能有差异，但在很多情况下，利用现代科技手段对有效成分进行提炼，实际上是可以规避遗传资源获取与披露法律规定的，真正有开发利用价值的是与之相关的传统知识。但是，我国中医药领域的传统知识，包括各种药材、配方，不仅通过《金匮要略》《伤寒杂病论》等古籍以及现代各类相关的专利或非专利文献、国际会议资料明文记载，而且已借由各种渠道广泛传播到全球各地。另外，改革开放以来，随着中外合资领域的不断拓宽，联合开发、学术合作等方式，均可以不同程度地发现和利用我国中医药传统知识；其他官方、民间各类相关活动，也可以不断发掘和推广利用中医药传统知识，甚至促使一些尚未公开的配方贡献出来成为公有领域的知识。这些传统知识作为完全无形的信息，可以脱离原产地药材这一有形遗传资源，在境内外经过种植培育相同或相似功效的生物，或直接采用当地同种遗传资源的数字序列信息（DSI）开发改进，并获得专利保护。商业标识的保护方式尽管对确保产品服务来源正宗、积累市场商誉、禁止他人仿冒具有重要作用，但无法对中医药传统知识本身获得专有权保护。而且，在国内因长期对地理标志管理和保护制度比较杂乱，生产经营者和消费者有时候并不清楚哪个地理标志才是"真"的；例如，岷县白条当归、陇西白条党参、苍溪川明参、嘉祥白菊花等同一药材都在多个部门注册，同一品种分产区以不同名称分别注册的情况也有，如石斛就有 17 个不同产区以不同的品名注册，而不同省份因重视程度不同，地理标志产品保护情况存在很大差异，有大量的道地传统中药材并没有注册为地理标志保护。商业秘密制度很适合保护家传秘方和技艺等中医药传统知识，但一旦泄露信息则难以收回控制，容易被他人免费使用；同时，某些中药制剂成分较为简单，随着生物化学分析技术的发展，对中药反向工程的成功率也将会大大提高，容易被破解仿制，给权利人带来损失。在著作权保护可能性方面，因著作权只保护表达、不保护思想，体现在作品中的配方和技术诀窍等中医药传统知识，无法得到有效保护；尤其是，著作权一般受 50 年保护期限制，难以满足传统知识的保护需求。凡此种种，遗传资源及相关传统知识，很难受到现有知识产权法体系的充分保护，需要有针对性地制定专门保护制度并协调好与知识产权法的关系。如何在推动国民在高新技术与文化产品领域搞创造与创作这个"流"的同时，积极促成新的知识产权制度来保护我们目前可能处于优势的传统知识及生物多样化这个"源"，加快我们向"知识经济"发展的进程，❶ 确实是个值得思考的问题。

2. 我国参与遗传资源及相关传统知识国际保护文件谈判的态度

从目前 WIPO – IGC 拟定召开外交会议讨论通过的关于遗传资源及相关传统知识保护的文件草案看，各国间分歧仍然明显，文案中充满了代表不同国家利益的措辞和条款的替代方案，甚至连 CBD 要求的"公开披露"，都因披露的对象仅是遗传资源还是包括其相关传统知识、是"直接"来源

---

❶ 郑成思：《传统知识与两类知识产权的保护》，《知识产权》2002 年第 4 期，第 3 – 5 页。

于遗传资源的发明还是"基于"遗传资源的发明等基本问题，都存在争议。因此，本书对该拟通过的国际文件并不抱过高期望，一方面我国《专利法》已有原则性规定，另一方面若制定有实质性意义的国际保护条款，例如是否强制性公开（可以作为驳回或无效的理由）、是否要求提交与来源国相关主体的惠益分享协议证明等，预计会受到发达国家的强烈反对而采取一种模糊折中的方案，难以成为强制性国际义务。简言之，遗传资源及相关传统知识的国际保护规则牵涉利益太多，即使国际文件出台，其具体条款也无法为我国提供有用指引；在遗传资源保护与专利保护的创新之间，我国需要考虑的是实行国内立法先行、建立强制披露义务和惠益分享机制，还是继续采取仅保留宣示性条款以观后效（例如先由《生物安全法》建立遗传资源获取和利用的配套实施机制）的问题。

另外，遗传资源及相关传统知识的国际保护，涉及不同发展阶段国家的不同诉求，具体条款所建立的制度是否有利于我国，需要考虑的因素相当复杂。特别是，我国虽然在整体上属于发展中国家，但目前正以举国体制大力实施科技创新，不排除在一些高新技术领域抢占一定优势；同时，我国借由几千年的农耕文明经验和兼容并包的文化同化力，在"一带一路"倡议的推行中，也不排除共建"一带一路"国家和地区的传统资源被我国创新主体开发利用的可能。在这样的时代背景下，我国参与遗传资源及相关传统知识国际保护文件谈判的态度，并不宜过于激进地参与某个阵营，而是需要结合国情中立性地表达对于遗传资源保护和利用的观点。具体而言，需要考虑的重要方面包括：基于人类命运共同体的理念要求披露来源信息以对传统资源持有人的贡献表示尊重；基于遗传资源利用的实质性有价值信息特点将与之相关的传统知识一并纳入要求公开的内容；从制止盗用传统资源、提高专利质量的角度对违反法律规定未披露的专利予以驳回或无效；基于权责对等原则在配套专利政策中对主动提交惠益分享证明的专利权人实行奖励或义务减免；允许多种方式的惠益分享模式，等等。另外，作为遗传资源保护的重点领域，中医药传统知识保护的制度需要尽快建立和完善，在立法推进困难较多的情况下，可考虑先行在中医药相关的知识产权司法保护中强化对传统资源的保护。例如，在授权确权纠纷中打击将传统资源恶意抢注为商标或专利的行为，在侵权纠纷中强化对中医药领域处方、工艺制法、疗法等秘密信息的保护等。

3. 加快推进遗传资源及相关传统知识数据库建设

关于遗传资源，CPTPP 还要求成员国应通过各自负责知识产权的机构或其他相关机构努力开展合作，以增进对与遗传资源相关的传统知识问题和遗传资源的理解；其中，第 18.16 条第 3 项要求成员国应努力开展高质量专利审查，包括在确定现有技术时能公开获得与遗传资源相关的传统知识的文献信息、允许第三方提交披露相关信息的书面文件、使用相关的数据库或数字图书馆以及对审查员进行相关知识的培训等。对此，我国尚未建立起完备的制度和措施，但相关工作已经提上日程，例如中医药管理部门和生态环境部门正在实施的传统知识和遗传资源数据库建设。鉴于建立完善药品专利保护配套机制和遗传资源相关传统知识信息披露制度并非 CPTPP 的强制性要求，我国在传统资源数据库建设中自主性较强，应充分关注数据库建设的科学性，例如建立分层分级的登记和管理制度，对于那些尚未公开的遗传资源相关传统知识采取合理的保密措施。当然，如何既公开披露遗传资源及传统知识来源，又对其核心有价值的信息进行保密，是需要有关部门仔细研究的问题。

（二）传统文化表达及其相关的传统知识保护制度

1. 为传统文化表达提供民事保护的必要性

TCE 保护的主要目的是给予持有人权利，以便其能防止和制止持有的 TCE 被外来者不当侵占或无偿利用，有违民法上的公平合理和等价有偿等原则；这与公法的目的，即确立国家对文化遗产保存、文化多样性维系的职责有所不同，也是在国际上 TCE 保护由主管知识产权事务的 WIPO 组织协商，而非遗保护（政府职责意义上）由 UNESCO 负责协调的原因。从 WIPO - IGC 讨论的进展来看，在秘书处编拟的最新国际文件《保护传统文化表现形式：条款草案》中，尽管保护 TCE 的目的是否必须表述为"承认原住民和当地社区人民的权利和利益以保持、掌管、保护和发展其对包括其传统文化表现形式在内的文化遗产的知识产权"尚无定论，但各国对国际文件应包含"保护传统文化表现形式应当有助于促进创造创新，有助于传统文化表现形式的转移与传播，使持有人和使用者共同受益，而且在方

式上有利于社会和经济福利，并应有助于权利和义务的平衡"的宗旨并无争议。❶

我国各界多将 TCE 简称为民间文艺。尽管 2020 年修改的《著作权法》仍保留了制定《民间文学艺术作品著作权保护条例》的可能性，但是长期以来如何制定这一法规的争议和分歧并未消失，根源在于传统知识的保护如何与知识产权制度的实质性法律条款相结合，我国研究界和决策者目前还未有公认一致的意见。自 2011 年的《非物质文化遗产法》删除了关于非遗利用中民事关系调整的条款后，至今非遗利用中相关民事争议如何解决仍处于难寻法律依据的困境，即使是仅强调保护署名、不得歪曲篡改等精神权利，也难以在非遗法框架下得以执行。例如，"安顺地戏"纠纷，由谁来认定是否构成侵害精神权利？若构成侵权制片方应承担什么责任、谁来负责如何执行？而且，全国各地各文化领域都在蓬勃展开对非遗的利用，如果持有人没有法律依据由自己决定是否行使和主张权利，谁来负责监管这些活动是否合法？需要多少财政支出来维护以上这些活动？等等。没有专门的关于非遗或者民间文艺保护的民事性立法，传统文化资源利用中对持有人群体的保护难以落地，或者说难以平衡利用人与持有人之间的利益。另外，即使现有《著作权法》能保护利用传统资源再创作产生的作品，也涉及署名方式、再创作者和原始传统资源持有人之间经济利益如何分配的问题；例如"乌苏里船歌"案中，最终法院采信了专业机构的鉴定意见，确认被告的行为构成对民歌的改编，因此在使用音乐作品《乌苏里船歌》时，应客观地注明该歌曲曲调是由赫哲族传统民间曲调改编的作品；不过，法院同时指出，鉴于民间文学艺术作品具有其特殊性，且原告四排赫哲族乡政府未举证证明被告的行为造成其经济损失，故对四排赫哲族乡政府关于要求三被告公开赔礼道歉、赔偿经济损失和精神损失的主张不予支持。❷

安顺地戏和赫哲族民歌，一个是非遗名目，另一个是非遗本身的内容，其被现代创作者在新作品中利用的方式不尽相同：即前者仅被使用了

---

❶ 参见文件：WIPO/GRTKF/IC/44/5，序言第 2 段、第 8 段，2022 年 7 月 7 日。
❷ 参见北京市高级人民法院（2003）高民终字第 246 号民事判决书。

表演片段，不过该被错误标注来源的非遗名称却是整个故事的主线，后者则直接使用了原民歌旋律的主要部分进行改编；但是，这两个纠纷产生的共同原因是，非遗持有人最基本的署名这一精神权利未得到尊重。事实上，随着文化产业的发展，在实践中越来越多的创新会以我国丰富的传统文化资源为基础，传统资源被利用的各种情况不时发生，只不过在多数情况下持有人群体缺乏公认的代表出面主张，也难以找到相应的法律依据来主张救济，这种困境无疑会让非遗传承人集体感受到国家法律对非遗或传统文化资源保护不力，不利于激励持有人对非遗进行活态传承。

2. 著作权法框架下民间文学艺术作品的保护方式

我国 1990 年《著作权法》第 6 条即规定"民间文学艺术作品的著作权保护办法由国务院另行规定"。30 多年来，从"民间文学艺术作品"的定义开始，各界对立法必要性、以著作权还是特殊权利保护等关键性问题争论不休，故而这一著作权立法框架中的配套法规一直没有推出，不过，《著作权法》第三次修改最终还是为民间文学艺术作品预留了建立保护制度的可能性。目前需要继续推进的是，尽快研究如何通过配套立法对民间文学艺术作品保护施以一套合理可行的方案，具体包括以下关键性问题：

（1）明确"民间文学艺术作品"的定义。这一术语应对应 WIPO – IGC 国际论坛上讨论的"传统文化表达"，而不是基于民间文艺的改编产生的、有具体作者的演绎或衍生作品。考虑到 TCE 的国际保护比遗传资源及其传统知识的议题更为复杂、进程缓慢，且即使最终通过也会将受保护的 TCE 所包含的具体内容交由成员国自主决定，我国的国内立法可在明确定义之后列举主要类别，对此可参照文化领域的非遗立法。例如，可规定"民间文学艺术作品"是指在中国境内由特定民族、当地居民全体成员代代相传的具有独创性并能以一定形式表现的智力成果，包括但不限于以下类型：①言语或文字符号表现形式，如故事、史诗、传说、谜语等；②音乐表现形式，如民歌、器乐、曲调等；③形体动作、表情、说唱等综合表现形式，如舞蹈、戏剧等；④有固定图案、样式和制作方法的有形表现形式，如传统工艺品和民间建筑等。另外，可进一步指出，"民间文学艺术演绎作品"是对民间文学艺术作品进行改编、翻译产生的作品，其依据《著作权法》受保护，但行使著作权时应尊重原民间文学艺术作品的著作权。

（2）明确民间文学艺术作品的权利主体。与一般作品明显不同的是，民间文学艺术作品往往在某一民族、地区世代传承，难以将其归属于个体，因此民间文学艺术作品的权利主体具有集体性；尽管如此，由于人员流动、文化交融，确认民间文学艺术作品的权利主体范围也是整个 TCE 保护议题中十分复杂和困难的部分。对此，应考虑确权问题通常与惠益分享联系在一起，主体确认程序可以与惠益分享机制一同设计。

（3）明确民间文学艺术作品持有人的权利。参照现行《著作权法》，民间文学艺术作品持有人（权利人）享有以下权利：①署名权，即表明身份、注明来源的权利；②发表权，即在传承地域或范围之外将民间文学艺术作品以一定形式公开，即将口传身授的表达记录以及表演制作等行为的固化载体，在地域外发布和传播的权利；③保护作品完整权，即禁止歪曲篡改的权利；④获酬权，即就传承主体之外的使用获得报酬的权利，包括复制、发行、表演、改编、向公众传播等方式，其实质是法定许可。

（4）建立民间文艺作品的确权登记和使用费收转机制。如前所述，民间文学艺术作品保护中的一个疑难的重点问题是主体认定的复杂性。在实践中，民间文学艺术作品的主体可能包括各种不同范围的行政区划地域、民族，甚至是跨省级、跨民族和全国范围，而且民间文学艺术作品种类繁多数量庞大，相应的主体即使能产生有代表性的代理机构，也不可能对所有民间文学艺术作品主动进行管理。鉴于此，可考虑将主体认定与确权登记、使用与使用费收转分配登记两个重要问题分开，即由主管部门建立确权登记和使用登记两个系统，对民间文学艺术作品登记及其法定许可使用的获酬权进行集体管理。

（5）民间文学艺术作品保护制度受益人的确定。建立民间文学艺术作品保护制度的目的，首先是明确并强调民间文学艺术作品利用中必须尊重持有人的精神权利。因此，简单的方案在立法中明确精神权利即可；但是，若无相配套的惠益分享机制，类似现行《专利法》中仅披露来源于传统资源，而无配套的无效或惠益分享机制的立法模式，实际上难以对传统资源持有人提供切身利益的保护。当然，这一核心问题仍需要决策部门的公共政策取舍，即到底是全部将基于传统资源的创新效益归属于创新者，还是让传统资源持有人在创新成果经济效益中分到一部分。本书认为，建立民间文学艺术作品保护制度的实质，是通过设立专门机构收取民间文学艺术作品在传统范围外的商业性使用费，并将相关费用转付民间文艺作品的权利人代表，由其用于鼓励、促进民间文艺的传承和发展。若难以建立有效机制，则无须专门通过立法强调保护民间文学艺术作品，即《著作权法》第6条应删除，或修改为仅强调使用民间文学艺术作品应当尊重持有人的精神权利。若决策者确定要通过立法建立民间文学艺术作品保护制度，则需要明确民间文艺作品的持有人就是其作品商业化利用的受益人，即创作和传承该作品的民族或当地社区全体成员的代表；其中，因"全体成员"及其代表人并不容易确定，如何将民间文艺作品的使用费分配给受益人，是落实整个民间文艺作品保护机制的重点和难点。具体说，可建立民间文艺作品确权和使用登记数据库，并对以下情况提供公示和查询：①使用登记情况；②以确权登记为依据的使用费收转情况。❶

总之，越是地方的，就越是世界的。❷ 在文化产业快速发展的今天，我国丰富的传统文化资源蕴含着大量可发掘利用的内容，基于传统元素的创新在商业化利用中也易于吸引更多受众，能带来更多经济利益。我国若建立民间文学艺术作品保护机制，须面对这一实际问题，明确商业化使用者必须在一定期限内到主管机构进行登记和支付使用费，并由该机构转付给持有人，使用人不能以其已经向某个具体的民间文艺表演者、传承人支付了采风或表演等劳务费作为不支付使用费的抗辩（正如组织演出者向歌手付费不等于向作曲家付费）；同时，作为法律机制，不履行相关义务的应按相应的责任条款承担责任。

---

❶ 管育鹰：《民间文学艺术作品的保护机制探讨》，《法律科学》2016年第4期，第101－113页。

❷ 《致陈烟桥》，《鲁迅全集》第13卷，人民文学出版社，2005，第81页；鲁迅的原文（1934年4月19日）为："现在的文学也一样，有地方色彩的，倒容易成为世界的，即为别国所注意。"

（三）我国植物新品种保护中需要明确的问题

1. 加强植物新品种保护适应国内国际趋势

植物新品种无疑是一种智力创造成果，但其与应用于一般工业化产业的技术发明创造有明显区别。《巴黎公约》所列举的"工业产权"范围，也不排除应用于农业领域的技术创新，例如农业化学品和生物技术生产制作方法，但不包括动植物品种本身；我国《专利法》自始至今也将动植物品种排除在保护对象范围，通过另外的立法为植物新品种提供保护。也即，为鼓励培育和推广植物新品种，促进农林渔牧业的发展，我国于1997年3月20日发布了《植物新品种保护条例》，并于当年10月1日起施行；之后，我国于1999年4月23日加入UPOV（1978文本），融入了植物新品种的国际保护体系。

随着生物技术的快速发展，植物品种的利用方式也在拓宽，在此领域技术先进的国家，极力推动加强新品种保护力度。近些年来，在中美国际贸易摩擦中，美国利用科技优势强行以"脱钩"威胁我国谋取最大化利益，其中就涉及粮农作物的倾销、断供等问题。为此，近年来我国更加关注植物新品种的保护问题，强调种子是农业的"芯片"、是国家粮食安全命脉和"把饭碗捧在自己手里"的意识，不断推动种业振兴行动、推动科技创新，要求加强种业知识产权保护，严厉打击假冒伪劣、套牌侵权等侵权行为。2021年我国《种子法》修改，加强了对植物新品种权的保护，《植物新品种保护条例》也将随之修订。目前，我国形成了以《种子法》《专利法》《植物新品种保护条例》为主体、以相关司法解释为补充的较为完整的种业知识产权保护体系，对激励育种创新和保障种业科技自立自强发挥着重要的作用。另外，加强植物新品种保护也是我国对外开放的需要。目前我国已经申请加入CPTPP，而CPTPP要求成员国加入UPOV的1991文本，[1] 该文本对育种者权的保护比我国目前加入的UPOV 1978文本更严格。例如，将育种者权延伸至收获材料并禁止侵权品种进出口，育种者权的保护期不得少于20年、对于树木和藤本植物则不少于25年等。当

---

[1] 在CPTPP第18.7条列举的必须加入的诸项国际条约中，我国尚未加入的仅有UPOV1991。

然，我国 2021 年修订的《种子法》，已经增加了品种权人的进出口权和对收获材料的有条件保护以及对实质性派生品种的保护制度，并将保护环节涵盖植物生产、繁殖、为繁殖而加工处理、销售、许诺销售的全过程；同时，《植物新品种保护条例》最新修订也将配合《种子法》全面扩展对新品种的保护，将藤本和木本植物保护期延长至 25 年、其他植物延长至 20 年，这些都达到了 UPOV 1991 文本的要求，从而消除了此领域我国加入 CPTPP 的立法障碍。

2. 进一步明确农民留种特权例外适用条件以保持利益平衡

与大多数发展中国家一样，我国在习惯法上认为农民有权使用自种自收的种子等繁殖材料进行再繁殖和轮种，也可在当地集贸市场上互相交换。对标 UPOV1991 为品种权提供保护，必然带来保护范围的扩大和保护力度的强化，从而可能引起与农民留种特权范围界定的冲突。尽管 UPOV1991 对品种权限制设置了包括农民留种使用的空间，我国《种子法》❶ 和《植物新品种保护条例》也对农民留种例外做了规定，但在实践中理解还有分歧。

从传统资源保护的角度说，传统农耕社会的农民对遗传资源的传承和保护做出了贡献，任何新品种培育选育的技术创新，都离不开对已有传统种质资源的利用。从更广泛的人权角度说，农民留种特权也是保护农民群体利益、维系可持续发展的基本权利。我国应当通过完善《种子法》《植物新品种保护条例》《专利法》《民法典》合同编等相关法律法规及其配套实施办法和司法解释，保障合理的农民留种侵权例外得以实现，规制通过技术、合同限制等方式对农民留种特权的排除；❷ 同时，需要将农民留种侵权例外的判定规则细化，采取完备的制度实施机制，保持品种权保护和农民留种例外的相对平衡。❸

---

❶ 《种子法》第 29 条规定："在下列情况下使用授权品种的，可以不经植物新品种权所有人许可，不向其支付使用费，但不得侵犯植物新品种权所有人依照本法、有关法律、行政法规享有的其他权利：（一）利用授权品种进行育种及其他科研活动；（二）农民自繁自用授权品种的繁殖材料。"

❷ 刘雨璇：《论农民留种权与农民权益的保护》，《中国种业》2021 年 8 期，第 1－6 页。

❸ 张锦荣，等：《正确看待品种权中的农民自留种权的对策》，《现代农业科技》2019 年 24 期，第 31－32 页。

结　语

一、实时把握知识产权国际保护发展动向和趋势

（一）专利等技术领域

从前面跟踪研究的关于科技创新成果国际保护相关制度的讨论看，技术成果保护的国际协调涉及的议题不少，包括技术转让、专利质量、限制与例外、专利与公共健康以及标准必要专利的保护等问题，参与的国际论坛主要是 WIPO、WTO 和 WHO。总的来说，各国间分歧较多的领域集中在计算机、移动通信等数字信息技术领域的标准必要专利，以及药品专利保护与公共健康卫生的关系，尤其是专利权的限制问题；前一问题涉及国家司法主权因而极难协调，但后一问题涉及的公共健康卫生事关全球共同诉求，因此在国际间协调专利豁免或让渡药品专利权人的部分利益，通过其他手段进行弥补则相对容易。

（二）版权领域

国际论坛上关于版权制度的讨论，主要包括两个方面，一是限制与例外的具体情形及规则，二是制定广播组织保护国际条约涉及的主要内容及条款。在关于版权保护限制与例外具体情形的讨论中，视障人士权利的保护问题近期因《马拉喀什条约》的通过而基本得以实现，但对于图书馆等公共文化机构的数字化建设中使用作品的具体方式、包括孤儿作品使用法定许可模式等问题，则还没有在国际间取得共识。在国际层面关于保护广播组织条约草案的讨论中，各国对于具体权利及范围、保护期等问题仍有

争论，其中的实质问题是不同国家对于如何平衡广播组织与作品权利人和社会公众之间的利益观点不同；虽然近期 WIPO 框架下的讨论在积极推动就广播问题提出积极合理的建议，并期待尽快敲定条约案文和促成 WIPO 大会召开外交会议，但此议题并无时间表，何时能达成各方接受的案文仍是未知数。

（三）商标、外观设计、地理标志领域

在 WIPO 组织的与品牌建设相关的国际制度协调讨论中，关于驰名商标、商标许可、互联网上的商标使用等议题相对具体，很早就形成了国际文件，尽管这些文件仅是以"联合建议"的方式对各成员国进行指导，而非强制性的国际条约，但相关内容和规则仍能在一定程度上体现对于某一具体问题应如何处理的国际共识。例如，驰名商标保护中认定驰名"需考虑的因素""相关公众"以及"不得要求的因素"，关于商标使用许可登记及其效力，关于域名注册中的抢注及争议解决机制，以及网络平台在商标侵权中的责任判定等问题，均随着互联网经济的发展和各国对知识产权保护力度的加强得以引入国内法或作为借鉴。在地理标志保护方面，因欧美阵营的不同利益诉求，在国际论坛上达成一致的保护规则较难协调；从发展态势看，欧美都是选择通过各自与第三方签订 FTA 的方式推行自己倡导的保护规则，或者确保第三方在与对方签订 FTA 时不得减损自己在地理标志相关产业中应有的利益。在工业品外观设计保护方面，国际讨论近期发展较快，原因是目前国际协调的主要内容是程序性规则，而这方面已有 WIPO 本身在管理实施的 PCT 体系为基础；例如，外观设计国际注册制度融合涉及的申请文件提交要求、申请日及优先权日确定、保密申请的延迟公布、宽限期及未注册外观设计、保护期及其延长、补救措施、外观设计与其他保护客体的关系等内容，大方向是程序的简化和融合，这有利于全体成员国，阻碍较少。

（四）商业秘密及数据财产领域

商业秘密和数据财产不属于典型的传统的知识产权国际保护制度内容，因为这些有价值的信息是否保护以及通过什么样的法律保护、具体的权利设置及保护范围等，都难以通过国际条约来明确；即使一直以来商业秘密都被视为工业产权的主要内容，但实际上在国际条约中也只能以列举为受保护客体或原则性条款的方式要求成员国给予保护。至于新技术带来的数据财产保护问题，也是近些年来才开始在国际上以非常设议题的方式展开讨论。例如，在讨论 AI 等前沿技术与知识产权关系时，将商业秘密和数据保护，与专利、版权、商标等传统领域的议题一并提出，并进一步有针对性地将数据与知识产权议题着重提出讨论。另外，WIPO 作为国际知识产权制度的管理协调机构，率先采用了 AI 等新技术处理日常事务，对成员国如何利用技术服务于知识产权管理也开展了协调讨论。对于知识产权与竞争的复杂问题，尽管与商业秘密、数据财产保护一样难以建立国际保护规则，但 WIPO 也通过举办国际研讨会等方式推动讨论，并促进政府机构间的对话，包括就反竞争性使用知识产权等新兴挑战问题展开讨论，以加深各国对该议题的认识。

（五）传统资源保护相关领域

国际上推动传统资源保护议题的主要是发展中和欠发达国家，其基本出发点是西方发达国家建立的现代知识产权国际保护制度，没有考虑到传统资源持有人的利益、径直将这些科技文化创新不可或缺的传统资源划归人人可以免费使用的公有领域信息，甚至导致这些资源被包装为知识产权保护客体从而被恶意盗用侵占。与专利保护涉及公共卫生健康和药品可及性、版权保护涉及视障者及文化交流、教育、科研等公共利益一样，传统资源保护这一议题的讨论涉及原住民基本权利，在广义上还牵涉国际人权保障。但是，由于该议题的核心争议在于重新分割创新者与持有人在知识产权运用中的经济利益，在主导知识产权国际保护制度的发达国家不积极推动的情况下，要取得共识建立新国际规则非常困难。

二、明确我国在知识产权保护问题上的态度

知识产权国际保护制度是国际经贸体系的伴随品。WIPO 将上百年的《巴黎公约》《伯尔尼公约》等若干知识产权国际保护条约纳入管理范围，

体现了人类社会进入经济全球化时代以后，与知识产权有关的国际贸易成为国际经贸往来核心内容的现实和未来。特别是 WTO 成立以来，知识产权每每被卷进国际经济贸易摩擦；21 世纪以来，在风起云涌的全球性、区域性多边和双边自由贸易协议谈判中，知识产权议题更是屡屡引起争议。对于科技文化相对发达的国家来说，知识产权无疑是其实现全球利益最大化的利器，因此不但在国际论坛上推动知识产权保护范围扩大、力度加强，还在各自的国内法治上，在持续强化知识产权保护的同时，陆续建构包括知识产权战略、高新技术对外（尤其是涉华）交易限制、长臂管辖等辅助措施的治理体系，力图一直保持知识产权竞争力和对国际政治经济发展方向的控制力。这些知识产权国际保护的动向与趋势，需要我国高度重视和灵活应对。

我国对于知识产权制度及其发展的态度，正如习近平主席指出的："设立知识产权制度的目的是保护和激励创新，而不是制造甚至扩大科技鸿沟"❶。这一论断深刻地揭示了某些发达国家与我国在知识产权问题上存在分歧的根本原因：我国建立和完善这一制度的目的是保护和激励科技创新，而不是像一些国家一样试图利用其来维系科技领先地位和获取全球垄断经济利益。当然，这一态度必然带来在相关政策导向和执法效果上，我国知识产权制度的实效不可能与西方发达国家的预期一致，从而也不时招致来自这些国家和地区的指责甚至是反制或打压。事实上，我国自加入 WTO 以来，在知识产权保护方面取得了长足进步，在与发达国家主导的包括知识产权制度在内的国际经贸体系接轨方面可谓亦步亦趋，但某些发达国家仍无视改革开放以来我国在知识产权制度建设上的持续努力和加强知识产权保护促进创新的决心，反而不断施压甚至不惜抛弃 WIPO、WTO 等多边协商机制，直接采取单边贸易报复措施，并强化其国内法的域外实施，力图强行封阻我国技术发展的步伐。

知识产权制度的正当性在于其能通过对智力成果的保护最终实现促进创新的效能。西方的发展道路显示，知识产权制度在现代市场经济条件

---

❶ 知识产权制度是为了保护和激励创新，http：//ip. people. com. cn/n1/2018/1211/c179663 - 30457752. html，2023 年 5 月 6 日访问。

下，可通过为科技、文化和商业领域的创新成果等无形财产的创造者提供专有权保护，从而有效地配置资源、发挥激励和保护创新。也正是认识到这一点，知识产权制度在我国从"舶来品"，变成融入国家发展战略决策的必不可少的部分。值得关注的是，目前科技领先的发达国家越来越多地采取了将知识产权强保护与国际经贸谈判相捆绑以力图全球扩张其经济利益的做法，引起了国际社会各界对知识产权从所谓私权沦为国家公共政治工具的疑虑。当然，置身于新一轮科技和产业革命引发的国际经济利益重新分配的改革浪潮中，各国逐利而动，知识产权成为国际竞争工具亦属正常；在今后可预见的相当长时期内，主要发达国家和经济体仍将通过新的国际经贸协议，继续强化知识产权国际保护。在全球经济治理体系发生深刻转变，我国力主建立人类命运共同体全球价值观的历史关头，需要明确我国在知识产权领域的态度，将每一部知识产权单行法的立法宗旨贯穿到执法中，维系创新者合法利益保护和社会整体科技文化经济繁荣发展的平衡。在国际社会共同面临科技发展带来的机遇和挑战的今天，在各个知识产权国际保护论坛上，我们在坚持激励创新和加强知识产权保护的同时，应主张开放、包容、普惠、平衡、共赢，反对将知识产权作为政治经济的施压工具从而制造和扩大科技鸿沟。

三、继续推动我国知识产权保护及相关制度的完善

回顾知识产权国际保护制度的发展进程，分析主要知识产权国际论坛上的议题内容及争议点，研判知识产权国际保护规则的发展动向，有助于我们在国内知识产权法治建设中作出既适合国情，又不违背国际法治趋势的决策。展望未来，我国知识产权保护及相关制度在以下方面可进一步完善，以实现激励创新与公共利益兼顾和平衡的目标。

（一）与科技创新有关的专利领域

1. 提升专利质量和优化授权确权程序

专利制度是保护科技创新、推动产业发展水平整体提升最为重要的制度。我国今后在建设知识产权强国的过程中，需要制定适合国情的专利政

策，并完善相关法律及配套制度。例如，我国目前的专利质量有待提高，需要修改《专利审查指南》进一步明确授权标准，对于软件相关发明，在承认其在信息社会重要性的同时，在可专利性判定相关的专利授权确权标准方面，需要把握适当度；在药品相关发明方面，允许补充药品试验数据的提交，但也需要把握适当度；简言之，在这些高新科技领域，不盲目追求与发达国家的高标准保持一致，同时要防范发达国家曾出现过的专利蟑螂等不利于产业整体发展的问题。

为进一步统一专利有效性判定标准，需要进一步化解目前专利侵权民事诉讼与无效行政诉讼并行的"二元制"程序架构的制约因素；同时，为从根本上解决专利维权周期长的问题，需要通过对专利复审、无效程序进行优化简化予以解决。可选方案包括通过《专利法》修改明确专利局复审部在驳回和无效复审程序中依职权审查的权限，但该权限须在规定的范围内依法行使；考虑到无效宣告程序中复审部的居间裁决角色，应以《专利法》或专门针对专利等案件的特别程序法明确由权利人和提起无效的一方为后续诉讼的双方当事人。此外，在建立跨区域知识产权专门法院进一步集中专利等技术类知识产权侵权案件管辖的基础上，以立法引入权利无效抗辩制度，减少因侵权与确权诉讼程序纠缠造成的不确定性和不必要拖沓。针对专利等技术类案件审理的特别程序法，还有助于完善相关证据规则和审判辅助制度，统一疑难专利案件的裁判尺度，为科技创新提供有力的司法保护。

另外，尽管通过完善修改制度提升专利质量是基于我国科技创新的需要，无须盲目追求具体审查标准与科技发达国家一致，但为加入 CPTPP，我国专利申请的宽限期（目前为 6 个月）需要延长，且对不丧失新颖性的具体公开披露方式需要进一步放宽。

2. 建立专利保护与公共健康之间的平衡关系

我国《专利法》已有关于公共健康的强制许可制度，但在实践中缺乏具体的、可执行的适用条件规范。当前，肆虐全球的新冠病毒感染疫情虽然有所减缓，但其已经严重拖累了世界经济发展，我国也难以完全独善其身，今后并不能排除不会再暴发此类公共健康危机。因此，有必要关注国际上关于新冠病毒感染疫情应对专利豁免谈判的动向并积极参与，同时结合我国在药品、疫苗、医疗辅助材料等领域的技术发展现状，区分计划许可（《专利法》第 49 条）、开放许可、强制许可几种情况，制定相应的启动和实施规程。即使不再适用于应对当前已近尾声的新冠病毒感染疫情，也为将来进一步完善医药领域的专利保护制度做好铺垫。

3. 制定应对标准必要专利纠纷的恰当司法政策

标准化是工业社会以来推动产业技术发展和扩大产业规模效应的必由之路。可以预见在万物互联的数字经济时代，SEP 的广泛应用将带来 SEP 相关纠纷的增长。目前各界对我国司法部门应对 SEP 国际平行诉讼的裁决不时有争议，需要进一步明确具体对策。司法通常被认为是维护公平正义的最后一道防线，在应对 SEP 纠纷时，需要依据法律和事实充分论证；面对新问题新挑战或紧急情况时，也需要在裁判说理中做到自圆其说，并保持应有的透明度，防止法律适用规则创新中出现易于受到攻击的硬伤。对于 SEP 纠纷适用禁令和许可费判定的复杂问题，最好的对策是设置前置程序减少裁决压力；次优对策是在司法过程中引导当事人先行通过公认权威专业中立的第三方自行调解结果，或在司法政策中指明 SEP 相关行业的谈判惯例及其在 FRAND 判定中的重要性。另外，结合国家的产业政策，对涉及 SEP 的垄断争议❶进行裁判（同样推荐前置程序），从而引导和规范当事人的行为。

4. 关注并回应各国关于核心技术转移的立法与实践

尽管在国际论坛上，技术转移的议题通常指向针对最不发达国家提供技术援助的道义性义务，但在与我国相关的国际经贸谈判和国家专利政策制定中，技术转移、许可证贸易都是关系市场主体切身利益的实质性议题。而且，我国《专利法》上的强制许可实际上也是一种特殊的技术转移方式；随着国际间科技竞争态势的发展，不排除从未实施过的强制许可被启用来获取先进技术。另外，专利权的限制与例外制度和与知识产权有关的反垄断执法，也与保障专利技术被应用于公共利益相关。目前，一些国

---

❶　SEP 案件存在许可费和垄断判定的经济学难题，第三方评估十分重要，事实上损害赔偿额判定也如此，管育鹰：《建构知识产权价值评估机制是现实所需》，《经济参考报》2022 年 7 月 26 日第 A8 版。

家通过专门法限制尖端技术向国外许可或转让，或在专利法的实施中通过保密审查等特殊程序，确保最先进的技术留在本国以增强国家竞争力和打压国际竞争对手。对此，我国需要采取应对和反制措施。一方面，在国内立法和执法中明确类似的规则，大力促进和激励本国科技创新及相关产业的发展，并加强营商环境建设，宣扬人类命运共同体和科技以人为本理念，吸引国外相关主体与我国合作开展高新科技研发；另一方面，对于因在相关国家开展业务而遭受打压的我国企业等主体，通过设立基金会、行业协会等非政府组织方式，提供法律和政策上的支持和援助。

（二）与文化创新相关的版权领域

版权的保护对象包含了人类文明发展所需要的知识信息和资讯，因此版权制度与国家文化事业和产业的发展都紧密相关。国际论坛上关于版权保护限制与例外的讨论，可以为我国如何权衡支撑产业发展的创作传播与保障事业发展的知识获取之关系带来启示。首先在视障人士权利保护问题上，我国加入《马拉喀什条约》后，国家版权局已印发了《以无障碍方式向阅读障碍者提供作品暂行规定》，其实施效果需要跟踪观察。其次，对于图书馆等公共文化机构的作品使用问题，目前我国《著作权法》或其他相关法律法规尚未规定，需要借鉴国际讨论中相对有共识的部分和域外法经验、结合我国的实际制定出台相关规则，如网上传输、馆际互借、孤儿作品使用等。另外，还需考虑技术发展对教育科研和社会公共管理等事业带来的便利，不应因为版权保护而受到过多阻碍；应通过细化技术措施规制办法、明确数据文本挖掘合理使用等，建立起合理平衡各方利益的机制。至于一些在国际上难以协调统一的版权领域的重要制度，例如集体管理，则需要结合我国产业发展、文化创新需求，以及民法中的合同法、反垄断法等基本理论对具体规则进行科学设计。

对于国际上一直讨论未有结果的广播组织权的保护议题，我国存在的问题主要是对广播组织的信息网络传播权之概念的理解各界有一定分歧，❶

---

❶ 管育鹰：《我国著作权法中广播组织权的综合解读》，《知识产权》2021 年第 9 期，第 3 – 16 页。

且因理论界对著作权和邻接权、作品和制品等概念众说纷纭，实务界对创作者和传播者之间合同约定的明确性及其重要性的认识有待提高。对此，在国际层面，我国不必积极主动推动国际条约的谈判和出台，在国内层面则需要推动尽快形成一定共识，对产业界给予比较明确的行为指引。例如，通过司法解释或指导性案例等方式，明确广播组织对自己制作和播放的、不含他人作品或音像制品的广播电视，有权禁止他人未经许可使用，也有权许可他人以《著作权法》第 47 条第 1 款规定的各种方式使用；对含有他人作品或音像制品的广播电视，广播组织有权禁止他人未经许可使用，但不得复制发行、重播或许可他人播放已经录制的含有他人作品或音像制品的广播电视，除非有相关权利人的明确授权。对于第三人未经许可使用含有他人作品或音像制品的广播电视的行为，著作权人、录制者和广播者均可禁止；对于损害赔偿请求权，则由作品或音像制品的权利人行使，但权利人与广播者有相反约定的除外。

（三）商标、外观设计、地理标志领域

我国《商标法》的新一轮修改正在论证中，关于驰名商标认定条件及需考虑的因素，立法中需要明确注册不是保护的前提条件；另外，也无须引入和强调司法实践中对"相关公众"认定的"中国境内"之地域限定，以免引起不必要的误解。关于 SCT 讨论的商标使用相关合同的登记及其效力问题，我国《商标法》第 42 条规定了转让必须经过核准并经公告后生效，第 43 条规定了许可应当备案、否则不能对抗善意第三人；但对于《民法典》第 444 条规定的出质，《商标法实施条例》第 70 条尽管规定"应当签订书面质权合同，并共同向商标局提出质权登记申请，由商标局公告"，但是否必须经公告生效还是未经公告不得对抗善意第三人，需要有明确的法律规定。关于域名注册中的商标抢注和互联网中的使用问题，主要与驰名商标保护有关，属于执法和司法中的法律规范适用的解释论范畴，立法上不宜过于细化以保持适当的灵活性。对于网络平台在商标侵权中的责任判定问题，除了我国《电子商务法》及相关司法解释已明确的帮助侵权等判定规则外，还可考虑以《反不正当竞争法》规制随数字经济发展产生的与商标不当使用相关的新类型不正当竞争。

在地理标志保护方面，我国除了从国内产业发展的利益出发，尽快消除分头管理弊端、厘清各种类型地理标志的关系、研究制定完善专门保护制度外，还需应对和协调欧美在地理标志保护领域的规则差异，避免其在我国发生争议而导致贸易争端。在外观设计保护方面，我国《专利法》2020年修改后已经与国际保护制度实质性要求一致；2022年5月5日，海牙协定在中国正式生效，目前主管部门已开始对照海牙协定接受外观设计专利申请，这一领域主要需要的是继续跟进 WIPO 论坛上关于程序性事项的国际协调，积极参与国际条约 DLT 具体规则的制定，表明中国在此领域的态度。

（四）商业秘密及数据财产领域

尽管商业秘密和数据财产的保护难以像传统的知识产权一样，比较容易推动在国际上建立起相对一致的国际法规则，但这两类特定信息对于当今和未来的社会经济发展具有十分重要的作用。商业秘密的保护向来是实践中的难题，尽管近些年来我国不断通过减轻举证责任、加重损害赔偿和刑事责任等方式加大保护力度，但也要认识到商业秘密保护的实践经验表明，对于未经公示的、缺乏国家公信力背书的保密信息，其所有人是有效保护的第一责任人，所有加大保护力度的立法和司法政策，都是建立在所有人拥有合法有效的保密信息和采取合理有效保密手段的基础上。对此，可考虑在实践中通过正反两方面的指导性案例加以阐释，为市场主体及其员工的具体行为提供示范和指导。

对于数据财产的保护问题，尽管立法上还没有具体明确的法律规则，但我国因互联网及相关数字产业发展迅猛，在实践中已经产生了一系列相关案例。对此，可进一步提炼规则，基于《反不正当竞争法》的修改草案中"商业数据"保护框架加以确定。

（五）传统资源保护领域的相关举措

传统资源保护对我国具有重要的作用，于国内可以充分维护持有人的利益，于国际可以在知识产权保护领域合理增加谈判筹码。尤其重要的是，强调对传统资源的保护，不仅是对历史和事实的尊重，也是对为现代社会贡献有价值信息的持有人应有的尊重，有利于树立民族自信心。从国际讨论看，由于该议题的核心涉及不同国家对知识产权运用之经济利益归属和分配的分歧，即使是承认有形生物遗传资源国家主权的 CBD 框架下，都难以达成关于惠益分享的公认国际规则。对此，我国虽然可以从长远出发，在国际论坛上不用积极主动站在发展中和欠发达国家的立场推进；但在国内制度层面，如果一再拖延和忽视，则可能不利于解决新时代人民日益增长的美好生活需要和不平衡不充分的发展之间的矛盾，因为传统资源的持有人，多数都是面临不充分发展、经济相对落后而需要平衡发展的地区和群体。

在具体制度建构方面，首先需要在《专利法》或其配套法规修改时，在已有的遗传资源获取和披露制度方面，增加对违反规定的行为承担相应后果的规定，即将该行为明确列为专利驳回和无效的理由。当然，在权利限制与例外等方面，也可相应增加遗传资源合理利用的相关具体情形。其次，在生物遗传资源和中医药传统知识等数据库的建设中，需要科学设计登记内容，兼顾传统资源公开信息与保密信息的关系，适时将数据库与专利审查数据库对接，以助于提升相关技术领域的专利质量。在版权领域，可结合《著作权法》的实施，配套制定民间文学艺术作品保护的法律机制，至少提供对署名权等精神权利的保护，考虑以法定许可模式进行惠益分享。在商标、地理标志和外观设计领域，应将传统资源保护纳入规制恶意抢注的考虑范畴，禁止侵占传统资源的称谓、代表性符号或产品外观等要素，并完善相关注册和管理措施。在商业秘密和数据财产领域，可借助《反不正当竞争法》的实施，明确对未公开的传统资源相关信息或传统资源数字化权益提供保护。

（六）知识产权法律实施及其他相关治理机制的完善

这里的知识产权法律实施是广义的，包括司法保护、行政执法、管理、运用以及普法宣传、教育培训等方面的相关机制。其中司法作为维护公平正义的最后一道门槛，对知识产权这一复杂无形信息财产的裁判具有终局性；秉承所有改革有法可依、立法先行的精神，需要在立法层面考虑相关程序设置的完善，以符合知识产权特点的法律实施机制实现个案中的公平与效率相统一。目前知识产权专门审判机构的配置正在完善，今后需要尽快推动制定特别程序规则、建立统一上诉法院和继续推进"三审合一"等改革。

总的来说，本书仅依据对主要知识产权国际保护论坛上近期重点关注议题的研究提出一些对策建议。在知识产权国际保护层面，还有很多问题有不同程度的共识或分歧巨大，因没有在主要国际组织的专设论坛或成员国会议上探讨，本书未予以展开研究；在国别法层面，因涉及的国家和议题太多，本书也不可能一一展开研究。另外，由于国际层面上的探讨议题牵涉不同发展阶段国家的诉求，本书在国内对策方面提出的建议可能在某种程度上无法一一对应，比较研究的方法运用不够充分。我国知识产权强国战略的实施需要各部门、各界、各行业全方位全链条联动，如何应对知识产权国际保护措施的趋势变化，远不限于本书对策方面提出的内容，还有很多其他领域和层面需要应对的问题。例如，知识产权国际保护制度的扩张，不断侵蚀知识产权原有的地域性原则，从而使得国内法的域外适用效力问题日益突出；近期各国在 SEP 禁诉令问题上的话语权争夺、对网络环境下或电商平台知识产权纠纷的长臂管辖等热点问题，等等。知识产权国际保护制度广义上涉及更多的学科领域交叉研究议题，受精力和篇幅所限，不再详细展开论述。本书中很多观点是一家之言，所用资料可能存在漏缺，不当之处还请读者批评指正。

参考文献

一、中文文献

（一）著作

[1]《郑成思知识产权文集》编委会. 郑成思知识产权文集（全 8 册）[M]. 北京：知识产权出版社，2017：1 – 5266.

[2] 梁慧星. 民商法论丛第 2 卷：谢怀栻先生从事民法五十周年纪念特辑 [M]. 北京：法律出版社，1994：6.

[3] 刘春田. 知识产权法教程 [M]. 北京：中国人民大学出版社，1995：1.

[4] 吴汉东. 知识产权法 [M]. 北京：中国政法大学出版社，2002：1.

[5] 约瑟夫·熊彼特. 经济发展理论：对于利润、资本、信贷、利息和经济周期的考察 [M]. 何畏，易家详，译. 北京：商务印书馆，1990：38.

[6] E. 博登海默. 法理学：法律哲学与法律方法 [M]. 邓正来，译. 北京：中国政法大学出版社，1999：106 – 107.

[7] 吴汉东，胡开忠. 无形财产权制度研究 [M]. 北京：法律出版社，2001：472.

[8] 黄晖. 驰名商标和著名商标的法律保护：从识别到表彰 [M]. 北京：法律出版社，2001：57.

[9] 郑成思，唐广良. 知识产权文丛（第 8 卷）[M]. 北京：中国方正出版社，2002：3 – 72.

[10] 刘波林. 保护文学和艺术作品伯尔尼公约指南 [M]. 北京：中国人民大学出版社，2002. 75.

[11] 赵元果. 中国专利法的孕育与诞生 [M]. 北京：知识产权出版社，2003：47 – 48.

[12] 黄晖. 商标法 [M]. 北京：法律出版社，2004：1.

[13] 郑成思. 知识产权：应用法学与基本理论 [M]. 北京：人民出版社，2005：

1 – 490.

[14] 李顺德. 知识产权法律基础 [M]. 北京：知识产权出版社，2005：69.

[15] 彭学龙. 商标法的符号学分析 [M]. 北京：法律出版社，2007：1.

[16] 农业部植物新品种保护办公室，农业部科技教育司. 农业知识产权论丛（2007）
[M]. 北京：中国农业出版社，2008：105 – 120.

[17] 中国社会科学院知识产权中心. 中国知识产权保护体系改革研究 [M]. 北京：
知识产权出版社，2008：1 – 281.

[18] 孔祥俊. 商标与反不正当竞争法：原理和判例 [M]. 北京：法律出版社，
2009：278.

[19] 应明，孙彦. 计算机软件的知识产权保护 [M]. 北京：知识产权出版社，
2009：32.

[20] 中国社会科学院知识产权中心，中国知识产权培训中心. 完善知识产权执法体制
问题研究 [M]. 北京：知识产权出版社，2009：1 – 291.

[21] 吴汉东，郭寿康. 知识产权制度国际化问题研究 [M]. 北京：北京大学出版社，
2010：231.

[22] 吴汉东. 著作权合理使用制度研究 [M]. 3 版. 北京：中国人民大学出版社，
2013：5.

[23] 管育鹰. 知识产权法学的新发展 [M]. 北京：中国社会科学出版社，2013：
31 – 38.

[24] 李明德. 美国知识产权法 [M]. 北京：法律出版社，2014：6 – 13.

[25] 刘伯龙，郑伟民. 美国经济在曲折进程中缓步回升：中美经济年会论文集 [M].
北京：社会科学文献出版社，2014：176 – 197.

[26] 弗雷德里克·M. 阿伯特，托马斯·科蒂尔，弗朗西斯·高锐. 世界经济一体化
进程中的国际知识产权法 [M]. 王清，译. 北京：商务印书馆，2014：1 – 2.

[27] 克里斯汀·格林哈尔希，马克·罗格. 创新、知识产权与经济增长 [M]. 刘劲
君，李维光，译. 北京：知识产权出版社，2017：1 – 665.

[28] 中国社会科学院国家全球战略智库. 2016 年的中国与世界 [M]. 北京：社会科
学文献出版社，2017：277 – 281.

[29] 伯尼·桑德斯. 我们的革命：西方的体制困境和美国的社会危机 [M]. 钟舒婷，
周紫君，等译. 江苏：江苏凤凰文艺出版社，2018：41.

[30] 张蕴岭. 百年大变局：世界与中国 [M]. 北京：中共中央党校出版社，2019：
1 – 20.

［31］ 罗伯特·P. 莫杰思. 知识产权正当性解释［M］. 金海军，史兆欢，寇海侠，译. 北京：商务印书馆，2019：33－42.

［32］ 吴汉东. 知识产权总论（第四版）［M］. 北京：中国人民大学出版社，2020：1－504.

［33］ 王文，贾晋京，刘玉书，等. 百年变局［M］. 北京：北京师范大学出版社，2020：1－321.

［34］ 李菊丹. 生物技术背景下我国植物新品种保护对策研究［M］. 北京：法律出版社，2022：25.

［35］ 秦天宝. 遗传资源获取与惠益分享的法律问题研究［M］. 武汉：武汉大学出版社，2006：19－30.

［36］ 国家工商行政管理总局商标局商标评审委员会. 中国商标品牌战略年度发展报告（2017）［M］. 中国工商出版社，2018：1－264.

（二）期刊论文

［1］ 习近平. 全面加强知识产权保护工作激发创新活力推动构建新发展格局［J］. 求是，2021（3）：4－8.

［2］ 郑成思. 知识产权与信息产权［J］. 工业产权，1988（3）：4－7.

［3］ 郑成思. 20 世纪知识产权法学研究回顾［J］. 知识产权，1999（5）：3－10.

［4］ 宋锡祥，俞敏. 完善我国商业秘密保护的法律思考［J］. 财经研究，1997（8）：23－26，45.

［5］ 唐海滨，孙才森，梁彦，等. 有关商业秘密立法的重点难点问题［J］. 中国法学，1999（4）：20－32.

［6］ 郑成思. 传统知识与两类知识产权的保护［J］. 知识产权，2002（4）：3－5.

［7］ 管育鹰. 我国地理标志保护中的疑难问题探讨［J］. 知识产权，2022（4）：3－17.

［8］ 叶静. 300 万专利，多少是"垃圾"［J］. 中国经济周刊，2006（29）：24－26.

［9］ 王小云. 对防御商标和联合商标的思考［J］. 中华商标，2001（2）：21－22.

［10］ 任凡. 防御商标禁止权范围的司法平衡："小天鹅"商标侵权案评析［J］. 电子知识产权，2011（11）：34－38.

［11］ 凯蓉. 防御商标利弊谈［J］. 工商行政管理，1997（18）：22－23.

［12］ 孙敏洁，魏大海. 论防御商标的权利范围及其司法救济［J］. 大连理工大学学报（社会科学版），2012（6）：110－113.

［13］ 汪泽. 商标异议制度重构［J］. 中华商标，2007（8）：7－12.

［14］ 管育鹰. 专利法第四次修订中的两个重要问题［J］. 社会科学文摘，2016（4）：

75 – 76.

[15] 管育鹰. 局部外观设计保护中的几个问题 [J]. 知识产权, 2018 (4): 11 – 25.

[16] 李顺德. TRIPS 新一轮谈判及知识产权国际保护的新发展 [J]. 知识产权, 2003 (3): 12 – 15.

[17] 杨煜. 蒋海新诉荷兰皇家飞利浦电子股份有限公司计算机网络域名案 [J]. 法学, 2004 (3): 124 – 128.

[18] 吴汉东. 知识产权国际保护制度的变革与发展 [J]. 法学研究, 2005 (3): 126 – 140.

[19] 杜颖. 知识产权国际保护制度的新发展及中国路径选择 [J]. 法学家, 2016 (3): 114 – 124.

[20] 何华. 知识产权全球治理体系的功能危机与变革创新: 基于知识产权国际规则体系的考察 [J]. 政法论坛, 2020 (3): 66 – 79.

[21] 易继明. 后疫情时代 "再全球化" 进程中的知识产权博弈 [J]. 环球法律评论, 2020 (5): 163 – 177.

[22] 田晓萍. 国际投资协定中知识产权保护的路径及法律效果: 以 "礼来药企案" 为视角 [J]. 政法论丛, 2016 (1): 97 – 104.

[23] 杨鸿. 贸易区域化中知识产权边境执法措施新问题及其应对 [J]. 环球法律评论, 2016 (1): 172 – 184.

[24] 徐树. 国际投资条约下知识产权保护的困境及其应对 [J]. 法学, 2019 (5): 88 – 102.

[25] 阮开欣. 涉外知识产权归属的法律适用 [J]. 法学研究, 2019 (5): 191 – 208.

[26] 吴汉东. 新时代中国知识产权制度建设的思想纲领和行动指南 [J]. 法律科学, 2019 (4): 31 – 39.

[27] 胡丽君, 郑友德. 公共健康与知识产权保护 [J]. 科技与法律, 2003 (3): 90 – 94.

[28] 郑春荣. 欧美逆全球化思想势头不减 [J]. 人民论坛, 2019 (5): 38 – 40.

[29] 陆燕. 多哈贸易谈判中止及其对全球贸易的影响 [J]. 国际经济合作, 2006 (9): 29 – 33.

[30] 刘萍, 冯帅. ACTA 的 "变相" 回归及中国对策研究 [J]. 时代法学, 2013 (5): 86 – 98.

[31] 陈福利. 反假冒贸易协定述评 [J]. 知识产权, 2010 (5): 85 – 91.

[32] 朱秋沅. 中国视角下对 TPP/CPTPP 知识产权边境保护条款的考量及相应建议 [J]. 电子知识产权, 2018 (3): 13 – 26.

[33] 朱谢群. 信息共享与知识产权专有 [J]. 中国社会科学, 2003 (4): 134 – 143, 207.

［34］孔祥俊. 论我国商标司法的八个关系：纪念商标法颁布 30 周年［J］. 知识产权，
2012（7）：3 - 36.

［35］韦之. 署名权是什么：也谈"安顺地戏"案［J］. 中国版权，2011（6）：42.

［36］管育鹰. 民间文学艺术作品的保护机制探讨［J］. 法律科学，2016（4）：
101 - 113.

［37］黄汇. 商标使用地域性原理的理解立场及适用逻辑［J］. 中国法学，2019（5）：
80 - 96.

［38］蔡玫. 论著作权保护期限延长问题：以日本修改著作权法为例［J］. 中国出版，
2017（2）：57 - 60.

［39］张晓津. MTV 作品著作权法律保护问题研究［J］. 中国版权，2005（2）：
26 - 28.

［40］王迁. 论体育赛事现场直播画面的著作权保护：兼评"凤凰网赛事转播案"
［J］. 法律科学，2016（1）：182 - 191.

［41］崔国斌. 体育赛事直播画面的独创性标准选择［J］. 苏州大学学报（法学版），
2019（6）：1 - 12.

［42］韩德培，张克文. 论改革与加强关税及贸易总协定多边贸易体系［J］. 武汉大学
学报（社会科学版），1991（2）：54 - 60.

［43］韩晓. 国际贸易理论的演进及发展研究［J］. 中国市场，2017（32）：104 - 105.

［44］刘元春. 中美贸易摩擦的现实影响与前景探究：基于可计算一般均衡方法的
经验分析［J］. 人民论坛，2018（16）：6 - 18.

［45］彭德雷. 中美技术转让争端的国际法解决路径［J］. 环球法律评论，2018（6）：
174 - 186.

［46］石新中，程子园. 试论国外科技保密法律制度及实施的特点［J］. 国际安全研究
学报，2006（3）：60 - 64.

［47］郑友德，金明浩. 从 Madey 诉杜克大学案谈实验使用抗辩原则的适用：兼论我国
大学知识产权政策的调整［J］. 知识产权，2006（2）：50 - 54.

［48］张伟君. 默示许可抑或法定许可：论《专利法》修订草案有关标准必要专利披
露制度的完善［J］. 同济大学学报（社科版），2016（3）：103 - 116.

［49］秦天雄. 标准必要专利规制问题的法理思考及建议：兼评《专利法修订草案（送
审稿）》第 85 条［J］. 北京化工大学学报（社会科学版），2016（3）：15 - 23.

［50］陈雪平，于文阁. 对我国《著作权法》第四条的再认识及修改建议［J］. 大庆
师范学院学报，2003（1）：36 - 38.

参考文献

[51] 詹映. 反假冒贸易协定的最新进展与未来走向 [J]. 国际经贸探索, 2014 (6):
96－108.

[52] 朱红亮. 品牌概念的发展嬗变 [J]. 西北师大学报 (社会科学版), 2009 (4):
118－120.

[53] 管育鹰. 标准必要专利权人的 FRAND 声明之法律性质探析 [J]. 环球法律评
论, 2018 (3): 5－18.

[54] 崔建远. 论为第三人利益的合同 [J]. 吉林大学社会科学学报, 2022 (1):
152－161.

[55] 管育鹰. 人工智能带来的知识产权法律新问题 [J]. 贵州省党校学报, 2018
(5): 5－14.

[56] 王进, 王坤. 论商业秘密的不可质押性 [J]. 中国发明与专利, 2012 (5):
29－32.

[57] 王闯. 会议综述: 中国反垄断民事诉讼概况及展望 [J]. 竞争政策研究, 2016
(3): 6－12.

[58] 刘雨璇. 论农民留种权与农民权益的保护 [J]. 中国种业, 2021 (8): 1－6.

[59] 张锦荣, 等. 正确看待品种权中的农民自留种权的对策 [J]. 现代农业科技,
2019 (24): 31－32.

[60] 管育鹰. 我国著作权法中广播组织权的综合解读 [J]. 知识产权, 2021 (9): 3－16.

[61] 孙雷心. 印度启动数字化数据库项目保护传统知识 [J]. 生物技术通报, 2000
(1): 53－54.

[62] 蓝寿荣, 谢英姿. 若干国家传统医药知识保护的实践及其启示 [J]. 中国软科
学, 2005 (7): 90－99.

[63] 王志本. 从 UPOV1991 文本与 1978 文本比较看国际植物新品种保护的发展趋向
[J]. 中国种业, 2003 (2): 1－4, 7.

[64] 熊志云. 浅谈专利档案及其管理 [J]. 档案学研究, 1998 (1): 58－60.

[65] 中共中国科学院党组. 决定中华民族前途命运的重大战略: 学习习近平总书记关
于创新驱动发展战略的重要论述 [J]. 求是, 2014 (3): 5－7.

[66] 管育鹰, 郭禾, 李杨, 等. 进一步完善国家层面知识产权案件上诉审理机制
[J]. 民主与法制, 2022 (8): 37－42.

[67] 杨云霞. 资本主义知识产权垄断的新表现及其实质 [J]. 马克思主义研究, 2019
(3): 57－66.

[68] 国家知识产权局条法司. 关于保密专利制度的修改 [J]. 电子知识产权, 2010

（4）：20 - 22，29.

［69］吴汉东. 《著作权法》第三次修改的背景、体例和重点［J］. 法商研究，2012
（4）：3 - 7.

［70］凌宗亮. 体育赛事转播权法律保护的类型化及其路径［J］. 法治研究，2016
（3）：27 - 35.

［71］管育鹰. 体育赛事直播相关法律问题探讨［J］. 法学论坛，2019（6）：71 - 76.

二、英文文献

［1］ EZIEDDIN ELMAHJUB. An Islamic vision of intellectual property：theory and practice
［M］. Cambridge：Cambridge University Press，2018：xi.

［2］ DAN HUNTER. The Oxford introductions to U. S. law：intellectual property［M］. Ox-
ford：Oxford University Press，2012：1.

［3］ DEBORAH E. BOUCHOUX. Intellectual property：the law of trademarks，copyrights,
patents，and trade secret［M］. New York：Delmar Cenage Learning，2013：3.

［4］ W. R. CORNISH. Intellectual property：patents，copyrights，trademarks & allied rights
［M］. New York：Sweet & Maxwell，1999：6.

［5］ NICOLAS BOUCHE. Intellectual property law in France［M］. Alphen：Wolters Kluwer,
2017：30.

［6］ ALEXANDRA GEORGE. Constructing intellectual property［M］. Cambridge：Cam-
bridge University Press，2012：32.

［7］ PETER DRAHOS. A philosophy of intellectual property［M］. Paris：Ashgate Publishing
Ltd. ，1996：5.

［8］ BIRPI. Guide to the application of the Paris convention for the protection of industrial
property as revised at Stockholm in 1967［M］. London：William Clowers（Internation-
al）LTD. ，1968：22.

［9］ SCHIFF ERIC. Industrialization without national patents：the Netherlands（1869—
1912），Switzerland（1850—1907）［M］. Princeton：Princeton University Press,
1971：121 - 126.

［10］ S. VON LEWINSKI. Indigenous heritage and intellectual property：genetic resources,
traditional knowledge and folklore［M］. Alphen：Kluwer Law International，2004：
35 - 36.

［11］ LINDA MAKUTSA OPATI. Intellectual property rights in health - impact on access to drugs ［C］//MONI WEKESA, BEN SIHANYA, Intellectual Property Rights in Kenya, Berlin: Konrad Adenauer Stiftung, 2009: 24.

［12］ FRITZ MACHLUP. An economic review of the patent system, Study of the Subcommittee on Patents, Trademarks, and Copyrights of the Committee on the Judiciary, U. S. Senate, Study no. 15. 1958: 80.

［13］ SYAM N. EU proposals regarding Article 31bis of the TRIPs agreement in the context of the COVID－19 Pandemic, Geneva, South Centre, 2021.

［14］ GENE M. GROSSMAN, EDWIN L. －C. LAI. International protection of intellectual property ［J］. The American Economic Review, 2004: 1635－1653.

［15］ W. R. CORNISH. The international relations of intellectual property ［J］. The Cambridge Law Journal, 1993, 52 (1): 46－63.

［16］ JOSEF DREXL. European and international intellectual property law between propertization and regulation: how a fundamental－rights approach can mitigate the tension ［J］. The University of the Pacific Law Review, 2016, 47: 199－219.

［17］ VITOR MARTINS DIAS. International trade v. intellectual property lawyers: globalization and the Brazilian legal profession ［J］. Journal of Civil Law Studies, 2016, 09: 57－124.

［18］ PEREHUDOFF K, HOEN E, BOULET P. Overriding drug and medical technology patents for Pandemic recovery: alegitimate move for high－income countries, too ［J］. BMJ Global Health, 2021: 624.

［19］ MCMAHON A. Global equitable access to vaccines, medicines and diagnostics for COVID－19: the role of patents as private governance ［J］. Journal of Medical Ethics, 2021, 4723: 142－148.

［20］ OSER A. The COVID－19 Pandemic: stress test for intellectual property and pharmaceutical laws ［J］. GRUR, Journal of European and International IP law, 2021, 70 (9): 851.

［21］ THOMAS F. COTTER. Comparative law and economics of standard essential patents and FRAND royalties ［J］. Tex. Intellectual Property Law Journal, 2014, 22: 311 at note 28.

［22］ GABRIELLA MUSCOLO. The Huawei case: patents and competition reconciled? ［J］. RivistaTelematica－Anno V (Italy), 2017, 1: 90－114.

［23］ SEAN FLYNN, et al.. The U. S. proposal for an intellectual property chapter in the

Trans – Pacific Partnership Agreement ［J］. AM. U. INT'L L. REV. , 2002, 28:
105, 134.

［24］ ROBERT C. BIRD, ELIZABETH BROWN. The protection of well – known foreign
marks in the United States: potential global response to domestic ambivalence ［J］.
North Carolina Journal of International Law, 2012, 38: 1.

［25］ MAXIM GRINBERG. The WIPO joint recommendation protecting well – known marks
and the forgotten goodwill ［J］. Chicago – Kent Journal of Intellectual Property, 2005,
5: 5.

［26］ KUR ANNETTE. Secondary liability for trademark infringement on the internet: the sit-
uation in Germany and throughout the EU ［J］. Columbia Journal of Law & the Arts,
2014, 37: 525 – 540.

［27］ TAKEYUKI IWAI. Foreign situations of design protections ［J］. IIP Bulletin, Institute
of Intellectual Property, Tokyo, Japan, 2005: 52 – 63.

［28］ PAUL KURUK. Goading a reluctant dinosaur: mutual recognition agreements as a poli-
cy response to the misappropriation of foreign traditional knowledge in the United States
［J］. PEPP. L. REW. , 2007, 34: 269.

［29］ ALBERTO DE FRANCESCHI/MICHAEL LEHMANN. Data as tradable commodity and
new measures for their protection ［J］. Italian Law Journal, 2015, 01: 51 – 72.

［30］ MARCIA ELLEN DEGEER. Biopiracy: the appropriation of indigenous peoples' cultural
knowledge ［J］. New England Journal of International and Comparative Law, 2003, 9
(1): 179 – 208.

［31］ ARPAN BANERJEE. Copyright and cross – cultural borrowing: Indo – Western musical
encounters ［J］. IP Theory, 2015, 5: 35 – 59.

［32］ MICHAEL HANDLER. The WTO geographical indications dispute ［J］. The Modern
Law Review, 2006, 69: 70 – 80.

［33］ S. 3952 – Protecting American Intellectual Property Act of 2020, 116th Congress
(2019—2020).

［34］ Directive 2012/28/EU of the European Parliament and of the Council on certain permit-
ted uses of orphan works.

［35］ Commission Staff Working Document Evaluation of Directive 96/9/EC on the Legal Pro-
tection of Databases.

［36］ Intellectual Property Needs and Expectations of Traditional Knowledge Holders: WIPO

参考文献

Report on Fact – finding Missions on Intellectual Property and Traditional Knowledge (1998—1999), WIPO Publication No. 768（E）, 2001.

［37］Huawei v. ZTE, CJEU C – 170/13（July 21, 2015）.

［38］Graham v. John Deere Co. – 383 U. S. 1, 86 S. Ct. 684（1966）.

［39］Madley v. Duke, 307 F. 3d 1351（Fed. Cir. 2002）.

［40］Fujifilm Corp v. Benun, 605 F. 3d 1366, 1371 – 72（Fed. Cir. 2010）.

［41］Amazon. com, Inc. v. Barnesandnoble. com, Inc. , 73 F. Supp. 2d 1228（W. D. Wash. 1999）, vacated by 239 F. 3d 1343（Fed. Cir. 2001）.

［42］Royal Dutch Philips Electronics Ltd. v. Defendants, Az. KZR 39/06（2009）.

［43］Microsoft Corp. v. Motorola, Inc. , 696 F. 3d 872, 879（9th Cir. 2012）.

［44］Tiffany（NJ）, Inc. v. eBay, Inc. 600 F. 3d 93（2010）.

［45］British Horseracing Bd. Ltd. v. William Hill Org.（Case 203/02, ECJ 2004）.

［46］Fixtures Mktg. Ltd. v. Oy Veikkaus Ab（ECJ Case444/02）.

三、立法、司法文件、国际公约（网站资料）

［1］世界知识产权组织（WIPO）网：https：//www. wipo. int/

［2］世界贸易组织（WTO）网：https：//www. wto. org/

［3］世界卫生组织（WHO）网：www. who. int/

［4］WTO – WHO – WIPO 三方平台网：https：//www. who – wipo – wto – trilateral. org/

［5］全面与进步跨太平洋伙伴关系协定（CPTPP）网：www. cptpp. org/

［6］联合国网：https：//sdgs. un. org/

［7］经合组织（OECD）网：https：//www. oecd. org/

［8］联合国教科文组织（UNESCO）网：https：//whc. unesco. org/

［9］联合国贸易和发展会议 – 国际贸易和可持续发展中心（UNCTAD – ICTSD）联合网：http：//www. iprsonline. org/

［10］生物多样性公约（CBD）网：https：//www. cbd. int/

［11］保护植物新品种国际公约（UPOV）网：https：//www. upov. int/

［12］互联网名称与数字地址分配机构（ICANN）网：http：//archive. icann. org/

［13］国际标准化组织（ISO）网：www. iso. org/

［14］国际电工委员会（IEC）网：https：//www. iec. ch/

［15］中国政府网：http：//www. gov. cn/

［16］中国人大网：http：//www. npc. gov. cn/

［17］国家知识产权局网：https：//www. cnipa. gov. cn/

［18］国家版权局网：https：//www. ncac. gov. cn/

［19］国家市场监督管理总局网：https：//www. samr. gov. cn/

［20］国家药品监督管理局网：https：//www. nmpa. gov. cn/

［21］商务部网：http：//www. mofcom. gov. cn/

［22］农业农村部网：http：//www. moa. gov. cn/

［23］最高人民法院网：https：//www. court. gov. cn/

［24］中国裁判文书网：https：//wenshu. court. gov. cn/

［25］中国新闻网：http：//www. sh. chinanews. com. cn/

［26］新华网：http：//www. xinhuanet. com/

［27］人民网：http：//people. com. cn/

［28］南方网：http：//pc. nfapp. southcn. com/

［29］中国绿发会网：https：//baijiahao. baidu. com/

［30］美国贸易代表办公室网：http：//www. ustr. gov/

［31］欧盟理事会网：https：//www. consilium. europa. eu/

［32］欧盟网：https：//european – union. europa. eu/

［33］日本法务省"法律翻译数据库系统"：https：//www. japaneselawtranslation. go. jp/

［34］日本内阁官房网：https：//www. cao. go. jp/

［35］日本外务省网：http：//www. mofa. go. jp/

［36］美国专利商标局（USPTO）网：http：//www. uspto. gov/

［37］欧洲专利局（EPO）网：https：//www. epo. org/

［38］日本特许厅（JPO）网：https：//www. jpo. go. jp/

［39］韩国特许厅（KIPO）网：https：//www. kipo. go. kr/

［40］德国马普所（Max – Planck – Institute）网：http：//www. mpia. de/de

［41］日本知识产权研究所（IIP）网：https：//www. iip. or. jp/

［42］4iP 知识产权委员会网：https：//www. 4ipcouncil. com/

［43］社会科学研究网络（SSRN）网：https：//papers. ssrn. com/

［44］阿里巴巴打假联盟网：http：//aaca. alibabagroup. heymeo. net/

［45］新浪网：http：//sina. com. cn/

［46］国家知识产权局官方微信公众号